· 毛泽东谈文论史全编 ·

顾 问：龙新民 郑欣淼 陈 晋 阎晓宏

评说中国古代十大名将

MAOZEDONG PINGSHUO ZHONGGUO
GUDAI SHIDA MINGJIANG

毕桂发 主 编
毕国民 副主编

中国文史出版社

图书在版编目（CIP）数据

毛泽东评说中国古代十大名将 / 毕桂发主编 . -- 北京 : 中国文史出版社 , 2023.12
（毛泽东谈文论史全编）

ISBN 978-7-5205-4562-4

Ⅰ . ①毛… Ⅱ . ①毕… Ⅲ . ①毛泽东著作研究②军事人物 – 人物评论 – 中国 –
古代 Ⅳ . ① A841.692 ② K825.2

中国国家版本馆 CIP 数据核字 (2023) 第 244877 号

责任编辑：窦忠如

特约编辑：王德俊　窦广利　赵增越　张幼平　邓文华　张永俊

出版发行：中国文史出版社

社　　址：北京市海淀区西八里庄路 69 号院　邮编：100142

电　　话：010-81136606　81136602　81136603（发行部）

传　　真：010-81136655

印　　装：廊坊市海涛印刷有限公司

经　　销：全国新华书店

开　　本：787 毫米 × 1092 毫米　1/16

印　　张：23

字　　数：340 千字

版　　次：2024 年 1 月北京第 1 版

印　　次：2024 年 8 月第 3 次印刷

定　　价：78.00 元

总　序

2023 年 12 月 26 日，是中国人民的伟大领袖毛泽东同志诞辰 130 周年。经过多年酝酿策划和组织编撰，我们于今年正式出版发行《毛泽东谈文论史全编》（以下简称《全编》）以示隆重纪念。

十年前，习近平总书记在纪念毛泽东同志诞辰 120 周年座谈会上的重要讲话中指出："毛泽东同志是伟大的马克思主义者，是伟大的无产阶级革命家、战略家、理论家，是马克思主义中国化的伟大开拓者，是近代以来中国伟大的爱国者和民族英雄，是党的第一代领导核心，是领导中国人民彻底改变自己命运和国家面貌的一代伟人。"同时，毛泽东同志又是世所公认的伟大的文学家、史学家、诗人和作家。在深入学习贯彻党的二十大精神、纪念毛泽东同志诞辰 130 周年的重要时间节点上，组织编撰出版这一大型项目图书，为人们缅怀毛泽东同志的丰功伟绩，学习毛泽东同志的伟人品格、政治智慧和文化思想，提供了一套非常重要的文化历史资料；对于弘扬中华优秀传统文化，学习贯彻党的二十大报告中关于"推进文化自信自强，铸就社会主义文化新辉煌"的重要精神，具有十分宝贵的启示和积极的意义。

在组织编撰这部大型项目图书的过程中，我们坚持以习近平新时代中国特色社会主义思想为指导，认真学习党中央关于历史问题的三个决议精神，特别是十九届六中全会通过的《中共中央关于党的百年奋斗重大成就和历史经验的决议》精神，对全部书稿的政治观点和思想内容进行了认真把关，使其符合三个决议精神，也符合习近平总书记十年来有关论述毛泽东同志历史功绩和毛泽东思想指导地位的重要讲话精神，以及关于学习党史国史和弘扬中华传统文化的重要讲话精神。

《全编》计 27 种 40 册 1500 万字。编撰者耗费数十年心血收集、整理、阐析、赏评，把毛泽东在各个时期的文章、诗词、书信、讲话、谈话中引用、化用、批注、圈阅、点评、编选的古今人物和文史作品，把毛泽东传记、年谱、回忆录中提及或引用和评点的古今人物和文史作品，即使片言只语、寸缣尺楮也收集入册，希望能够集散为专、分门别类，尽量避免遗珠之憾，力求内容全面系统、表述科学客观。

这部《全编》有以下几个特点：

资料齐全。毛泽东同志一生酷爱读书，可以说是博览群书、通古贯今。他曾说："饭可以一日不吃，觉可以一日不睡，书不可以一日不读。"他熟读《二十四史》《资治通鉴》等中国历代著名历史著作，熟读中国历代优秀的诗词文学作品，且不动笔墨不读书，读书时做了大量批注和圈画，还常常在自己的文章、诗词、讲话、谈话中引经据典、巧妙运用，真可谓博学约取、学以致用。这就给我们留下了浩如烟海的珍贵史料。在编著这部《全编》时，我们想最大限度地收集、整理、汇编其所涵盖的各个方面的文献史料，力争做到文献可靠、史料精准，可读性、知识性和趣味性兼具，使其成为研究毛泽东思想特别是毛泽东文化思想的重要资料。

分类精细。毛泽东同志喜欢中国古代文学，阅读、圈评了大量各类体式的文学作品，他的诗词创作尤为脍炙人口。因此，收录《全编》中关于毛泽东同志的文史资料，浩瀚如海，编撰者都进行了认真严格的划分整理，将其分三辑，文学类就有两辑，所占分量最大。比如，编撰者将其细分为评点名诗、名词、散曲、辞赋、小说、散文、戏曲的"毛泽东同志评点中国传统文化赏析"7 种 19 册，以及《跟着毛泽东学诗词》《毛泽东诗话》《周世钊论毛泽东诗词》《毛泽东致周世钊书信手迹》与毛泽东读唐诗、宋词、元曲、古文等的"毛泽东与中国诗词曲赋"8 种 9 册。

评述允当。在这部《全编》中，编撰者将每篇作品分为毛泽东评点、人物、事件评述或毛泽东评点、原文和赏析，力求评述或赏析允妥、适当，即深刻理解毛泽东原文含义，紧扣毛泽东的评点，不作过多发挥，文字力求简明生动。同时，编撰者注重史料收集整理的文献性，兼顾知识性和趣味性，这就使得这部大型项目图书兼具很强的可读性。

这部《全编》还有一个最突出的重要特点，那就是比较集中地梳理和呈现了毛泽东同志的历史自信和文化自信。习近平总书记在纪念毛泽东同志诞辰120周年座谈会上的讲话中明确指出，毛泽东同志"是马克思主义中国化的伟大开拓者，是近代以来中国的爱国者和民族英雄"。这个评价反映在毛泽东同志学习和运用、继承和发展中华优秀传统文化方面，鲜明地体现为他的历史自信和文化自信。因此，我们认为这部《全编》的编撰出版，有益于读者更深入体会党的二十大报告论述的"坚持和发展马克思主义，必须同中华优秀传统文化相结合"的重大论断。在这部《全编》中，有关毛泽东圈阅、评点历史人物和文史作品的材料，就很具体地体现了他作为"马克思主义中国化的伟大开拓者"，是如何运用马克思主义的世界观和方法论，去激活中华优秀传统文化的；又是如何通过继承、运用和发挥中华优秀传统文化，为坚持和发展马克思主义提供深厚滋养的。

　　《全编》除了引用毛泽东同志的相关评点外，主要篇幅是介绍、叙述和评论毛泽东同志评点的对象即历史人物和文史作品，所引毛泽东的评点内容都出自公开的出版物并注明出处。从目前已出版的各类关于毛泽东同志的书籍来看，这是目前更加全面系统反映伟人毛泽东同志的一部大型丛书，但每册又可独立成书，以满足不同读者的阅读喜好与多样需求。当然，限于编撰者的水平和时间，这部《全编》的体例编排和文字表述等方面还有改进和完善空间，恳请专家学者和广大读者朋友不吝批评指正。

《毛泽东谈文论史全编》编委会

2023 年 12 月 18 日

目　录

"中国古代大军事家"孙武

"楚霸王项羽在中国是一个有名的英雄"

"大军事家"韩信

"威震华夏"的关羽

"万人之敌"的猛将张飞

"后起之秀"周瑜

韦睿"有刘秀、周瑜之风"

"唐朝有个常胜将军叫薛仁贵"

"岳飞是个伟大的爱国英雄"

抗倭名将戚继光

『中国古代大军事家』孙武

一、孙武身世

孙武（前535—前480），字长卿，人们习惯称他为孙子，春秋时期著名军事家。所著《孙子兵法》，总结春秋时代战争的经验，探索战略战术的规律，为中国古代杰出的兵书，影响深远。

春秋末年，齐景公以战功封其祖父食邑乐安（今山东惠民）。邓名世《姓氏辩证书》曰："齐敬仲五世孙书，为齐大夫，伐莒有功，景公赐姓孙氏，食邑于乐安。生冯，为齐卿。冯生武，字长卿。以田鲍四族谋作乱，奔武为将军，是也。"也就是说，孙武本不姓孙，而姓齐，是齐敬仲的七世孙，其祖父齐书伐莒有功，而被齐景公赐姓为孙，故姓孙。孙武因齐国内乱而南迁吴国，并把他自己所著的《兵法》十三篇呈献给吴王阖闾。

阖闾何许人也？阖闾（hé lú，？—前496），一作阖闾，名光，春秋末年吴国国君、春秋五霸之一，吴王诸樊之子（一说夷末之子），公元前514至前496年在位。他用刺客专诸刺死吴王僚，曾灭亡徐国，攻破楚国，一度占领楚国都城郢（今湖北江陵），因秦兵来救及其弟夫概反叛而受挫。后在檇李（今浙江嘉兴西南）被越王勾践打败，重伤而死。

二、吴宫教战

据汉司马迁《史记·孙子吴起列传》记载，孙子名武，是齐国人。因为他精通兵法受到吴王阖闾的接见。

阖闾说："您的十三篇兵书我都看过了，可用来小规模地试着指挥军队吗？"

孙子回答说："可以。"

阖闾说："可以用妇女试验吗？"

孙子回答说："可以。"

于是阖闾答应他试验，叫出宫中美女，共约一百八十人。

孙子把她们分为两队，让吴王阖闾最宠爱的两位侍妾分别担任各队队长，让所有的妇女都拿一支戟。然后命令她们说："你们知道自己的心、左右手和背吗？"

妇人们回答说："知道。"

孙子说："我说向前，你们就看心口所对的方向；我说向左，你们就看左手所对的方向；我说向右，你们就看右手所对的方向；我说向后，你们就看背所对的方向。"

妇人们答道："是。"

号令宣布完毕，于是摆好斧钺等刑具，旋即又把已经宣布的号令多次重复地交代清楚。就击鼓发令，叫她们向右，妇人们都哈哈大笑。孙子说："纪律还不清楚，号令不熟悉，这是将领的过错。"

又多次重复地交代清楚，然后击鼓发令让她们向左，妇人们又都哈哈大笑。孙子说："纪律弄不清楚，号令不熟悉，这是将领的过错；现在既然讲得清清楚楚，却不遵照号令行事，那就是军官和士兵的过错了。"

于是就要杀左、右两队的队长。吴王正在台上观看，见孙子要杀自己的爱妾，大吃一惊。急忙派使臣传达命令说："我已经知道将军善用兵了，我要没了这两个侍妾，吃起东西来也不香甜，希望你不要杀她们吧。"

孙子回答说："我已经接受命令为将，将在军队里，国君的命令有的可以不接受。"意思是将帅领兵打仗，应根据实地情况充分发挥自己的指挥才能。君主的命令可以不接受，以免受到牵制。

于是杀了两个队长示众。然后按顺序任用两队另外二人为队长，于是再击鼓发令，妇人们不论是向左向右、向前向后、跪倒、站起都符合号令、纪律的要求，再没有人敢出声。

于是孙子派使臣向吴王报告说："队伍已经操练整齐，大王可以下台来验察她们的演习，任凭大王怎样使用她们，即使叫她们赴汤蹈火也办得到啊。"

吴王回答说："让将军停止演练，回馆舍休息。我不愿下去查看了。"

孙子感叹地说："大王只是欣赏我的军事理论，却不能让我付诸实践。"

从此，吴王阖闾知道孙子果真善于用兵，终于任命他做了将军。

后来吴国向西打败了强大的楚国，攻克郢都，（今湖北江陵）向北威震齐国和晋国，在诸侯各国名声赫赫。这期间，孙子不仅参与，而且出了很大的力。

阖闾知道孙武很有军事才能，便经常与孙武讨论一些军事问题。

有一次阖闾问孙武："分给战士土地，战士就都照顾自己的家庭，军队就失去了战斗力。那就只有坚守不出。如果敌人攻打我的小城镇，禁止百姓出城打柴，堵塞我军交通要道，等待我城中空虚，应该怎么办？"

孙武回答："敌人深入我国国都，大多背对城镇，士兵以军队为家，专心记着不要轻易出击。我们的军队在自己的国土上，安心而怀着求生的希望。摆好阵势，则不坚固，出击则不能取胜，应当集合部队，积蓄粮食和布匹，保城备险，派遣轻便部队断绝敌人运粮的道路。敌军挑战而得不到回应，转运粮草又不能到达，到田野里抢掠又得不到什么，三军就要受困挨饿，因而引诱敌人，可以获得成功。如果和敌人野战，就必须根据地势依险设伏；无险可依，就靠天气，阴天昏暗、大雾弥漫，出其不意，袭其懈怠，可以成功。"

阖闾问孙武曰："我军到了敌人占领区，才进入敌军防区，士兵都想回家，难进易退，又没有背靠险阻地势，三军十分害怕，大将要前进，士兵要后退，上下不同心。敌人坚守城垒，他们的战车战马很整齐，有的在前面挡我军去路，有的在后面袭击我军，又该怎么办呢？"

孙武回答："我军到了敌人占领区较浅的地方，士兵战斗力还不集中，以快速深入敌境为重要，不要因小的战斗而拖延，不要靠近敌人的名城，不要走敌人走的大路，设置疑惑，表示即将退去，于是选拔精锐骑兵、马衔枚先进入敌占区，抢夺敌人的牛马等六畜。大军看见获得战果，前进便不害怕了。再分我军的精锐部队，秘密地埋伏起来。敌人如果来攻，坚决打击，不要犹豫；如果敌人不来攻，就放弃这个机会撤兵而去。"

阖闾问孙武曰："敌我争夺战略要地，敌人先抢占了，据险保持有利地位，挑选精锐士兵，或出击或坚守，防备我军出其不意的攻击，应该怎么办呢？"

孙武回答："争地的方法，退让的一方可以得到，争夺的一方一定失掉。敌人得到有利地势，千万不要攻击。引领部队撤退，树立旗帜，敲响战鼓，投其所好，拖着树枝扬起尘土，迷惑敌人耳目。分出我军一部分精锐部队，秘密地埋伏起来。敌人必然出来救援，敌人要抢夺的我军就给他；敌人放弃的我军就要。这是争先的办法。如果我军先到而敌军用这种办法，那就选拔我军的精锐士兵，固守阵地，轻兵追击敌人，分别埋伏在险要地段。敌人如果回来战斗，伏兵从旁边杀出。这是夺取全胜的办法。"

阖闾问孙武曰："如果我军出境，驻扎在敌人占领区，大批敌军忽然冲来，把我军团团包围。我军想突围出去，则四塞不通。我想激励士兵，使他们拼命突围，应该怎么办呢？"

孙武回答："这时应深沟高垒，让敌人看到我军有防备，应该暂时安静，不要行动，以隐藏我军的意图。再号令三军，说明情况是不得已，然后杀牛焚车，让士兵饱食一顿。接着便把剩余粮食全部烧掉，填平井灶；人人割发弃冠，断绝生还的念头。再使加固铠甲，磨利锋刃，齐心合力，攻敌侧翼。此时战鼓齐鸣，杀声震天，敌人闻声丧胆，不知如何抵抗。我军用精锐士兵，快速攻击后方，必能突围。这就是失误而求生的方法。"

阖闾问孙武："如果我军围困敌人，那么又该怎么办呢？"

孙武回答："敌人在山谷险峻之处，难以逾越，这叫作'穷寇'。攻击它的方法是：隐蔽我军的士兵和营房，让开一条能走的路。敌人求生逃走，必无斗志，因而在半路加以袭击，敌人虽多必被打败。"

阖闾问孙武："我军陷入被包围的境地，前有强敌，后有险阻，敌人又断绝我军粮道，迫使我军逃走，敌军又鼓噪不进，来观察我军的战斗力，那又该怎么办呢？"

孙武回答："被包围之后最好的办法，一定要堵上缺口，表示我军哪里也不去，就以军营为家，万众一心，三军合力，几天不吃饭，见不到烟火，故意造成混乱软弱的假象。敌人见我军这种情形，必然放松戒备。鼓励士兵，让他们愤怒起来，埋伏精良部队，从左右险阻之处，击鼓冲出。敌人如果阻击，快速攻击，迅速突围，前面冲开一条道路，后面加以拓展，左右互为犄角。"

阖闾问孙武："敌人被我军包围，埋伏而又很有谋略，表面看对我军有利，围绕我军的旗帜，好像很混乱，不知道向哪里去，怎么办？"

孙武回答："让一千人挥舞旗帜，分别堵塞要道，用轻捷的士兵挑战，列好阵势而不要发起攻击，交战而不退却，这是挫败敌人突围的办法。"

这些问对，充分显示了孙武灵活机动的战略战术，表现出一个卓越军事家的非凡智慧和卓越才能。

三、光辉战绩

阖闾知道了孙武的才干，后来就任命他为将军，向西击破强大的楚国，并进入楚国的郢都（今湖北江陵），北面威慑齐国和晋国，扬名诸侯。在这些事情上，孙武可是出了大力啊！孙武的卓越战功，现存的史书记载并不详细。大致是这样的：

周敬王八年（前512），孙武参加指挥了吴伐徐国和钟吾国的战争。徐国为西周初年徐戎所建，以安徽泗县（今安徽宿州泗县）为中心。周穆王时率九夷抗周，攻至黄河南岸。周宣王时一度被周天子打败，这次被吴国一举击灭。徐国和钟吾国都是楚国的卫星国，消灭了这两个小国，就等于剪掉了楚国的羽翼，为吴国下一步伐楚扫清了道路。

周敬王八年（前512），孙武被阖闾任命为将，指挥吴国军队，于周敬王十四年（前506）攻入楚国都城郢（今湖北江陵）。

事情是这样的：

阖闾自立为王的第三年，就发动军队和伍子胥、伯嚭攻打楚国，占领了舒地，捉住了原来背叛吴国的两个将军。因而阖闾想乘胜进兵郢都，将军孙武说："百姓太疲惫了，不可以，暂且等待吧。"就收兵回国了。

阖闾四年（前511），吴国攻打楚国，夺取了六地和灊（qián，潜）地。阖闾五年（前510），攻打越国，并战败了它。阖闾六年（前509），楚昭王派公子囊瓦领兵攻打吴国。吴国派伍子胥迎战，在豫章打败了楚国的军队，夺取了楚国的居巢（今安徽巢湖市居巢区）。

阖闾九年（前506），吴王阖闾对伍子胥、孙武说："当初你们说郢都不可攻入，现在的情形怎么样呢？"伍子胥、孙武回答说："楚国将军囊瓦贪财，唐国和蔡国都怨恨他。大王要大规模地进攻楚国，必须先要得到唐国和蔡国的帮助才行。"阖闾听从了他们的意见，出动全部军队和唐国、蔡国共同攻打楚国，和楚国军队在汉水两岸列兵对阵。吴王的弟弟夫概带领着军队请求相随出征，吴王不答应，夫概就用自己属下五千人攻击楚将子常，子常战败逃跑，直奔宋国。于是，吴军乘胜挺进，经过五次战役，就打到了郢都。己卯日，楚昭王出逃。第二天，吴王进入郢都。

楚昭王出逃，进入云楚大泽，遭到强盗的袭击，又逃到郧地（在今湖北安陆，一说在湖北十堰郧阳区）。郧公的弟弟怀说："平王杀死了我们的父亲，我们杀死他的儿子，不也可以吗？"郧公担心他的弟弟杀死昭王，就和昭王一块逃到随地。吴兵包围了随地，对随地的人说："在汉水流域的周朝子孙，被楚国全部消灭了。"随人要杀昭王，王子綦把他藏起来，自己冒充昭王来搪塞他们。随人算了一卦，卦象表明把昭王交给吴军，不吉利，就谢绝吴国，不交昭王。

当初，伍子胥和申包胥是至交的朋友，伍子胥逃跑时，对申包胥说："我一定要颠覆楚国。"申包胥说："我一定要保存楚国。"等到吴兵攻进郢都时，伍子胥搜寻昭王，没有找到，就挖开楚平王的坟，拖出他的尸体，鞭打了三百下才停手。申包胥逃到山里，派人去对伍子胥说："您这样报仇，太过分了！我听说：'人多可以胜天，天公降怒也能毁灭人。'您原来是平王的臣子，亲自称臣侍奉过他，如今弄到侮辱死人的地步，这难道不是伤天害理到极点了吗！"伍子胥对来人说："你替我告诉申包胥说：'我就像太阳落山的时候，路途还很遥远。所以，我要逆情背理地行动。'"于是申包胥跑到秦国去报告危急情况，向秦国求救，秦国不答应。申包胥站在秦国的朝廷上，日夜不停地痛哭，他的哭声七天七夜没有中断。秦哀公同情他，说："楚王虽然是无道昏君，有这样的臣子，能不保存楚国吗？"就派遣了五百辆战车拯救楚国，攻打吴国。六月间，在稷地打败吴国的军队。正赶上吴王长时间地留在楚国寻找楚昭王，他的弟弟夫概逃回国内，自立为王。阖闾听到这个消息，就放弃攻打楚国赶回去，攻打他的弟弟夫概。夫概兵败，跑到楚国。楚昭王见吴国内部发生变乱，又打回郢都，把堂溪封给夫概，叫作堂溪氏。楚国再次和吴军作战，打败吴军，吴王就回国了。

又过了两年，阖闾派太子夫差领兵攻打楚国，夺取番地。楚国害怕吴国军队再次大规模地进攻，就离开郢都，迁都鄀邑。这个时候，吴国用伍子胥、孙武的战略，向西打败了强大的楚国，向北威慑齐国、晋国，向南降服了越国。

周敬王二十四年（前496），吴王阖闾被越军所败。阖闾受伤而死，其子夫差立志报仇。勾践于次年主动进攻吴，在夫椒山（今江苏吴县西南）与吴兵发生激战，越兵大败。为了保存力量，勾践退兵至会稽山（今浙江绍兴南），用范蠡的计策，向吴称臣乞和。勾践归国后，卧薪尝胆，时时不忘灭吴雪耻。他任用范蠡、文种等人，改革内政，休养生息。后来勾践利用夫差北上争霸、国内空虚之机，一举攻入吴国并杀死了吴太子。夫差返国后只得言和。勾践不断举兵伐吴。勾践二十四年（前473），吴都被围三年后城破，夫差自杀。吴亡。随后，勾践又乘船进军北方，宋、郑、鲁、卫等国归附，并迁都琅琊（今山东胶南南），与齐、晋诸侯会盟，周元王正式承认其为霸主。

孙武在吴国活动的30年间，为吴国的强盛和称霸中原作出了杰出的贡献。

四、军事思想

孙武的不朽名著《孙子兵法》共十三篇:《始计》《作战》《谋攻》《军形》《兵势》《虚实》《军争》《九变》《行军》《地形》《九地》《火攻》《用间》。1972 年在山东临沂银雀山汉墓中出土的《孙子兵法》残简中,除十三篇外,还有《吴问》《四变》《黄帝伐赤帝》《地势二》《见吴王》等五篇佚文。

列举几篇如下:

《始计篇》第一,讲的是庙算,即出兵前在庙堂上比较敌我的各种条件,估算战事胜负的可能性,并制订作战计划。

原文:

孙子曰:兵者,国之大事,死生之地,存亡之道,不可不察也。

故经之以五事,校之以七计,而索其情。

一曰道,二曰天,三曰地,四曰将,五曰法。道者,令民于上同意,可与之死,可与之生,而不畏危也。天者,阴阳、寒暑、时制也。地者,高下、远近、险易、广狭、死生也。将者,智、信、仁、勇、严也。法者,曲制、官道、主用也。凡此五者,将莫不闻,知之者胜,不知之者不胜。

故校之以七计,而索其情。曰:主孰有道?将孰有能?天地孰得?法令孰行?兵众孰强?士卒孰练?赏罚孰明?吾以此知胜负矣。

将听吾计,用之必胜,留之;将不听吾计,用之必败,去之。计利以听,乃为之势,以佐其外。势者,因利而制权也。

兵者,诡道也。故能而示之不能,用而示之不用,近而示之远,远而示之近。利而诱之,乱而取之,实而备之,强而避之,怒而挠之,卑而骄之,佚而劳之,亲而离之,攻其无备,出其不意。此兵家之胜，不可先传也。

夫未战而庙算胜者，得算多也；未战而庙算不胜者，得算少也。多算胜，少算不胜，而况于无算乎！吾以此观之，胜负见矣。

译文：

孙子说：战争是一个国家的头等大事，关系到军民的生死、国家的存亡，是不能不慎重周密地观察、分析、研究的。

因此，必须通过敌我双方五个方面的分析，七种情况的比较，得到详情，来预测战争胜负的可能性。

一是道，二是天，三是地，四是将，五是法。道，指君主和民众目标相同，意志统一，可以同生共死，而不会惧怕危险。天，指昼夜、阴晴、寒暑、四季更替。地，指地势的高低，路程的远近，地势的险要、平坦与否，战场的广阔、狭窄，是生地还是死地等地理条件。将，指将领足智多谋，赏罚有信，对部下真心关爱，勇敢果断，军纪严明。法，指组织结构，责权划分，人员编制，管理制度，资源保障，物资调配。对这五个方面，将领都不能不做深刻了解。了解就能胜利，否则就不能胜利。

所以，要通过对双方各种情况的考察分析，并据此加以比较，从而来预测战争胜负。哪一方的君主是有道明君，能得民心？哪一方的将领更有能力？哪一方占有天时地利？哪一方的法规、法令更能严格执行？哪一方资源更充足，装备更精良，兵员更广大？哪一方的士兵训练更有素，更有战斗力？哪一方的赏罚更公正严明？通过这些比较，我就知道了胜负。

将领听从我的计策，任用他必胜，我就留下他；将领不听从我的计策，任用他必败，我就弃用他。听从了有利于克敌制胜的计策，还要创造一种势态，作为协助我方军事行动的外部条件。势，就是按照我方建立优势、掌握战争主动权的需要，根据具体情况采取的相应措施。

用兵作战，就是诡诈。因此，有能力而装作没有能力，实际上要攻打而装作不攻打，欲攻打近处却装作攻打远处，攻打远处却装作攻打近处。对方贪利就用利益诱惑他，对方混乱就趁机攻取他，对方强大就要防备他，对方暴躁易怒就可以撩拨他怒而失去理智，对方自卑而谨慎就使他骄傲自大，对方体力充沛就使其劳累，对方内部亲密团结就挑拨离间，要攻打对方没有防备的地方，在对方没有料到的时机发动进攻。这些都是军事家克敌制胜的诀窍，不可先传泄于人也。

在未战之前，经过周密的分析、比较、谋划，如果认为我方会胜利，是因为具备的制胜条件多；未开战而认为不能取胜的，是因为具备的制胜条件少。具备制胜条件多就胜，少就不胜，何况一个制胜条件也不具备呢？我从这些对比分析来看，胜负的情形就得出来了。

《作战篇》第二，讲的是庙算后的战争动员及取用于敌，胜敌益强。"作"是"制造""兴起"之意。"作战"这里不是指战争，而是指战争前的准备和筹划，

原文：

孙子曰：凡用兵之法，驰车千驷，革车千乘，带甲十万，千里馈粮，则内外之费，宾客之用，胶漆之材，车甲之奉，日费千金，然后十万之师举矣。

其用战也胜，久则钝兵挫锐，攻城则力屈，久暴师则国用不足。夫钝兵挫锐，屈力殚货，则诸侯乘其弊而起，虽有智者不能善其后矣。故兵闻拙速，未睹巧之久也。夫兵久而国利者，未之有也。故不尽知用兵之害者，则不能尽知用兵之利也。

善用兵者，役不再籍，粮不三载，取用于国，因粮于敌，故军食可足也。国之贫于师者远输，远输则百姓贫；近师者贵卖，贵卖则百姓财竭，财竭则急于丘役。力屈财殚，中原内虚于家，百姓之费，十去其七；公家之费，破军罢马，甲胄矢弓，戟盾矛橹，丘牛大车，十去其六。

故智将务食于敌，食敌一钟，当吾二十钟；惎杆一石，当吾二十石。

故杀敌者，怒也；取敌之利者，货也。车战得车十乘以上，赏其先得者，而更其旌旗。车杂而乘之，卒善而养之，是谓胜敌而益强。

故兵贵胜，不贵久。故知兵之将，民之司命。国家安危之主也。

译文：

孙子说：要兴兵作战，需做的物资准备有，轻车千辆，重车千辆，全副武装的士兵十万，并向千里之外运送粮食。那么前后方的军内外开支，招待使节、策士的用度，用于武器维修的胶漆等材料费用，保养战车、甲胄的支出等，每天要消耗千金。按照这样的标准准备之后，十万大军才可出发上战场。

因此，军队作战就要求速胜，如果拖得很久则军队必然疲惫，挫失锐气。一旦攻城，则兵力将耗尽，长期在外作战还必然导致国家财用不足。如果军队因久战疲惫不堪，锐气受挫，军事实力耗尽，国内物资枯竭，其他诸侯必定趁火打劫。这样，即使足智多谋之士也无良策来挽救危亡了。所以，在实际作战中，只听说将领缺少高招难以速胜，却没有见过指挥高明巧于持久作战的。战争旷日持久而有利于国家的事，从来没有过。所以，不能详尽地了解用兵的害处，就不能全面地了解用兵的益处。

善于用兵的人，不用再次征集兵员，不用多次运送军粮。武器装备由国内供应，从敌人那里设法夺取粮食，这样军队的粮草就可以充足了。国家之所以因作战而贫困，是由于军队远征，不得不进行长途运输。长途运输必然导致百姓贫穷。驻军附近处物价必然飞涨，物价飞涨，必然导致物资枯竭，物资枯竭，赋税和劳役必然加重。在战场上，军力耗尽，在国内财源枯竭，百姓私家财产损耗十分之七。公家的财产，由于车辆破损，马匹疲惫，盔甲、弓箭、矛戟、盾牌、牛车的损失，而耗去十分之六。

所以，明智的将军，一定要在敌国解决粮草，从敌国搞到一钟的粮食，就相当于从本国运来的二十钟，在当地取得饲料一石，相当于从本国运来的二十石。

所以，要使士兵拼死杀敌，就必须激励他们。要使士兵勇于夺取敌方的军需物资，就必须以缴获的财物作奖赏。所以，在车战中，抢夺十辆车以上的，就奖赏最先抢得战车的。而夺得的战车，要立即换上我方的旗帜，把抢的战车编入我方车队。要善待俘虏，使他们有归顺之心。这就是战胜敌人而使自己越发强大的方法。

所以，作战最重要、最有利的是速胜，最不宜的是旷日持久。真正懂得用兵之道、深知用兵利害的将帅，掌握着民众的生死，主宰着国家的安危。

《谋攻篇》第三，讲的是以智谋攻城，即不专用武力，而是采用各种手段使守敌投降。

原文：

孙子曰：夫用兵之法，全国为上，破国次之；全军为上，破军次之；全旅为上，破旅次之；全卒为上，破卒次之；全伍为上，破伍次之。是故百战百胜，非善之善也；不战而屈人之兵，善之善者也。

故上兵伐谋，其次伐交，其次伐兵，其下攻城。攻城之法，为不得已。修橹轒辒，具器械，三月而后成；距堙，又三月而后已。将不胜其忿而蚁附之，杀士卒三分之一，而城不拔者，此攻之灾也。故善用兵者，屈人之兵而非战也，拔人之城而非攻也，毁人之国而非久也，必以全争于天下，故兵不顿而利可全，此谋攻之法也。

故用兵之法，十则围之，五则攻之，倍则战之，敌则能分之，少则能逃之，不若则能避之。故小敌之坚，大敌之擒也。

夫将者，国之辅也。辅周则国必强，辅隙则国必弱。故君之所以患于军者三：不知军之不可以进而谓之进，不知军之不可以退而谓之退，是谓縻军；不知三军之事而同三军之政，则军士惑矣；不知三军之权而同三军之任，则军士疑矣。三军既惑且疑，则诸侯之难至矣。是谓乱军引胜。

故知胜有五：知可以战与不可以战者胜，识众寡之用者胜，上下同欲者胜，以虞待不虞者胜，将能而君不御者胜。此五者，知胜之道也。

故曰：知彼知己，百战不殆；不知彼而知己，一胜一负；不知彼不知己，每战必败。

译文：

孙子说：战争的原则是：使敌人举国降服是上策，用武力击破敌国就次一等；使敌人全军降服是上策，击败敌军就次一等；使敌人全旅降服是上策，击破敌旅就次一等；使敌人全卒降服是上策，击破敌卒就次一等；使敌人全伍降服是上策，击破敌伍就次一等。所以，百战百胜，算不上是最高明的；不通过交战就降服全体敌人，才是最高明的。

所以，上等的军事行动是用谋略挫败敌方的战略意图或战争行为，其次就是用外交战胜敌人，再次是用武力击败敌军，最下之策是攻打敌人的城池。攻城，是不得已而为之，是没有办法的办法。制造大盾牌和四轮车，准备攻城的所有器具，起码得三个月。堆筑攻城的土山，起码又得三个月。如果将领难以抑制焦躁情绪，命令士兵像蚂蚁一样爬墙攻城，尽管士兵死伤三分之一，而城池却依然没有攻下，这就是攻城带来的灾难。所以善用兵者，不通过打仗就使敌人屈服，不通过攻城就使敌城投降，摧毁敌国不需长期作战，一定要用"全胜"的策略争胜于天下，从而既不使国力兵力受挫，又获得了全面胜利的利益。这就是谋攻的方法。

所以，在实际作战中运用的原则是：我十倍于敌，就实施围歼，五倍于敌就实施进攻，两倍于敌就要努力战胜敌军，势均力敌则设法分散，各个击破之。兵力弱于敌人，就避免作战。所以，弱小的一方若死拼固守，那就会成为强大敌人的俘虏。

将帅，国家之辅助也。辅助之谋缜密周详，则国家必然强大，辅助之谋疏漏失当，则国家必然衰弱。所以，国君对军队的危害有三种：不知道军队不可以前进而下令前进，不知道军队不可以后退而下令后退，这叫作束缚军队；不知道军队的战守之事、内部事务而同理三军之政，将士们会无所适从；不知道军队战略战术的权宜变化，却干预军队的指挥，将士就会疑虑。军队既无所适从，又疑虑重重，诸侯就会趁机兴兵作难。这就是自乱其军，坐失胜机。

所以，预见胜利有五个方面：能准确判断仗能打或不能打的，胜；知道根据敌我双方兵力的多少采取对策者，胜；全国上下、全军上下，意愿一致、同心协力的，胜；以有充分准备来对付毫无准备的，胜；主将精通军事、精于权变，君主又不加干预的，胜。以上就是预见胜利的方法。

所以说：了解敌方也了解自己，每一次战斗都不会有危险；不了解对方但了解自己，胜负的几率各半；既不了解对方又不了解自己，每战必败。

《军形篇》第四，讲的是具有客观、稳定、易见等性质的因素，如战斗力的强弱、战争的物质准备。

《兵势篇》第五，讲的是主观、易变、带有偶然性的因素，如兵力的配置、士气的勇怯。

《虚实篇》第六，讲的是如何通过分散集结、包围迂回，造成预定会战地点上的我强敌劣，以多胜少。

《军争篇》第七，讲的是如何"以迂为直""以患为利"，夺取会战的先机之利。

《九变篇》第八，讲的是将军根据不同情况采取不同的战略战术。

《行军篇》第九，讲的是如何在行军中宿营和观察敌情。

《地形篇》第十，讲的是六种不同的作战地形及相应的战术要求。

《九地篇》第十一，讲的是依"主客"形势和深入敌方的程度等划分的九种作战环境及相应的战术要求。

《火攻篇》第十二，讲的是以火助攻。

《用间篇》第十三，讲的是五种间谍的配合使用。

毛泽东指出，承继珍贵的历史遗产，"对于指导当前的伟大的运动，是有重要的帮助的"（《毛泽东选集》合订本，第499页）。他又指出，孙子兵法乃是"科学的真理"。这些"科学的真理"主要有下列几点：

第一，孙子揭示的战争规律，在当前仍然是指导战争实践的重要原理。孙子的名言："知彼知己，百战不殆。"他又说："知胜有五：知可以战与不可以战者胜；识众寡之用者胜；上下同欲者胜；以虞待不虞者胜；将能而君不御者胜。"（《谋攻篇》）这些话，阐述战争取胜的法则，何等精炼而明晰！他认为，战争取胜的关键："一曰道，……道者，令民与上同意也。"（《评始计篇》）他把政治上的上下一致、同心同德作为制胜的首要条件。同时，他又十分重视战争双方的经济实力，指出："地生度，度生量，量生数，数生称，称生胜。"（《地形篇》）他并强调，军事上的优劣往往在战争中起决定作用，战争的胜负最终要看"将孰有能"，"兵众孰强，士卒孰练"。

第二，在外交上争取同盟者（"伐交"），利用天时、地形等条件，也都是战争中不可忽视的手段。上述这些战争规律，对于今天显然是同样适用的。

孙子论述的治军原则，有许多可以作为当前建军工作的借鉴。孙子列举军队的将帅必须具备的品质，曰："将者，智、信、仁、勇、严也。"（《始计篇》）这五种品质，说得何等简炼精彩！孙子认为，军队要建立健全的法制。他说："法者，曲制、官道、主用也。"（同上）亦即要有严密的部队编制、官吏职能和供应系统。孙子强调，军队在平时要经常进行"金鼓""旌旗"等信号的训练；并要赏罚严明，"令之以文，齐之以武"（《行军篇》）。只有这样，才能在战时"勇者不得独进，怯者不得独退"（《军争篇》）；"治众如治寡""斗众如斗寡"（《兵势篇》）。三军团结得像一个人，发挥出巨大的威力。孙子还对军队中的官兵关系，发表过很好的意见。研究上述这些治军原则，无疑会对今天的军队建设起积极的促进作用。

第三，孙子总结的许多战略战术，在当前条件下仍相当有效和切实可行。孙子主张战前必须充分准备。他指出："昔之善战者，先为不可胜，以待敌之可胜。"（《军形篇》）战争时要运用计谋，使"兵不顿而利可全"（《谋攻篇》）；在战争过程中，应牢牢把握主动权，"致人而不致于人"（《虚实篇》）；要灵活机动地与敌人周旋，"避实而击虚"，"攻其所必救"（同上）；军事行动必须严守机密，神出鬼没，使敌人"难知如阴"（《军争篇》）。孙子又提出，与敌军对峙时，应以"诡诈"之法取之，"能而示之不能"，"攻其无备，出其不意"（《始计篇》）；战争中并应"治气"、"治心"、"治力"，避锐击惰，"以佚待劳"；进行每一个战役，我方的兵力要尽量集中，使"我专而敌分"；作战时应把兵力分成正兵与奇兵两部，"以正合，以奇胜"（《兵势篇》）。熟记孙子的这些战略战术，必将大大提高用兵者的指挥艺术。

第四，孙子阐述的哲学观点，可以丰富和充实当前的唯物辩证法思想。孙子强调，要认识客观事物，"不可取于鬼神"（《用间》篇），而必须通过实践活动。他说："作之而知动静之理"，"角之而知有余不足之处"（《虚实篇》）。他认为，感官所得的表面现象，应通过思索而深入认识其本质，在《行军篇》中，他列举了三十余种这样的例子。孙子在掌握客观规律性与发挥主观能动性，如何促使对立面的转化等方面，都有许多具体生动的论证。

第五，孙子的政治主张，对治理国家提出了不少有益的意见。孙子曰"兵者，国之大事，死生之地，存亡之道，不可不察也。"（《始计篇》）任何执政者对于用兵作战必须持十分审慎的态度。孙子又说："善用兵者，修道而保法。"（《地形篇》）所谓"修道"，就是要修明政治，使上下同心；"保法"则是要健全各种法制，他还指出，官吏应当精简。要让人民富裕。"主敛臣收，以御富民"，就能成为"固国"（银雀山汉墓竹简《孙子兵法·吴问》）。这些主张，无疑是治国的良方。

第六，孙子的军事理论，还能运用于企业管理、市场竞争和各项比赛活动。孙子关于将帅五种品质的论述，对一个企业领导来说也是必须具备的。在官兵关系方面，孙子主张"视卒如爱子"（《地形篇》），"与众相得"（《行军篇》）。如果企业领导与职工群众能保持这样的关系，则企业的效益必将大大增长。其他如孙子主张的战前"庙算""知彼知己""先为不可胜""善出奇""以上智为问"等，都可以作为进行各类竞赛活动的座右铭。

《孙子兵法》历来被推为"兵学鼻祖"，无论在中国，还是在外国，都被公认为世界第一部军事名著，享有盛誉。

《孙子兵法》问世之后，即在社会上流传开来。战国韩非《韩非子·五蠹》说："境内皆言兵，藏孙、吴之书者家有之。"从曹操开始，历史上为《孙子兵法》作注的不下百余家。

在国际上，《孙子兵法》也日益广泛流传。它被译成英文、法文、德文、俄文、日文、朝鲜文、越南文、希伯来文等数十种文字，有不少外国军事评论家给《孙子兵法》以高度的评价。曾任美国国防大学战略研究所所长的约翰·柯林斯在其所著《大战略》一书中这样写道："孙子是古代第一个形成战略思想的伟大人物。……《孙子》十三篇可与历代名著包括二千二百年后的克劳塞维茨的著作媲美。今天没有一个人对战略的相互关系、应考虑的问题和所受的限制比他有更深刻的认识。他的大部分观点在我们当前环境中仍然具有和当时同样的意义。"

《孙子兵法》作为一部卓绝的古代军事学著作，虽然写于2500多年前，但是由于它思想的精髓、哲理的深刻，至今读来犹觉剀切详明，备受启迪。

综上所论，《孙子兵法》作为我国和世界上一部最早的系统的军事学著作，由于它包含了极其丰富的军事学内容、阐发了精辟深刻的哲学道理，具有多姿多彩的文学韵味，因而几千年来相传不衰，直到今天仍有着广泛的效用和强大的生命力。这样一部不同凡响的兵法著作，对其作者的经历、产生背景、思想主张、历代影响、当今价值，进行一番认真的研究探索、分析评论，显然是很有意义的。

五、毛泽东的称誉

　　为什么一部产生于两千多年前的《孙子兵法》至今仍葆其美妙的青春呢？因为它揭示了许多基本的军事原则。它从军事斗争优胜劣败这一基本原理出发，提出了制订作战计划，集中兵力，确定主攻方向，善于实施机动，注意密切配合，创造主动态势，立于不败之地，穷寇勿迫，等等，这些作战的重要原则，至今仍不能违背。

　　毛泽东非常推崇孙子，称他为"中国古代大军事家"，又说："在几千年前，中国有这样的兵书，真是件了不起的事。"（《一代儒将—郭化若纪念文集》，军事科学出版社1999年版，第631页）对他的军事思想评价很高，并且在自己的军事理论著作中，多次引用孙子的言论来阐述重要军事原理、原则。毛泽东在1936年12月写成的标志其军事思想体系形成的不朽军事名著《中国革命战争的战略问题》一书中，在其第一章第四节——"重要的问题在于学习"中，引用了孙子的名言"知彼知己，百战不殆"，以说明战争规律包括学习和使用两个阶段，告诉"我们不要看轻这句话"。

　　在后来写的另一部军事名著《论持久战》中，再次强调："孙子的规律，'知彼知己，百战不殆'，仍是科学的真理。"

　　在《中国革命战争的战略问题》中毛泽东还援引了孙子的"避其锐气，击其惰归"的话，并解释为"就是指使敌人疲劳沮丧，以求减杀其优势"。

　　在同书第五章第三节中，毛泽东还引用了孙子"示形"，即"示形于东而击于西，即所谓声东击西"，说明战争可以用欺骗，用计谋，兵不厌诈；又指出"声东击西，是造成敌人的错觉之一法"。在谈及反"围剿"的准备时指出："要求我军有备无患，根本上立于不败之地。"

　　他在1945年12月写的《一九四六年解放区工作的方针》中指出："我党均须作持久打算，才能立于不败之地。"

在 1946 年 7 月写的《以自卫战争粉碎蒋介石的进攻》一文中，又说："总之，我们是一切依靠自力更生，立于不败之地。"

在诗词创作中，毛泽东也常常引用、化用或反用孙子的言论。毛泽东 1928 年秋所作《西江月·井冈山》中，就有"山下旌旗在望，山头鼓角相闻"两句，一般认为，源出于《孙子兵法·军争》的话："《军攻》曰：'言不相闻，故为金鼓；视不相见，故为旌旗。'"，至于《七律·人民解放军占领南京》一诗中"宜将剩勇追穷寇，不可沽名学霸王"的名句，则是反用孙子"穷寇勿迫"的话，召号"将革命进行到底"。

中华人民共和国成立后，有一次毛泽东在阅读《汉书》时，对赵国深入西羌、不追穷寇的策略则深表赞赏，在"穷寇不可追也"等语句旁画了着重线。

其实，早在青年时期，《孙子兵法》就引起了毛泽东的注意。他在 1913 年 10 月至 12 月，在湖南第一师范学校读书时写的《讲堂录》中，就记述了有关孙子的事情和《孙子兵法》中的内容，如《孙子集注序》："武子以兵为不得已，以久战多杀非理，以赫赫之功为耻，岂徒谈共之租，抑庶几立言君子矣"。

"百战百胜，非善之善者也；不战而屈人之兵，善之善者也。故善用兵者，无智名，无勇功。孙武《谋功篇》"（按：《谋功篇》应为《谋攻篇》）。

苏洵论曰，按言以责行，孙武不能辞三失：久暴师而越衅乘，纵鞭墓而荆怒放，失秦交而包胥救。言兵则吴劣于孙，用兵则孙劣于吴，矧祖其余论故智者乎？"孙武越羁旅臣耳，越不能尽行其说，故功成不受官"。（《毛泽东早期文稿》，湖南出版社 1990 年版，第 595 页）

1935 年 1 月，在遵义会议上，凯丰等人责备毛泽东："你懂得什么马列主义？你顶多是看了些《孙子兵法》。"还说毛泽东的军事策略是从《孙子兵法》学来的，现在用不上了。对这件事，毛泽东后来多次谈及："打仗的事怎能照本本去打？我问他《孙子兵法》共有几篇？第一篇的题目叫什么？他答不上来。其实自己也没有看过。从那以后，倒是逼着我再去翻了翻《孙子兵法》。"

到了陕北以后，1936 年 10 月 26 日，毛泽东致叶剑英、刘鼎信，要他们设法"买一部《孙子兵法》来"(《毛泽东书信选集》,人民出版社1983年版,第81页)。这时,环境相对安定,毛泽东为了总结革命战争经验,撰写军事理论著作,才系统地研读了《孙子兵法》。

新中国成立后,毛泽东多次讲到《孙子兵法》对他的影响很大。(袁德金:《毛泽东和〈孙子兵法〉》,《说不尽的毛泽东》下卷,辽宁人民出版社1995年版,第234页),1960年5月,毛泽东同英国陆军元帅蒙哥马利谈到军事著作时,他问蒙哥马利:"你没有看过两千年前我国的《孙子兵法》吧?里面很有些好东西。"蒙哥马利问:"是不是提到了更多的军事原则?"毛泽东说:"一些很好的原则。"(《毛泽东外交文选》,中央文献出版社、世界知识出版社1994年版,第425页)

此外,毛泽东还十分关心《孙子兵法》的研究工作。我军有一位研究《孙子兵法》的专家郭化若,几十年来研究《孙子兵法》,一直受到毛泽东的关怀。1939年,当他知道郭化若研究孙子时,很高兴地说,要为了发扬中国民族的历史遗产去读孙子,要精选《孙子兵法》中卓越的战略思想,批判地接受其对战争指导的法则,以新的内容去充实,研究孙子就要批判曲解孙子的思想贻误中国抗战时机的思想。还说,必须深刻地研究孙子所处社会政治经济性质、哲学思想以及包括孙子以前的兵学思想,然后再对《孙子兵法》本身作研究。按照毛泽东的指点,郭化若用了三个月的业余时间,写出了长达四万字的《孙子兵法初探》提纲。毛泽东看了提纲后,让他在延安抗日战争研究会上作讲演。之后,又叫他作了整理,刊登于《八路军军政杂志》。建国后,郭化若将此书取名《孙子今译》以单行本出版。

郭化若(1904—1995),原名郭可彬,曾用名郭俊英、郭化玉、郭化羽。福建福州人。1925年进入黄埔军校四期学习,同年加入中国共产党。1955年授予中将军衔。原任南京军区第一副司令员。"文化大革命"期间,受到错误批判。1973年7月22日,他给毛泽东写信,讲到自己"在介绍《孙子兵法》时写了错误严重的《代序》","任意夸张《孙子兵法》",把《孙子兵法》现代化,"又不积极修改赶早出版"。信中还向毛泽东请求分配工作。毛泽东接到郭化若的信后,写信给周恩来总理和主持中央军委日常工作的叶剑英副主席。信是这样写的:

总理、剑英同志：

　　请考虑可否给郭化若分配工作。并将孙子兵法改版，写一篇批判吸收性的序言。此信并请告郭。

毛泽东
73.8.4

同年，郭化若出任军事科学院副院长。

由上我们可以看出，毛泽东军事思想与中国传统军事文化的密切联系。

六、后裔孙膑

孙膑（约前378—前316），本名不传，是中国战国时期著名的军事家，孙武的后世子孙。齐国阿城（今山东阳谷东北）、鄄（今山东鄄城北）一带人，汉族。身长七尺（周的一尺合今23.1厘米），早年曾与庞涓一起学习兵法。后来，庞涓出任魏将，因嫉妒孙膑的才能，将他诓骗到魏国，施以膑刑（割去膝盖骨），所以称他孙膑。后来，他担任了齐威王的军师，先后在桂陵（今河南长垣西南）和马陵（今河北大名东南）两次大败魏军，最后擒杀庞涓。

孙膑是一个十分有才智的人，明人冯梦龙编的《智囊·制胜·孙膑》记述："魏伐赵，赵急，请救于齐。齐威王欲将孙膑，膑以刑余辞。乃将田忌而孙子为师，居辎车中，坐为计谋。田忌欲引兵救赵，孙子曰：'夫解纷者不控卷，救斗者不搏撠。批亢捣虚，形格势禁，则自为解耳。今梁、赵相攻，轻兵锐卒必尽于外，老弱罢于内。君不若引兵疾走大梁，冲其方虚。彼必释赵而自救，是我一举解赵之困，而收敝于魏也。'忌从之，魏果去邯郸，与齐战于桂陵，大破梁军。"

毛泽东在此段文字的天头画了三个圈，评点道："攻魏救赵，因败魏军，千古高手。"（读《智囊》卷二十二《兵智都·制胜·孙膑》批语，《毛泽东读文史古籍批语集》，中央文献出版社1993年版，第65—66页）

毛泽东认为孙膑能够掌握战略主动权，驾驭战争，调动敌人，在运动中削弱敌人、战胜敌人，是实践中国兵法的千古高手。

（一）孙武既死，后百余岁有孙膑

孙膑是一个名人，自然也有不少与他有着密切关系的名人，像著名军事家孙武、王禅老祖鬼谷子。

1. 将门之后

孙膑是孙子的后世子孙，汉司马迁《史记·孙子吴起列传》中记载："孙武既死，后百余岁有孙膑。膑生阿、鄄之间。膑亦孙武之后世子孙也。"这样看来，孙膑确实是将门之后。他与孙武一样，都熟悉兵法，而且当初孙膑所学习兵法，便是《孙子兵法》。

2. 师出有名

传说，孙膑在成年之后与鬼谷子学习《孙子兵法》。在正史中，关于孙膑、庞涓师出何处，并没有记载，但是在明冯梦龙原著、清蔡元放改编的《东周列国志》第87回《说秦君卫鞅变法　辞鬼谷孙膑下山》中记载："却说周之阳城，有一处地面，名曰鬼谷。以其山深树密，幽不可测，似非人之所居。故云鬼谷。内中有一隐者，自号曰鬼谷子，相传姓王，名诩，晋平公时人，在云梦山中与宋人墨翟，一同采药修道。

"那墨翟不畜妻子，发愿云游天下，专一济人利物，拔其苦厄，救其危难。惟王诩潜居鬼谷，人但称为鬼谷先生。其人通天彻地，有几家学问，人不能及。那几家学问：一曰数学，日星象纬，在其掌中，占往察来，言无不验。二曰兵学，六韬三略，变化无穷，布阵行兵，鬼神不测。三曰游学，广记多闻，明理审势，出词吐辩，万口莫当。四曰出世学，修真养性，服食导引，却病延年，冲举可俟。那先生既知仙家冲举之术，为何屈身世间？只为要度几个聪明弟子，同归仙境，所以借这个鬼谷栖身。

"初时偶然入市，为人占卜，所言吉凶休咎，应验如神。渐渐有人慕学其术。先生只看来学者资性，近着那一家学问，便以其术授之。一来成就些人才，为七国之用；二来就访求仙骨，共理出世之事。他住鬼谷，也不计年数。弟子就学者不知多少，先生来者不拒，去者不追。就中单说同时几个有名的弟子：齐人孙宾，魏人庞涓、张仪，洛阳人苏秦。宾与涓结为兄弟，同学兵法；秦与仪结为兄弟，同学游说；各为一家之学。"

张仪（？—前310），魏国贵族后代，战国时期纵横家代表人物。秦惠文君十年（前328），任秦国丞相。执政时迫使魏献上郡，帮助秦惠文君称王，游说各国服从秦国，瓦解齐楚联盟，夺取楚汉中地，使秦更为强大。秦武王即位后，他入魏为魏相，不久即去世。

苏秦，字季子，战国东周洛阳（今河南洛阳东）人，纵横家代表人物，年辈后于张仪。为燕昭王亲信，奉命入齐，从事反间活动，使齐国"西劳于宋，南罢（疲）于楚"，收以防止齐国谋燕，并为攻齐复仇作准备。齐湣王末年被任为相国。秦昭王约齐湣王并称东西帝，他劝说齐王取消帝号，合纵攻秦，迫使秦废帝号，归还一部分魏韩地。后因反间活动暴露，被车裂而死。

虽然《东周列国志》并不十分可信，但是此说法肯定是有来源的，而且鬼谷子确有此人。最早记载鬼谷子的是司马迁的《史记》。

《史记·苏秦列传》中说："苏秦者，东周洛阳人也。东事师子齐，而习之于鬼谷先生。"道教认为鬼谷先生为"古之真仙"，曾在人间活了数百岁，而后不知去向。《鬼谷子》一书完整地保留在道家的经典《道藏》中。

鬼谷子被称为纵横家之鼻祖的原因有两个：其一有苏秦与张仪两个叱咤战国时代的杰出弟子（《战国策》），另有孙膑与庞涓亦为其弟子之说（《孙庞演义》）。鬼谷子名王禅，又名王诩，春秋时代卫国（今河南鹤壁淇县）人。鬼谷，在淇县城西南十余里的云梦山中，因鬼谷子培养出孙膑和庞涓这样杰出的军事家，被已故国防部副部长伍修权誉为"中国第一军校"。

鬼谷子长于持身养性和纵横术，精通兵法、武术、奇门八卦，著有《鬼谷子》兵书十四篇传世，世称王禅老祖。常入云梦山采药修道，因隐居清溪之鬼谷，所以自称鬼谷先生。

鬼谷子在衣、食、住、行、医、料家理财、治国方案、外政外交、兵书战策、兵器发明、天文地理、神奇推算、养生教子等可以说达到登峰造极的地步！鬼谷子先师据传说是个极具个性的人，也可以说是个难驾驭之人。他的书籍流传甚少，多为抄译。

鬼谷子招收徒弟从不挑剔。他的学问并不是每个人都能学会的，但是只要学会一门便可以纵横天下！

鬼谷子有如此超人的本领，道家说他是上天一位神祇，法力高强，因当时世局混乱，所以上天派他下凡，传授兵法道法、奇辩之学，以创造奇才。鬼谷子先师，为诸子百家中的纵横家的始祖，亦为道家的诸位先师之一。后世流传有不少鬼谷子兵法、道法、奇门遁甲等学，博大精深，非深研，不能窥其奇奥。

鬼谷子因为道术精通，流于后世的亦包括易占之学。后世以易占、星相来为生者，谨奉鬼谷子先师的话，给人算命看相，准确程度可以大大提高，故此后代以星相为业者，皆以鬼谷子先师为本业的守护神，诚心供奉。

3、孙膑兵法

孙膑在辞官归隐之后，专心研究军事理论，终于写成了流传千古的军事名著——《孙膑兵法》。《孙膑兵法》又名《齐孙子》，这是为了与《孙子兵法》区别开来。东汉班固《汉书·艺文志》称"《齐孙子》八十九篇，图四卷"，但是自唐魏徵《隋书·经籍志》开始，便不见于历代著录，大概在东汉末年便已经失传。1972年，直到山东临沂银雀山汉墓竹简出土，这部古兵法才开始重见天日。然而，由于年代太远了，所以竹简残缺不全，损坏十分严重。最后，经竹简整理小组整理考证，文物出版社于1975年出版了简本《孙膑兵法》，共收竹简364枚，分上、下编，各十五篇。对于这批简文，学术界一般认为，上篇当属原著无疑，系在孙膑著述和言论的基础上经弟子辑录、整理而成；下篇内容虽与上篇内容相类，但也存在着编撰体例上的不同，是否为孙膑及其弟子所著尚无充分的证据。1985年，文物出版社出版的《银雀山汉墓竹简（壹）》中，收入《孙膑兵法》凡16篇，系原上篇诸篇加上下篇中的《五教法》等，其篇目依次为：《擒庞涓》《见威王》《威王问》《陈忌问垒》《篡卒》《月战》《八阵》《地葆》

《势备》《兵情》《行篡》《杀士》《延气》《官一》《五教法》《强兵》。

（二）"以弱当强，以少数兵力佯攻敌诸路大军"

以弱当强，向来都是兵家所极力推崇的兵法，而在中国历史上记载最早运用此法的便是孙膑了。

1. 出道之路

孙膑4岁丧母，9岁丧父，所以从小跟从叔父孙乔。孙乔是齐康公的大臣，在齐康公被田太公驱逐后，孙乔等旧臣自然也就被驱逐，在逃难之中，孙膑与叔父一家失散。

后来，孙膑成年时候，与庞涓一起学习兵法，但是庞涓贪图名利，学业未完，就因受魏惠王的聘请，而提前下山，去魏国做了魏国的大将和军师，在临走之前，答应成名后一定举荐孙膑。

后来，庞涓在魏国率领军队，进攻较弱的卫、宋等国，屡屡获胜，还击退了前来进犯的齐国军队。一时间，庞涓名声大噪，魏惠王对他十分信任。庞涓十分得意，但是想到孙膑才能比自己强，就十分嫉恨、深感不安。他想，论天下的用兵之法，除了孙膑之外没人能赶上自己了。所以，一直没有将孙膑推荐给魏惠王。

谁知魏惠王听说孙膑十分有才能，便跟庞涓说起孙膑，想让孙膑效力于魏国。庞涓没有办法，只好照办，于是他便写信给孙膑。

孙膑在接到庞涓的信后，十分感念庞涓的举荐之恩，于是立刻整装奔赴魏国。庞涓在见到孙膑后，假意欢迎，并盛情款待。但是这一切都不是他的本意，他害怕孙膑在自己之上，所以一直想要陷害他。孙膑刚开始到了魏国，只是做了一个无名无权的客卿。这时候，庞涓便趁机进行加害孙膑的阴谋活动。他先派人伪装受孙膑表兄的委托，劝孙膑回齐国，待拿到孙膑的亲笔回信之后，进行涂改，在魏王面前诋毁孙膑，说他与齐国私通，魏惠王信以为真，一气之下要处死孙膑。

庞涓为了骗取孙膑的兵法著作，又假惺惺地以同学的面孔向魏王求情，结果把死刑变成了膑刑。孙膑不仅被挖去了膝盖骨，又被用针刺面，然后以墨涂之，成为受人鄙视的"刑徒"。而庞涓却对孙膑的生活照顾得很周到，孙膑总是觉得对不起人家。为了报答庞涓的恩情，主动提出要替庞涓做点什么。庞涓说："你家祖传的十三篇兵法，能不能写下来，我们共同琢磨，也好流传后世。"孙膑想了想，就答应把《孙子兵法》十三篇背诵下来写在竹简上。

于是孙膑开始每天忍痛拼命抄写，但是由于身体亏损，需慢慢休整，进度比较慢。在一旁侍奉他的童仆实在看不下去，便把实情告诉了孙膑。直到这个时候，孙膑才知道了实情，看清楚了庞涓的真面目，他真是追悔莫及啊！但是如今他被庞涓控制着，膝盖已被去掉，两腿无力行走，好不凄惨。

2、孙膑装疯

但是孙膑是个意志很坚强的人，他并没有因此而消沉下去，而是开始思索解救自己的办法。他一方面与庞涓巧妙周旋，一方面在努力寻找时机，尽早摆脱庞涓的监视，想有朝一日驰骋纵横，报仇雪耻。孙膑开始装疯，将刚写成的几篇兵书一片一片地扔进火里烧毁，还抓地下的脏东西往嘴里塞。来人看到孙膑的情况，十分害怕，连忙跑去报告庞涓，说："孙先生疯了！"

庞涓亲自察看，只见孙膑痰涎满面，一会伏地大笑，一会又仰面大哭起来。庞涓生性狡黠，害怕他是假装的，便命令身边的人将他拖入猪圈中，孙膑仍然哭笑无常、披发露面，累了便趴在猪圈中呼呼大睡。庞涓仍然半信半疑，又让人献上酒食，诓骗他说："吃吧，相国不知道。"孙膑当然知道这又是庞涓用的计，于是一把打翻食物，狰狞起面孔，厉声大骂："你又想要毒死我吗？"庞涓又让人捡起猪粪、泥块给他。孙膑接过来就往嘴里塞。庞涓心想："孙膑受刑之后气恼不过，可能是真的疯了。"

从此，他看管孙膑就比从前松懈多了。而孙膑则像疯子一样白天在街上躺着，晚上又爬回猪圈。有时街上的人可怜他给他点吃的，他就哈哈傻笑，随即又嘟嘟哝哝，也听不清楚他说些什么。时间长了，魏都大梁内外都知道有个孙疯子，没有人再怀疑他了。庞涓每天都听人汇报，觉得孙膑再也无法和自己竞争了，就打消了杀他的念头。

3、脱逃至齐

孙膑靠装疯卖傻瞒过了庞涓才活下来，但是他一刻也没有放弃逃跑的念头，一直在寻找逃跑的机会。有一天，齐国大夫淳于髡出使魏国，孙膑在知道了这个消息之后，就设法以犯人的身份偷偷地会见了齐国的使臣，向他诉说了自己在魏国的悲惨遭遇，并告知行军布阵的策略及政治主张。齐国的使臣淳于髡十分感动，知道孙膑是一个十分有才能的人，就秘密地将其藏在马车中，将他偷偷地带回了齐国。这从此改变了孙膑的厄运。

从这里我们便可以看出孙膑的超凡智慧，他靠"装疯卖傻"躲过了庞涓对他的杀害。当庞涓将其迫害致残后，孙膑为了保全自己的性命，伪装发疯，整日与猪同食、同住，胡言乱语以麻痹庞涓。当庞涓警惕性下降，放松了对他的看管时，孙膑利用机会，联络前来的齐国使臣，最终得以保全性命。正是他这种"隐忍"的性格，这种"小不忍则乱大谋"的思想，为他日后"名扬于诸侯"奠定了基础。

4、驷马之法

孙膑到齐国之后，很快见到齐国的大将田忌。田忌，一作田期、田期思，战国初期齐将，封于徐州（今山东藤县南），又称徐州子期。田忌十分赏识孙膑的才能，便将他留在府中，以接待上宾的礼节来款待他。

田忌常常跟齐国的皇族公子们赛马。由于齐威王每个等级的马都比田忌的马强得多，所以比赛了几次，田忌都失败了。孙膑在场观察了多次，对田忌说："您尽管把赌注下得大些，我有办法保您取胜。"田忌非常相信孙膑，于是一下子就下了千金的赌注。到了比赛开始时，孙膑告诉田忌说："现在用您的下等马与他们的上等马比赛，用您的上等马与他们的中等马比赛，然后用您的中等马与他们的下等马比赛。"田忌恍然大悟，依计而行。等到三场赛完，田忌输了一次，赢了两次，结果赢得齐威王和王族公子的许多钱财。一向取胜的齐威王这次输了，大感惊讶，忙问田忌是何原因。田忌把孙膑找来，借机推荐给齐威王。

这个故事在我国已经家喻户晓、妇孺皆知。

孙膑的赛马之法，明小说家冯梦龙在其《智囊·兵智部·制胜卷·孙膑》中说："孙子同齐使之齐，客田忌所。忌素与齐诸公子逐射，孙子见其马足，不甚相远，马有上中下，乃谓忌曰：'君第重射，臣能令君胜。'与王及诸公子逐射千金，及临质，孙子曰：'今以君之下驷，与彼上驷；取君上驷，与彼中驷；取君中驷，与彼下驷。'既驰三辈毕，而田忌一不胜，而再胜，卒得五十金。"

孙膑这种比赛方法，被称为"驷马之法"。接着冯梦龙引用唐太宗的话说："向自经略四方，颇知用兵之要。每观敌阵，则知其强弱，尝以吾弱当其强，强当其弱。彼乘吾弱，奔逐不过数百步，吾乘其弱，必出其阵后，反而击之，无不溃散。盖用孙子之术。"书中写道，宋高宗问抗金名将吴磷作战的取胜之术，吴磷回答说："弱者出战，强者继之。"宋高宗也说："此孙膑驷马之法。"

毛泽东对于汇集了历史上近2000则智谋故事的《智囊》一书爱不释手，圈点批阅。在读了冯梦龙在《智囊》中对孙膑"驷马之法"的描写后，批注道：

"所谓以强当弱，就是以少数兵力佯攻敌诸路大军。所谓以强当弱，就是集中绝对优势兵力，以五六倍于敌一路之兵力，四面包围，聚而歼之。自古能军无出李世民之右者，其次则朱元璋耳。"

对"以弱当强""以强当弱"的问题，毛泽东结合他自己的军事实践，作了科学的阐释，并指出这种作战方法在中国的古代军事家中以李世民、朱元璋两位马上皇帝运用得最好，说明了这种方法的普遍意义和永久的生命力。直到今天，它的精神还与现实生活密切相关，给人不少启发。比如两军交战、体育竞赛、商战等等，都要求制定巧妙对策来战胜对方，谋求发展。

5、答齐威王问

齐威王（？—前320），田氏，名田齐，一作婴齐。公元前356—前320年在位，是一位颇有作为的帝王。

齐威王在刚刚见到孙膑时，认为他是一个双腿受刑的残疾人，所以并未介意。当孙膑陈述自己对战争问题的看法时，齐威王便有意问道："依你的见解，不用武力能不能使天下归服呢？"孙膑果断地回答说："这不可能，只有打胜了，天下才会归服。"然后，他列举黄帝打蚩尤、尧帝伐共工、舜帝征三苗，以及武王伐纣等事实，说明不论哪一个朝代都是靠武力解决问题，用战争实现国家的统一的。这一番深刻独到的分析，使齐威王大受震动。再询问兵法，孙膑更是滔滔不绝、对答如流。齐威王感到孙膑其人确实很厉害，从此以"先生"相称，把他当作老师看待。

一天，齐威王在与孙膑谈论用兵的问题时，问孙膑："若是两方军队旗鼓相当，双方的将领对阵，阵势都十分坚固，谁也不敢先发动攻击，这个时候应该怎么做呢？"

孙膑回答："这时候，我们应该先派出少量的兵力，由勇敢的低级将领带领去试探敌军，不过要做好试探失败的准备，不要只想取胜，试探的军队要用隐蔽的行动，攻击敌阵侧翼。这便是取得大胜的方法。"

威王问："使用兵将的多少有一定的规律吗？"

孙膑说："有。"

威王又问："在我强敌弱、我方兵力多而敌方兵力少时，该如何作战呢？"

孙膑向齐威王行礼之后回答道："这真是英明君王提的问题。在我方兵多势强的情况下，还要询问如何用兵，这种谨慎的态度，的确是安邦的根本。在这种情况下，我们可以采用诱敌的计策，叫作'赞师'，也就是故意让我方军队队形看起来十分散乱，迎合敌方心理，引诱敌方和我方交战。"

威王又问："若是敌方兵多、敌强我弱，又该如何是好呢？"

孙膑说："此时应该采取退避战术，叫作'退威'，就是避过敌军的锋锐。但要做好后卫的掩护工作，让自己的军队可以安全后退。后退军队持长兵器的军兵在前，持短兵器的军兵在后，并配备弓箭，作为应急之用……我方军队要按兵不动，等待敌军疲惫时再伺机出击。"

孙膑回答道："此时应该迷惑敌军，使他们的兵力分散，而我军则抓住战机，在敌军还没有发现的时候，给以突然袭击。但是，在敌军兵力没有分散时，要按兵不动，耐心等待战机。千万不要中敌军疑兵之计，盲目出击。"

威王问："如果我军和敌军兵力为一比十时，有攻击敌军的办法吗？"

孙膑回答道："有！此时可以采用'攻其无备，出其不意'的战术，对敌军发动突然袭击。"

威王问："在地利和兵力都相当的形势下，却打了败仗，这是为什么呢？"

孙膑回答："这是因为自己的军阵不锋锐。"

威王问："如何才可以使得军兵听命？"

孙膑答道："平时的威信。"

威王说："你说得太好了！你讲的用兵的奥妙真让人受用无穷啊！"

田忌问孙膑："用兵最担心的是什么？使敌军陷入困境有什么办法？不能够攻占壁垒壕沟是什么原因？失去天时是什么原因？失去地利是什么原因？失去人和是什么原因？请问，这六项有没有什么规律可循？"

孙膑回答道："有。用兵最担心的便是没有地利。而让敌军落入困境的办法是据险。所以说，几里沼泽地带就可以妨碍军队行动。这样说来，用兵最担心的是不得地利，困敌的办法是据险。不能攻克壁垒壕沟的原因则在于没有障碍物……"

田忌问："进军部署已经确定，在行动中如何让士兵完全听从命令呢？"

孙膑回答说："严明军纪，同时又明令悬赏。"

田忌问："赏罚是用兵中最要紧的事项吗？"

孙膑说："不是。赏赐是提高士气，使得军兵会舍生忘死作战的办法；处罚是严明军纪，让军兵对上畏服的手段。赏赐有助于取得胜利，但不是用兵最要紧的事项。"

田忌又问："那么，权力、威势、智谋、诡诈是用兵最紧要的事项吗？"

孙膑回答："也不是。权力是保证军队整体指挥的必需，威势是保证军兵用命的条件，智谋可以使敌军无从防备，诡诈能让敌军落入困境。这些都有助于取得胜利，但又都不是用兵最要紧的事项。"

田忌气得变了脸色，说："这六项都是善于用兵的人常用的，而您却说这些都不是最要紧的事项，那到底什么才是最要紧的呢？"

孙膑说："充分了解敌情，根据当时形势和战局将会出现的变化，利用好地形，这都是领兵打仗的规律。善于进攻而不消极防守，这才是用兵最要紧的。"

田忌再问孙膑："敌军摆开阵势却不进攻，我们有办法对付吗？"

孙膑说："有办法。利用险要地形增加堡垒，约束士兵，不许轻举妄动，不要被敌军的挑衅所激怒。"

田忌问："敌军兵多而且勇猛，有战胜敌军的办法吗？"

孙膑说："有。要增加堡垒，广设旗帜，用以迷惑敌军，并且严申军令，约束士兵，避敌锐气，使敌军骄傲，并设法牵引敌军，使敌军疲劳，然后出其不意，攻其无备，消灭敌军力量，同时还要做好打持久战的准备。"

田忌问孙膑："采用锥形队形有什么作用？用雁形队形有什么作用？选拔强壮士兵作什么用？使用发射强弩硬弓的士兵起什么作用？用飘风一般快速机动的队形起什么作用？普通士兵又起什么作用？"

孙膑说："采用锥形队形，是为了冲破敌军坚固的阵地，摧毁敌军的精锐部队。运用雁形队形是对敌时便于本方相互策应。选拔强壮士兵是为了决战时擒拿敌军将领。使用发射强弓硬弩的士兵是为了在双方相持不下时能够持久作战。普通士兵则是配合作战，保障战斗胜利。"

孙膑又说："明智的君王和精通兵法的将领，都不会用普通士兵去完成关键任务。"

问答完毕，孙膑走出来。他的弟子问他："威王和田忌问策的情况怎么样？"

孙膑说："威王问了九个问题，田忌问了七个问题，可以算懂得用兵之道，但还没有完全掌握战争规律。我听说，一贯讲信用的君王，其国家必然昌盛。没有做好准备而用兵的人必定失败，穷兵黩武的人必定灭亡。齐国已传了三代，应该有忧患意识啊！"

孙膑回答的齐威王的九个问题，说明的是在各种情况下应敌取胜的办法，对于用兵作战当然都有很大的指导作用，但其中最值得人们重视的应该是"攻其无备，出其不意"和"素信"这两条。

在齐威王之后，田忌又问了七个问题。田忌是带兵将领，所问问题自然不像齐威王那样，从宏观上谈论用兵战略，而是从领兵作战这一较为具体的问题上谈论战略，七个问题最核心的是"兵之急"，也就是带兵作战最首要、最急迫的是什么。文中十分巧妙地用"排他法"，或者叫"穷举法"，由田忌把带兵当中很重要的赏、罚、权、势、谋、诈诸项一一提出，而孙膑都说不是"用兵之急"，以致田忌急问："此六者，皆善者所用，而子大夫曰非急者也。然则其急者何也？"孙膑这才从容不迫地说出："必攻不守，兵之急者也。"文章以这种方式摆出观点，确实有奇效，一方面突出了论点，同时更显出了这个论点不同寻常、超出常人的认识。田忌作为一名高级将领，把他所知道的善于用兵者认为十分重要的六项全举了出来，孙膑却一一否定，从而有力地证明了他的认识、他的观点，超过像田忌这样善于带兵作战的将领。这种表述方法确实很巧妙。

孙膑在这里提出的"必攻不守"，就是主张积极主动进攻，反对消极防守。在军事上，这种积极主动进攻的主张是十分有效的制胜战略思想。人们常说，进攻是最好的防守，制敌机先，方能争得主动权，先发制人，常常可以收到意想不到的效果，而消极防守是很难守得住的。法国为了防止德国进攻，修建了举世闻名的马其诺防线，这条防线可以说是固若金汤，但是，德军来了个迂回作战，巧妙地绕过防线，打到法军防线后面去了，结果法军一败涂地。这个事例很能说明问题。其实，任何战争，最后都要靠进攻解决问题。抗日战争时期，毛主席提出了持久战的作战方针，把整个抗日战争分为三个阶段：战略防御、战略相持、战略反攻。且不说第三阶段要以进攻夺取最后胜利，就是在战略防御阶段，毛主席主张的也是积极防御而不是消极防御，以游击战争手段在各个局部积极主动地打击敌人，消耗敌人。正是在这一正确战略思想的指引下，广大抗日军民主动出击，以游击战消灭了日军大量有生力量，直至最后胜利。

（三）"这就是'围魏救赵'的办法"

自从到了齐国，受到齐威王的重视之后，孙膑也开始了与庞涓的真正较量之路，其中最著名的便是"围魏救赵"与"桂陵之战"。

1、"攻魏救赵，因败魏军，千古高手"

庞涓在魏国独揽军权，总想靠打仗提高身份与威望。周显王十五年（前354），魏将军庞涓发兵8万，以突袭的办法将赵国的都城邯郸（今河北邯郸）包围。赵国抵挡不住，便派使者向齐国求救。

齐威王答应后，他知道孙膑的才能，便想要拜孙膑为大将，率兵援赵。孙膑辞谢说："我是受过刑的残疾人，当大将会令敌人耻笑。还是请田大夫为将，我从旁出出主意吧！"齐威王想想也好，于是就拜田忌为主将，以孙膑为军师，发兵8万，率军救援赵国。

出兵前，田忌与孙膑一起研究作战方针。田忌认为应该率军北上直趋邯郸，与魏军决一死战，以解赵围。孙膑不赞成这种打法，他审时度势，提出应趁魏国国内兵力空虚之机，发兵直取魏都大梁（今河南开封），迫使魏军弃赵回救。他说："要解开乱丝，可不能去生拉硬扯；要劝解人们的斗殴，可不能自己也参加进去。扼其要害而击其空虚，受形势的阻碍和限制，那么他自己就解除了。现在，魏国在攻打赵国，他们的精锐部队必定都在前线，老弱残兵留在国内。国内防守一定空虚。我看您还是统率大军直捣魏国首城大梁，截断魏兵的交通线，攻击他们防务空虚的地区，魏军知道了，就一定会放弃攻赵，赶回去救自己。这样，我们既救了赵国，又使魏国军队疲于奔命，才是一举两得。"

田忌觉有很有道理，便采用了孙膑的计策，挥军直趋魏都大梁。为了迷惑庞涓，使其无法把握齐军的真正意图，孙膑又对田忌说："请将军先向南进攻魏国的平陵。平陵这地方，城邑虽小，但管辖的范围却很大，人口众多，兵强马壮，是东阳这个地区的战略重镇，很难攻取。我准备用假象来迷惑敌人。我们去进攻平陵，途中必经魏国的市丘，我军的粮食补给道路肯定会被魏军轻易切断。我们进攻平陵就是为了向敌人显示我们不懂军机的假象。"

于是，田忌率齐军拔营，以急行军的速度直趋平陵。大军快到平陵时，田忌把孙膑请来问道："现在该怎么办？"

孙膑说："你看军中诸大夫中谁是不通晓军机的一勇之夫？"

田忌不知其意，随口答道："齐城、高唐两位大夫可以。"

孙膑说："请命令你所选的齐城、高唐两位大夫，各率所属部队在平陵城邑的外围进行包围封锁，隐蔽地从四面绕过环涂，列好进攻平陵的阵势，并把阵势的薄弱易攻的部位暴露给环涂的魏军。"

田忌更是不解，孙膑望着田忌困惑的神情，进一步解释道："环涂是魏军的驻扎地，我军的前锋要猛烈进攻平陵，后续部队亦不断增援。驻在环涂的魏军，一定会攻击我军阵势后背的薄弱之处，这样，两位大夫便可以被魏军击败了。"

田忌听完孙膑解释，如坠五里烟云，疑惑地问道："我们此次出兵援救，应力克平陵守敌，以壮军威，为什么反而故意败给魏军，示弱于敌呢？"

孙膑笑而未答，只是颇有些神秘地说了句："将军依计而行就是了。"田忌心中虽然不甚明了孙膑的意图，但深知孙膑的智谋，也不追问，下去布置去了。于是，田忌将齐城、高唐的部队分为两路，直奔平陵。齐军将士们像蚂蚁一样，攀登云梯攻打守城魏军。挟苗和环涂两地的魏军，果然从背后来夹击齐军，齐城和高唐两位大夫在城邑的大道上大败而归。

其后，将军田忌又把孙膑请来，问他说："我军进攻平陵没有取胜而损失了齐城、高唐两位大夫的部队，在城邑的大道上吃了大败仗，下一步该怎么办？"

孙膑说："请将军再派遣出游用的轻车向西直奔魏都大梁城郊，以此激怒敌人。只派少数部队跟随在车后，以显示我军力量单薄。"田忌依计而行。

魏军好不容易将邯郸攻陷，却传来齐军压境，魏都大梁告急的消息。庞涓顾不得休整部队，除留少数兵力防守邯郸外，忙率大军支援大梁。但他万万没有料到，攻击大梁的齐军仅仅是齐军的一部分，其主力早已在桂陵（今河南长垣西）埋伏妥当，以逸待劳，只等魏军钻进口袋。当庞涓匆匆渡过黄河，刚刚走到桂陵时，就见齐军已经排列好了阵势，顿时陷入齐军包围。魏军长期劳顿奔波，士卒疲惫不堪，哪还顶得住以逸待劳的齐军？结果被打得落花流水，大败而逃，连主将庞涓也被活捉。到头来，魏国只好同齐国议和，乖乖地归还了邯郸。这就是历史上有名的"围魏救赵"之战。其实，也是孙膑对庞涓的重重一击。但孙膑并没有杀庞涓，只是训导他一番，又将他放了。

毛泽东对于孙膑的"围魏救赵"给予了高度评价。实际上，毛泽东在指导中国革命的战争中，大大发展了这种战法。

1929年11月4日，毛泽东在江西宁冈柏露会议上，面对三万多敌军对井冈山收紧包围的紧急情况，提出了对策。他建议："留一部分人守山，另一部分人出击。出击可以把包围井冈山的敌人吸引过去。此计唤做围魏救赵。"他介绍说："齐国不派兵去邯郸，却反过来围攻魏国都城大梁，结果，魏兵不得不回国救援，赵国都城也就因此解围。"毛泽东的对策，得到了大家的赞同。

1938年5月，毛泽东在《抗日游击战争的战略问题》一文中，对内线作战中，采取战役和战斗的外线作战作了阐述，并说："这在反围攻的作战计划中，我之主力一般是位于内线的。但在兵力优裕的条件下，使用次要力量（例如县和区的游击队，以至从主力中分出一部分）于外线，在那里破坏敌之交通，钳制敌之增援部队，是必要的。如果敌在根据地内久踞不去，我可以倒置地使用上述方法，即以一部留在根据地内围困该敌，而用主力进攻敌所从来之一带地方，在那里大肆活动，引致久踞之敌撤退出去打我主力，这就是'围魏救赵'的办法。"（《抗日游击战争的战略问题》，《毛泽东选集》，第二卷，第429页）解放战争中，刘邓大军挺进中原，千里跃进大别山，陈谢大军挺进豫西，实现人民解放军由内线防御向外线进攻的战略转变，则是对"围魏救赵"战法的杰出运用与发挥。当战争的硝烟早已消失，毛泽东在晚年再读及这一战役时，仍然由衷地称赞孙膑这位古代杰出的军事家是驾驭战争的"千古高手"。

2、马陵之战

直到"围魏救赵"一战，庞涓才知道孙膑是装疯，而且目前已经身在齐国。为了这件事，庞涓日夜不安，最后终于想出一条离间计：他派人潜入齐国，用重金贿赂齐国相国邹忌，要他除掉孙膑。邹忌正因为齐威王重用孙膑，害怕恐有一天自己将被取代，于是便暗中设下圈套，并指使心腹大夫公孙阅作假证，告发孙膑帮助田忌，暗中谋划要夺取齐国王位。

由于庞涓早已派人在齐国到处散布谣言，说田忌、孙膑阴谋造反夺权，齐威王已有些疑忌，一听邹忌所说，十分生气，不分青红皂白就削了田忌的兵权，同时罢免了孙膑的军师之职。

这样一来，庞涓便自认为能够横行天下了。周显王二十七年（前342），庞涓统兵侵略赵国，然后联合赵国攻打韩国，并围困了韩国都城新郑（今河南新郑），于是，韩国急忙派人到齐国求救。听到韩国求救之事，齐威王召集了所有大臣商议讨论是否营救的问题。

邹忌主张："不救。让这相邻的两国自相残杀，这对齐国是有利的。"

而田忌等人则极力要求去救："如果不救，一旦韩国被魏国吞并，那么魏国实力大增，一定会进攻齐国。那时我们就十分危险了！"

而这个时候孙膑没有说话，只是含笑。齐威王问他该如何是好。

孙膑说："救与不救，这两种意见都不好。我们应该'救而不救，不救而救'。"

大家都不明白他说的什么意思。

孙膑解释说："如果不救，那么魏国灭了韩国，一定会危及我国；如果救了，那么魏国的军队，一定会先与我们的军队开战，等于是我们代替韩国打仗，那么韩国安然无恙，但我国无论是战胜或者战败，都要大伤元气。所以这两种意见都不是很好。我认为从我国的基本利益出发，大王应首先答应救韩国，这是先安他们的心。这样，韩国一定会努力坚持与魏国决一死战。而我们等到两国都十分疲惫，马上要分胜负时，再真正出兵攻打魏国，这样，攻击已筋疲力尽的魏军，不用大力，也能解救已经快要失败的韩国于危急之中，他们也一定会更加感激。虽然力出得少，但是功劳很大，这样不是更好吗？"

齐威王一听，佩服地鼓起掌来，说道："军师说得太好了！就按你的意思办。"

齐国到两军皆疲时才出兵，派田忌、田婴、田盼为将军，孙膑为军师，前去援救韩国，仍用老办法，直趋魏都大梁。魏国主将庞涓听到这个消息，立刻把军队从韩国撤回来，不料齐军已经越过齐国边界，西行进入魏国境了。这已是第二年的事了。

当时，孙膑对田忌说："魏国的军队一向强悍勇敢，轻视齐国，以为齐国军队怯懦，不敢战斗。善于用兵的人，就要利用敌人这种错觉，引诱他们中计。兵法上说得好：乘胜追赶敌人，如果超过百里，就会因为给养路线太长，使上将有受挫折的危险；如果超过五十里以外，因为前后不能接应，也只有一半军队能够赶上。现在我军进入魏国境内，可用减灶之计。第一天造十万个锅灶，第二天减少为五万个，第三天又减少为三万个，让敌人以为我们的军队天天在减少。"田忌又采用了孙膑的计策。

庞涓跟踪齐军三天，发现齐军的锅灶天天在减少，兴奋之情溢于言表，对部将说："我一向知道齐军怯懦，不敢战斗，现在他们进入我国国境才三天，逃跑的士兵已经超过半数了。"于是，他不用步兵，只统率一支精锐轻骑，一天走两天的路程，全力追赶齐军。

孙膑估计庞涓的行程，应当在这天傍晚赶到马陵（今河北大名东南）。马陵，两旁是山，道路狭窄，形势险要，可以埋伏军队。孙膑就叫人在一棵大树的树干上削去树皮，露出白木，在上面写了一行字："庞涓死于此树之下。"又命齐军中的射箭能手，分头埋伏在两旁的山林里，与他们约定说："到夜间，看见火光一闪，就一齐放箭。"

这天夜里，庞涓果然来到那棵大树下面，隐隐约约地看见树干上露出白木，还有一行字，就命人点起火把将它照亮。人还没读完这行字，齐军就万箭齐发，魏军不及防备，乱成一团，顿时溃散。庞涓知道自己的知识、智谋不如孙膑，失败已成定局，就拔剑自杀了。临死时叹道："今番倒成就了孙膑这小子的声名！"庞涓一死，齐军乘胜把魏军彻底打垮，并俘虏了魏太子申。孙膑因此名满天下，他著的兵法也在世上流传开来。

庞涓嫉贤妒能、阴险毒辣，而又骄傲自大，终于身败名裂，落了个可耻的下场，也给人们以历史的教训。

『楚霸王项羽在中国是一个有名的英雄』

项羽（前232年—前202），名籍，字羽，秦末下相（今江苏宿迁）人，楚国名将项燕之孙，他是中国军事思想"兵形势"代表人物（兵家四势：兵形势、兵权谋、兵阴阳、兵技巧），堪称中国历史上最强的武将之一，古人对其有"羽之神勇，千古无二"的评价，与"谋战派"孙武、韩信齐名。《史记》中有《项羽本纪》。

一、楚贵族世家

汉司马迁《史记·项羽本纪》曰："项籍者，下相人也，字羽。初起时，年二十四。其季父项梁，梁父即楚将项燕，为秦将王翦所戮者也。项氏世世为楚将，封于项，故姓项氏。"

其大意是说，项籍是下相（今江苏宿迁西七里）人，字羽。开始起义的时候，他二十四岁。项籍的叔父是项梁，项梁的父亲是项燕，就是被秦将王翦所杀害的那位楚国大将。项氏世世代代做楚国的大将，被封在项地（故地在今年河南项城东北），所以姓项。

项燕（？—前223），下相（今江苏宿迁西七里）人，项燕家族世代为楚国将领，受封于项，后用为姓氏。公元前224年，秦王倾全国兵力，以王翦为将，率六十万大军大举攻楚，楚国危亡在即。王翦攻取楚国陈（今河南淮阳）以南至平舆（今河南平舆）之间的地域。楚国则倾一国兵力迎击秦军，以项燕为将，准备与秦军决一死战。王翦因势而变，采取坚壁固守的方针，避其锋芒。楚军多次挑战，秦军始终不出。两军相持日久，楚军以为秦军将长期驻守新占领土，于是撤军东归。王翦伺机起兵追击，令勇壮军士为先锋，突袭楚军。楚军猝不及防，仓促应战，结果大败，项燕在兵败之后自杀。秦军乘胜攻占了楚国大片地域。

其父项渠（项荣）（朱熹在为项氏写宗谱序时写道："更数传有楚将项燕，生渠暨梁，梁杀人，与兄子籍避仇吴中……"其中生渠暨梁，已经说了渠为梁之兄，这是有关项羽父亲的最早的项氏谱序记载。

项梁（？—前208），项燕子，项羽的叔父，秦末著名起义军首领之一，楚国贵族后代，在反秦起义的战争中，因轻敌，在定陶被秦将章邯打败，力战身死。项羽由其抚养长大，后来项梁被秦将章邯打败而亡。

项伯（？—前192），名缠，字伯。他是项羽最小的叔父，早年曾杀了人，跟随韩公子张良在下邳（今江苏睢宁西北）躲避。项梁起事，后立怀王，项伯为左尹。楚军北救赵，随项羽一起北上。后又随项羽进入关中。曾在鸿门宴中保护刘邦。汉王朝建立后，刘邦为感念项伯当年在鸿门宴时的解救之恩，赐刘姓，并封为射阳侯。孝惠三年（前192）去世，嗣子睢有罪，不得代，国除。

项羽还有一位叔父项襄，为项燕第三子。汉二年（前205），在定陶归顺刘邦，后赐姓刘。刘邦称帝后，淮南王黥布反叛，刘襄以大谒者的身份跟从刘邦平叛。高帝十二年（前195），受封桃侯，一千户。曾当过淮南太守。子桃哀侯刘舍于景帝时继周亚夫任丞相。

项羽堂弟项庄，作为项羽麾下的武将，一直追随项羽南征北战，最后在乌江边战死。项庄是故楚大将军项燕的第三个孙子，而项羽是项燕的第二个孙子，项庄跟项羽是兄弟关系，至于是不是同母亲兄弟历史没有相关记载，也有说法项庄是项羽的堂弟，这兄弟二人都是由叔父项梁带大的。项庄鸿门宴中受命于亚父范增舞剑欲杀刘邦。

项声是项氏中能独当一面的将领。英布叛楚时，项羽派项声和龙且率领十万大军讨伐，大破英布，英布从小路逃走投奔刘邦。齐王田广被韩信偷袭打败逃到高密时，向楚军求援，项羽于是下令让龙且、项声、周兰和留公旋等率领楚军号称二十万救援，结果龙且因轻敌被韩信在潍水用计击败战死，楚军几乎全军覆没。到汉军背约追击项羽时，韩信也率领三十万大军从齐南下，先锋灌婴渡过淮河，攻下楚国大片地区，直到广陵，项羽让项声与薛公、郯公率军重新平定淮北，灌婴又率军重新渡过淮河反击，在下邳打败项声，斩杀薛公。项声没有参加垓下之战，下落不明。

项他，史书中又称"项佗"。项氏子弟，项羽族侄，治政才能比较突出。项他先是任魏相，后任柱国（相当于副令尹），是项羽势力中重要的宗族骨干。公元前206年，汉王刘邦起兵平定三秦，楚将龙且与魏相项他与汉将灌婴在定陶之南交战失败。后于彭城为刘邦部下灌婴所俘，降汉。以功封平皋侯。孝惠四年去世，子恭侯远嗣。

项悍，在固陵之战中，"汉将靳歙也深入楚军后方，平定楚国大片领土，东至平定缯、郯、下邳，南至蕲、竹邑。大破楚大将项悍于济阳下，从后方包围项羽"。

项冠，《史记》卷九十七《傅宽传》载：阳陵侯傅宽"从击项冠、周兰、龙且，所将卒斩骑将一人敖下，益食邑。"曾被汉将灌婴破于鲁下，其所部下五人、连尹一人为灌婴军斩杀。

二、早年经历

汉司马迁《史记·项羽本纪》载："项籍少时，学书不成，去，学剑，又不成。项梁怒之。籍曰：'书足以记名姓而已。剑一人敌，不足学，学万人敌。'于是项梁乃教籍兵法，籍大喜，略知其意，又不肯竟学。

"项梁尝有栎阳逮，乃请蕲狱掾曹咎书抵栎阳狱掾司马欣，以故，事得已。项梁杀人，与籍避仇于吴中。吴中贤士大夫皆出项梁下。每吴中有大繇役及丧，项梁常为主办，阴以兵法部勒宾客及子弟，以是知其能。

"秦始皇帝游会稽，渡浙江，梁与籍俱观。籍曰：'彼可取而代也。'梁掩其口，曰：'毋妄言，族矣。'梁以此奇籍。籍长八尺余，力能扛鼎，才气过人，虽吴中子弟皆已惮籍矣。"

其大意是说，项籍小的时候曾学习写字识字，没有学成就不学了；项梁又教他学习剑术，没多久又不学了。项梁对他很生气。项籍却说："写字，能够用来记姓名就行了；剑术，也只能敌一个人，不值得学。我要学习能敌万人的本事。"于是项梁就教项籍兵法，项籍非常高兴，可是刚刚懂得了一点儿兵法的大意，又不肯学到底了。

项梁曾经因罪案受牵连，被栎（yuè，悦）阳县令（故城在今陕西临潼东北七十里）逮捕入狱。他就请蕲（qí，齐）县狱掾（yuàn，愿，掌管诉讼的小官）曹咎写了说情信给栎阳狱掾司马欣，事情才得以了结。（曹咎后为楚海春侯大司马，司马欣后为秦长史，从章邯降楚，项羽封欣为塞王）后来项梁又杀了人，为了躲避仇人，他和项籍一起逃到吴中郡（今江苏苏州南城吴中区）。吴中郡有才能的士大夫，本事都比不上项梁。每当吴中郡有大规模的徭役或大的丧葬事宜时，项梁经常做主办人，并暗中用兵法部署组织宾客和青年，借此来了解他们的才能。

秦始皇游览会稽郡渡浙江时，项梁和项籍一块儿去观看。项籍说："那个人，我可以取代他！"项梁急忙捂住他的嘴，说："不要胡说，要满门抄

斩的!"但项梁却因此而感到项籍很不一般。项籍身高八尺有余,力大能
举鼎,才气超过常人,即使是吴中当地的年轻人也都很惧怕他。

三、项梁、项羽起义初遭挫折

秦二世胡亥元年（前209）七月，陈涉等在大泽乡起义。

大泽乡，古地名，在今安徽宿州市区东南约20公里，秦末陈胜、吴广起义故地，隶属今安徽宿州埇桥区。

秦二世元年前（前209）七月，在蕲县大泽乡爆发了中国历史上第一次农民大起义。陈胜、吴广是这次农民起义的领袖。据《史记》记载，当时秦朝廷征发900名戍边民工到渔阳（今北京密云），因连日大雨，道路毁坏，停留在蕲县大泽乡，已经无法按时到达目的地。按秦朝法律，"失期，法皆斩"，于是作为"屯长"的陈胜、吴广合谋起义，以鱼肚藏书"陈胜王"以号召百姓。起义成功后，很快得到全国各地的响应，成为秦末推翻秦朝统治的首义。这次起义称"揭竿而起"，又称"大泽乡起义"，也称"陈胜吴广起义"。《史记》的《陈涉世家》记载了这次起义的经过。

陈胜（？—前208），字涉，阳城（今河南登封东南三十五里），农民出身，秦末农民起义领袖。

吴广（？—前208），字叔，阳夏（今河南太康）人，贫苦农民出身，秦末农民起义领袖。

同年九月，会稽太守殷通对项梁说："江西（长江北岸一带，即今皖北一带及淮河下游）人全都造反，这是上天要亡秦的时刻，我听说先发制人，后发为人所制，我准备发兵，想要用你和桓楚为将。"当时楚人桓楚在荒野草泽之中逃亡。项梁说："桓楚在逃亡，不知道他人在哪里，只有项羽知道。"于是项梁出去嘱咐项羽持剑在外面等候，然后又进来跟殷通一起坐下，说："把项羽召来，让他奉命去找桓楚。"殷通说："好吧。"项梁召项羽进去。不一会儿，项梁用目光向项羽示意："可以行动了。"于是项羽拔剑斩殷通的头。项梁手里提着殷通的头，佩戴殷通的官印。殷通部下大为惊慌，一片混乱，项羽连杀将近一百来人。整个郡府上下都因畏惧而不敢出声，服帖从命，没有一个人敢反抗。项梁派人去召以前所熟识的当地官吏中的头面人物，向他们说明起事反秦的道理，于是就发动吴中之兵起事了。于是接收吴中郡下属各县的士兵，攻下会稽郡所属的各县，共得精兵八千人。项梁又部署郡中豪杰，派他们分别做校尉、侯、司马（皆秦代军官名）。有一个人没有被任用，自己去告诉项梁。项梁说："以前有一件丧事，让你负责办理，你没有办成，因此不能任用你。"众人才都敬从。于是项梁做了会稽太守，项羽为副将，攻占了附近的一些属县。

这时候，广陵人召平为陈王（胜）去巡行占领广陵（今江苏扬州下辖主城区），没有攻克。召平听说陈王兵败退走，秦兵又快要到了，就渡过长江假传陈王的命令，拜项梁为楚王的上柱国（楚官名，职位略似后世的丞相）。召平说："江东（即江南）之地已经平定，赶快带兵西进攻秦。"项梁就带领八千人渡过长江向西进军。

听说陈婴已经占据了东阳（故城在今安徽天长西北七十里），项梁就派使者去东阳，想要同陈婴联络和好，合兵一同西进。陈婴，原先是东阳县的令史（县令手下的小吏），在县中一向言而有信，言语谨慎，人们称赞他是长者（指年纪大、辈分高、德高望重的人。一般多用于对别人的尊称）。东阳县的年轻人杀了县令，聚集起数千人，想推举出一位首领，没有一个能主持一切的人，就来请陈婴。陈婴推辞说自己没有能力，他们就强行让陈婴当了首领，县中追随的人有两万。那帮年轻人想索性立陈婴为王，成立一支与众不同的军队，士卒用青色的头巾裹头，作为标识，以别于其他的军队。陈婴的母亲对陈婴说："自从我做了你们陈家的媳妇，还从没听说你们陈家祖先有显贵之人，如今你突然有了这么大的名声，恐怕不是吉祥的征兆。依我看，不如去归属谁。起事成功，可以封侯，起事失败了，也容易逃走，因为那样你就不至于成为指名道姓来捉拿的人物了。"陈婴听了母亲的话，没敢称王。他对军吏们说："项氏世世代代做大将，在楚国是名门大族。现在我们要起义成大事，那就非得项梁不可。我们依靠了有名望的世家（指项氏），灭亡秦朝就确定无疑了。"于是军众听从了他的话，把军队归属于项梁。

项梁渡过淮河向北进军，黥布（又叫英布，？—前196年，六县（今安徽六安）人，因受秦律被黥，又称黥布，秦末汉初名将。初属项梁，后为项羽帐下五大将之一，封九江王，后叛楚归汉，汉朝建立后封淮南王，与韩信、彭越并称汉初三大名将，前196年起兵反汉，因谋反罪被杀）、蒲将军（名不详）也率部队归属于项梁。这样，项梁总共有了六七万人，驻扎在下邳（pī，批，今江苏邳州东）。

这时候，秦嘉（凌县人，即今江苏宿迁市东南50里）已经立景驹（楚国贵族，姓景，名驹）做了楚王，驻扎在彭城（今江苏徐州）以东，想要抗拒项梁西进。项梁对将士们说："陈王最先出头起义，仗打得不顺利，不知道如今在什么地方。现在秦嘉背叛了陈王而立景驹为楚王，这是大逆不道。"于是进军攻打秦嘉。秦嘉的军队战败而逃，项梁率兵追击，直追到胡陵（故城在今山东鱼台东南60里）。秦嘉调转头来，与项梁交战了一天，秦嘉战死，部队投降。景驹逃跑到梁地，死在那里。项梁接收了秦嘉的部队，驻扎在胡陵，准备率军西进攻秦。

秦将章邯（？—前205），秦朝著名将领，上将军。秦二世时任少府，为秦朝的军事支柱，秦王朝最后一员大将。率军到达栗县（今河南夏邑），项梁派别将朱鸡石、余樊君去迎战章邯。结果余樊君战死，朱鸡石战败，逃回胡陵。项梁于是率领部队进入薛县，杀了朱鸡石。在此之前，项梁曾派项羽另外去攻打襄城（今河南襄城），襄城坚守，不肯投降。项籍攻下襄城之后，把那里的军民全部活埋了，然后回来向项梁报告。

项梁听说陈王的确死了，就召集各路别将来薛县聚会，共议大事。这时，刘邦也在沛县（今江苏沛县东）起兵，应召前往薛县参加了聚会。

居鄛（cháo，巢，今安徽巢县东北5里）人范增，七十岁了，一向家居，不曾出仕，喜好琢磨奇计。他前来游说项梁说："陈胜失败，本来就是应该的。秦灭六国，楚国是最无罪的。自从楚怀王（前299）被骗入秦，没有返回楚国（前296），楚国人至今还在同情他；所以楚南公（楚国预言家，战国末期人）说：'楚国即使只剩下三户人家，灭亡秦国的也一定还是楚人！'如今陈胜首先起义，不立楚国的后代却自立为王，他的运势一定不会长久。现在您在江东起事，楚地起义诸将纷杂众多，都争着归附您，就是因为项氏世世代代做楚国大将，一定能重新立楚国后代为王啊。"项梁认为范增的话有道理，于是就到民间寻找楚怀王的嫡孙熊心。这时熊心正在给人家牧羊，项梁找到他以后，就袭用他祖父的谥号立他为楚怀王，这是为了顺应楚国民众的愿望。

陈婴做楚国的上柱国，封给他五个县，辅佐怀王建都盱眙（xū yí，虚宜，今江苏盱眙东北）。项梁自己号称武信君。

过了几个月，项梁率兵去攻打亢父（gāng fǔ，刚甫，故城在今山东济宁市南50里），又和齐将田荣（齐人田儋弟弟，陈胜起义后，田儋自立为齐王，后为章邯所杀，田荣收其余部，退守东阿）、司马龙且（jū，居，项梁的部下，在反秦战争中，累有战功，封为司马）的军队一起去援救东阿（今山东阳谷东北的阿城镇），在东阿大败秦军。田荣立即率兵返回齐国，赶走了齐王田假（齐人闻王田儋死，乃立故齐王田建之弟田假为齐王……以拒诸侯。……而田荣怒齐之立假，乃引兵归，击逐齐王假）。田假逃亡到楚国。田假的相田角逃亡到赵国。田角的弟弟田间本来是齐国大将，留住在赵国不敢回齐国来。田荣立田儋（dān，担）的儿子田市（fú，弗）为齐王。项梁击破东阿附近的秦军以后，就去追击秦的败军。他多次派使者催促齐国发兵，想与齐军合兵西进。田荣说："楚国杀掉田假，赵国杀掉田角、田间，我才出兵。"项梁说："田假是我们同盟国的国王，走投无路来投奔我，我不忍心杀他。"赵国也不肯杀田角、田间来讨好齐国。齐国始终不肯发兵帮助楚军。

项梁派沛公和项羽另外分兵去攻打城阳（应作成阳，古城在今山东菏泽东北60里），屠戮了这个县。又向西进，在濮阳（今山东濮县境内，一说今河南濮阳）以东打败了秦军，秦收拾败兵退入濮阳城。沛公、项羽就去打定陶（今山东定陶西北）。定陶没有打下，又离开定陶西进，沿路攻取城邑，直到雍丘（今河南杞县境内），打败秦军，杀了李由（秦将，秦丞相李斯子），然后回过头来攻打外黄（故城在今河南杞县东北60里），没有攻下。

项梁自东阿出发西进，等来到定陶时，已两次打败秦军，项羽等又杀了李由，因此更加轻视秦军，渐渐显露出骄傲的神态，宋义于是规谏项梁说："打了胜仗，将领就骄傲，士卒就怠惰，这样的军队一定要吃败仗。

如今士卒有点怠惰了，而秦兵在一天天地增加，我替您担心啊！"项梁不听，却派宋义出使齐国。宋义在路上遇见了齐国使者高陵君显，问道："你是要去见武信君吧？"回答说："是的。"宋义说："依我推断，武信君的军队必定要失败。你如果慢点走，则不等到达时，项梁已败，战事既停，你就可以免于身死了；你如果走快了，将赶上项梁吃败仗，那你就遭祸了。"秦朝果然发动了全部兵力来增援章邯，攻击楚军，在定陶大败楚军，项梁战死。

沛公刘邦、项羽离开外黄去攻打陈留（古县名，今河南开封祥符区东南45里陈留镇），陈留坚守，攻不下来。沛公和项羽一块儿商量说："现在项梁的军队被打败了，士卒都很恐惧。"就和吕臣的军队一起向东撤退。吕臣的军队驻扎在彭城东边，项羽的军队驻扎在彭城西边，沛公的军队驻扎在砀（dàng，荡，秦郡名，故址在今安徽砀山）。

章邯打败项梁军队以后，就认为楚地的军队不值得忧虑了，于是渡过黄河北进攻赵王（秦二世元年陈胜起义后，陈人武臣渡河至邯郸，自立为赵王，四个月后被杀），大败赵军。这时候，赵歇（战国时赵之后裔）为王。秦二世二年（前208）正月，赵之、张耳、陈余（魏之大梁人，与张耳本刎颈之交，皆为魏之名士）始立赵王歇，陈余为大将，张耳为国相，都逃进了钜鹿城。章邯命令王离（秦将，王翦的孙子）、涉间（秦将，姓涉名间）包围了钜鹿（又称巨鹿，今河北平乡），自己的军队驻扎在钜鹿南边，筑起两边有墙的甬道给他们输送粮草。陈余作为赵国的大将，率领几万名士卒驻扎在钜鹿北边，这就是所谓的河北军。

四、巨鹿之战

楚军在定陶战败以后，楚怀王心里害怕，从盱眙去到彭城，合并项羽、吕臣的军队亲自统率。楚怀王任命吕臣（约前235—前173，秦末陈胜起义军将领，陈胜被庄贾杀害后，吕臣组织苍头军重建张楚政权，并诛杀叛徒庄贾。后与英布联合抗秦，又先后投奔项梁、刘邦。汉朝建立后，继承他父亲的新阳侯的爵位直到病死）为司徒（掌管财政的军需官），吕臣的父亲吕青（前201年和儿子吕臣一起随汉高祖刘邦，公元前189年封为汉朝阳信候，食千户，前179年卒后其候位由儿子吕臣承嗣）为令尹（春秋战国时楚国执政官名，相当于宰相），任命沛公为砀郡长，封为武安侯，统率砀郡的军队。

先前，宋义在路上遇见的那位齐国使者高陵君显正在楚军中，他求见楚王说："宋义曾猜定武信君的军队必定失败，没过几天，就果然战败了。在军队没有打仗的时候，就能事先看出失败的征兆，这可以称得上是懂得用兵了。"楚怀王召见宋义，跟他商议军中大事，非常欣赏他，因而任命他为上将军（中国古代武将的官名。公元前633年，晋文公"作三军，谋元帅"，以郤縠将中军，狐偃将上军，栾枝将下军，当为"将军"名之始出。秦因之。汉不常置，金印紫绶，位次于上卿，职掌为典京师兵卫或屯兵边境）；项羽为鲁公，任次将，范增任末将，去援救赵国，其他各路将领都隶属于宋义，号称卿子（犹言"公子"，当时对人的尊称，指贵族而言）冠军（言在诸军之上）。

部队进发抵达安阳（今河南安阳，一说在今山东曹县东南50里），停留四十六天不向前进。项羽说："我听说秦军把赵王包围在巨鹿城内，我们应该赶快率兵渡过黄河，楚军从外面攻打，赵军在里面接应，打垮秦军是确定无疑的。"宋义说："我认为并非如此。能叮咬大牛的牛虻却损伤不了小小的虮虱。如今秦国攻打赵国，打胜了，士卒也会疲惫，我们就可以利用他们的疲惫；打不胜，我们就率领部队擂鼓西进，一定能歼灭秦军。所以，现在不如先让秦、赵两方相斗。若论披坚甲执锐兵，勇战前线，我宋义比不上您；若论坐于军帐，运用谋略，您比不上我宋义。"于是通令全军："凶猛如虎，狠毒如羊，贪婪如狼，倔强不听命令的人，一律斩杀。"又派儿子宋襄去齐国为相，亲自送到无盐（今山东东平东 20 里），置备酒筵，大会宾客。当时天气寒冷，下着大雨，士卒一个个又冷又饿。项羽对将士说："我们大家是想齐心合力攻打秦军，他却久久停留不向前进。如今正赶上荒年，百姓贫困，将士们吃的是芋芳掺豆子，军中没有存粮，他竟然置备酒筵，大会宾客，不率领部队渡河去从赵国取得粮草，跟赵合力攻秦，却说'利用秦军的疲惫'。若凭着秦国那样强大，去攻打刚刚建起的赵国，那形势必定是秦国攻占赵国。赵国被攻占，秦国就更加强大，到那时，还谈得上什么利用秦国的疲惫？再说，我们的军队刚刚打了败仗，怀王坐不安席，集中了境内全部兵卒粮饷交给上将军一个人，国家的安危，就在此一举了。可是上将军不体恤士卒，却派自己的儿子去齐国为相，谋取私利，这不是国家真正的贤良之臣。"项羽早晨去谒见上将军宋义，就在他的军帐中，斩下了他的头，出来向军中发令说："宋义和齐国同谋反楚，楚王密令我处死他。"这时候，将领们都畏服项羽，没有谁敢抗拒，都说："首先把楚国扶立起来的，是项将军家。如今又是将军诛灭了叛乱之臣。"于是大家一起立项羽为代理上将军。项羽派人去追赶宋义的儿子，追到齐国境内才赶上，把他杀了。项羽又派桓楚去向楚怀王报告，楚怀王无奈，让项羽作了上将军，当阳君（黥布的封号）、蒲将军都归属项羽。

项羽诛杀了卿子冠军宋义，威震楚国，名扬诸侯。他首先派遣当阳君、蒲将军率领二万人渡过漳河，援救巨鹿（秦县名，在今河北平乡）。战争只有一些小的胜利，陈余又来请求增援。项羽就率领全部军队渡过漳河，把船只全部弄沉，把锅碗全部砸破，把军营全部烧毁，只带上三天的干粮，以此向士卒表示一定要决死战斗，毫无退却之心。于是，部队抵达前线，就包围了王离，与秦军遭遇，交战多次，阻断了秦军所筑甬道，大败秦军，杀了秦将苏角，俘虏了王离。涉间拒不降楚，自焚而死。

这时，楚军强大，居诸侯军队之首，巨鹿城下前来援救的诸侯各军筑有十几座营垒，没有一个出动部队作战。到楚军攻击秦军时，他们都只在营垒中观望。楚军战士无不一以当十，士兵们杀声震天，诸侯军人人战栗畏惧。在打败秦军以后，项羽召见诸侯将领，当他们进入营门时，一个个都跪着用膝盖向前走，没有谁敢抬头仰视。自此，项羽真正成了诸侯的上将军，各路诸侯都隶属于他。

项羽统率的楚地起义军在钜鹿之战中表现出卓越的战略战役指导优势。第一，是坚决排除了宋义错误战略方针的干扰，确保北上救赵的战略决策得以实施，从而避免了使反秦武装被秦军各个击破的危险。第二，抱有破釜沉舟的大无畏胆略和决心，敢于以弱击强、以寡敌众，在精神、气势上完全压倒了敌人。第三，善于分割、孤立敌人，使敌章邯部与王离部之间失去联系，无法互相救援，造成楚军在局部上的优势，为全歼王离军创造了十分有利的条件。第四，在聚歼王离军的过程中，发扬连续作战的作风，不予敌人以任何喘息的机会，始终牢牢地掌握住战场的主动权。第五，在胜利化解巨鹿之围，歼灭敌王离"兵团"后，能够及时实施远距离战略追击，将残余的秦军主力章邯部逼到走投无路的困境，迫使其无条件投降。扩大了战果，使得秦王朝赖以镇压起义的军事机器全面崩溃。所有这些，都表明巨鹿之战是一次辉煌的战略决战，其中所反映的起义军及其领袖项羽的优秀作战指导艺术，永远值得后人称颂和借鉴。

巨鹿之战，是秦末农民大起义走向最后胜利的关键性一战。它一举全歼了秦军的主力，为刘邦乘虚入关，彻底埋葬秦王朝的统治创造了极为有利的条件，从根本上决定了整个秦末农民大起义的历史命运，影响深远。

章邯的军队驻扎在棘原（今河北平乡南），项羽的军队驻扎在漳南（地名，在漳河河岸，即今河北临漳附近），两军相持未发生战斗。由于秦军屡屡退却，秦二世派人来责难章邯。章邯害怕了，派长史司马欣回朝廷去请示公事。司马欣到了咸阳，被滞留在皇宫的外门。司马欣待了三天，赵高（？—前207，嬴姓赵氏，秦二世时丞相）竟不接见，心有不信任之意。长史司马欣非常害怕，赶快奔回棘原自己的军中，都没敢顺原路走。赵高果然派人追赶，没有追上。司马欣回到军中，向章邯报告说："赵高在朝廷中独揽大权，位在赵高之下的百官大臣无事可做。如今仗能打胜，赵高必定嫉妒我们的战功；打不胜，我们更免不了一死，希望将军您反复详尽地考虑！"这时，陈馀也送给章邯一封信，说："白起（？—前257，嬴姓白氏，名起，郿（今陕西眉县常兴镇）人，其先祖为秦国公族，故《战国策》中又称公孙起，战国时期秦国名将）身为秦国大将，南征攻陷了楚都鄢郢（指秦昭王二十八年白起攻拔鄢邓等五城及二十九年击楚攻陷郢都），北征屠灭了马服君赵括率领的赵军（？—前260，嬴姓，赵氏，名括。战国时期赵国人，赵国名将马服君赵奢之子。赵括熟读兵书，但缺乏战场经验，不懂得灵活应变。长平之战中，被秦将白起大败，他被秦军射杀而死，四十余万赵兵尽降，后被秦军坑杀）的军队，打下的城池、夺取的土地，数也数不清，最后还是惨遭赐死。蒙恬（？—前210，姬姓，蒙氏，名恬，祖籍齐国人，秦朝著名将领。秦统一六国后，蒙恬率三十万大军北击匈奴，收复河南地，修筑西起陇西的临洮、东至辽东的万里长城，征战北疆十多年，威震匈奴。公元前210年冬，秦始皇病死，中车府令赵高同丞相李斯、公子胡亥暗中谋划政变，立胡亥为太子。胡亥即位后，赐死蒙氏兄弟，蒙恬自杀）也是秦国大将，北面赶跑了匈奴，在榆中（今内蒙古鄂尔多斯黄河北岸之地）开辟了几千里的土地，最终也被迫于阳周（秦县名，故城在今陕西子长县北）饮药自杀。这是为什么呢？就是因为他们战功太多，秦朝廷不可能每个人都予以封赏，所以就从法律上找借口杀了他们。如今将军您做秦将已三年了，士卒伤亡损失以十万计，而各地诸侯一时并起，越来越多。那赵高一向阿谀奉承，时日已久，如今形势危急，他也害怕秦二世杀他，所以想从法律上找借口，杀了将军来推卸罪责，让别人来代替将军以免去他自己的灾祸。将军您在外时间长久，同朝廷里发生裂痕，有矛盾，有功也是被杀，无功也是被杀。而且，上天要灭秦，不论是智者，还是愚者，谁都明了。现在将军您在内不能直言进谏，在外已成亡国之将，独自一人支撑着却想维持长久，难道不可悲吗？将军您不如率兵掉转回头，与诸侯联合，订立和约一起攻秦，共分秦地，为帝称王。这跟身受刑诛、妻儿被杀相比，哪个上算呢？"章邯犹疑不决，秘密派军候始成（人名，姓始名成）到项羽那里去，谈条件，订和约。和约没有成功，项羽命令蒲将军日夜不停地率兵渡过三户津（章河上的一个渡口，在今河北临漳西），在漳河之南（应作"北"）驻扎下来，与秦军交战，再次击败秦军。项羽率领全部军兵在汙（yú，汙，在临漳县西南，今已干涸）水攻击秦军，把秦军打得大败。章邯又派人来求见项羽，想订和约。项羽召集军官们商议，说："部队粮草不多，我想答应他们来订约。"军官们都说："好。"项羽就和章邯约好日期，在洹（huán，桓）水南岸的殷墟（今河南安阳西小屯村）上会晤。订完了盟约，章邯见了项羽，禁不住流下眼泪，向项羽述说了赵高的种种劣行。项羽封章邯为雍王，安置在项羽的军中。任命司马欣为上将军，统率秦军担当先锋部队。

部队到了新安（今河南渑池东搭泥镇）。这些起义的诸侯所率领的官兵，以前都是曾经替秦王服役、屯兵戍守的人，他们路过秦中时，当地的吏卒对他们多半是非常无礼的。等到秦军投降之后，诸侯军的官兵因为打了胜仗，就把投降的秦兵当奴隶、俘虏一样地使唤，诸侯吏卒随意侮辱秦兵。秦军官兵很多人私下议论："章将军骗我们投降了诸侯军，如果能入关灭秦，倒是很好；如果不能，诸侯军俘虏我们退回关东，秦朝廷必定会把我们的父母妻儿全部杀掉。"诸侯军将领们暗地访知秦军官兵的这些议论，就报告了项羽。项羽召集黥布、蒲将军商议道："秦军官兵人数仍很多，他们内心里还不服，如果到了关中不听指挥，事情就危险了，不如把他们杀掉，只带章邯、长史司马欣、都尉董翳（yì，益）进入秦地。"于是楚军趁夜把秦军二十余万人击杀坑埋在新安城南。

1947 年 7 月中旬，在小河村举行的中央会议上，决定陈赓兵团不来陕北，转头南渡黄河。为此，陈赓应召来到小河村。毛泽东接见了陈赓，对挺进豫西陕鄂的行动作了进一步的交代。毛泽东向陈赓讲了破釜沉舟的故事，要部队以最大的决心和勇气打出去。他说："你知道破釜沉舟的故事吧？项羽跟秦打仗，过河以后就把锅砸了，把船沉了，激励将士们不打胜仗决不生还！说来很巧，这个故事发生在你们将要渡河的地方。"陈赓说："主席，我们更要以破釜沉舟的决心打到豫西去！"毛泽东说："只要锅别砸了，船也别沉了。"引得在场的人们哈哈大笑起来。（解力夫：《解放战争实录》，河北人民出版社 1990 年版，第 195—196 页）

毛泽东要陈赓学习项羽破釜沉舟的英雄气概，无疑也是对项羽的赞扬。

五、鸿门宴上

　　鸿门宴，指在公元前206年于秦朝都城咸阳郊外的鸿门（今陕西省西安市临潼区新丰镇鸿门堡村）举行的一次宴会，参与者包括当时两支抗秦军的领袖项羽及刘邦。鸿门宴在秦末农民战争及楚汉战争皆产生重要影响，被认为间接促成了项羽败亡以及刘邦成功建立汉朝。后人也常用"鸿门宴"一词比喻不怀好意、蕴藏杀机的宴会。鸿门宴的故事载于《史记·项羽本纪》。

　　项羽带兵西行，要去夺取平定秦地。到了函谷关（西据高原，东临绝涧，南接秦岭，北塞黄河，是中国历史上建置最早的雄关要塞之一。函谷关历史上有两座，秦关位于河南省灵宝市北15公里处的王垛村，汉关位于今河南三门峡市约75公里的洛阳新安），关内有士兵把守，没能进去。又听说沛公已经攻下了咸阳，项羽非常生气，就派当阳君等攻打函谷关。这样项羽才进了关，一直到戏水（在今陕西临潼东北30里）之西。

　　沛公（刘邦）的军队驻扎在霸上，刘邦的左司马曹无伤就派人去告诉项羽，说："刘邦想占领关中称王，让子婴做他的国相，将所有的珍珠宝器都归为自己所有。"项羽听了非常生气地说："明天用酒肉犒劳士兵，要打败刘邦的军队。"这时，项羽的军队有四十万人，驻扎在新丰县鸿门；刘邦的军队有十万人，驻扎在霸上。范增劝告项羽说："刘邦在山东时，贪图财物，喜好美女。现在进入关中，财物一点都不要，女人一个也不亲近，他的志向不小。我叫人去看过他那里的云气，都是龙虎形状，成为五彩的颜色，这是天子的云气啊。赶快攻打他，不要失掉时机！"

　　楚国的左尹项伯，是项羽的叔父，平时和留侯张良交好。张良这时候跟随着刘邦，项伯就连夜骑马赶到刘邦军中，私下会见了张良，详细把事情告诉张良，想叫张良和他一起离开，说："不跟我走将会一起被杀。"张良说："我替韩王护送沛公入关，沛公现在有急难，逃跑离开是不讲道义的，我不能不告诉他。"

张良就进去，把情况详细告诉刘邦。刘邦大吃一惊，说："怎样应对这件事呢？"张良说："谁替大王献出这个计策的？"刘邦回答说："浅陋无知的人劝我说：'把守住函谷关，不要让诸侯进来，秦国所有的地盘都可以由你称王了。'所以我听信了他的话。"张良说："估计大王的军队能够抵挡住项王的军队吗？"刘邦沉默一会儿说："本来不如人家，将怎么办呢？"张良说："请让我去告诉项伯，说沛公不敢背叛项王。"刘邦说："你怎么和项伯有交情的？"张良说："在秦朝的时候，项伯和我有交往，项伯杀了人，我救活了他；现在有了紧急的情况，所以幸亏他来告诉我。"刘邦说："他和你的年龄，谁大谁小？"张良说："他比我大。"刘邦说："你替我把他请进来，我得用对待兄长的礼节待他。"张良出去，邀请项伯。项伯立即进来见刘邦。刘邦就奉上一杯酒为项伯祝福，并约定为亲家，说："我进入关中，极小的财物都不敢沾染，登记官吏、人民，封闭了府库，以等待将军的到来。之所以派遣官兵去把守函谷关，是为了防备其他盗贼的进出和意外变故。日日夜夜盼望着项王的到来，怎么敢反叛呢！希望你详细地说明，我是不敢忘恩负义的。"项伯答应了，跟刘邦说："明天你不能不早些来亲自向项王谢罪。"刘邦说："好。"于是项伯又连夜离开，回到项羽军营里，详细地把刘邦的话报告项王，并趁机说："刘邦不先攻破关中，您怎么敢进来呢？现在人家有大功你却要打人家，这是不仁义的。不如就趁机友好地款待他。"项王答应了。

刘邦第二天带领一百多人马来见项羽，到达鸿门，谢罪说："我和将军合力攻打秦国，将军在黄河以北作战。我在黄河以南作战，然而自己没有料想到能够先入关攻破秦国，能够在这里再看到将军您。现在有小人的流言，使将军和我有了隔阂……"项羽说："这是你左司马曹无伤说的。不然的话，我怎么会这样呢？"项羽当天就趁此机会留刘邦同他饮酒。项羽、项伯面向东坐；亚父面向南坐。亚父，就是范增。刘邦面向北坐；张良面向西陪坐。范增多次使眼色给项羽，举起他所佩带的玉玦向项羽示意多次，项羽默默地没有反应。范增站起来，出去召来项庄，对项庄说："君王的为人心肠太软，不忍下手。你进去上前祝酒，祝酒完了，请求舞剑助兴，顺便把刘邦击倒在座位上，杀掉他。不然的话，你们都将被他所俘虏！"项庄就进去祝酒。祝酒完了，说："君王和沛公饮酒，军营里没有什么可以用来娱乐的，请让我舞剑助兴吧。"项羽说："好。"项庄就拔出剑舞起来。项伯也拔出剑舞起来，并常常用自己的身体掩护刘邦，项庄始终得不到机会刺杀刘邦。

　　于是张良到军门外去见樊哙。樊哙说："今天的事情怎样？"张良说："非常危急！现在项庄拔剑起舞，他的用意常常在沛公身上。"樊哙说："这太紧迫了！请让我进去守卫在沛公身旁，竭力保护他。"樊哙就带着剑、拿着盾牌进入军门。拿戟交叉着守卫军门的士兵想要阻止不让他进去，樊哙侧举盾牌一撞，卫士跌倒在地上。樊哙就进去了，揭开帷幕面向西站立，瞪眼看着项羽，头发直竖起来，眼眶都要裂开了。项羽手握剑柄跪直身子说："客人是干什么的？"张良说："他是沛公的卫士樊哙。"项羽说："壮士！赏他一杯酒。"左右的人就给他一大杯酒。樊哙拜谢，立起，站着一口气把酒喝了。项羽说："赏给他一条猪腿。"左右的人就给了他一条半生的猪腿。樊哙把盾牌反扣在地上，把猪腿放在盾牌上，拔出剑切着吃起来。项羽说："壮士！能再喝杯酒吗？"樊哙说："我死尚且都不怕，一杯酒又哪里值得推辞！秦王有像虎狼一样凶狠的心肠，杀人唯恐不能杀尽，处罚人唯恐不能用尽酷刑，因此天下老百姓都背叛了他。楚怀王曾经和诸将领约定：先打败秦军进入咸阳的人是关中王。现在刘邦先打败秦军进入咸阳，一丝一毫都不敢占有动用，封闭了官室，退军驻扎在霸上，以等待大王到来，特意派遣将士把守函谷关，是为了防备其他盗贼的出入和发生意外的事变。像这样劳苦功高，没有封侯的赏赐，反而听信小人谗言，要杀有功劳的人，这是灭亡的秦朝的后续者啊！我自己认为大王不应该采取这样的做法"。项羽没有回答他什么，说："坐吧。"樊哙便挨着张良坐下。

　　坐了一会儿，刘邦起身上厕所，顺便招呼樊哙一道出去。刘邦已经出去，项羽派都尉陈平去招呼刘邦回来。刘邦对樊哙说："刚才出来没有告辞，这怎么办呢？"樊哙说："做大事情不必顾虑细枝末节，讲大礼不必讲究小的礼让。现在人家正像切肉的刀和砧板，我们是鱼和肉，为什么还要告辞呢？"于是就走了。就叫张良留下向项羽辞谢。张良问道："大王来时带些什么礼物？"刘邦说："我拿一对白玉璧，准备献给项王，一对玉酒杯，要送给范增。正赶上他们发怒，不敢献上去，你替我献给吧。"张良说："遵命。"在这个时候，项羽的军队驻扎在鸿门，刘邦的军队驻扎在霸上，相隔四十里。刘邦丢下随从的车辆、人马，独自骑马离开这儿，同持剑拿盾徒步跑着的樊哙、夏侯婴、靳强、纪信等四人一起，顺着骊山脚下，取道芷阳，抄小路逃走。刘邦行前对张良说："从这条路到我军营不过二十里罢了。请你估计我到了军营，你再进去见项王。"

刘邦已经走了，估计抄小道已经回到军中之后，张良进去辞谢，说："沛公不能多喝酒，已经醉了，不能前来告辞。谨叫我奉上白玉璧一对，敬献给大王；玉杯一对，敬献给大将军。"项羽说："沛公在哪里？"张良说："听说大王有意责备他，他脱身独自离开了，已经回到了军中。"项羽就接受了白玉璧，放到座位上。范增接过玉杯，丢在地上，拔出剑砍碎了它，说："唉！这小子不值得和他共谋大业！夺走项王天下的一定是沛公。我们这些人就要被他俘虏了！"

刘邦回到军营，立即杀掉了曹无伤。

"鸿门宴"是一场惊心动魄的斗智斗勇的故事。在鸿门宴中，共有四对相应的人物出场，项羽和刘邦是主帅，范增和张良是谋臣，项庄和樊哙是勇将，项伯和一个没有出场的人物曹无伤是内奸。这八个人在两位谋士的导演下，演出了一场威武雄壮的活剧。刘邦的圆滑机警、能言善辩、多谋善断、能屈能伸，张良的老练多谋，樊哙的忠勇豪爽，项羽的光明磊落、坦率粗豪、自大轻敌、寡谋轻信、优柔寡断、有勇少谋、妇人之仁、师心自用，范增的老谋深算，项庄的威猛无谋，以及项伯与曹无伤的卑鄙自私的性格都刻画得活灵活现。

这场斗争的结局是刘邦在众寡悬殊、敌强我弱的情况下，躲过一劫，成了刘邦从联合抗秦到互相争霸的历史转折点，同时预示了"夺项王天下者，必沛公也"的发展趋势。

六、项羽分封诸侯

1958 年 5 月 8 日，毛泽东在中共八大二次会议第一次会议上讲"破除迷信"问题时说："项羽二十四岁起兵，三年到咸阳，霸王别姬的时候，应当还是年轻的时候。现在舞台上唱《霸王别姬》的扮相不对，应当叫他扮小生。五岁为诸侯长，二十八岁时自立为西楚霸王，死时才三十二岁。"（王子今：《毛泽东与中国史学》，中共中央党校出版社 1993 年版，第 198 页）

过了几天，项羽率兵西进，屠戮咸阳城，杀了秦王子婴，烧了秦朝的宫室，大火三个月都不熄灭．劫掠了秦朝的财宝、妇女，往东走了。

有人（《汉书》作"韩生"；《扬雄·法言·重黎篇》作"蔡生"）劝项王说："关中这块地方，有山河为屏障，四方都有要塞（东函谷关；南武关，在今陕西商县东 185 里；西散关，在今陕西宝鸡西南；北萧关，在今甘肃环县西北），土地肥沃，可以建都于关中成就霸业。"但项王看到秦朝宫室都被火烧得残破不堪，又放心不下想东归，就说："富贵之后而不回故乡，就像穿了锦绣衣裳而在黑夜中行走，有谁能知道他已经富贵了呢？"那个劝项王的人说："人说楚国人像是猕猴戴了人的帽子，果真是这样。"项王听见这话，把那个人扔进锅里煮死了。

项王派人向怀王禀报破关入秦的情况。怀王说："就按以前约定的那样办。"于是项王给怀王一个徒具虚名的尊贵称号叫义帝。

项羽打算自己称王，因此他就先封手下诸将相为王，并对他们说："天下发动起义之初，权且立六国诸侯的后代为王，为的是讨伐秦朝。然而身披坚甲，手持锐利的兵器，在外行军，暴餐露宿，已经三年，灭掉秦朝，平定天下，都是靠各位将相和我项籍的力量啊。义帝虽说没有什么战功，但分给他土地让他做王，本来也是应该的。"诸将都说："好。"于是就分封天下，立诸将为诸侯。项王、范增担心沛公据有天下，然而鸿门之会已经和解了，又不乐意违背当初的约定，怕诸侯背叛，于是暗中谋划道："巴

（约当今四川东半部）、蜀（约当今四川西半部及西藏的昌都地区）两郡道路险阻、交通不便，秦朝流放的人都居住在蜀地。"又说："巴、蜀也算关中的地盘。"因此就立沛公为汉王，统治巴、蜀、汉中（约当今陕西秦岭阴面和湖北西北部）之地，建都南郑（即今陕西南郑）。

项羽又把关中分为三块，封秦朝三名降将为王以阻断汉王的东出之路。项王立章邯为雍王，统治咸阳以西的地区，建都废丘（故城在今陕西兴平东南10里）。长史司马欣，以前是栎阳狱掾，曾经对项梁有恩；都尉董翳，当初曾劝章邯投降楚军。因此，立司马欣为塞王，统治咸阳以东到黄河的地区，建都栎阳（古县名，战国时秦国之都。秦置，治所在今陕西省西安市阎良区武屯镇关庄与御宝村之间）；立董翳为翟（dí，狄）王，统治上郡（秦郡名，今陕西西北部及内蒙古鄂尔多斯左翼，即其故地），建都高奴（古城在今陕西肤施东）。

改立魏王豹为西魏王，统治河东（今山西西南部黄河以东），建都平阳（故城在今山西临汾南）。

瑕丘（县名，故城在今山东滋阳西25里）申阳（姓申，名阳），本是张耳宠幸的贱臣，首先攻下河南郡（即秦之三川郡，今河南西北大部），在黄河岸边迎接楚军，所以立申阳为河南王，建都雒阳（即今河南洛阳）。

韩王成仍居旧都，建都阳翟（今河南禹州）。

赵将司马印平定河内（本大河以北总称，指河南黄河以北、陕西东南及河北南端），屡有战功，因此立司马印为殷王，统治河内，建都朝歌（今河南淇县东北）。

改立赵王歇为代（古国名，地跨今陕西河北两省北部）王。

赵相张耳一向贤能，又跟随项羽入关，因此立张耳为常山王，统治赵地，建都襄国（故城在今河北邢台西南）。

当阳君黥布做楚将，战功在楚军中一直属第一，因此立黥布为九江王，建都六安（六安，古城在今安徽六安北13里）。

鄱（pó，婆）君吴芮（ruì，锐）率领百越族将士协助诸侯，又跟随项羽入关，因此立吴芮为衡山王，建都邾（zhū，朱，古城在今湖北黄冈西北20里）县。

义帝的柱国共（gōng，恭）敖率兵攻打南郡（今湖北襄阳以南地带），战功多，因此立共敖为临江王，建都江陵（今湖北江陵）。

改立燕王韩广为辽东（今辽宁省及内蒙古东南部及河北省东北部）王。

燕将臧荼跟随楚军救赵，又随军入关，因此立臧荼为燕王，建都蓟县（今北京西南）。

改立齐王田市为胶东（今山东东部）王。

齐将田都随楚军一起救赵，接着又随军入关，因此立田都为齐王，建都临菑（zī，滋，今山东临淄）。

当初被秦朝灭亡的齐王建之孙田安，在项羽渡河救赵的时候，曾攻下济水之北的几座城池，率领他的军队投降了项羽，因此立田安为济北王，建都博阳（今山东博平西北30里之博平镇）。

田荣多次有悖于项梁，又不肯率兵跟随楚军攻打秦军，因此不封。

成安君陈余因与张耳抵牾，抛弃将印而离去，也不跟随楚军入关，但他一向以贤能闻名，又对赵国有功，知道他在南皮（故城在今河北南皮东北8里），因此把南皮周围的三个县封给他。

番（pó，婆）君吴芮的部将梅鋗（xuān，宣）战功多，因此封他为食邑十万户的侯爵。

项王自立为西楚霸王（指彭城以西的地方），统治九个郡（泗水、东阳、东海、砀、薛、郯、吴、会稽、东郡），建都彭城。

汉元年（前206）四月，诸侯受封已毕，各于旌麾下罢兵，分别前往各自的封国去做王侯。

项王出了函谷关（在今河南灵宝市东北十五公里王垛村），往自己的封国，派人去让义帝迁都，说："古时候帝王拥有的土地是纵横各千里，而且一定要居住在内地山僻之处。"让使者把义帝迁徙到长沙郡郴（chēn，琛）县（今湖南郴州）去，催促义帝起程，义帝手下的从官渐渐叛离了他，项王于是秘密派衡山王吴芮、临江王共敖把义帝截杀于湘江之中。

韩王成没有军功，项王不让他到封国去，带他一起到了彭城，废为侯，过了不久，又杀了他。

臧荼到了封国，就驱逐韩广去辽东。韩广不听从，臧荼在无终（秦县名，古治在今天津市北）杀了他，把他的土地并为己有。

田荣听说项羽改封齐王到胶东，而立齐将田都为齐王，非常愤怒，不肯把齐王迁往胶东，就占据了齐地，起而反楚，迎头攻击田都。田都逃往楚国。齐王害怕项王，偷偷向胶东逃去，奔赴封国。田荣发怒，就追赶他，把他杀死在即墨（今山东即墨）。田荣于是自立为齐王，又向西进攻并杀死济北王田安，全部统治了三齐之地。田荣把将军印授给彭越，让他在梁地反楚。

陈馀私下派张同、夏说（yuè，悦）劝齐王田荣说："项羽主持天下事，分封诸侯不公道。现在把以前的诸侯王都封在坏地方，而把他自己的群臣诸将都封在好地方，驱逐了原来的君主赵王，让他往北徙居到代地，我认为这样是不合适的。听说大王您已起兵反楚，而且不听从项羽的不义之命，自立为三齐之王，希望大王您接济我一部分兵力，让我去攻打常山，恢复赵王原有的地盘。请允许我用我的疆土给你们齐国作屏障。"齐王答应了，就派兵赴赵。陈馀发动三县全部兵力，跟齐军合力攻打常山，把常山王打得大败。张耳逃走，去归附汉王。陈馀从代地把原赵王歇接回赵国。赵王因此立陈馀为代王。

七、徐州之战大胜

汉元年，汉王采用韩信"明修栈道，暗度陈仓"之计，平定了三秦（指雍王章邯、塞王欣、翟王翳三人封地的合称，因其地原是秦国的本土）。项羽听说汉王已经兼并了关中，将要带兵东进，齐国、赵国又都背叛了自己，非常生气，于是用以前的吴县令郑昌为韩王，抵挡汉军，命令萧（秦县名，古城在今安徽萧县西北）公（县令）角等攻打彭越。彭越打败了萧公角等。汉王派张良去攻击韩地，并送给项王一封信，说："汉王失去了应得的做关中王的封职，所以刘邦只希望得到关中，实现以前楚怀王的约定，就可以满足而停止进兵，并不敢再向东进。"又把齐、梁二地的反叛书送给项王，说："齐国想要跟赵国一起灭掉楚国。"楚军因此就放弃了西进的打算，向北去攻打齐国了。项王向九江王黥布征调部队，黥布借口生病，不肯亲自去，只派部将率领几千人前往，项王因此怨恨黥布。

汉二年（前205）冬天，项羽向北到达城阳（今山东青岛城阳区），田荣也带领部队来与项羽决战。田荣没有打胜，逃到平原（古城在今山东平原南25里），平原的百姓把他杀了。项羽于是北进，把建筑物毁坏，使城郭房屋都变成平地，全部活埋了田荣手下投降的士兵，用绳索捆绑了齐国的老弱妇女。项羽攻取齐地直到北海（今山东临淄以东、掖县以西的地带），把齐地的城池毁坏很多，把人民屠杀很多。齐国人聚集起来，一起背叛项羽。这时候，田荣的弟弟田横收集了齐军逃散的士卒，共有几万人，据城阳以背叛项羽。项王因此而停下来，但一连打了几仗都没打下。

这一年春天，汉王率领五个诸侯国的兵马，共五十六万人，向东进兵讨伐楚国。项王听到这个消息，就命令诸将攻打齐国，他自己又率领精兵三万人向南从鲁县（今山东曲阜）绕出胡陵（即今山东鱼台），取包围之势。四月，汉军已全部进入彭城，掳掠那里的财宝、美人，每天摆酒席大会宾客。项王由胡陵引兵西行抵萧县之后，即于某一天的破晓时分，向汉军发动攻势，楚军向东推进，打到彭城，当天正午，把汉军打得大败。汉军四处逃散，楚军在后紧相追逐，前后相随掉进榖水（在今江苏砀山南）、泗水（源出山东泗水，流经彭城东北），楚军杀了汉兵卒十多万人。汉兵向南逃入山地自固，楚军又追击到灵璧（故城在今安徽宿县西北）东面的睢水（自河南杞县流至睢县北，至安徽宿县入泗水）边上。汉军后退，由于楚军的攻击，很多人被杀，汉军士卒十余万人都掉进睢水，睢水因被堵塞都不向前流动了。楚军用三层军队把汉王包围起来。正在这个时候，狂风从西北方向刮起，摧折树木，掀去屋顶，飞沙走石，刮得天昏地暗，虽是白天犹如黑夜，向着楚军迎头扑面而来。楚军大乱，队阵崩溃，这样，汉王才得以带领几十名骑兵慌忙逃离战场。汉王原打算从沛县经过，接取家眷向西逃走，楚军也派人追到沛县，去抓汉王的家眷。但汉王家眷已经逃散，没有跟汉王见面。汉王在路上遇见了后来的孝惠帝和鲁元公主，就把他们载在车上，一块儿西逃。楚军骑兵追赶汉王，汉王感到情况危急，就把刘盈、鲁元公主推落车下。滕公夏侯婴每次都下车把他俩重新抱上车，这样推下抱上有好几次。滕公对汉王说："虽然情况危急，马也不能赶得再快，可是怎么能把他们扔掉呢？"就这样，姐弟俩才得以脱险。汉王等人到处寻找太公、吕后，没有找见。审食其（yì jī，异基），跟随着太公、吕后抄小路走，也在寻找汉王，却偏偏碰上了楚军。楚军就把他们一同带回去，向项王报告。项王一直把他们留置在军中当作人质。

这时候，吕后的哥哥后来的周吕侯（名泽，周吕为封爵名）为汉王带兵驻守下邑（秦县名，故城在今江苏砀山东），汉王从小路暗中去依附他，渐渐地收集汉军士卒。到荥阳（故城在今河南旧荥阳西南17公里）时，各路败军都已重新聚集在这里，萧何也把关中没有载入兵役名册的老弱人丁全部都派遣到荥阳，汉军重又大振。

对这个战役，毛泽东非常熟悉，有十分精彩的评论。他说："刘邦乘项羽打齐赵之际，迅速东进，数十万大军很快占领了彭城，但刘邦因胜利产生骄傲，对项羽反扑估计不够。当项羽得知刘邦攻占了彭城，大为惊慌，急率精兵三万返彭城。这时的刘邦却在彭城置酒与各路诸侯喝庆功酒呢！楚军在早晨向汉军发起进攻，先击破驻鲁（今山东曲阜）的樊哙部，又穿越胡陵（沛县北），过九里山，大败驻萧县（今安徽萧县）汉军，而后直驱彭城。一日之内赶回彭城，可谓神速。刘邦急于开城迎战，溃不成军，大败而逃。汉军沿谷、泗二水退逃，被杀十几万，史书上说'睢水为之不流'。可见死人之多。刘邦只带数十骑逃走，他的父亲和老婆都落到项羽手中，真是惨败啊！"（杨庆旺：《毛泽东指点江山》，中央文献出版社2000年版，第1179—1180页）

1958年9月20日，毛泽东从安徽马鞍山到南京的火车上和张治中等谈话。当江渭清书记向毛主席汇报工农业生产时，说到1957年的台风给江苏带来的极大损失，毛主席插话说："你们要知道，台风有时也有好处呢。楚汉相争时，刘邦从关中出兵，一路很顺利，一直打到徐州，正在和文武官员置酒高会的时候，项羽突然率三万精骑来袭，刘邦措手不及，大败，落荒而逃。项羽尾追不舍，正在万分危急的时候，忽然阵前刮起一阵巨大的台风，顿时飞沙走石，天日无光，刘邦才得侥幸保全性命，逃向洛阳去了。"（余湛邦：《张治中和中国共产党》，中共中央党校出版社1991年版，第177页）

八、荥阳对峙

楚军从彭城出发，一路上经常乘着打胜仗的威势追击败逃的汉兵。可是在荥阳南面的京邑（今河南荥阳东南）、索邑（今河南荥阳县城）之间与汉军打了一仗，汉军打败了楚军，楚军因此不能越过荥阳向西推进。

项王去援救彭城，追赶汉王到荥阳，这时田横也得以恢复了齐地，立田荣的儿子田广为齐王。汉王在彭城失败的时候，诸侯又都归附楚而背叛了汉。汉王驻扎在荥阳，筑起两边有墙的甬道，和黄河南岸相连接，用以取得敖（敖，山名，在旧荥阳县西北）仓的粮食。

汉三年（前204），项王多次侵夺汉王的甬道，汉王粮食匮乏，心里恐慌，请求讲和，条件是以荥阳为界，以西归汉，以东归楚，项王打算接受这个条件。历阳侯范增说：“汉是容易应付的，如果现在把它放弃而不征服，以后一定会后悔的！”项王和范增立即包围了荥阳。汉王很担心，就用陈平的计策离间项王与范增的关系。项王的使者来了，汉王让人准备了特别丰盛的筵席，把酒宴摆好，要献给使者，请他赏用。一见使者又假装作惊愕的样子说道：“我们还以为是亚父派来的使者，没想到反而是项王的使者。”把原来陈设的酒筵撤走了，拿来粗劣的饭食给项王的使者吃。使者回去向项王报告，项王竟真的怀疑范增和汉王有私情，渐渐地把范增的权柄剥夺过去。范增非常气愤，说：“天下事大局已定，君王您自己看着办吧！希望项王准予退休，使自己这个老骨头得归田里，让我回乡为民吧。”项王答应了他的请求。范增启程走了，还没走到彭城，由于毒疮穿背而身亡。

汉将纪信（？—前204，《汉书·高帝本纪》作“纪成”，汉朝将军，赵人。曾参与鸿门宴，随刘邦起兵抗秦。由于身形及样貌恰似刘邦，在荥阳城危时假装刘邦的样貌，向西楚诈降，被俘）给汉王出主意说：“形势危急，请让我假扮成大王去诓骗楚兵，您可以趁机逃走。”于是汉王趁夜把一群女子放出荥阳东门，其中有两千名身披铠甲，楚兵立即从四面围打上去。纪信乘坐着天子所乘的黄屋车（以黄缯为车盖的车子），车辕横木左方插着有羽毛装饰的旗帜，说："城中粮食已经吃光了，汉王投降。"楚军一起欢呼万岁，庆贺胜利。汉王这时带着几十名骑兵从城的西门逃出，逃到成皋（古地名，今河南荥阳汜水镇）。项王见到纪信，问道："汉王在哪儿？"纪信说："汉王已经出城。"项王把纪信烧死了。

汉王派御史大夫（相当于副丞相）周苛、枞（cōng，聪）公、魏豹等把守荥阳。周苛、枞公商议道："一个已经叛变过的国家君主，是难以和他一块守城的。"就一起杀了魏豹。楚军攻下荥阳城，活捉了周苛。项王对周苛说："给我做将军吧，我任命你为上将军，封你为三万户侯。"周苛骂道："你如果不赶快投降汉王，汉王就要俘虏你了，你并不是汉王的对手！"项王发怒，煮死周苛，把枞公也一块儿杀了。

汉王逃出荥阳（今河南荥阳）后，向南跑到宛县（今河南南阳）、叶（shè，涉）县（古城在今河南叶县南30里）遇到九江王黥布，逐渐收集已溃散的士兵，重又进入成皋，守在那里。

汉四年（前203），项王进兵包围城皋。汉王逃走，一个人带着滕公出了成皋北门，渡过黄河，逃向修武（今河南修武），去投奔张耳、韩信的部队。诸将也陆续逃出成皋，追随汉王。楚军因此拿下成皋，想要西进。汉王派兵在巩县（故城在今河南巩义西南30里）抵抗，阻断了楚军西进的去路。

这时候，彭越渡过黄河，在东阿攻打楚军，杀了楚国将军薛公。项王于是亲自率兵东进攻打彭越。

汉王得到韩信的部队（《史记·淮阴侯列传》："六月，汉王出成皋，东渡河，独与滕公俱，从张耳军修武。至，宿传舍。晨，自称汉使，驰入赵壁。张耳、韩信未起，即其卧内上夺其印符，以麾召诸将，易置之。信、耳起，乃知汉王来，大惊。汉王夺两人军，即令张耳备守赵地，拜韩信为相国，收赵兵未发者击齐。"），想要渡过黄河南进。郑忠劝阻汉王（《史记·高祖本纪》："郎中郑忠乃说止汉王，使高垒深堑，毋与战，汉王听其计。"），汉王才停止南进，在黄河北岸修筑营垒驻扎下来。汉王派刘贾率兵去增援彭越，烧毁了楚军的粮草辎重。项王继续东进，打败了刘贾，赶跑了彭越。汉王这时就率领部队渡过黄河，又拿下了成皋，在西广武扎营，就近取食敖仓的粮食。项王已经平定东方，又折回来，向西进军，与汉军都临广武涧（古城名，故址在今河南荥阳东北广武山上。有东西二城，相距约二百步，中隔广武涧，刘邦屯西城，项羽屯东城）筑城以驻军，相互对峙好几个月。

就在这个时候，彭越几次往返梁地（今河南商丘南），断绝了楚军的粮食，项王为此深感忧虑。他做了一张高腿案板，把汉王父亲太公搁置在上面，向汉王宣告，说："现在你如果不赶快投降，我就把太公煮死。"汉王说："我和项羽作为臣子一块接受了怀王的命令，曾说'相约结为兄弟'，这样说来，我的老子也就是你的老子，如果你一定要煮了你的老子，就希望你能分给我一杯肉汤。"项王大怒，要杀太公。项伯说："天下事还不知道怎么样，再说要夺天下的人是不顾及家的，即使杀了他也不会有什么好处，只会增加祸患罢了。"项王听从了项伯的话。

楚、汉长久相持，胜负未决。服兵役的壮丁久在军队，长期作战，衰老和弱小的人也因水陆运输军备的劳役而十分疲惫。项王对汉王说："天下纷乱不宁好几年了，只是因为我们两人的缘故。我希望跟汉王挑战，决一雌雄，再不要让天下的老小百姓白白地受苦啦！"汉王笑着回绝说："我宁肯同你斗智，不能同你用实力相拼。"项王让勇士出营挑战，汉军有善于骑射的楼烦族人士兵，楚兵挑战好几次，楼烦士兵每次都把他们射死。项王大怒，就亲自披甲持戟出营挑战。楼烦士兵搭箭正要射，项王瞪大眼睛向他大吼一声，楼烦士兵吓得眼睛不敢正视，两只手不敢放箭，转身逃回营垒，不敢再出来。汉王派人乘机打听，才知道原来是项王，汉王大为吃惊。于是项王就向汉王那边靠近，分别站在广武涧东西两边互相对话。汉王一桩一桩地列举了项王的罪状，项王很生气，要和汉王决战。汉王不听，项王埋伏下的弓箭手射中了汉王。汉王受了伤，跑进成皋。

按：《史记·高祖本纪》载，汉王数点项羽曰："始与项羽俱受命怀王，曰先入定关中者王之，项羽负约，王我于蜀汉，罪一。项羽矫杀卿子冠军而自尊，罪二。项羽已救赵，当还报，而擅劫诸侯兵入关，罪三。怀王约入秦无暴掠，项羽烧秦宫室，掘始皇帝冢，私收其财物，罪四。又强杀秦降王子婴，罪五。诈坑秦子弟新安二十万，王其将，罪六。项羽皆王诸将善地，而徙逐故主，令臣下争叛逆，罪七。项羽出逐义帝彭城，自都之，夺韩王地，并王梁、楚，多自予，罪八。项羽使人阴弑义帝江南，罪九。夫为人臣而弑其主，杀已降，为政不平，主约不信，天下所不容，大逆无道，罪十也。吾以义兵从诸侯诛残贼，使刑余罪人击杀项羽，何苦乃与公挑战！"

项王听说韩信已经攻克了河北，打败了齐（时间在后，指定临淄，逐田广事）、赵（指背水列阵斩陈余事）两国，而且正准备向楚军进攻，就派龙且前去迎击。韩信与龙且交战，汉骑将领灌婴也赶来参战，把楚军打得大败，杀了龙且。韩信趁此机会自立为齐王。

项王听到龙且军败的消息，心里害怕了，派盱眙（（今江苏盱眙））人武涉（秦末谋士、策士）前去游说淮阴侯，劝他联楚背汉，与楚汉三分天下。淮阴侯不听。这时候，彭越又返回梁地，断绝了楚军的粮食。项王对海春侯大司马曹咎等说："你们要谨慎地守住成皋，如果汉军挑战，千万不要和他们交战，只要别让他们东进就行。十五天之内，我一定杀死彭越，平定梁地，回来再跟将军们会合。"

于是带兵向东进发，一路上攻打陈留（今河南开封市祥符区陈留镇）、外黄（秦县名，今河南民权西北）。外黄起先不归顺。过了几天终于投降了，项王很生气，命令男子十五岁以上的全部到城东去，要把他们活埋了。外黄县令门客的儿子十三岁，前去劝说项王，说道："彭越凭强力威胁外黄，外黄人害怕，所以才姑且投降，为的是等待大王。如今大王来了，又要全部活埋他们，百姓哪儿还会有归附之心呢？从这儿往东，梁地十几个城邑的百姓都会很害怕，就没有人肯归附您了。"项王认为他的话对，就赦免了准备活埋的那些人。项王东进睢阳县（治所在今河南商丘南），睢阳人听到这情况都争着归附项王。

汉军多次向楚军挑战，楚军都没出战。汉军就派人去辱骂他们，一连五六天，大司马曹咎忍不住气愤，派兵渡汜水（今河南荥阳汜水镇）。士卒刚渡过一半，汉军出击，大败楚军，缴获楚军的全部物资。大司马曹咎、长史董翳、塞王司马欣等都在汜水边上自刎了。大司马曹咎，就是原来的蕲县狱掾，长史司马欣就是以前的栎阳狱吏，两个人都曾经对项梁有恩德，所以项王信任他们。这时候，项王在睢阳，听说海春侯的军队被打败了，就带兵往回赶。汉军当时正把楚将钟离昧（mò，末）包围在荥阳东边，项王赶到，汉军害怕楚军，全部逃入附近险要而多障碍的山地。

这时，汉军士卒气盛，粮草充足；项王士卒疲惫，粮食告绝。汉王派陆贾（约前240—前170，汉族，汉初楚国人，西汉思想家、政治家、外交家。早年追随刘邦，因能言善辩常出使诸侯）去劝说项王，要求放回太公，项王不答应。汉王又派侯公去劝说项王，项王才跟汉王定约，平分天下，鸿沟以西的地方划归汉，鸿沟以东的地方划归楚。项王同意了这个条件之后，立即放回了汉王的家属。汉军官兵都呼喊万岁。汉王于是封侯公为平国君，让他隐匿起来，不肯再跟他见面，说："这个人是天下的善辩之士，他待在哪国，就会使哪国倾覆，所以给他个称号叫平国君。"项王订约后，就带上队伍罢兵东归了。

九、垓下惨败，死不投降

　　汉王也想撤兵西归，张良、陈平劝他说："汉已据天下的大半，诸侯又都归附于汉。而楚军已兵疲粮尽，这正是上天亡楚的时候，不如索性趁此机会把它消灭。如果现在放走项羽而不打他，这就是所谓的'养虎给自己留下祸患'。"汉王听从了他们的建议。

　　汉五年（前202），汉王追赶项王到阳夏（今河南太康）南边，让部队驻扎下来，并和韩信、彭越约好日期会合，共同攻打楚军。汉军到达固陵（今河南淮阳西北43里之固陵聚），而韩信、彭越的部队没有来会合。楚军攻打汉军，把汉军打得大败。汉王又逃回营垒，深掘战壕，坚守自卫。汉王问张良道："诸侯不遵守诺言，怎么办？"张良回答说："楚军快被打垮了，韩信和彭越还没有得到分封的地盘，所以，他们不来是很自然的。君王如果能答应和他们共分天下，就可以使他们立刻引兵前来。如果不能这样做，事情的成败就不敢说了。君王如果把从陈县以东到靠近海滨一带地方都给韩信，把睢阳以北到穀城（故址在今山东东阿南12里）的一带地方划给彭越，使他们各自为自己而战，楚军就容易打败了。"汉王说："好。"于是派出使者告诉韩信、彭越说："你们跟汉王合力击楚，打败楚军之后，从陈县往东至海滨一带地方给齐王，睢阳以北至穀城的地方给彭相国。"使者到达之后，韩信、彭越都说："我们今天就带兵出发。"于是韩信从齐国起行，刘贾的部队从寿春（今安徽寿县）和他同时进发，屠戮了城父（今安徽亳州市东南的城父村），到达垓下（今安徽灵璧东南）。大司马周殷叛离楚王，以舒县（今安徽舒城）的兵力屠戮了六县（今安徽六安），发动黥布所率领的九江兵，随同刘贾、彭越一起会师在垓下，各路兵马都集中到项王所在的地方。

　　据《史记·高祖本纪》载，在项羽被围之前，楚汉间尚有一场大战："五年，高祖与诸侯兵共击楚军，与项羽决胜垓下。淮阴侯将三十万，自

"楚霸王项羽在中国是一个有名的英雄：

当之；孔将军居左，费将军居右；皇帝在后，绛侯、柴将军在皇帝后。项羽之卒可十万。淮阴先合，不利，却。孔将军、费将军纵，楚兵不利；淮阴侯复乘之，大败垓下。"

项王的部队在垓下修筑了营垒，兵少粮尽，汉军及诸侯兵把他团团包围。深夜，听到汉军在四面响起楚国人用方言土语唱的楚地的歌，项王大为吃惊，说："难道汉已经完全取得了楚地？怎么楚国人这么多呢？"项王连夜起来，在帐中饮酒。有美人名虞，一直受宠跟在项王身边；有骏马名骓（zhuī，追），项王一直骑着。这时候，项王不禁慷慨悲歌，自己作诗吟唱道："力量能拔山啊，英雄气概举世无双，时运不济呀骓马不再往前闯！骓马不往前闯啊可怎么办，虞姬呀虞姬，怎么安排你呀才妥善？"项王唱了几遍，美人虞姬在一旁应和。虞姬（？—前202），楚汉之争时期西楚霸王项羽的爱妾，秦末人。姓名无确考，一说虞姓，一说名虞。虞姬乃后人根据《史记·项羽本纪》载："有美人名虞"而推之。虞姬经常随项羽出征。项羽被刘邦围困于垓下（今安徽灵璧南），楚军兵少粮尽，汉军又夜唱楚歌，众多楚军闻之思乡而逃。项羽闻四面楚歌之声，惊叹："汉皆已得楚乎？是何楚人之多也！"惆怅万状，感大势已去（四面楚歌之典即源于此）。乃饮酒而歌："力拔山兮气盖世，时不利兮骓不逝！骓不逝兮可奈何？虞兮虞兮奈若何！"（据此歌"虞兮虞兮奈若何"之句探究，虞姬名虞之说较合理）她起而和之，后传其歌词为："汉兵已略地，四方楚歌声。大王意气尽，贱妾何聊生。"歌后自杀而死。此诗苍凉沉痛而一往情深，不愧为末路英雄的红颜知己。项王眼泪一道道流下来，左右侍者也都跟着落泪，没有一个人能抬起头来看他。

于是项王骑上马，部下壮士八百多人骑马跟在后面，趁夜突破重围，向南冲出，飞驰而逃。天快亮的时候，汉军才发觉，命令骑兵将军灌婴带领五千骑兵去追赶。项王渡过淮河，部下壮士能跟上的只剩下一百多人了。项王到达阴陵（古县名，故址在今安徽定远西北），迷了路，去问一个农夫，农夫欺骗他说："向左边走。"项王带人向左，陷进了泥泞大沼泽地中。因此，汉兵追上了他们。

项王又带着骑兵向东，到达东城（故址在今安徽定远东南50里），这时就只剩下二十八人。汉军骑兵追赶上来的有几千人。项王自己估计不能逃脱了，对他的骑兵说："我带兵起义至今已经八年，亲自打了七十多仗，我所抵挡的敌人都被打垮，我所攻击的敌人无不降服，从来没有失败过，因而能够称霸，据有天下。可是如今终于被困在这里，这是上天要灭亡我，决不是用兵的过错。今天肯定得决心战死了，我愿意给诸位打个痛痛快快的仗，一定胜它三回，给诸位冲破重围，斩杀汉将，砍倒军旗，让诸位知道的确是上天要灭亡我，决不是用兵的过错。"于是把骑兵分成四队，面朝四个方向。汉军把他们包围起几层。项王对骑兵们说："我来给你们拿下一员汉将！"命令四面骑士驱马飞奔而下，约定冲到山的东边，分作三处集合。于是项王高声呼喊着冲了下去，汉军像草木随风倒伏一样溃败了，项王杀掉了一名汉将。这时，杨喜为汉军骑将，在后面追赶项王，项王瞪大眼睛呵叱他，杨喜连人带马都吓坏了，倒退了好几里。项王与他的骑兵在三处会合了。汉军不知项王的去向，就把部队分为三路，再次包围上来。项王驱马冲了上去，又斩了一名汉军都尉，杀死有百八十人，聚拢骑兵，仅仅损失了两个人。项王问骑兵们道："怎么样？"骑兵们都敬服地说："正像大王说的那样。"

这时候，项王想要向东渡过乌江（今安徽和县东北江岸的乌江浦）。乌江亭长正停船靠岸等在那里，对项王说："江东虽然小，但土地纵横各有一千里，民众有几十万，也足够称王啦。希望大王快快渡江。现在只有我这儿有船，汉军到了，没法渡过去。"项王笑了笑，说："上天要灭亡我，我还渡乌江干什么！再说我和江东子弟八千人渡江西征，如今没有一个人回来，纵使江东父老兄弟怜爱我让我做王，我又有什么脸面去见他们？纵使他们不说什么，我项籍难道心中没有愧吗？"于是对亭长说："我知道您是位忠厚长者，我骑着这匹马征战了五年，所向无敌，曾经日行千里，我不忍心杀掉它，把它送给您吧。"项羽命令骑兵都下马步行，手持短兵器与追兵交战。光项籍一个人就杀掉汉军几百人。项王身上也有十几处负伤。项王回头看见汉军骑司马吕马童，说："你不是我的老相识吗？"吕马童这时才跟项王打了个对脸儿，于是指给王翳，说："这就是项王。"项王说："我听说汉王用黄金千斤、封邑万户悬赏征求我的脑袋，我就把这份好处送你吧！"说完，自刎而死。王翳拿下项王的头，其他骑兵互相践踏争抢项王的躯体，由于相争而被杀死的有几十人。最后，郎中骑将杨喜，骑司马吕马童，郎中吕胜、杨武各争得一个肢体。五人到一块把肢体拼合，正好都对。因此。把项羽的土地分成五块；封吕马童为中水侯，封王翳为杜衍侯，封杨喜为赤泉侯，封杨武为吴防侯，封吕胜为涅（niè，聂）阳侯。

项王已死，楚地全都投降了汉王，只有鲁县不降服。汉王率领天下之兵想要屠戮鲁城，但考虑到他们恪守礼义，为君主守节不惜一死，就拿着项王的头到鲁地示众，鲁地父老这才投降。当初，楚怀王封项籍为鲁公，等他死后，鲁国又最后投降，所以，按照鲁公这一封号的礼仪把项王安葬在穀城（今山东平阴西南东阿镇）。汉王给他发丧，哭了一通后才离去。

项氏宗族各旁枝，汉王都不加杀戮。封项伯为射阳侯。桃侯（项襄）、平皋侯（项佗）、玄武侯（佚名）都属于项氏，汉王赐姓刘。

太史公说："我听周生（汉时儒者，姓周）说舜的眼睛可能是两个瞳仁儿。又听说项羽也是两个瞳仁儿。项羽难道是舜的后代吗？不然他的发迹怎么那么突然啊！秦朝搞糟了它的政令，陈涉首先发难，各路豪杰蜂拥而起，你争我夺，数也数不清。然而项羽并非有些许权柄可以凭藉，他趁秦末大乱之势兴起于民间，只三年的时间，就率领原战国时的齐、赵、韩、魏、燕五国诸侯灭掉了秦朝，划分天下土地，封王封侯，政令全都由项羽发出，自号为'霸王'，他的势位虽然没能保持长久，但近古以来像这样的人还不曾有过。至于项羽舍弃关中之地，思念楚国，建都彭城，放逐义帝，自立为王，而又埋怨诸侯背叛自己，想成大事可就难了。他自夸战功，竭力施展个人的聪明，却不肯师法古人，认为霸王的功业，要靠武力征伐诸侯治理天下，结果五年之间终于丢了国家，身死东城，仍不觉悟，也不自责，实在是太错误了。而他竟然拿'上天要灭亡我，不是用兵的过错'这句话来自我解脱，难道不荒谬吗？"

总之，在毛泽东看来，项羽是一个农民起义领袖，"在中国是一个有名的英雄"，"要学习他的英雄气概"。

1949 年 4 月 23 日，人民解放军解放了国民党反动派盘踞了 22 年的南京。为了纪念这个伟大日子，毛泽东在人民的"薄海欢腾"声中挥笔写下了《七律·人民解放军占领南京》：

> 钟山风雨起苍黄，百万雄师过大江。
> 虎踞龙盘今胜昔，天翻地覆慨而慷。
> 宜将剩勇追穷寇，不可沽名学霸王。
> 天若有情天亦老，人间正道是沧桑。

其中一句说"不可沽名学霸王"，这里的"霸王"，是指"西楚霸王"项羽。项羽的事迹也随着毛泽东的这首七律的广泛传播，而广为人民所熟悉。

为什么"不可沽名学霸王"呢？毛泽东对项羽刚愎自用、图爱虚名而招致失败的教训，认识是很深刻的。因此，当人民解放军即将挥师南下、解放全中国之际，面对斯大林要我们"划江而治"的建议，毛泽东断然否定了，认为这与项王当年在灞上的"沽名"如出一辙，应该将余勇猛追穷寇，决不学那沽名的霸王。

1949年，毛泽东在北京香山双清别墅集中精力抓的一件大事，就是指挥人民解放军继续前进，打过长江，打到南京去，解放全中国。

当时，以张治中为首的国民党政府和平谈判代表团已经到了北平。毛泽东明确提出了谈判的八项条件。国民党内主张和谈的人认为，可以承认这八条谈判基础，但仍然讨价还价。幕后的蒋介石则加紧扩军，准备作战。

那段时间，毛泽东常常带着深沉的思考散步。一次散步时，他忽然立住脚，回身望着警卫员李银桥，问："你相信蒋介石吗？""不相信！"李银桥立刻回答。"这就对了。"毛泽东点头，"这个人尽耍手腕，从来说话不算数！"说罢，毛泽东继续散步，仍是带着深沉的思考。

这段时间，毛泽东喜欢看京剧《霸王别姬》。看到西楚霸王项羽同他的虞姬生离死别一幕，毛泽东睫毛颤抖着，眼里湿漉漉的。回来路上，他对警卫员说："不要学西楚霸王。我不要学，你也不要学，大家都不要学！"他号召所有的领导干部都要看看《霸王别姬》。毛泽东意在教育全党，应从项羽的失败得到教训，要将革命进行到底，不可为了"和平"的虚名，给敌人以卷土重来的机会。

　　1949 年 4 月 20 日，南京政府拒绝了中共的和平协定。4 月 21 日，毛泽东主席、朱德总司令向中国人民解放军发布了《向全国进军的命令》。4 月 23 日，人民解放军胜利解放南京。

　　为纪念南京解放这一历史性的胜利，毛泽东挥毫写下了著名的《七律·人民解放军占领南京》。

　　毛泽东对项羽很熟悉，从现在的文字材料看，他在 16 岁（1909）就通读了《史记》。青年毛泽东于 1917 年 4 月在《新青年》第三卷 2 号上，发表了以"二十八画生"署名的著名的体育论文《体育之研究》。这是近代史上不可多得的一份体育文化珍宝，也是迄今为止发现的毛泽东公开发表的最早的文章。在该文中，毛泽东多次以西楚霸王项羽为例。如"夫力拔山气盖世，猛烈而已"，在阐述"运动宜蛮拙"这一观点时，又说："骑突枪鸣，十荡十决，暗呜颓山岳，叱咤变风云，力拔项王之山……"

　　在这里，毛泽东其实暗用了项羽在垓下之围的最后悲壮和英勇。垓下之围是司马迁《项羽本纪》中的精彩片段。项羽被汉军逼至垓下，士兵越来越少，粮食也吃没了，汉军又层层包围上来。夜晚，喝酒解愁，虞姬舞剑，项羽悲歌后别姬，跨上战马，部下壮士八百多人骑马跟随被陷大泽中而被追上。不能逃脱，打胜三次，四面突围，三处聚合，杀汉将数人，士卒数百人，自刎而死。这就项羽的"骑突枪鸣，十荡十决"，英雄末路，尚如此神勇，实在让人神往，所以韩信评价他说："项王暗恶叱咤，千人皆废。"

　　项羽是一位少年既学兵法而又不能竟学、初始威震天下而最终兵败自杀的悲剧人物。项羽兵败自杀的原因，千百年来引起人们不断探究。毛泽东对此也做过深思和独到的品评。

　　1963 年 1 月 3 日，毛泽东在读《史记·项羽本纪》时批示道："《项羽本纪》，送各同志一阅，几天还我不迟。这个新版《史记》，标点及注解，都很醒目，好看。"

　　在读《史记·高祖本纪》时，毛泽东评点道："项王非政治家。汉王则为一位高明的政治家。"（《毛泽东文史古籍批语集》，中央文献出版社 1993 年版，第 121 页）

"项王非政治家。"毛泽东一针见血地指出，项羽的失败，在于他只有匹夫之勇，缺乏政治头脑，不能任贤使智，暴戾行事，终不能平定天下。虽然可以作为霸王"衣绣"一时，却不能作为一个政治家彪炳史册。项羽在政治上的失误主要表现在以下诸方面：

第一，好战嗜杀，过分依赖武力。秦将章邯数度想率秦二十余万众投降，项羽均未允，后考虑自己粮少不能持久作战才勉强接受章邯投降，不久在新安坑秦降卒二十万人。入关后，他又屠咸阳城，杀秦王子婴，掘秦始皇墓，烧秦宫室，收其货宝妇女而东。公元前205年，他战败田荣，烧夷齐城郭室屋，坑杀田荣降卒，俘虏其老弱妇女。他进攻北海，沿途也多所残灭，结果使得齐人相聚而叛之。彭城之战，他又杀汉卒十余万人。紧接着在灵璧东睢水上又迫使汉士卒十余万人入睢水，睢水为之不流。天下苦秦久矣，人民迫切希望恢复和发展生产，因此，需要缓和阶级对抗，从速建立一个能够稳定社会秩序的中央政权。然而，项羽的行动却与此背道而驰，他的失败是必然的。

第二，缺乏政治远见，头脑简单，秉性偏激，决策轻率。楚汉在成皋一线对峙时，项羽曾对刘邦说："天下匈匈数年，都是因为你我二人，我愿和你单独挑战，决一雌雄，别让天下百姓跟着受苦！"刘邦答道："我宁斗智，不能斗力。"项羽此言正说明他头脑简单，缺乏政治智慧，目光短浅，决策不能深谋远虑。

第三，不能用人，徒有匹夫之勇、妇人之仁。项羽气力非凡，勇冠三军，时人莫有其敌，因此他也常常自恃勇武拼杀，不能用人，逞匹夫之勇。项羽待人恭敬慈爱、言语温和，见人负伤而归，他会动情落泪，但他却不能授权于人、任贤使能，诚妇人之仁。反秦斗争的诸领袖人物，刘邦、田荣、陈馀等同他分离，韩信、陈平本是项羽的部属，一个是在刘邦郁郁不得志而入蜀时离楚归汉；一个是在项羽力量鼎盛、东王彭城后不久被迫逃亡降汉。后来楚汉之战方酣，项羽派武涉说韩信反汉与楚联合，三分天下王之。韩信就直言不讳地表示项羽不能满足自己的名利要求："臣事项王，官不过郎中，位不过执戟，言不听，画不用，故背楚而归汉。"就是随项羽出生入死的黥布，也背楚投汉。甚至项羽的叔父项伯，早在鸿门宴时就一心向汉了。这些领导反秦斗争的人物，在战争中成了或大或小的实力派，"立功以取将相，日夜望咫尺之地"。可是项羽却"至使人有功当封爵者，印剜敝，忍不能予"。又不善于识人，不善于用人，还不善于容人，怎不使人心外叛、众叛亲离，焉有不败！

第四，刚愎自用，听不进不同意见。韩生建议项羽建都咸阳，项羽却说："富贵不归故乡，如衣绣夜行，谁知之者！"韩生说："人言楚人沐猴而冠耳，果然！"讥讽项羽脑子里没大事，只不过是一个戴上王冠的猴子。项王听后大怒，将韩生烹死。刘邦用陈平之计离间项羽、范增，项羽只因一顿饭的好坏，从此不再听从范增的计谋，致使范增愤而弃之。

1962 年 1 月 30 日的中央工作扩大会议上，毛泽东说："从前有个项羽，叫作西楚霸王，他就不爱听别人的不同意见。他那里有个范增，给他出过些主意，可是项羽不听范增的话。……刘邦同项羽打了好几年仗，结果刘邦胜了，项羽败了，不是偶然的。我们现在有些第一书记，连封建时代的刘邦都不如，倒有点像项羽。这些同志如果不改，最后要垮台的。不是有一出戏叫《霸王别姬》吗？这些同志如果总是不改，难免有一天要'别姬'就是了。"（《毛泽东著作选读》下册，人民出版社 1986 年版，第 820—821 页）

毛泽东在 1958 年 12 月至 1960 年 2 月读苏联《政治经济学（教科书）》的谈话中说："刘邦能够打败项羽，是因为刘邦和贵族出身的项羽不同，比较熟悉社会生活，了解人民心理。"

毛泽东读史，很注意人物的出身和生平遭际，所以说，出身"细微"的刘邦，是因为他"熟悉社会生活，了解人民心理"，也就是代表了人民的利益，所以成功。

项羽之所以失天下，是他在政治上有重大失误，也表明他不具备一个真正政治家的品质。所以毛泽东作出了"项王非政治家"的论断。

在毛泽东看来，"沽名"就是项羽主观上的一个明显弱点，也是他失败的一个原因。对此，司马迁在《史记·淮阴侯列传》中也说项羽有"妇人之仁"，《史记·项羽本纪》多有记叙。

项羽率部经过苦战，击败秦军主力，待刘邦后入关，两军发生冲突。可项羽"为人不忍"，为避免负"不义"之名，没有以四十万对十万的军事优势去消灭刘邦，甚至在鸿门宴上莫名其妙地阻止了部下诛杀刘邦之举。后来注释毛泽东"不可沽名学霸王"诗句者，多以这件事来说明项羽的"沽名"所在。

毛泽东认为尤不可学的是，有项羽对诡计多端的敌人姑息宽容的缺点。在楚汉战争最激烈的时期，两军在荥阳相持，本来，楚军已经切断了刘邦的粮道，刘邦害怕了，便请求休战，以让出荥阳来换取项羽承认荥阳以西为汉的领土，项羽竟同意了。后来，战事几经反复，楚军逐渐失去了优势，"项王乃与汉约，中分天下，割鸿沟以西者为汉，鸿沟而东者为楚"。合约签订后，项羽就解除了戒备，引兵回到了东边；可刘邦却背约出击，打了过来，终于在垓下彻底击败了项羽。

1964年1月7日，毛泽东在谈话中说："项羽有三个错误，一个是鸿门宴不听范增的话，放跑了刘邦；一个是楚汉订立了鸿沟协议，项羽认真了，而刘邦却不以为然，不久就违反协定东进攻楚；再一个就是他建都徐州，位置没有选好。"（陈晋主编：《毛泽东读书笔记解析》，广东人民出版社1996年版，第993页）毛泽东说的前两点错误，就是针对项羽的"沽名"而言的。

毛泽东对于项羽"不肯过江东"持肯定态度。

对于项羽失败之后，宁死不屈、自杀以亡的英雄气节，毛泽东是比较欣赏的，但对于他的不能"包羞忍辱"、东山再起，表示极大的遗憾。

1929年9月19日，毛泽东和傅柏翠（红四军第四纵队司令员兼党代表）在刚解放的城楼上，谈论古代的咏菊诗。毛泽东问："菊花词呢？"傅柏翠说："李清照有一首写到菊花的词：'莫道不消魂，帘卷西风，人比黄花瘦。'"毛泽东说："她的这首词叫人打不起精神来，我倒喜欢她的'生当做人杰，死亦为鬼雄'的诗句，可惜不是咏菊的。"（《党史文苑》2000年第1期第5页）李清照的这两句诗，出自她的《夏日绝句》："生当作人杰，死亦为鬼雄。至今思项羽，不肯过江东。"女诗人追思那个楚霸王项羽失败后宁肯自杀，亦不失其英雄气节，得到了毛泽东的肯定和赞扬。

1939年4月8日，毛泽东在延安"抗大"的一次演讲中，谈到了项羽。他说："楚霸王项羽在中国是一个有名的英雄，他在没有办法的时候自杀，也比汪精卫、张国焘好得多。但项羽尚有一个缺点，从前有一个人在他自杀的地方做了一首诗，问他你为什么要自杀，可以到江东去再招八千兵来打天下。我们不学汪精卫、张国焘，要学项羽的英雄气节，但不自杀，要干到底。"（《毛泽东著作专题摘编》，中央文献出版社 2003 年版，第 2284 页）毛泽东无疑是推崇项羽的人格境界，而批评他的意志不够坚韧。

1947 年 7 月，当陈赓率兵团即将南渡黄河，挺进豫西前夕，毛泽东以破釜沉舟的故事予以鼓励，希望陈赓兵团要像当年项羽那样，奋勇作战。并说道："说来很巧，这个故事发生在你们要渡河的地方。"

1948 年 10 月 31 日，毛泽东为新华社写的述评《评蒋傅军梦想偷袭石家庄》一文中说："蒋介石最近时期是住在北平，在两个星期内，由他经手送掉了范汉杰、郑洞国、廖耀湘三支大军。他的任务已经完毕，他在北平已经无事可做，昨日已经溜回南京。蒋介石不是项羽，并无'无面目见江东父老'那种羞耻心理。他还想活下去，还想弄一点花样去刺激一下已经离散的军心和民心。亏他挖空心思，想出了偷袭石家庄这一条妙计。"（《毛泽东新闻工作文选》，新华出版社 1983 年版，第 261—262 页）

毛泽东对项羽败走乌江时，以"与江东八千子弟渡江而西，今无一人还"为由，觉得无颜见江东父老，于是自杀而死，是不赞同的，但他并不持完全否定态度，觉得这悲剧结局中还多少体现了一些个性风采，所以借此来讽刺蒋介石在失败时连项羽身上具有的"羞耻心"也没有。

晚年毛泽东读清何文焕《历代诗话》，其中有《二乔》一则，从杜牧的《赤壁》说到其《题乌江亭》一诗：

> 胜败兵家未可期，包羞忍耻是男儿。
> 江东子弟多才俊，卷土重来未可知。

评诗者认为："项氏以八千渡江无一还者，谁肯复附之？其不能卷土重来决矣。"

毛泽东读至此处，批了四个字："此说亦迂。""迂"在何处？杜牧的《题乌江亭》诗的评者没有超出项羽"无颜见江东父老"的心理局限，并以个人的"面子"问题来揣摩江东父老对暂时失败的英雄的态度，从而把楚汉相争的成败完全归之于个人的声誉。

在毛泽东看来，彻底的革命者除了善于把握历史趋势、分析社会时事以外，还必须具备韧性的战斗精神。一切都事在人为。项羽这样一个叱咤风云的英雄人物，如果胸怀宽广，"包羞忍辱"，善于总结经验教训，回到江东，为什么不可以重整旗鼓、卷土重来呢？"此说亦迂"四字，流露出毛泽东对项羽失败后的错误选择深表惋惜。

1952年10月29日，毛泽东在视察徐州（即古彭城）时说："刘邦在这里战胜了项羽，我们在这里战胜了蒋介石。我们不能学西楚霸王，我们要牢记历史的经验教训，也要牢记自己的经验教训。"

1957年3月19日上午，毛泽东从徐州登机赶赴南京。他有个习惯，上飞机就学英语，当时的英语老师是林克。视察完徐州，毛泽东颇有感慨，突然饶有兴致地问林克："你读过萨都刺的《徐州怀古》吗？"林克摇摇头，笑着回答说："没有。"

此时，毛泽东兴致很高，随即把烟蒂插在烟盒里，拿来铅笔，在林克正在看的一本书的扉页上写下了整篇的词：

> 古徐州形胜，消磨尽，几英雄。想铁甲重瞳，乌骓汗血，玉帐连空。楚歌八千兵散，料梦魂，应不到江东。空有黄河如带，乱山回合云龙。
>
> 汉家陵阙起秋风，禾黍满关中。更戏马台荒，画眉人远，燕子楼空。人生百年如寄，且开怀，一饮尽千钟。回首荒城斜日，倚栏目送飞鸿。

搁下笔，毛泽东在机舱的客厅里与林克聊了起来。他说："这首词牌叫《木兰花慢》，原题是《彭城怀古》，彭城就是古徐州，就是那个活了八百岁的彭祖的家乡。萨都刺是蒙古人，出生在山西雁门一带。他的词写得不错，很有英雄豪迈、博大苍凉之气"。

然后，毛泽东思如泉涌，兴致勃勃地解说这首词的意思来："重瞳"，指的是西楚霸王项羽，司马迁的《史记》中提及项羽其貌不凡，铁马重瞳。他的坐骑叫"乌骓马"。起初兵多势大，可惜有勇无谋，不讲政策，丧失人心，最后"玉帐连空"，兵败城下，自刎乌江。毛泽东还说，"戏马台"原是项羽阅兵的地方。

20世纪70年代，暮年毛泽东还再次要学者为这首《徐州怀古》详细注释，并又一次细读了《史记·项羽本纪》。

『大军事家』韩信

韩信（约前 231—前 196），汉族，淮阴（今江苏省淮安市淮阴区）人，西汉开国功臣，中国历史上杰出的军事家，与萧何、张良并列为汉初三杰。《史记》卷九十二《列传》第三十二有传。

据周恩来贴身卫士韩福裕回忆说，刚建国的时候，有一天，他随总理到中南海服务处理发、刮胡子。这时毛主席突然想起一件什么事要找总理商量，秘书们用电话一问，说总理去理发室刮胡子去了。主席就带上警卫径直找到理发室。韩福裕一见主席来了，就要向他行礼。主席的卫士就告诉主席，这是总理的卫士。主席很随和地问："你叫什么名字？"韩福裕就赶快告诉他，叫"韩福裕"。说过之后，考虑到自己的山东口音主席不一定听得清，又进一步补充说："是韩信的'韩'，幸福的'福'，粟裕的'裕'。"主席一听，笑着说："你这个名字好呀，包括了中国两个大军事家韩信和粟裕。你还比他们都幸福。"（天津《今晚报》1999 年 3 月 21 日）

毛泽东称赞韩信是大军事家。他曾几次引用《史记》中刘邦评韩信的话："连百万之众，战必胜，攻必取，吾不如韩信。"

1938 年，毛泽东在《论持久战》里介绍中外历史上成功的战例，讲到了"韩信破赵之战"。他认为："这类战例都是以少击众，以劣势对优势而获胜。都是先以自己局部的优势和主动，向着敌人局部的劣势和被动，一战而胜，再及其余，各个击破，全局因而转成了优势，转成了主动。在原占优势和主动之敌则反是：由于其主观错误和内部矛盾，可将其很好的或较好的优势和主动地位，完全丧失，化为败军之将，亡国之君。"（《毛泽东选集》第二卷，人民出版社 1991 年版，第 491 页）

毛泽东有时还以韩信作比方。1947 年 7 月 23 日至 7 月 30 日，在陕北定边县，毛泽东召集彭德怀、贺龙、陈赓等，研究下一步的战略方针，这就是著名的"小河村会议"。他对贺龙说："贺龙同志，我一直想跟你说句话。"贺龙惊讶地问："什么话？"毛泽东说："你虽然是陕甘宁晋绥联防司令，但实际上没有带兵打仗，实在是受委屈了。"贺龙直率地说："主席，不打仗，手是有点痒。但是，党的决定，我无条件服从，而且是高高兴兴地服从。"毛泽东笑了，说："好呀！彭老总、贺老总，一个在前方，一个在后方；一个当韩信，一个当萧何。"（中共党史研究编辑部编：《风云七十年》，解放军文艺出版社 1996 年版，第 391 页）

1958 年 5 月 8 日，毛泽东在中共二次会议上的讲话提纲：

题：破除迷信

怕教授

破除迷信，无法无天

破马克思

妄信（自）菲薄

天体、神仙、洋人、细菌

从古以来，发明家都是年轻人，卑贱者，被压迫者，文化缺少者，学问不行

敢想、敢说、敢做

劳动人民中蕴藏了丰富的积累（极）性

工业没有什（么）了不得，迷信不对的

……

甘罗、贾谊、刘项、韩信、释迦、颜子、红娘、荀灌娘、白袍小将、岳飞、王勃、李贺、李世民、罗士信、杜伏威、马克思、列宁、周瑜、孔明、孙策、王弼、安眠药（发）明者、青霉素（发）明者达尔文、杨振宁、李政道、郝建秀、聂耳、哪吒、兰陵王。

原因：方向对，而名人学问多保守落后了

世界是青年的，长江后浪催前浪，譬如积薪，后来居上

——《建国以来毛泽东文稿》第七册，中央文献出版社 1992 年版，第 194—195 页。

毛泽东所举的古今中外的年轻人中，就有韩信。

一、早年经历

（一）生活困窘

淮阴侯韩信是淮阴（故城在今江苏清江东南）人。当初为平民百姓时，家中贫穷，行为放纵不检点，不为乡里所重，不能够被推选去做官，又不能做买卖维持生活。他经常向别人家乞讨饮食，人们大多厌恶他。他曾经屡次前往下乡南昌亭亭长那里乞食，接连数月，亭长的妻子嫌恶他，亭长夫妇一早把饭煮好，在床上就吃饱了，可以到午饭时不再进餐。到了吃饭的时候，韩信去了，也不给他准备饭食。韩信也明白他们的用意。韩信一怒，竟与他们断绝关系，不再来往。

（二）漂母之恩

淮阴城北临淮水，韩信在城下以钓鱼为生，有很多妇女在水中拍洗棉絮，其中一位妇女看见韩信饿了，把饭拿给韩信吃，一连几十天，直到把漂絮的工作做完。韩信很高兴，对那位妇女说："我一定厚厚地报答您。"那位妇女生气地说："大丈夫不能养活自己，我是可怜你这位公子才给你饭吃，难道是希望你报答！"

（三）"胯下之辱"

1958 年 5 月 8 日，毛泽东在中共中央八大二次会议上作第一次讲话，讲破除迷信时，曾举例说："韩信也是一个被人看不起的人，他在年轻的时候曾受过'胯下之辱'。人家让他钻裤裆，他一看，没办法，只好钻。"（王子今：《毛泽东与中国史学》，中共中央党校出版社 1993 年版，第 198 页）

淮阴屠户中有个年轻人侮辱韩信，说："你虽然长得高大，喜欢带刀佩剑，只不过是由于内心怯弱罢了！"屠户少年当着很多人侮辱韩信，说："你要是不怕死，就拿剑刺死我；如果怕死，就从我胯下爬过去。"于是韩信考虑再三，对这个年轻人注视很久，低下头从他的两腿间钻了过去，在地上爬行。满街的人都笑话韩信，认为他胆小。

从这件事来看，一个人只有能够忍受一般人所不能忍受的羞辱，才能得到一般人所得不到的荣光。遥想当年，韩信匍匐下地，在众目睽睽之下从恶少胯下钻过，他那种能忍的功夫，已经远远地超出了常人承受的范围。从此以后"胯下之辱"就成了能忍辱负重的代称。

二、赫赫战功

（一）升坛拜将

项梁（？—前208），秦国下相（今江苏宿迁宿城区）人。秦末著名起义军首领之一，楚国贵族后代，项燕之子，项羽的叔父）率领抗秦义军渡过淮河，向西进军的时候，韩信带了宝剑去投奔他参加义军，留在他的部下，韩信连姓名都不被人知。项梁失败后（在定陶被秦将章邯打败，力战身死）改归项羽，项羽派他做郎中（官名，即帝王侍从官的通称。其职责原为护卫、陪从，随时建议，备顾问及差遣）。他好几次向项羽献计策，都没有被项羽采纳。刘邦率军进入蜀地时，韩信脱离楚军去投奔汉王，连姓名也不被人知道。他当了一名主管仓廒的小官。有一次韩信因过失而犯法，被判了死刑，和他同案的十三个人都挨次被杀了，轮到杀他的时候，他抬起头来正好看到滕公夏侯婴，就说："汉王不打算得天下吗？为什么杀掉壮士！"韩信的话使夏侯婴感到惊奇，韩信的状貌也使他很器重，因而觉得韩信是个奋发有为的人，就放了他不杀。同他谈话，更加高兴，便把他推荐给汉王刘邦。汉王派他做管理粮饷的治粟都尉，刘邦并未重视韩信。韩信又多次和萧何交谈，萧何也很惊奇。

汉王的部下到达南郑（今陕西南郑），诸将辈半路上跑掉的就多到了几十个。韩信料想："萧何等人大概已经多次和汉王说了，汉王一直不重用我。"韩信就也逃跑了。萧何听说韩信逃跑了，来不及把韩信逃跑的事报告汉王，就径自去追赶。有个不明底细的人报告汉王，说："丞相萧何逃跑了。"汉王极为生气，就像失掉了左右手似的。隔了一两天，萧何回来见汉王，汉王又是生气又是喜欢，骂道："你逃跑是为什么？"萧何答道："我不敢逃跑，我是追逃跑的人。"刘邦问：你去追的人是谁？"萧何说："韩信啊。"汉王又骂道："军官跑掉的有好几十个，你都没有追，倒去追韩信，这是撒谎。"萧何说："那些军官是容易得到的，至于像韩信这样的人，才是国家的奇士，普天下也找不出第二个来的。大王假如只想永远在汉中称王，当然用不上他；假如您一定要想争夺天下，除了韩信就再也没有可以商量大计的人。只看大王的计策如何决定了。"汉王说："我也打算向东方发展呀，哪里能够老是愁闷失意在这个鬼地方呢！"萧何说："大王如果打算向东发展，并且能够重用韩信，那么他就会留下来；假如不能重用他，那么韩信终究还是要跑掉的。"汉王说："我看在你的面子上派他做个将军吧。"萧何说："即使让他做将军，韩信也一定不肯留下来的。"汉王说："那么让他做大将（即元帅）。"萧何说："太好了！"于是汉王就想把韩信召唤过来，任命他为大将。萧何说："大王您一向对人傲慢，没有礼貌，今天任命一位大将，就像是呼唤一个小孩子一样，这就难怪韩信要走了。大王如果诚心拜他做大将，就该拣个吉利日子，自己事先斋戒，在广场里搭起一座高坛，按照任命大将的仪式办理，那才行啊。"汉王答应了。那些军官们听说了个个暗自高兴，每一个将领都以为自己会被任命为大将了，等到举行仪式的时候，才知道是韩信，全军上下都大吃一惊。

坛上拜将之礼结束后，汉王乃延入见韩信与之坐。汉王说："丞相多次称道将军，将军用什么计策指教我呢？"韩信谦让了一番，趁势问汉王，说："如今您打算向东发展，争夺天下的霸权，敌手难道不是项羽吗？"汉王说："是。"韩信说："大王自己估计在勇敢、强悍、仁厚、兵力方面与项王相比谁强？"汉王沉默了好长时间，说："不如项王。"韩信拜了两拜，赞扬地说："我也认为大王比不上他呀。然而我曾经侍奉过他，请让我说说项王的为人吧。项王震怒呵斥，吓得千百人不敢稍动，但不能放手任用委托有才能的将领，项羽之勇，不过是普通人凭一时血气冲动，并无大用。项王待人恭敬慈爱、言语温和，有生病的人心疼得流泪，将自己的饮食分给他。等到有的人立下战功，该加封进爵时，项羽把刻好的大印放在手里玩磨得失去了棱角，还舍不得给应该受封的人，这就是所说的妇人的仁慈啊。项王虽然称霸天下使诸侯臣服，但他放弃了关中的有利地形而建都彭城，又违背了义帝的约定，将自己亲信、偏爱的人分封为王，项羽的这种私心，使诸侯们愤怒不平。诸侯们看到项王迁移义帝，放到江南僻远的地方，也都回去驱逐自己的国君，占据了好的地方自立为王。项王军队所经过的地方，没有不横遭摧残毁灭的，天下的人大都怨恨，百姓不愿归附，只不过迫于威势勉强服从罢了。虽然名义上是霸主，实际上却失去了天下的民心。所以我说，项羽目前虽强，其实很快就会弱的。如今大王果真能一改项羽的做法，只要是天下英勇善战的人你就任用，还有什么敌手不可以被诛灭的呢？用天下的城邑分封给有功之臣，有什么人不心服口服呢？率领着正义之师加上思念家乡的将士去打仗，还有什么样的敌人不能击溃呢？况且项羽分封的关中三个王原来都是秦朝的将领，他们率领秦地的子弟打仗已经好几年了，被杀死和逃跑的多到没法计算，又欺骗他们的部下和群众向项羽投降。到达新安（今河南新安）项王狡诈地活埋了已投降的秦军二十多万人，唯独放过了章邯、司马欣和董翳，秦地的父老兄弟把这三个人恨入骨髓。而今项羽凭恃着威势强行封立这三个人为王，秦地的百姓没有谁爱戴他们。大王进入武关，一丝一毫也没有侵害过秦国人民，废除了秦朝的苛酷法令，与秦地百姓约法三章，秦地百姓没有不想要大王在秦地做王的。根据诸侯的成约，大王理当在关中做王，关中的百姓都知道这件事。大王失掉了应得的爵位进入汉中，秦地百姓没有不遗憾的。如今大王发动军队向东挺进，只要一道文书三秦封地就可以平定了。"于是汉王特别高兴，自认为得到韩信太晚了。就听从韩信的谋划，部署各路将领攻击的目标。

（二）"明修栈道，暗度陈仓"，平定三秦

汉元年（前206）八月，刘邦乘项羽攻打田荣之机，采取韩信的"明修栈道，暗度陈仓"之计。"明修栈道，暗度陈仓"，是古代一种非常规的用兵法则，是一种军事谋略，在历史上曾有许多非常成功的战例。

所谓"栈道"，是指在悬崖峭壁的险要地方凿孔支架，铺上木板而建成的通道，可以行军、运输粮草辎重，也可供马帮商旅通行。陈仓，是古代县名（今陕西宝鸡陈仓区），是汉中通向关中的咽喉要道。

刘邦在去领地途中令部下烧毁了栈道，他这是向项羽表白没有向东扩张的意图。刘邦待具备了一定的实力后，便抓住时机迅速挥师东进，其野心是要与项羽一争，韩信出了"明修栈道，暗度陈仓"的计策。

陈仓是刘邦进入关中的必经之地，两地之间有险山峻岭阻隔，又有雍王章邯的重兵把守。

刘邦按韩信的计策派了最信任的大将——樊哙带领一万人去修五百里栈道，并以军令限一月内修好。当然，这样浩大的工程即使三年也不可能完成。

正是这一点，迷惑麻痹了陈仓的守将。陈仓的雍王章邯万万没有想到，刘邦的精锐部队摸着无人知晓的小道翻山越岭偷袭了陈仓。

刘邦通过"明修栈道，暗度陈仓"，顺利挺进到关中，站稳了脚跟，从此拉开了他开创汉王朝事业的大幕。

"明修栈道，暗度陈仓"这个成语，在军事上的含义是：从正面迷惑敌人，用来掩盖自己的攻击路线，而从侧翼进行突然袭击。这是声东击西、出奇制胜的谋略。引申开来，是指用明显的行动迷惑对方，使人不备的策略，也比喻暗中进行活动。有时也可将"明修栈道"省略掉，把"暗度陈仓"单独来使用。

刘邦从原来进军汉中的那条路回军，袭击雍王章邯。章邯在陈仓迎击刘邦军，兵败退走，停下来再战，又失败了，逃到废丘（今陕西兴平东南）。刘邦继续东进，到达咸阳，在废丘包围了章邯，汉军引水灌城，城破后章邯自杀。又派将军攻占陇西（今甘肃临洮南）、北地（今甘肃庆阳西南）、上郡（今陕西榆林东南）。派监军薛欧、王吸从武关（今陕西丹凤东南）东出，借助王陵驻扎在南阳的兵力，到沛县去迎接太公、吕雉。项羽听到这一消息，出兵在阳夏（今河南太康）阻挡，刘邦的部队不能通过。项羽封原吴县县令郑昌为王，抵抗刘邦的部队。

汉二年（前205），刘邦向东进攻，塞王司马欣、翟王董翳、河南王申阳都投降了，唯有韩王郑昌不愿归附，刘邦派韩信将其击败。于是，设置了陇西、北地、上郡、渭南、河上、中地各郡，改立韩太尉信为韩王。将领中率领一万人或一郡投降的，封给一万户作食邑。正月，俘虏了雍王的弟弟章平。

刘邦出了函谷关到达陕县（今河南陕县），抚慰关外百姓，回来后张耳来降，刘邦给了他优厚的待遇。

二月，刘邦下令废掉秦国号，改国号为汉。

刘邦以摧枯拉朽之势，夺得三秦，占领关中。他为了把关中建成与项羽争夺天下的基地，仍用萧何为丞相，负责政务，并采取了一系列的收买民心的措施：秦故苑囿地都令百姓耕种；免除蜀汉民众两年的租税，关中民众参军的再加免一年的租税；又令"举民年五十以上，有修行，能帅众为善，置以为三老，与县令、丞、尉以事相教，复勿繇戍"。刘邦得关中是与项羽争天下的第一步。

对于刘邦经营汉中、关中，毛泽东认为这是建立了更巩固的根据地。1937年春天在延安，毛泽东和萧劲光首次登上宝塔山。他说："我们走了二万五千里，把所有的根据地几乎都丢了，只剩下这一块落脚之地。我们要在这里扎根，要学汉高祖，建立根据地。"（《世纪采风》2000年第10期第8页）

（三）连破魏、赵、燕等国

汉二年（前205），刘邦兵出函谷关（在今河南灵宝东北）收服了魏王豹、河南王申阳，韩王郑昌、殷王司马卬也相继投降。汉王又联合齐王田荣、赵王歇及陈余共同攻击楚军。

四月到彭城（今江苏徐州）汉军兵败溃散而回。韩信又收集溃散的人马与汉王在荥阳（今河南荥阳东北）会合在京县（故址在今河南荥阳东北）、索亭（城名，故址在今河南荥阳）之间又摧垮楚军，因此楚军始终不能西进。汉军在彭城败退之后，塞王司马欣、翟王董翳又叛汉降楚，齐国和赵国也背叛汉王，与楚国和解。

六月，魏王豹请假回乡，探望老母疾病，一到封国，立即切断黄河渡口临晋关（又名蒲津关，在今山西永济县西、陕西朝邑县东的黄河西岸）的交通要道，断绝汉军退路，背叛汉王，与楚军订约讲和。汉王派郦食其游说魏豹，不能说服魏豹投降。《史记·魏豹彭越列传》："郦生说豹。豹谢曰：'人生一世间，如白驹过隙耳。今汉王慢而侮人，骂詈诸侯群臣，如骂奴耳，非有上下礼节也。吾不忍复见也'……"可以与之互相参看。

这年八月汉王任命韩信为左丞相，攻打魏王豹。魏豹把主力部队驻扎在蒲坂（故城即今山西永济西旧蒲州北30里的虞都镇），堵塞了黄河渡口临晋关。沈钦韩曰："蒲坂在河东岸，临晋在河西岸，塞其渡何处也。"《汉书·韩信传》："信问郦生：'魏得毋用周叔为大将乎？'曰：'柏直也。'信曰：'竖子也。'遂进兵击魏。"（《史记》未载，录以备考）韩信就增设疑兵，故意排列开战船，假装要在临晋渡河，而隐蔽的部队却从夏阳（故城在今陕西韩城南）用木制的盆瓮浮水渡河，偷偷占领安邑（故城在今山西安邑东北）。魏豹惊慌失措，带领军队迎击韩信，韩信俘虏了魏豹，平定了魏地，改置为河东郡。汉王派张耳和韩信一起领兵向东进发，向北攻击赵国和代国。这年闰九月，打垮了代国军队。在阏与（今山西和顺）生擒了夏说。韩信攻克魏国，摧毁代国后，汉王就立刻派人调走韩信的精锐部队，开往荥阳去抵御楚军。

韩信和张耳率领几十万人马想要突破井陉口（今河北井陉东北井陉山上的井陉关）攻击赵国。赵王、成安君陈余听说汉军将要来攻取赵国，在井陉口聚集兵力，号称二十万大军。广武君李左车向成安君陈余献计说："听说汉将韩信，渡过西河，俘虏魏豹，生擒夏说，新近血洗阏与，如今又以张耳辅助，计议要夺取赵国。韩信这是乘胜利的锐气离开本国远征，其锋芒不可阻挡。可是我听说从千里以外运送粮饷来供给士兵食用，士兵们就会面带饥色；既然粮食缺乏，只靠就地临时砍柴割草烧火做饭，军队就不能经常吃饱。眼下井陉这条道路，两辆战车不能并行，骑兵也无法排成行列行进，路窄人多，军队势必单行鱼贯行进，走上几百里路，运粮食的队伍势必远远地落到后边。希望您临时拨给我奇兵三万人，从隐蔽小路拦截他们的粮草。您就深挖战壕，高筑营垒，坚守军营，不与交战。他们向前不得战斗，向后无法退却，我出奇兵截断他们的后路，使野外连一点可抢掠的东西也没有，用不了十天，两将（韩信、张耳）的人头就可送到将军帐下。希望您仔细考虑我的计策。否则，一定会被他二人俘虏。"成安君是个书生，迂腐不知通变，经常说"只要是正义的军队，战争时用不着讲战略战术"。他听了广武君的话，说："我听说兵书上讲'兵力十倍于敌人，就可以包围它，超过敌人一倍，就可以交战。'（《孙子兵法·谋攻》："故用兵之法，十则围之，五则攻之，倍则分之；敌则能战之，少则能逃之，不若则避之。"）现在韩信的军队号称数万，实际上不过数千，竟然跋涉千里来袭击我们，已经极其疲惫，如今像这样回避不出击，强大的后续部队到来，又怎么对付呢？诸侯们会认为我们太怯弱了，就会轻易地来攻打我们。"陈余不采纳广武君的计谋。

广武君的计策不被采用，韩信派人乘机打探，探听的人知道广武君的计策没有被采纳，就回来报告韩信。韩信大喜，才径直领兵出井陉狭道。离井陉口还有三十里，停下来宿营。半夜传令军中出发，他挑选了两千名轻装骑兵，每人拿一面红旗，从隐蔽小道上山，望见赵国的军队即住在山上，隐蔽着观察赵国的军队。韩信告诫说："交战时赵军见我军败逃，一定会倾巢出动追赶我军，你们火速冲进赵军的营垒，拔掉赵军的旗帜竖起汉军的红旗。"又让副将在出发前，分头传送一点食物给士兵充饥，说："今天打垮了赵军再正式集合用餐。"将领们都不相信，假意回答道："好。"韩信对手下军官说："赵军已先占据了有利地形筑造了营垒，他们看不到我们大将旗帜、仪仗、鼓吹，就不肯攻击我军的先头部队，怕我们到了险要的地方退回去。"韩信就派出一万人为先头部队，出了井陉口，背靠河水，摆开战斗队列。赵军远远望见大笑不止。天刚蒙蒙亮，韩信打起大旗，敲起大鼓，敲着鼓向前行进，开出井陉口。赵军打开营垒攻击汉军，激战了很长时间。于是韩信、张耳假装抛旗弃鼓，逃回河边的阵地上。河边阵地的部队打开营门，让韩信所带的人马进入阵地，然后再和赵军激战。赵军果然倾巢出动争夺汉军的旗鼓，追逐韩信、张耳。韩信、张耳已进入河边阵地，全军殊死奋战，赵军无法把他们打败。韩信预先派出去的两千轻骑兵，等到赵军倾巢出动去追逐战利品的时候，就火速冲进赵军空虚的营垒，把赵军的旗帜全部拔掉，竖立起汉军的两千面红旗。这时赵军已不能取胜，又不能俘获韩信等人，想要退回营垒，见到营垒插满了汉军的红旗，大为震惊，以为汉军已经全部俘获了赵王的将领了。于是军队大乱，纷纷落荒而逃。赵将即使诛杀逃兵，也不能禁止。于是汉兵前后夹击，彻底摧垮了赵军，俘虏了大批人马，杀死成安君，生擒赵王。

韩信传令全军不准杀害广武君李左车，有能活捉他的悬以千金的奖励。于是就有人捆着广武君送到军营，韩信亲自给他解开绳索，请他面向东坐，自己面向西，和李左车对坐，以尊师之礼待李左车。

众将献首级和俘虏，完毕，都向韩信祝贺，趁机问韩信，说："兵法上说：'行军布阵应该在山岭的东南面，在川泽的西北面，背山而临水。'（按：《孙子兵法·行军篇》：'丘陵堤防，必处其阳（南）而右背之。'杜牧注：'凡遇丘陵堤防之地，常居其东南也。'又引太公《六韬》：'军必左川泽而右丘陵。'）这次将军反而令我们背水列阵，说：'打垮了赵军正式会餐。'我等并不信服，然而竟真取得了胜利，这是什么战术啊？"韩信回答说："这也在兵法上，只是诸位没留心罢了。兵法上不是说：'陷之死地而后生，置之亡地而后存'吗？况且我平素没有得到受我训练而听我调度的将士，这就是所说的'赶着街市上的百姓去打仗'，在这种形势下非把将士们置之死地，使人人为保全自己而战不可；现在把这些士兵安置在有生路的地方，他们就都逃跑了，怎么还能任用他们呢？"将领们都佩服地说："好。将军的谋略不是我们所能赶得上的呀。"

于是韩信问广武君李左车，说："我要向北攻打燕国，向东讨伐齐国，怎么办才能成功呢？"广武君推辞，说："我听说'打了败仗的将领，没资格谈论勇敢；亡了国的大夫，没有资格谋划国家的生存'。而今我是兵败国亡的俘虏，还有什么资格计议国家大事呢。"韩信说："我听说百里奚在虞国而虞国灭亡了，在秦国而秦国却能称霸，这并不是因为他在虞国愚蠢，而到了秦国就变得聪明了，而在于国君任用不任用，采纳不采纳他的意见。果真让成安君采纳了你的计谋，像我韩信也早被你生擒了。因为没采纳您的计谋，您才被俘虏，我才有机会陪您谈话啊。"韩信坚决地向李左车请教，说："我倾心听从你的计谋，希望您不要推辞。"广武君说："我听说'智者千虑，必有一失；愚者千虑，必有一得'。所以俗话说'没有见识的狂人的话，圣人也可以选择采纳'。只恐怕我的计谋不足以采用，但我愿献愚诚忠心效力。成安君本来有百战百胜的计谋，然而一旦失掉它军队，在鄗城（故城在今河北柏乡北）之下战败，自己在泜(zhī)水（即今泜河，在河北南部，源出内丘西北，东流入滏阳河）之上亡身。而今将军横渡西河，俘虏魏王，在阏与生擒夏说，一举攻克井陉，不到一早晨的时间，就打垮了赵军二十万，诛杀了成安君。名声传扬四海，声威震动天下，农民们预感到兵灾临头，没有不放下农具，停止耕作，穿好的，吃好的，打发日子，专心倾听战争的消息，等待死亡的来临。像这些都是将军在策略上的长处。然而眼下百姓劳苦，士卒疲惫，很难用以作战。如果将军发动疲惫的军队，停留在燕国坚固的城池之下，要战恐怕时间过长，力量不足，不能攻克。实情暴露威势就会减弱，旷日持久，粮食耗尽，而弱小的燕国，不肯降服；齐国一定会拒守边境，以图自强。燕、齐两国坚持不肯降服，那么刘、项双方的胜负，就不能断定。像这样就是将军战略上的短处。我的见识浅薄，但我私下认为，攻燕伐齐是失策啊。所以善于带兵打仗的人，不拿自己的短处攻击敌人的长处，而是拿自己的长处去攻击敌人的短处。"韩信说："既然如此，那么我应该怎么办呢？"广武君回答说："如今为将军打算，不如按兵不动，安定赵国的社会秩序，抚恤阵亡将士的遗孤。方圆百里之内，每天送来的牛肉美酒用以犒劳将士。摆出向北进攻燕国的姿态，而后派出说客，拿着书信，在燕国显示自己战略上的长处，燕国必不敢不听从。燕国顺从之后，再派说客往东劝降齐国。齐国就会闻风而降服。即使聪明睿智的人，也不知该怎样替齐国谋划了。如果这样，那么夺取天下的大事，都可以谋求了。用兵本来就有先虚张声势，而后采取实际行动的，我说的就是这种情况。"韩信说："好。"听从了他的计策。派遣使者出使燕国，燕国听到消息果然立刻降服。于是派人报告汉王，并请求立张耳为赵王，用以镇抚赵国。汉王答应了他的请求，就封张耳为赵王。

（四）平齐败楚

楚国多次派出奇兵渡过黄河攻击赵国，赵王张耳和韩信往来救援，在行军中就把赵国的城邑都占领，安定下来，派兵到汉王那里去。楚军正把汉王紧紧地围困在荥阳，汉王从南面逃往宛县（今河南南阳）、叶县（今河南叶县南）一带，接纳了黥布，奔入成皋（治所即今河南荥阳西北汜水镇），楚军又急忙包围了成皋。六月间，汉王逃出成皋，向东渡过黄河，只有滕公相随，去张耳军队在修武的驻地。一到那里，就住进客馆里。第二天早晨，他自称是汉王派来的使臣，骑马奔入赵军的营垒。韩信、张耳还没有起床，汉王就在他们的卧室里，夺取了他们统帅军队的印信和兵符，用军旗召集众将，更换了他们的职务。韩信、张耳起床后，才知道汉王来了，大为震惊。汉王夺取了他二人统率的军队，命令张耳防守赵地，任命韩信为赵国国相，把赵地还没有送往荥阳的兵卒收集了，交给韩信带着去攻打齐国。

韩信领兵向东进发，还没渡过平原（古邑名，故址在今山东平原南25里），听说汉王派郦食其已经说服齐王归顺了，韩信打算停止伐齐。范阳（今河南范县南25里）说客蒯通规劝韩信说："将军是奉诏攻打齐国，汉王又偏偏派遣离间敌人的使臣，游说齐国投降，难道汉王有诏令中止你不进军吗？怎么能不进军呢？况且郦生不过是个平常的读书人，坐着车子，全凭三寸不烂之舌，就收服齐国七十多座城邑；将军率领数万大军，一年多的时间，才攻克赵国五十多座城邑。为将多年，反不如一个读书小子的功劳吗？"于是韩信认为他说得对，听从他的计策，就率军渡过黄河。齐王听从郦生的规劝以后，挽留郦生，开怀畅饮，就撤去了防备汉军的守卫军队。韩信乘机突袭齐国历下（今山东济南），很快就打到国都临菑（今山东临淄）。齐王田广认为被郦生出卖了，就把郦生烹杀了，而后逃往高密（故城在今山东高密西南），派出使者前往楚国求救。

韩信平定临菑以后，就向东追赶田广，一直追到高密城西。楚国也派龙且率领兵马，号称二十万，前来救援齐国。

齐王田广和司马龙且两支部队合兵一起，与韩信作战，还没交锋，有人规劝龙且说："汉军远征，士卒没有牵挂，所以全力作战，其锋芒锐不可当。（《孙子兵法·九地篇》："凡为客之道，深入则专，主人不克。"杜牧注："言大凡为攻伐之道，若深入敌人之境，士卒有必死之志，主人不能战胜我也。"）齐楚两军在本乡本土作战，士兵没有斗志，自然容易失败逃散。（《孙子兵法·九地篇》："诸侯自战之地，为散地。"曹操注：'士卒恋土，近道易散。'）不如深沟高垒，坚守不出。让齐王田广派他的亲信大臣去招抚齐国已经丢失的城邑，那些已经沦陷于汉军的城邑的官吏和百姓，如果听到他们的国王还在，并听到楚军也来援救，一定会反叛汉军回归齐军。汉军远居两千里之外的客地，齐国城邑的人都纷纷起来反叛他们，那势必得不到粮饷，就可以迫使汉军不战而降。"龙且说："我一向了解韩信的为人，容易对付。不与韩信交战而使他投降，我还有什么功劳呢？与汉兵交战而战胜韩信，齐国一半土地可以分封给我，为什么不打？"于是决定开战，楚汉双方隔着潍水（即今山东潍河，源出莒县北，东流至诸城，又北流至高密、潍县等地）摆开阵势。韩信下令连夜赶做一万多口袋，装满沙土，从上游堵住潍水，带领一半军队渡过河去，攻击龙且，向来路退回。龙且果然高兴地说："本来我就知道韩信胆小害怕。"于是就渡过潍水追赶韩信。韩信下令挖开堵塞潍水的沙袋，河水汹涌而来，龙且手下渡过河来的军队大半渡不回去，因此为汉兵所截杀，韩信立即回师，猛烈反击，杀死了龙且。龙且留在潍水东岸尚未渡河的部队见势四散逃跑，齐王田广也逃跑了。韩信追赶齐国败兵直到城阳，把楚军士兵全部俘虏了。

汉四年（前203），于是齐、楚军都投降，平定了整个齐国。韩信派人向汉王上书，说："齐国狡诈多变，屡降屡叛的国家。南面的边境与楚国交界，不设立一个暂时代理的王来镇抚它，形势是不能稳定的。希望允许我暂时代理齐王之位，对当前的局势是比较便利的。"正当这时，楚军在荥阳紧紧地围困着汉王，韩信的使者到了，汉王打开书信一看，勃然大怒，骂道："我在这儿被围困，日夜盼着你来帮助我，你却想自立为王！"张良、陈平暗中踩汉王的脚，凑近汉王的耳朵，说："目前汉军处境不利，我们怎么能禁止韩信称王呢？不如趁机册立他为王，很好地待他，让他自己镇守齐国。不然，恐怕会发生变乱。"汉王醒悟，又故意骂道："大丈夫既然平定了诸侯，就是当真受封为王也是应该的，何必请求做个暂时代理的王呢？"刘邦就派遣张良前往册立韩信为齐王，征调他的军队攻打楚军。

李白的《梁甫吟》歌颂了汉人郦食其的成功的事迹，毛泽东却续了四句诗，写他败于一旦，下了油锅。1973年7月4日毛泽东与王洪文、张春桥谈话说："《梁甫吟》说现在不行，将来有希望。'君不见，高阳酒徒起草中'，'指挥若定如旋蓬'。那时神气十足。我加上几句话比较完全：'不料韩信不听话，十万大军下历城。齐王火冒三千丈，抓了酒徒付鼎烹。'把他下了油锅了。"

《梁甫吟》：

"长啸梁甫吟，何时见阳春？

君不见，朝歌屠叟辞棘津，八十西来钓渭滨。

宁羞白发照清水，逢时吐气思经纶。

广三千六百钓，风期暗与文王亲。

大贤虎变愚不测，当年颇似寻常人。

君不见，高阳酒徒起草中，长揖山东隆准公。

入门不拜逞雄辩，两女辍洗来趋风。

东下齐城七十二，指挥楚汉如旋蓬。

狂客落魄尚如此，何况壮士当群雄！

我欲攀龙见明主，雷公砰訇震天鼓。

帝旁投壶多玉女，三时大笑开电光，倏烁晦冥起风雨。

阊阖九门不可通，以额扣关阍者怒。

白日不照吾精诚，杞国无事忧天倾。

猰貐磨牙竞人肉，驺虞不折生草茎。

手接飞猱搏雕虎，侧足焦原未言苦。

智者可卷愚者豪，世人见我轻鸿毛。

力排南山三壮士，齐相杀之费二桃。

吴楚弄兵无剧孟，亚夫哈尔为徒劳。

梁甫吟，声正悲。

张公两龙剑，神物合有时。

风云感会起屠钓，大人巇岈当安之。"

在诗里，李白是这样写郦食其的："君不见，高阳酒徒起草中，长揖山东隆准公。入门不拜逞雄辞，两女辍洗来趋风。东下齐城七十二，指摩楚汉如旋蓬。狂客落魄尚如此，何况壮士当群雄！"加上毛泽东的四句："不料韩信不听话，十万大军下历城，齐王火冒三千丈，抓了酒徒付鼎烹。"合起来，似乎比较全面，既写了他的生，也写了他的死；既写了他的成功，也写了他的失败。虽然如此，却引起了我的疑问，郦生之火烹，是由于韩信不听话造成的吗？这个结论未必成立。

毛泽东为何吟出"不料韩信不听话"这样的诗来？

郦食其和陆贾是刘邦统一中国的两个说客（现在叫"外交家"），司马迁把他们放在一起是有原因的。《太史公自序》中说："结言通使，约怀诸侯。诸侯咸亲，归汉为藩辅。作郦生陆贾列传第三十七。"

刘邦与郦食其的会面，最早见于缺失的《楚汉春秋》，据说为陆贾所记，附于《新语校注》："上过陈留，郦生求见，使者入通。问：'何如人？''状类大儒。'上曰：'吾方以天下为事，未暇见大儒也。'使者出告。郦生瞋目按剑曰：'入言高阳酒徒，非儒者也。'"（《新语校注》183 页）

司马迁的《史记》搜集到更多的材料，把这次会见写得很精彩：

郦生食其者，陈留高阳人也。好读书，家贫落魄，无以为衣食业，为里监门吏。然县中贤豪不敢役，县中皆谓之"狂生"。

及陈胜、项梁等起，诸将徇地过高阳者数十人，郦生闻其将皆握齿取，好苛礼自用，不能听大度之言，郦生乃深自藏匿。后闻沛公将兵略地陈留郊，沛公麾下骑士适郦生里中子也，沛公时时问邑中贤士豪俊。骑士归，郦生见谓之曰："吾闻沛公慢而易人，多大略，此真吾所愿从游，莫为我先。若见沛公，谓曰：'臣里中有郦生，年六十余，长八尺，人皆谓之狂生，生自谓我非狂生。'"骑士曰："沛公不好儒，诸客冠儒冠来者，沛公辄解其冠，溲溺其中。与人言，常大骂。未可以儒生说也。"郦生曰："弟言之。"骑士从容言如郦生所诫者。

沛公至高阳传舍，使人召郦生。郦生至，入谒。沛公方倨床使两女子洗足，而见郦生。郦生入，则长揖不拜，曰："足下欲助秦攻诸侯乎？且欲率诸侯破秦也？"沛公骂曰："竖儒！夫天下同苦秦久矣，故诸侯相率而攻秦，何谓助秦攻诸侯乎？"郦生曰："必聚徒合义兵攻无道秦，不宜倨见长者。"于是沛公辍洗，起摄衣，延郦生上坐，谢之……

郦食其以严辞折服了刘邦的傲慢，使一个流氓气十足、在儒冠上撒尿的刘邦对他肃然起敬、刮目相看，请他为统一中国出谋划策。随后，他以里应外合的方式，为刘邦取得了陈留的控制权。后来又为刘邦策划，据荥阳敖仓以号令天下。郦生说："臣闻知天之天者，王事可成，不知天之天者，王事不可成。王者以民（人）为天，而民（人）以食为天。夫敖仓，天下转输久矣，臣闻其下乃有藏粟甚多。"他指出在那饥饿的年代，谁占有粮食谁就有获胜的希望。他还要他弟弟郦商引数千人归顺刘邦，"从沛公西南略地"。

郦生最大的成功乃是以他三寸不烂之舌，说服齐王田广归汉朝，下齐七十二城。当时他把齐王田广说得口服心服，并保证："天下后服者先亡矣。王疾先下汉王，齐国社稷可得而保也；不下汉王，危亡可立而待也。"田广以为然，乃听郦生，罢历下兵守战备，与郦生纵酒。当稳操胜券的高阳酒徒与齐王举杯庆贺的时候，一切因韩信的兵临城下而改变。齐王田广闻汉兵至，以为郦生卖己，乃曰："汝能止汉军，我活汝；不然，我将烹汝。"郦生曰："举大事不细谨，盛德不辞让，而公不为若更言。"齐王遂烹郦生。

既然齐王已归顺，为什么韩信还要伐齐？是因为"韩信不听话"而导致郦生被烹呢？还是因为刘邦对齐王本来就是战争与和平两手，而把郦生作了牺牲品呢？这几天，笔者读了《资治通鉴》和《史记》的有关章节，

《淮阴侯列传》对此记之甚详，亦《通鉴》之所本，从中可见刘邦手段之毒辣。传云：

> 六月，汉王出成皋，东渡河，独与滕公俱，从张耳军脩武。至，宿传舍。晨，自称汉使，驰入赵壁。张耳韩信未起。即其卧内上夺其印符。以麾召诸将，易置之。信、耳起，乃知汉王来，大惊。汉王夺两人军，即令张耳备守赵地，拜韩信为相国，收赵兵未发者击齐。
>
> 信引兵东，未渡平原。闻汉王以郦食其已说下齐，韩信欲止。范阳辩士蒯通说信曰："将军受诏击齐，而汉独发间使下齐，宁有诏止将军乎？何以得毋行也！且郦生一士，伏轼掉三寸之舌，下齐七十余城；将军将数万众，岁余乃下赵五十余城。为将数岁，反不如一竖儒之功乎？"于是信然之，从其计，遂渡河。齐已听郦生，即留纵酒，罢备汉守御。信因袭齐历下军，遂至临淄……

由此可知，毛泽东所加之续诗"不料韩信不听话"并不准确。伐齐正是刘邦下的命令，他并未下命停止，不伐齐才是不听话呢！再，伐齐在前，说齐归附在后。刘邦使用的是战争与和平两手，郦生被牺牲了。

说"韩信不听话"不准确还有一个证明，就是韩信伐齐成功之后，并未受到刘邦的责备和处分。《郦生传》记载："汉十二年，曲周侯郦商以丞相将兵击黥布有功。高祖举列侯功臣，思郦食其。郦食其子郦疥数将兵，功未当侯，上以其父故，封疥为高梁侯。后更食武遂，嗣三世。"这多少表达了刘邦某种忏悔和补救的心态，也说明"伐齐"这出戏是他一手导演的。

其实，历史上使用和平与战争两手政策的事例并不少见。唐初，东突厥屡次扰唐，后兵败求和，唐太宗遣鸿胪卿唐俭等抚慰之。东突厥可汗外为卑顺，内实犹豫。李靖谋曰："颉利虽败，其众尚十余万，若走图碛北，则难图矣。今诏使至彼，虏必自宽，若选万骑袭之，不战可擒也。唐俭辈何足惜！"唐太宗乃派兵夜发，大破之。此事见冯梦龙所编著《智囊》一书。

一生与线装书打交道、熟读《史记》《智囊》的毛泽东，对"伐齐"的曲折过程及其心诀应该了如指掌，然而，他竟然吟出"不料韩信不听话"这样的诗来，似乎是耐人寻味的。

（五）拒绝武涉、蒯通游说叛汉

楚军失去龙且后，项王害怕了，派盱眙人武涉前往规劝齐王韩信，说："天下人对秦朝的统治痛恨已久了，大家才合力攻打它。秦朝破灭后，按照诸侯功劳大小把土地划分开来，每个诸侯得到一部分领土，得到王位的封赏，这样做是为了使士卒得到休息。如今汉王又兴师东进，侵犯他人的职权，掠夺他人的封地。如今已经攻破三秦，率领军队开出函谷关，收集各路诸侯的军队向东进击楚国，他的意图是不吞并整个天下不肯罢休，他贪心不足到这步田地，太过分了。汉王的地位是不一定靠得住的，他的性命已有好几次落到项王的掌握之中，项王怜悯刘邦使他得了活命，然而一经脱身危险，就立即背弃盟约，再次进攻项王，他是这样地不可亲近、不可信任。如今您即使自认为和汉王交情深厚，替他竭尽全力作战，恐怕终究还得被他所暗算的。您所以能够拖延到今天，是因为项王还活着的缘故。当前刘、项争夺天下的事业，举足轻重的是您。您向右边站（依附刘邦），那么汉王胜，您向左边（帮助项羽）站，那么项王胜。假若项王今天被消灭，下一个就该轮到您（被消灭）了。您和项王有旧交情，为什么不背叛刘邦而与项羽讲和，把天下分成三部分，项羽、刘邦、韩信各自称王呢？如今你放过这个时机，自己确信刘邦是靠得住的，从而去攻打项羽，作为一个聪明睿智的人，难道应该这样做吗？"韩信辞谢说："我侍奉项王，官不过郎中，职位不过是个持戟的卫士，言不听，计不用，所以我背楚归汉。汉王授予我上将军的印信，给我几万人马，脱下他身上的衣服给我穿，把好食物让给我吃，言听计用，所以我才能够到今天这个样子。人家对我亲近、信赖我，背叛他不吉祥，即使到死也不变心。希望您千万替我辞谢项王的盛情。"

武涉走后，齐国人蒯通知道天下胜负的关键在于韩信，想出出乎意料的计策打动他，就用看相人的身份规劝韩信，说："我曾经学过看相技艺。"韩信说："先生给人看相用什么方法？"蒯通回答说："人的高贵卑贱在于骨骼，忧愁、喜悦在于面色，成功失败在于决断。用这三项验证人相，万无一失。"韩信说："好，先生看看我的相怎么样？"蒯通回答说："希望随从人员暂时回避一下。"韩信说："周围的人离开吧。"蒯通说："看您的面相来推测将来的地位最高只不过封侯，而且还有危险的遭遇。看您的背相显贵而不可言。"韩信说："这话是什么意思呢？"蒯通说："当初天下举兵起事的时候，英雄豪杰纷纷建立名号，一声呼喊，天下有志之士像云雾那样聚集、像鱼鳞那样杂沓、如同火焰迸飞狂风骤起。正当这时关心的只是灭亡秦朝罢了。而今楚汉分争，使天下无辜的百姓肝胆涂地，父子的尸骨暴露在荒郊野外，数不胜数。楚国人从彭城起事，转战四方，追逐败兵直到荥阳，乘着胜利，像卷席子一样向前挺进，声势震动天下。然后军队被困在京、索之间，被阻于成皋以西的山岳地带、不能再前进已经三年了。汉王统领几十万人马在巩县（今河南巩义）、洛阳一带抗拒楚军，凭借着山河的险要，虽然一日数战，却无尺寸之功，以至遭受挫折失败，几乎不能自救。在荥阳战败，在成皋受伤，于是逃到宛、叶两县之间，这就是所说的智尽勇乏了。将士的锐气长期困顿于险要关塞而被挫伤，仓库的粮食也消耗殆尽，百姓疲劳困苦，怨声载道，人心动荡，无依无靠。以我估计，这样的局面不是天下的圣贤，就不能平息这场天下的祸乱。当今刘、项二王的命运都悬挂在您的手里。您协助汉王，汉王就胜利；协助楚王，楚王就胜利。我愿意披肝沥胆，敬献愚计，只恐怕您不采纳啊。果真能听从我的计策，不如让楚、汉双方都不受损害，同时存在下去，你和他们三分天下，鼎足而立，形成那种局面，就没有谁敢轻举妄动。凭借您的贤能圣德，拥有众多的人马装备，占据强大的齐国，迫使燕、赵屈从，出兵到刘、项两军的空虚地带，牵制他们的后方，顺应百姓的心愿，向西去制止刘、项分争，为军民百姓请求保全生命，那么，天下就会迅速地群起而响应，有谁敢不听从！而后，割取大国的疆土，削弱强国的威势，用以分封诸侯。诸侯恢复之后，天下就会感恩戴德，归服听命于齐。稳守齐国故有的疆土，据有胶河（流经山东胶县、高密、平度等县）、泗水（流经山东曲阜、济宁、藤县以及江苏的徐州、沛县等地）流域，用恩德感召诸侯，恭谨谦让，那么天下的君王就会相继前来朝拜齐国。我听说：'苍天赐予的好处不接受反而会受到惩罚；时机到了不采取行动，反而要遭祸殃。'希望您仔细地考虑这件事。"

韩信说："汉王给我的待遇很优厚，他的车子给我坐，他的衣裳给我穿，他的食物给我吃。我听说，坐人家车子的人，要分担人家的祸患，穿人家衣裳的人，心里要想着人家的忧患，吃人家食物的人，要为人家的事业效死，我怎么能够图谋私利而背信弃义呢！"蒯通说："你自认为和汉王友好，想建立流传万世的功业，我私下认为这种想法错了。当初常山王、成安君还是平民百姓时，结成割掉脑袋也不反悔的交情，后来因为张黡、陈泽的事发生争执，使得二人彼此仇恨。常山王背叛项王，捧着项婴的人头逃跑，归降汉王。汉王借给他军队向东进击，在泜水以南杀死了成安君，身首异处，被天下人耻笑。这两个人的交情，可以说是天下最要好的。然而到头来，都想把对方置于死地，这是为什么呢？祸患产生于贪得无厌，而人心又难以猜测。如今您打算用忠诚、信义与汉王结交，一定比不上张耳、陈余结交更巩固，而你们之间的关联的事情，又比张黡、陈泽的事件重要得多，所以我认为您断定汉王不会危害自己，也错了。大夫文种、范蠡使濒临灭亡的越国保存下来，辅佐勾践称霸诸侯，功成名就之后，文种被迫自杀，范蠡被迫逃亡。野兽已经打完了，猎犬被烹杀。以交情友谊而论，您和汉王就比不上张耳与成安君了，以忠诚信义而论也就赶不上大夫文种、范蠡与越王勾践了。从这两个事例看，足够您断定是非了。希望您深思熟虑虑。况且我听说，勇敢、谋略使君主感到威胁的人，有危险；而功勋卓著、冠盖天下的人得不到赏赐。请让我说一说大王的功绩和谋略吧：您横渡西河，俘虏赵王，生擒夏说，带领军队夺取井陉，杀死成安君，攻占了赵国，以声威镇服燕国，平定安抚齐国，向南摧毁楚国军队二十万，向东杀死楚将龙且，西面向汉王捷报，这可以说是功劳天下无二。而计谋出众，世上少有。如今您据有威胁君主的威势，持有不能封赏的功绩，归附楚国，楚国人不信任；归附汉国，汉国人震惊恐惧，您带着这样大的功绩和声威，哪里是您可去的地方呢？身处臣子地位而有着使国君感到威胁的震动，名望高于天下所有的人，我私下为您感到危险。"韩信说："先生暂且说到这儿吧！让我考虑考虑。"

此后过了数日，蒯通又对韩信说："能够听取别人的善意，就能预见事情发展变化的征兆；能反复思考，就能把握成功的关键；听取意见不能作出正确的判断，决策失误而能够长治久安的人，实在少有。听取意见、很少判断失误的人，就不能用花言巧语去惑乱他；计谋筹划周到、不本末倒置的人，就不能用花言巧语去扰乱他。甘愿做劈柴喂马差事的人，就会失掉争取万乘之国权柄的机会；安心微薄俸禄的人，就得不到公卿宰相的高位。所以做事坚决不疑，才是聪明人果断的表现，犹豫不决，最是害事。专在细小的事情上用心思，就会丢掉天下的大局面。如果一个人的智慧足以预知事情的转变，只是由于决断不足，因而迟疑不做的话，这是一切事情的祸根。所以俗话说：'猛虎力足以伤人，但因终不免为人捕捉，不如黄蜂、蝎子用毒刺去蜇；骏马徘徊不前，不如劣马安然慢步；勇士孟贲狐疑不定，不如凡夫俗子，决心实干，以求达到目的；即使有虞舜、夏禹的智慧，闭上嘴巴不讲话，不如聋哑人借助打手势起作用'。这些俗语都说明付诸行动是最可宝贵的。创业都难以成功，但很容易失败，时机难以抓住，而容易失掉。时机啊时机，丢掉了就不会再来的了。希望您仔细地考虑斟酌。"韩信犹豫不决，不忍心背叛汉王，又自认为功勋卓著，汉王终究不会夺去自己的齐国，于是谢绝了蒯通。蒯通的规劝没有被采纳，就假装疯癫做了巫师。

（六）垓下决战，立有大功

汉王被围困在固陵时，采用了张良的计策，征召齐王韩信，于是韩信率领军队在垓下与汉王会师。

汉五年（前 202），汉王追赶项王到阳夏（今河南太康）南边，让部队驻扎下来，并和韩信、彭越约好日期会合，共同攻打楚军。汉军到达固陵（今河南淮阳西北 43 里之固陵聚），而韩信、彭越的部队没有来会合。楚军攻打汉军，把汉军打得大败。汉王又逃回营垒，深掘战壕，坚守自卫。汉王问张良道："诸侯不遵守诺言，怎么办？"张良回答说："楚军快被打垮了，韩信和彭越还没有得到分封的地盘，所以，他们不来是很自然的。君王如果能和他们共分天下，就可以使他们立刻引兵前来。如果不能这样做，事情的成败就不敢说了。君王如果把从陈县以东到靠近海滨一带地方都给韩信，把睢阳以北到穀城（故址在今山东东阿南 12 里）的一带地方划给彭越，使他们各自为自己而战，楚军就容易打败了。"汉王说："好。"于是派出使者告诉韩信、彭越说："你们跟汉王合力击楚，打败楚军之后，从陈县往东至海滨一带地方给齐王，睢阳以北至穀城的地方给彭相国。"使者到达之后，韩信、彭越都说："我们今天就带兵出发。"于是韩信从齐国起行，刘贾的部队从寿春（今安徽寿县）和他同时进发，屠戮了城父（今安徽亳州市东南的城父村），到达垓下（今安徽灵璧东南）。大司马周殷叛离楚王，以舒县（今安徽舒城）的兵力屠戮了六县（今安徽六安），发动黥布所率领的九江兵，随同刘贾、彭越一起会师在垓下，各路兵马都集中到项王所在的地方。

据《史记·高祖本纪》载，在项羽被围之前，楚汉间尚有一场大战："五年，高祖与诸侯兵共击楚军，与项羽决胜垓下。淮阴侯将三十万，自当之；孔将军居左，费将军居右；皇帝在后，绛侯、柴将军在皇帝后。项羽之卒可十万。淮阴先合，不利，却。孔将军、费将军纵，楚兵不利；淮阴侯复乘之，大败垓下。"

项羽的军队不断收缩，退至垓下（今安徽灵璧东南沱河北岸），中了韩信的"十面埋伏"。诸侯军队蜂拥而至，把项羽的军队重重包围了起来。十面埋伏，顾名思义，是四面八方广布伏兵的意思，表现一种不可逆转的军事态势。

项王的部队在垓下修筑了营垒，兵少粮尽，汉军及诸侯兵把他团团包围了好几层。深夜，听到汉军在四面响起楚国人用方言土语唱的楚地的歌，项王大为吃惊，说："难道汉已经完全取得了楚地？怎么楚国人这么多呢？"项王连夜起来，在帐中饮酒。有美人名虞，一直受宠跟在项王身边；有骏马名骓（zhuī，追），项王一直骑着。这时候，项王不禁慷慨悲歌，自己作诗吟唱道："力量能拔山啊，英雄气概举世无双，时运不济呀骓马不再往前闯！骓马不往前闯啊可怎么办，虞姬呀虞姬，怎么安排你呀才妥善？"项王唱了几遍，美人虞姬在一旁应和。虞姬（？—前202），楚汉之争时期西楚霸王项羽的爱妾，秦末人。姓名无确考，一说虞姓，一说名虞。虞姬乃后人根据《史记·项羽本纪》载："有美人名虞"而推之。虞姬经常随项羽出征。项羽被刘邦围困于垓下（今安徽省灵璧南），楚军兵少粮尽，汉军又夜唱楚歌，众多楚军闻之思乡而逃。项羽闻四面楚歌之声，惊叹："汉皆已得楚乎？是何楚人之多也！"惆怅万状，感大势已去（四面楚歌之典即源于此）。乃饮酒而歌："力拔山兮气盖世，时不利兮骓不逝！骓不逝兮可奈何？虞兮虞兮奈若何！"（据此歌"虞兮虞兮奈若何"之句探究，虞姬名虞之说较合理）她起而和之，后传其歌词为："汉兵已略地，四方楚歌声。大王意气尽，贱妾何聊生。"歌后自杀而死。此诗苍凉沉痛而一往情深，不愧为末路英雄的红颜知己。项王眼泪一道道流下来，左右侍者也都跟着落泪，没有一个人能抬起头来看他。

于是项王骑上马，部下壮士八百多人骑马跟在后面，趁夜突破重围，向南冲出，飞驰而逃。天快亮的时候，汉军才发觉，命令骑兵将军灌婴带领五千骑兵去追赶。项王渡过淮河，部下壮士能跟上的只剩下一百多人了。项王到达阴陵（古县名，故址在今安徽定远西北），迷了路，去问一个农夫，农夫欺骗他说："向左边走。"项王带人向左，陷进了泥泞大沼泽地中。因此，汉兵追上了他们。

项王又带着骑兵向东，到达东城（故址在今安徽定远东南50里），这时就只剩下二十八人。汉军骑兵追赶上来的有几千人。项王自己估计不能逃脱了，对他的骑兵说："我带兵起义至今已经八年，亲自打了七十多仗，我所抵挡的敌人都被打垮，我所攻击的敌人无不降服，从来没有失败过，因而能够称霸，据有天下。可是如今终于被困在这里，这是上天要灭亡我，决不是用兵的过错。今天肯定得决心战死了，我愿意给诸位打个痛快的仗，一定胜它三回，给诸位冲破重围，斩杀汉将，砍倒军旗，让诸位知道的确是上天要灭亡我，决不是用兵的过错。"于是把骑兵分成四队，面朝四个方向。汉军把他们包围起几层。项王对骑兵们说："我来给你们拿下一员汉将！"命令四面骑士驱马飞奔而下，约定冲到山的东边，分作三处集合。于是项王高声呼喊着冲了下去，汉军像草木随风倒伏一样溃败了，项王杀掉了一名汉将。这时，赤泉侯杨喜为汉军骑将，在后面追赶项王，项王瞪大眼睛呵叱他，赤泉侯连人带马都吓坏了，倒退了好几里。项王与他的骑兵在三处会合了。汉军不知项王的去向，就把部队分为三路，再次包围上来。项王驱马冲了上去，又斩了一名汉军都尉，杀死有百八十人，聚拢骑兵，仅仅损失了两个人。项王问骑兵们道："怎么样？"骑兵们都敬服地说："正像大王说的那样。"

这时候，项王想要向东渡过乌江（今安徽和县东北江岸的乌江浦）。乌江亭长正停船靠岸等在那里，对项王说："江东虽然小，但土地纵横各有一千里，民众有几十万，也足够称王啦。希望大王快快渡江。现在只有我这儿有船，汉军到了，没法渡过去。"项王笑了笑，说："上天要灭亡我，我还渡乌江干什么！再说我和江东子弟八千人渡江西征，如今没有一个人回来，纵使江东父老兄弟怜爱我让我做王，我又有什么脸面去见他们？纵使他们不说什么，我项籍难道心中没有愧吗？"于是对亭长说："我知道您是位忠厚长者，我骑着这匹马征战了五年，所向无敌，曾经日行千里，我不忍心杀掉它，把它送给您吧。"项羽命令骑兵都下马步行，手持短兵器与追兵交战。光项籍一个人就杀掉汉军几百人。项王身上也有十几处负伤。项王回头看见汉军骑司马吕马童，说："你不是我的老相识吗？"马童这时才跟项王打了个对脸儿，于是指给王翳，说："这就是项王。"项王说："我听说汉王用黄金千斤，封邑万户悬赏征求我的脑袋，我就把这份好处送你吧！"说完，自刎而死。王翳拿下项王的头，其他骑兵互相践踏争抢项王的躯体，由于相争而被杀死的有几十人。最后，郎中骑将杨喜，骑司马吕马童，郎中吕胜、杨武各争得一个肢体。五人到一块把肢体拼合，正好都对。因此，汉王把项羽的土地分成五块分封给五个人：封吕马童为中水侯，封王翳为杜衍侯，封杨喜为赤泉侯，封杨武为吴防侯，封吕胜为涅

（niè，聂）阳侯。

项王已死，楚地全都投降了汉王，只有鲁县不降服。汉王率领天下之兵想要屠戮鲁城，但考虑到他们恪守礼义，为君主守节不惜一死，就拿着项王的头到鲁地示众，鲁地父老这才投降。当初，楚怀王封项籍为鲁公，等他死后，鲁国又最后投降，所以，按照鲁公这一封号的礼仪把项王安葬在穀城（今山东平阴西南东阿镇）。汉王给他发丧，哭了一通后才离去。

项氏宗族各旁枝，汉王都不加杀戮。封项伯为射阳侯。桃侯（项襄）、平皋侯（项佗）、玄武侯（佚名）都属于项氏，汉王赐姓刘。

项羽被打败后，高祖用突然袭击的办法夺取了齐王的军权。

汉五年（前202）正月，改封齐王韩信为楚王，建都下邳（故城在今江苏睢宁西北）。

韩信到他所封的国都下邳去，召见曾经分给他饭吃的那位漂母，赐给她黄金千斤。轮到下乡南昌亭亭长，赐给百钱，说："您，是小人，做好事有始无终。"召见曾经侮辱过自己、让自己从他胯下爬过去的年轻人，任用他做了中尉（掌管巡城捕盗的武官），并告诉将相们，说："这是位壮士。当侮辱我的时候，我难道不能杀死他吗？杀掉他没有意义，所以我忍受了一时的侮辱而成就了今天的功业。"

项王部下逃亡在外的将领钟离眜，家住伊庐（今江苏海州附近），一向与韩信友好。项王死后，他逃出来归附韩信。汉王怨恨钟离眜，听说他在楚国，诏令楚国逮捕钟离眜。韩信初到下邳时，巡行所属县邑，进进出出都带着武装卫队。汉六年（前201），有人上书告发韩信谋反。高帝采纳陈平的计谋，假托天子外出巡视会见诸侯，南方有个云梦泽（今湖北曹湖、梁子湖、斧头湖等数十个大小相连的湖泊），派使臣通告各诸侯到陈县（今河南淮阳）聚会，说："我要巡视云梦泽。"其实是要暗算韩信，韩信却不知道。高祖将要到楚国地界，韩信也疑心刘邦之来非善意，所以想发兵反叛，韩信自思，并没有犯罪，则刘邦之来也可能与自己无关；但要想亲自去谒见高祖，又怕被他擒住。有人对韩信说："杀了钟离眜去朝见皇上，皇上一定高兴，就没有祸患了。"韩信去见钟离眜，同他商量此事。钟离昧说："汉王所以不攻打楚国，是因为我在您这里，你想逮捕我去讨好汉王，我今天死，你也会紧跟着送命的。"于是骂韩信说："你不是个忠厚的人！"终于刎颈身死。韩信拿着他的人头，到陈县朝拜高祖。皇上命令武士捆绑了韩信，押在随行的车上。韩信说："果真像人们所说的那样：'狡兔死了，出色的猎狗就遭到烹杀；高翔的飞禽光了，优良的弓箭收藏起来；敌国既已破灭，谋臣也就被杀害了。'现在天下已经平安，我本来应当遭烹杀！"皇上说："有人告发你谋反。"就给韩信戴上了刑具。到了洛阳，赦免了韩信的罪过，改封为淮阴侯。

韩信知道汉王对自己的才能又怕又恨，常常借口生病不参加朝见和侍行。从此以后，韩信日夜怨恨，在家闷闷不乐，以自己和绛侯周勃、灌婴地位相等感到羞耻。韩信曾经拜访樊哙将军，樊哙跪拜送迎，自称臣子，说："像您这样大王身份的人竟肯光临我家。"韩信出门笑着说："我这一辈子竟然和樊哙他们这般人处在同一地位。"皇上曾经和韩信闲谈，论及各位将军才能的高下，认为他们的本领各有不同，水平不一。皇上问韩信："像我的才能，能统率多少兵马？"韩信说："陛下不过能统率十万。"皇上说："带兵的事对你来说又该怎么样？"韩信回答说："我带兵是人数越多越好。"皇上笑着说："您带兵越多越好，为什么还被我擒住？"韩信说："陛下不善于带兵而善于控制将领，这就是我被陛下擒住的原因。况且陛下的才能实在是上天赐予的，不是人力能做到的。"

三、功臣被杀，千古奇冤

陈豨（？—前195），宛朐（今山东菏泽东明西南）人，秦汉之际汉王刘邦部将。陈豨在高祖七年（前200），封代相时，进京觐见刘邦。因其过去是韩信的部将，故也去拜见了韩信。陈豨宾客众多，在外独掌兵权好几年，高祖疑心会有变故。就命人追查陈豨的宾客违法的事，其中不少牵连到陈豨。陈豨非常害怕，暗中派宾客到王黄、曼丘臣处通消息。高祖十年（前197）七月，太上皇去世，刘邦派人召陈豨进京，陈豨以病重为由推托。九月，与王黄等人一同反叛，自立为代王，刘邦帅兵亲征。其间，韩信以告病为由未随刘邦亲征，在京亦有疑似响应陈豨的举措，被手下人密告于吕后，被吕后与萧何设计杀害于长乐宫，夷灭三族。高祖十一年（前196）冬天，汉兵击斩陈豨将侯敞、王黄于曲逆，破豨将张春于聊城，斩首一万多人。太尉周勃进军平定了太原和代郡。高祖十二年（前195）冬，陈豨自己亦在灵丘被樊哙军所杀。

陈豨被任命为钜鹿郡守，向淮阴侯辞行。淮阴侯拉着他的手，避开左右侍从，在庭院里漫步，仰望苍天，叹息说："您可以听听我的知心话吗？有些心里话想跟您谈谈。"陈豨说："一切听任将军吩咐。"淮阴侯说："您管辖的地区是天下精兵聚集的地方，而您是陛下信任宠幸的臣子。如果有人告发说您反叛，陛下一定不会相信，您叛变的消息再次传来，陛下就怀疑了，你叛变的消息第三次传来，陛下必然大怒，并且亲自率兵前去攻打您。我为您做内应在京城里起兵，天下就可以取得了。"陈豨一向知道韩信的雄才大略。深信不疑，说："我一定听从您的指教。"

汉十一年（前196），陈豨果然反叛。皇上亲自率领兵马前往征讨，韩信托病没有随从，暗中派人到陈豨处说："只管起兵，我在这里协助您。"韩信就和家臣商量夜里假传诏书，赦免各官府服役的罪犯和奴隶，打算发动他们去袭击吕后和太子。部署完毕等待着陈豨的消息。他的一位家臣栾说得罪了韩信，韩信把他囚禁起来，打算杀掉他。他的弟弟上书告变，向吕后告发了韩信准备反叛的情况。吕后打算把韩信召来，又怕他不肯就范，就和萧相国谋划，令人假说从皇上那儿来消息说，陈狶已被俘获处死，列侯群臣都来祝贺。萧相国欺骗韩信说："虽然生病也要勉强进宫祝贺一下吧。"韩信进了宫，吕后命令武士把韩信捆起来，在长乐宫（据《三辅黄图》，此宫本是秦之兴乐宫，公元前200年建成，刘邦和吕后经常住在这里）的钟室（悬钟的屋子）杀掉了。韩信临斩时说："我后悔没有采纳蒯通的计谋，以至被妇人小子所欺骗，难道不是天意吗？"于是诛杀了韩信父、母、妻三族。

韩信之死，前人多疑为冤狱。清梁玉绳《史记志疑》说："信之死冤矣！前贤皆极辩其无反状，大抵出于告变者之诬词，及吕后与相国文致之耳。史公依汉狱案叙入传中，而其冤自见。一饭千金，弗忘漂母，解衣推食，宁负高皇！不听涉、通拥兵王齐之日，必不妄动于淮阴家居之时；不思结连（黥）布、（彭）越大国之王，必不轻约边远无能之将。（宾客多）（指陈狶）与称病之人（指韩信）何涉？'左右辟'则'掣手'之语谁闻？上谒入贺，谋逆者未必坦率如斯；家臣徒奴，善将者亦复部署有几（言家臣徒奴人数和能力有限，韩信必不轻加信任）！是知高祖畏恶其能，非一朝也。胎祸于蹑足附耳，露疑于夺符袭军；故擒缚不已，族诛始快。'从狶军来，见信死，且喜且怜'（见下文）亦谅其无辜受戮为可悯也。……"

高祖从平叛陈狶的军中回到京城，见韩信已死，又高兴又怜悯。他问："韩信临死时说过什么话？"吕后说："韩信说悔恨没有采纳蒯通的计谋。"高祖说："那人是齐国的说客。"就诏令齐国捕捉蒯通。蒯通被带到，皇上说："你唆使淮阴侯反叛吗？"回答说"是。我的确教过他，那小子不采纳我的计策，所以有自取灭亡的下场。假如那小子采纳我的计策，陛下怎么能够灭掉他呢？"皇上生气地说："煮了他。"蒯通说："哎呀，煮死我冤枉啊！"皇上说："你唆使韩信造反有什么冤枉？"蒯通说："秦朝法度败坏、政权瓦解的时候，山东六国大乱，各路诸侯纷纷起事，一时天下英雄豪杰像乌鸦一样聚集。秦朝失去了帝位，天下英杰都来抢夺它，于是才智高超、行动敏捷的人，率先得到它。跖的狗对着尧狂叫，尧并不是不仁德，只因为他不是狗的主人。正当这时，我只知道有个韩信，并不知道有陛下。况且天下磨快武器、手执利刃想干陛下所干的事业的人太多了，只是力不从心罢了。您怎么能够把他们都煮死呢？"高祖说："放掉他。"就赦免了蒯通的罪过。

太史公说："我到淮阴，淮阴人对我说，韩信即使是平民百姓时，他的心志就与众不同。他母亲死了，家中贫困无法埋葬，可他还是到处寻找又高又宽敞的坟地，让坟墓旁可以安置万户人家。我看了他母亲的坟墓，的确如此。假使韩信能够谦恭退让，不夸耀自己的功劳，不自恃自己的才能，那就差不多了。他在汉朝的功勋，可以和周朝的周公、召公、太公这些人相比，后世子孙就可以享祭不绝。可是他没能致力于这样做，而天下已经安定，反而图谋叛乱，诛灭宗族不也是应该的吗。"

韩信是我国历史上一个大军事家，最初他在项羽、刘邦部下，都一直默默无闻，因萧何的极力推荐，而被刘邦拜为大将，便大展其军事才能："明修栈道，暗度陈仓"，平定三秦，魏军半渡，击而破之，背水列阵，大败赵军，出其不意，挥师东进，潍水半渡，击破楚军，十面埋伏，歼灭项羽，说刘邦的天下，三分之二是韩信打下的，恐不为过。刘邦也不得不佩服："连百万之众，战必胜，攻必取，吾不如韩信。"

韩信随刘邦打天下，为汉王朝的建立立下了汗马功劳，但到最后却含冤被处死在长乐宫，这是一个历史悲剧。"生死一知己（萧何），存亡两妇人（漂母、吕后）。"韩信的一生悲壮坎坷，但他杰出的军事才华，应该得到历史的公认。

韩信熟谙兵法，自言用兵"多多益善"，作为战术家韩信为后世留下了大量的战术典故：明修栈道，暗度陈仓；临晋设疑；夏阳偷渡；木罂渡军；背水为营；拔帜易帜；传檄而定；沈沙决水；半渡而击；四面楚歌；十面埋伏等。其用兵之道，为历代兵家所推崇。作为军事家，韩信是继孙武、白起之后，最为卓越的将领，其最大的特点就是灵活用兵，是中国战争史上最善于灵活用兵的将领，其指挥的井陉之战、潍水之战都是战争史上的杰作；作为战略家，他在拜将时的言论，成为楚汉战争胜利的根本方略。

《咸丰清河县志》第十三卷"艺文"中记载："韩信三篇"其小注云："汉成帝令任宏论次兵书，为四种，其权谋中有韩信三篇。前后汉书艺文志皆载之。且云汉兴，张良、韩信序次兵法，凡百八十一家，删取要用，定著三十五家。诸吕用事而盗取之。盖淮阴人著书之最古者。"由此得知，韩信曾有三篇军事著作，这是淮阴人著书立说的最早记载。

韩信在被软禁的时间里，韩信与张良一起整理了先秦以来的兵书，共得一百八十二家，这也是中国历史上第一次大规模兵书整理，为中国军事学术研究奠定了科学的基础。同时还收集、补订了军中律法。著有兵法三篇，已佚。

毛泽东称赞韩信是一个"大军事家"，把他列在出身微贱的军事家之列。1958年5月8日，毛泽东在中共八大二次会议第一次会议上讲"破除迷信"问题时说："韩信也是一个被人看不起的人，他在年轻的时候，曾经受过'胯下之辱'。人家让他钻'裤裆'，他一看没办法，只好钻。"（王子今：《毛泽东与中国史学》，中共中央党校出版社1993年版，第198页）

1944年4月30日，"五一"劳动节前一天，毛泽东邀续范亭等五六人小宴，饭后漫谈。其中谈到粮食对战争之重要，"大兵之后必有凶年"，"民以食为天"等古训，都是非常正确的。毛泽东说："韩信在登坛拜将以前，还在汉中当过粮食部长。"（续范亭：《五百字诗并序》，艾克恩编纂：《延安文艺运动纪盛》，文化艺术出版社1987年版，第505—506页）

毛泽东还把"韩信破赵之战"作为"以少击众，以劣势对优势而获胜"的成功战例，写入自己的军事理论著作《论持久战》中。至于"韩信将兵，多多益善"，则是毛泽东随手拈来的例子。1953年10月15日，毛泽东在《关于农业互助合作的两次谈话》中说："在新区，无论大、中、小县，要在今冬明春，经过充分准备，办好一个到两个合作社，至少一个，一般一个到两个，至多三个，根据工作好坏而定。要分派数字，摊派。多了冒进，少了右倾。有也可以，没有也可以，那就是自流了。可否超过三个？只要合乎条件，合乎章程、决议，是自愿的，有强的领导骨干（主要是两条：公道，能干），办得好，都是'韩信将兵，多多益善'。"毛泽东在这里引用"韩信将兵，多多益善"的成语，表达了发展农业互助合作社

的急切心情。(《毛泽东文集》第六卷，人民出版社1999年版，第298页）

毛泽东还把自己的爱将比作韩信。据2011年12月12日《人民网》"我有话说"（摘自《名将粟裕珍闻录》，张雄文著，北岳文艺出版社出版）。

除了打仗，别的方面，粟裕大概永远只能是毛泽东的"学生"。

在毛泽东的心里，二十二年的征战生涯，经历的大仗不可谓不多，却认为只有淮海决战可以同第二次世界大战时期的国外大战役可以一比。

因此，当第二次世界大战名将英国元帅蒙哥马利1961年到中国拜访他时，他便提到了淮海战役，也说起了粟裕。

1997年5月，电影《佩剑将军》的编剧石征先，曾为创作另一部电影文学剧本《张思德》，专程采访原中央书记处办公室主任、中央书记处政治秘书室主任、毛泽东生前身边工作人员师哲。

张思德是毛泽东在延安时期的警卫战士，与他同在毛泽东身边的师哲当然有所了解。石征先得到了不少有价值的东西，十分满意。

宾主对坐，谈兴正浓时，师哲忽然说到了粟裕，说毛泽东常常谈起他身边工作过的两个警卫员，一个是张思德，一个是粟裕。

石征先早在1978年7月就拜访过粟裕，并在1983年与人合著过《淮海战役史》，由上海人民出版社出版，对粟裕的历史很感兴趣。因此师哲一说，他就有意外的惊喜了。

师哲缓缓地回顾，说："粟裕在井冈山时期当过毛主席的警卫连长，此人很聪明、机智，很勇敢，很会带兵，很会打仗。"

粟裕的确曾带自己的连队保卫过毛泽东，称得上是"警卫连长"，石征先自然也知道这一点。

师哲接着说："1961年9月，毛主席接见蒙哥马利元帅。蒙哥马利称赞毛主席是高明的军事家，用兵如神，特别是淮海战役不可思议。毛主席很谦虚，说'在我的战友中，有一个最会带兵打仗的人，这个人叫粟裕，淮海战役就是他指挥的，他也是我们湖南人'。"

石征先觉得这是一个很重要的资料，忙将师哲的话单独做了记录，并请他签了名，以表慎重。

师哲爽快而郑重地答应了。

正提笔写字的时候，他的女儿师海霞恰巧走了进来，问父亲在干什么。

听说原委后，她笑着说："那我也可以签名，也可以作证（证明这一次采访行动）。"

这当然求之不得，石征先忙又写了一张，请他的女儿也签了名。

一年后，师哲溘然长逝。

蒙哥马利访华时，他并不在毛泽东身边，当然没能亲耳听到毛泽东这番惊世骇俗的话。但这并不能说明活到九十三岁高龄的他，没有几个当时仍然还在毛泽东身边的至交好友。

因为事先是带着张思德的主题采访，粟裕的话题是偶然谈起的，多年以后，石征先老人还十分后悔，说忘了请教师哲，这一信息从何处得来的。

但有一点是可以肯定的，师哲作为原中央书记处办公室主任，是名气不小、地位不低的历史人物，没有可靠的来源，他不会为采访笔记慎重地签字负责，更犯不着为素无往来、早已辞世的粟裕杜撰一段并无"实惠"的故事。

十一年后，石征先老人也乘风归去。这个谈话的原始记录才终于被资深研究人员发现、证实，原来它静静地躺在中央档案馆的外交类文件里。

其实，尽管毛泽东的话里有个"最"字，容易得罪一大批人，因而如同刘伯承说粟裕是"我军最优秀的将领"，公开发表时遭到修正一样，不容易传出来，但他有这个说法也不奇怪。他谈淮海战役与粟裕也不止一两回了，可谓有着很深的"淮海粟裕情节"。

周恩来的贴身卫士韩福裕回忆说，建国之初，他随周恩来到中南海服务处理发时，碰巧毛泽东也来了。得知他是周恩来的卫士后，毛泽东笑容可掬，很随和地问他的名字。

韩福裕告诉他，叫"韩福裕"。生怕毛泽东听不懂自己浓重的方言，他补充说："是韩信的韩，幸福的福，粟裕的裕。"

毛泽东一听，笑着说："你这个名字好呀，包含了中国两个大军事家韩信和粟裕，你还比他们都幸福。"在场的人包括周恩来都笑了。

对韩福裕而言，毛泽东的话自然是幽默的戏言，然而正是这不经意的话语，却也真实地折射出了粟裕在毛泽东心里的分量。

　　1953 年 2 月，毛泽东由陈毅陪同，坐火车从南京、徐州、济南回北京。这一线都是粟裕统率华东野战军打过仗的战场，一路上毛泽东就多次提到粟裕能打仗，会带兵。

　　列车经过徐州时，毛泽东凝望窗外这个当年淮海战役的主战场，再次深有感触地说，粟裕立了第一功。

　　到粟裕曾经"中秋夺城"的济南后，毛泽东又说他是"人才、将才、帅才"。

　　陈毅笑着接过话头，说粟裕是樊哙。

　　毛泽东似乎有些不满意，说："粟裕，一不是樊哙，二不是韩信，三我毛泽东也不是刘邦；粟裕就是粟裕，是人民解放军的战将，是人民的好儿子么！"

　　陈毅连忙说："主席讲得对！算我失口……"

　　这些话，在场的"大警卫"公安部部长罗瑞卿听到了，"小警卫"李银桥也听到了。然而，囿于某种缘故，粟裕这个"当事人"，从来不知道最高统帅曾这样说过自己的"闲话"。

　　2006 年 7 月，原华东野战军作战参谋秦叔瑾老人，在军事科学院等单位举办的《粟裕年谱》出版座谈会上，以书面语言郑重地说："毛泽东在 20 世纪 60 年代对来访的英国蒙哥马利元帅说过，他的战友中，数粟裕最会打仗。"

　　他认为，毛主席的话，是对粟裕同志戎马一生的高度褒奖。

　　另一位饱经风霜的老人，原海军上海基地副司令员、中央军委海军司令部办公室主任苏荣，2007 年 5 月在人民大会堂粟裕百年诞辰纪念大会上，也深情地回顾，1961 年，毛泽东主席在武汉会见英国蒙哥马利元帅时说过，他的战友中，数粟裕最会打仗。

　　他也觉得，这是毛泽东给粟裕一生的高度评价。

　　这的确是至高无上的嘉奖。有最高统帅的这一嘉奖，粟裕这位井冈山的老人，虽然没有军人的最高军衔——元帅，后半生又"门前冷落鞍马稀"，过得十分沉闷，但也足以"笑傲江湖"，快慰平生了。

『威震华夏』的关羽

关羽（152—219），字云长（cháng），原字长生，河东解（xie）县（今山西运城解州镇）人，三国时蜀汉名将，被称为中国历史上的武圣人。

一、"关羽本不姓关"

清初康熙年间，解州太守王朱旦在浚修古井的时候，发掘出关羽的墓砖。上面刻有关羽祖父、父亲两世的简单情况。据王朱旦写的《关侯祖墓碑记》记载，关氏家其实是个文人世家。关羽的祖父名叫关审，字问之。汉和帝刘肇永元二年（90）庚寅生，居住在解州（今山西运城解州镇）常平村宝池里。他"冲穆好道"，常以《易》《春秋》训其子，于桓帝刘志永寿二年（156）丁酉卒，享年六十八。关羽的父亲叫关毅，字道远。性至孝，父审死后，在墓地结庐守丧三年，除丧，于桓帝延熹三年（160）六月二十四日生关羽。关羽长成后娶妻胡氏，灵帝光和元年（178）五月十三日生关平。

三国时代，是一个军阀混战、英雄辈出的时代。青少年时期的关羽，就有匡国济民、除暴安良的思想和志向。20岁时，他拜别父母，游历郡里，习学武艺。当时解州城里有一个恶霸，欺行霸市，打架斗殴，横行乡里，鱼肉百姓，无恶不作，官府不敢惩治，百姓苦不堪言。关羽侠肝义胆，爱打抱不平，一怒之下杀了那个家伙，为民除害。杀人偿人，欠债还钱，这是一条古训。为了逃避官府追捕，关羽只好亡命江湖，想逃到关外，这就要出潼关。于是传闻中便有了关羽本不姓关的故事。

据杨尚昆在1986年9月5日在中共中央文献研究室召集的一次座谈会上回忆说，毛泽东到河南，他就讲关云长不是山西人，是河南人，说关云长本不姓关，因为他在河南有了人命案，逃往山西，到了潼关，人家问他姓什么，他一下子说不上来，一看这里是潼关，就说我姓关（见清褚人获《坚瓠秘集》卷三《关西故事》）。

这个故事，毛泽东又给周谷城、谈家桢、赵超构等人讲过。1958年1月6日，毛泽东在浙江杭州，和周谷城、赵超构、谈家桢谈话。他看大家有点拘谨，就笑着问自己的湖南同乡、历史学家周谷城："你知道关公姓什么？"周谷城毫无把握地回答说："不是姓关吗？"毛泽东说："你错了。"他笑着讲了一个传说，关公本不姓关，是因为他在家乡杀了人，逃到潼关，守将问他的姓名时，他抬头看见了潼关二字，于是灵机一动，就说姓"关"，从此也就真的姓关了。大家听了毛泽东讲的故事都笑起来，毛泽东也开心地哈哈大笑，顿时气氛缓和了。（《握手风云》，山东人民出版社2004年版，第582页）可见他对关羽经历的关注。

1954年，毛泽东漫步在杭州九溪十八涧，给陪同的浙江省公安厅厅长王芳讲起了关羽不姓关的故事。他说，关公其实并不姓关，关公是指关为姓。关公自小很讲义气，一次为朋友打抱不平，在家乡杀了人。他知道杀人是要吃官司的，便立即逃了出来，打算出潼关，以甩掉官府的追捕。他日夜兼程，来到潼关时，还不到五更天，关门紧闭。好不容易熬到开关的时候了，却又犯了愁。那时，官府有一项规定，凡过关的人都要进行登记。这可怎么办？千万不能报出自己的真实姓名，要露出马脚，那可不得了啊。眼看就轮到他了。他心急如焚地望着这高大森严的关门，忽然来了灵感，在关门前，我何不就说自己姓关呢。这就是指关为姓的由来。这个故事，毛泽东也分别和周谷城、谈家桢、赵超构、杨尚昆等人说过。在《张治中与中国共产党》一书中，毛泽东跟张治中的一次谈话中也说过："曹操并不姓曹，关羽并不姓关。"虽未见史书，但也有一定传说依据。毛泽东很清楚这类传说。后来王芳为此阅读了不少有关书籍，终于在《中国古代历史小说考》上找到"关羽并不姓关"的依据。

清人梁章钜的《归田琐记》和褚人获所著《坚瓠秘集》等所载的《关西故事》，是这样写的：蒲州解梁县关公，本不姓关。少时力最猛，不可检索，父母怒而闭之后园空室。一夕月甚明，启窗越出，闲步园中，闻墙东有女子啼哭甚悲，兼有老人相向哭声，怪而排墙询之。老者诉云："我女已受聘矣，而本县舅爷闻女有色，欲娶为妾，我诉之尹，反受叱骂，以此相泣。"公闻大怒，仗剑径往县署，杀尹并其舅而逃。至潼关，闻关门图形捕之甚急，伏于水旁，掬水洗面，自照其形，颜已变苍赤，不复识认。挺身至关，关主诘问，随口指关为姓，后遂不易。

由于"关公指关为姓"的故事一直在民间流传，清代《关帝志》《关圣帝君圣迹图志》以及近年出版的《武圣关羽》等书中均收纳载入。这个故事主要反映了关羽在青年时代就有一副侠义肝胆，使人感到颇为真切。

而在陈寿的《三国志》和罗贯中的《三国演义》中，均未见记载。关羽到底原本姓不姓关？《三国志》卷三十六《蜀书》"关张马黄赵传"中未作交代。《关羽传》只说："关羽字云长，本字长生，河东解人也。亡命奔涿郡。"《三国演义》第一回里也未见交代，关羽自我介绍说："吾姓关，名羽，字长生，后改云长，河东（今山西，位于黄河东）解良（元代解县为解良县）人也。因本处豪绅倚势凌人，被吾杀了，逃难江湖，五六年矣。今闻此处招军破贼，特来应募。"

关羽的名和字据说与道教的神道观念密切相关。道教认为，一个人经过修炼而得道，一旦得道，便能羽化升天，进入云端，从而长生不死，成为神仙。这样，关羽之名为羽，字为云长及本字长生，都跟道教攀上了缘，当然这也只是一种猜测或推论而已。关羽的名和字不是成神之后才起的，这或许是一种巧合。陈寿写《三国志》时，恐怕不会料到关羽身后会成为儒、道、佛三教所供奉的神。之所以世人皆谓之"关公"也！

1949 年 6 月，北平（京）电影厂摄影科科长侯波和徐肖冰夫妇去北平香山，为毛泽东拍照，毛泽东问侯波家乡在什么地方，侯波回答是山西解县，毛泽东笑着说："啊！你是关云长的老乡呵。"

1974 年，毛泽东曾几次提到华国锋，"国锋同志是山西人，关云长的同乡"。

二、刘、关、张"桃园三结义"

关羽在民间影响很大。毛泽东从 1906 年十三岁读《三国演义》起，就对关羽的故事产生兴趣。1917 年夏天，他徒步游学赴湖南安化县城途中，见路亭柱上所贴一副赞颂关羽的楹联，还将它抄录在日记里："刘为兄张为弟，兄弟们分君分臣，异姓结成亲骨肉；吴之仇魏之恨，仇恨中有忠有义，单力劈就汉江山。"在此之前，毛泽东也学桃园三结义，与同学萧子升、蔡和森友善，称为三个豪杰。豪杰一词，是毛泽东采取了常用语，也学桃园三结义，表示不仅有力量和勇气，而且智慧过人、品德高尚。显然，关羽的形象在早年毛泽东的脑海里留下了深刻的印象。

那么，桃园三结义是怎么回事呢？关羽出了潼关，辗转来到涿郡（今河北涿州），遇上东汉政府动员各地豪强地主组织武装，共同镇压当时波及全国的黄巾农民大起义。关羽结识了自称中山靖王之后的刘备，实际上刘备家道中落，以织席、卖草鞋为业。而张飞是本地的一个屠户，杀猪卖肉、卖酒为生。他们三人都处在社会底层，一拍即合，结为异姓兄弟是可能的。但史无明载，本传只说，当时"先主于乡里合徒众，而羽与张飞为之御侮"（《三国志·蜀书·关羽传》，下引本传，不再出注），而传为美谈的"桃园三结义"是"七实三虚"的罗贯中著《三国演义》中虚构的。第一回《宴桃园豪杰三结义　斩黄巾英雄首立功》中这样叙写他们三人的相识与结拜：

"（刘备）当日见了（招兵）榜文，慨然长叹。随后一人厉声言曰：'大丈夫不与国家出力，何故长叹？'玄德回视其人：身长八尺，豹头环眼，燕额虎须，声若巨雷，势如奔马。玄德见他形貌异常，问其姓名。其人曰：'某姓张，名飞，字翼德。世居涿郡，颇有庄田，卖酒屠猪，专好结交天下豪杰。恰才见公看榜而叹，故此相问。'玄德曰：'我本汉室宗亲，姓刘，名备。今闻黄巾倡乱，有志欲破财安民，恨力不能，故长叹耳。'

飞曰：'吾颇有资财，当招募乡勇，与公同举大事，如何？'玄德甚喜，遂与同入村店中饮酒。

"正饮间，见一大汉，推着一辆车子，到店门首歇了。入店坐下，便唤酒保：'快斟酒来吃，我待赶入城去投军。'玄德看其人：身长九尺，髯长二尺；面如重枣，唇若涂脂；丹凤眼，卧蚕眉；相貌堂堂，威风凛凛。玄德就邀他同坐，叩其姓名。其人曰：'吾姓关，名羽，字长生，后改云长，河东解良人也。因本处世豪倚势凌人，被吾杀了；逃难江湖，五六年矣。今闻此处招军破贼，特来应募。'玄德遂以己志告之。云长大喜。同到张飞庄上，共议大事。

"飞曰：'吾庄后有一桃园，花开正盛；明日当于园中祭告天地，我三人结为兄弟，协力同心，然后可图大事。'玄德、云长齐声应曰：'如此甚好。'次日，于桃园中，备下乌牛白马祭礼等项，三人焚香再拜而说誓曰：'念刘备、关羽、张飞，虽然异姓，既结为兄弟，则同心协力，救困扶危；上报国家，下安黎庶；不求同年同月同日生，只愿同年同月同日死。皇天后土，实鉴此心。背义忘恩，天人共戮。'誓毕，拜玄德为兄，关羽次之，张飞为弟。祭罢天地，复宰牛设酒，聚乡中勇士，得三百余人，就桃园中痛饮一醉。……"

当然这只是小说家言，但由于符合了动乱频仍的时代中下层百姓的心态，所以影响巨大。三人组织了一支不大的武装力量，参与了向农民起义军的进攻。关羽从中平元年（184）直到死，始终忠心耿耿地追随刘备，"随先主周旋，不避艰险"，"先主与二人寝则同床，恩若兄弟"。

所谓"结义"，就是以义气相交好。唐杜甫《晚晴》："未怪及时少年子，扬眉结义黄金台。"仇兆鳌注引挚虞的《答杜预》载："好以结义，友以文会。"亦指结拜为兄弟姊妹。宋乐史的《杨太真外传》载："又命杨铦而下，往来必相宴钱。初虽结义颇深，后亦权敌不叶。"

所谓"义气"，是一种刚烈、正义的气概。语出《礼记·乡饮酒义》："天地严凝之气，始于西南而盛于西北，此天地之尊严气也。"又汉董仲舒《春秋繁露·王道》载："仇牧、孔父、荀息之死节，公子目夷不与楚国，此皆执权存国，行正世之义，守惓惓之心，《春秋》嘉义气，故皆见之，复正之谓也。"引申忠义之气，即为情谊而甘愿替别人承担风险或作自我牺牲的气度。南朝梁江淹的《江文通集二·慰劳雍州诏》载："刺史张敞，义薄云腾，秣马星驱，全羽十万。"《宋史·宗泽传》载："实由泽之忠忱义气有以风动之。"刘、关、张"桃园三结义"的"义"，就是这种正义之气。他们的结拜成为人们的楷模，生死之交重义气，为朋友两肋插刀，赴汤蹈火，在所不辞，成为一种精神，影响深远。后世好多农民起义军，采用结拜的形式，巩固队伍，加强团结。如《水浒传》第51回《李逵打死殷天锡，柴进失陷高唐州》载："他犯了死罪，我因义气，放了他。"

刘备起兵，参与镇压黄巾起义，关羽、张飞担当他的护卫，是他得力的左膀右臂。汉灵帝刘宏中平元年（184），刘、关、张带着刚刚组织起来的人马，首先投奔涿郡的校尉邹靖。黄巾军攻打涿郡，他们配合官兵进行抵抗，首战告捷，立了大功。接着他们离开涿郡，投奔正在广宗（今河北威县东）围攻黄巾军领袖张角的中郎将卢植。到广宗后，因卢植遭诬陷被押回京城洛阳，他们便又返回涿郡。半路上，恰恰遇到黄巾军的天公将军张角正在追赶东汉的将领董卓。关羽和张飞带领一支人马，斜刺里向黄巾军横杀过来，救了董卓。刘备因此被提拔为安喜（今河北定州市东）的县尉。

汉灵帝刘宏中平六年（189），董卓带兵进入京都洛阳，专擅朝政，废少帝刘辩，立献帝刘协，引起广大官僚、豪强的反对。次年，关东十八路诸侯共推渤海太守袁绍为盟主，联兵讨伐董卓，刘备随冀州太守公孙瓒参加了这次讨伐董卓的战争。关羽本传与先主本纪皆无明载，而《三国演义》第五回《发矫诏诸镇应曹公，破官兵三英战吕布》，浓墨重彩，大写关羽神威。先是温酒斩华雄："（曹）操教酾热酒一杯，与关公饮了上马。关公曰：'酒且斟下，某去便来。'出帐提刀，飞身上马。众诸侯听得关外鼓声大振，喊声大举，如天摧地塌，岳撼山崩，众皆失惊。正欲探听，鸾铃响处，马到中军，云长提华雄之头，掷于地上。其酒尚温。"把关羽写得够神了。

接着便是"三英战吕布"，描写关羽就更神了。董卓义子吕布，手使方天画戟，坐下嘶风赤兔马，连伤、斩八路诸侯多位将军，"吕布英勇，无人可敌"。十八路诸侯共议良策。"正议间，吕布复引兵搦战。八路诸侯齐出。公孙瓒挥槊亲战吕布。战不数合，瓒败走。吕布纵赤兔马赶来。那马日行千里，飞走如风。看看赶上，布举画戟往瓒后心便刺。旁边一将，圆眼怪睁，倒竖虎须，挺丈八蛇矛，飞马大叫：'三姓家奴休走！燕人张飞在此！'吕布见了，弃了公孙瓒，便战张飞。飞抖擞精神，酣战吕布。连斗五十余合，不分胜负。云长见了，把马一拍，舞八十二斤青龙偃月刀，来夹攻吕布。三匹马丁字儿厮杀。战到三十合，战不倒吕布。刘玄德掣双股剑，骤黄鬃马，刺斜里也来助战。这三个围住吕布，转灯儿般厮杀。八路人马，都看得呆了。吕布架隔遮拦不定，看着玄德面上，虚刺一戟，玄德急闪。吕布荡开阵脚，倒拖画戟，飞马便回。三人哪里肯舍，拍马赶来。八路军兵，喊声头震，一齐掩杀。吕布军马望关上奔走；玄德、关、张随后赶来。"

小说家罗贯中的这些妙笔生花的描写，不仅写出了刘、关、张的义气，更突出了关羽、张飞的勇武。

汉献帝刘协初平二年（191），董卓退出洛阳，西走长安（今陕西西安），关东联军宣告解体，全国又陷入割据混战的局面。刘备因为自己的力量弱小，便投奔幽州的公孙瓒，因屡立战功，被任为平原（今山东平原）相，关羽和张飞担任了别部司马，分别领兵。他们二人终日侍立刘备左右，进行护卫。后来，刘备又依附于徐州刺史陶谦。不久，陶谦死去。

汉献帝刘协建安元年（196），曹操奉迎汉献帝迁都许昌，独掌军政大权，总揽朝政，"挟天子以令不臣"，政治上处于有利地位。此时淮南袁绍和吕布勾结起来，攻打刘备，刘备抵挡不住，丢了徐州，投靠了曹操。曹操上表举荐他为左将军，拜关羽为中郎将。建安五年（200），时任车骑将军的董承接受皇帝衣带诏，与刘备及长水校尉种辑、将军吴子兰、王子服等人，密谋除掉曹操，事情败露，董承等人皆被杀。

建安四年（199），刘备恐怕曹操猜忌，欲伺机脱离曹操控制，趁右将军袁术溃败，主动请求截击袁术。曹操谋士程昱、郭嘉、董昭等认为，不该放走居心叵测的刘备。曹操立即派人去追，但来不及。刘备想以此占据一块地盘，寻求自己的发展道路。十二月，刘备于是借曹操新任命的徐州刺史车胄出迎的时候，关羽一刀劈死车胄，张飞砍下车胄的首级，招降了城内的曹军。刘备让关羽驻守下邳（今江苏睢宁西北古邳镇）城，代行徐州太守职权，而自己领兵回小沛（今安徽睢溪西北）驻扎。《蜀记》曰："曹公与刘备围吕布于下邳，关羽启（曹）公，（吕）布使秦宜禄行求救，乞娶其妻，公许之。临破，又屡启于公。公疑其有异色，先遣迎看，因自留之，羽心不自安。此与《魏氏春秋》所说无异也。"

曹操得知刘备树起旗号，自立山头，十分恼怒。建安五年（200），曹操发大军攻打刘备，小沛很快失守，刘备落荒而逃，投奔河北的袁绍。张飞上了芒砀山（今河南永城境），关羽镇守的下邳被曹军围得水泄不通，内无粮草，外无救兵。关羽万般无奈，带着刘备的两位夫人投降了曹操。但关羽提出三个条件：一、只降汉室，不降曹操；二、赡养刘备的甘、糜二夫人；三、但知刘备下落，便当辞去。曹操接受了他的条件，并表荐他为偏将军，封他为"汉寿亭侯"，赐战袍，送美女，更送给他吕布骑过的那匹嘶风赤兔马，并且"三日一小宴，五日一大宴"，优待有加。不久，曹操便觉察关羽心神不定，无久留之意。他便派与关羽交好的张辽去探问。关羽叹道："我知道曹公待我甚厚，但是我受刘将军厚恩，誓共生死，不可背之，当立效以报曹公乃去。"

关羽念念不忘的还是结拜兄弟刘备，这就是至今广为流行的成语"身在曹营心在汉"的来历。

三、过五关，斩六将

汉献帝刘协建安五年（200），官渡之战爆发。二月，冀州牧袁绍进军黎阳（今河南滑县东北），派大将颜良在白马（今河南滑县旧城东）攻打东郡太守刘延，以保障主力渡河南进。刘延向曹操告急求援。四月，曹操决定派兵北救刘延。谋士荀攸建议："今兵少不敌，分其势乃可。公到延津，若将渡河向其后者，绍必西应之，然后轻兵袭白马，掩其不备，颜良可禽也。"（《三国志·魏书·武帝纪》）曹操依计而行。曹操派张辽和关羽作为先锋，迎击颜良。袁绍闻曹军渡黄河，果然分兵向西，挺进延津，向白马疾进，及距白马10余里时，颜良大惊，仓促迎战。关羽率部急进，远远望见颜良麾盖，直杀过去，在万军之中手起刀落，斩下颜良头颅，"莫能当者"。曹操指挥大军冲杀，袁绍军大败，遂解白马之围。

《三国志·关羽传》只写关羽杀颜良，未写诛文丑事。《三国演义》第二十五回《屯土山关公约三事　救白马曹操解重围》写杀颜良后，第二十六回《袁本初败兵折将　关云长挂印封金》又写了诛文丑。文丑也是河北名将。袁绍命文丑自领七万军先行，令刘备领三万军随后。曹操命张辽、徐晃迎战文丑。张辽被文丑"一箭射中头盔"，"又被文丑一箭射中面颊"，翻身落地。"文丑回马复来，徐晃急抡大斧，截住厮杀。只见文丑后面军马齐到，晃料敌不过，拨马而回。文丑沿河赶来。忽见十余骑马，旗号翩翩，一将当头提刀飞马而来，乃关云长也，大喝：'贼将休走！'与文丑交马，战不三合，文丑心怯，拨马绕河而走。关公马快，赶上文丑，脑后一刀，将文丑斩下马来。"

关羽斩杀颜良、文丑以后，曹操知道他要走了，就给了他很丰厚的赏赐。但关羽把官印及曹操的赏赐全部封存起来，并写了一封告别信，保护着刘备的家小，离开曹营，到河北袁绍军中去寻找刘备。曹操将士知道后，要去追赶，曹操劝阻说："彼各为其主，勿追也。"

至于关羽是怎样历经艰辛找到刘备的，正史语焉不详，这给小说家留下许多想象空间。于是便有《美髯公千里走单骑　汉寿侯五关斩六将》的演义。关羽从许都赶往冀州府治（今河北临漳西），途中有曹军的重重关寨。曹操虽然不让追杀关羽，但并没有发给他通关文牒，故到处受到阻拦。他一共要过五个关隘：第一关是东岭关，守将孔秀武艺不高，"两马相交，只一合，钢刀起处，孔秀尸横马下"；第二关是洛阳，太守韩福，牙将孟坦要计擒关羽：孟坦与关羽交战，佯败，待关羽来追，韩福用暗箭射之。"孟坦战不三合，拨回马便走"，关公马快，"早已赶上，只一刀，砍作两段"。"关公勒马回来，韩福闪在门首，尽力放了一箭，正射中关公左臂。公用口拔出箭，血流不住，飞马径奔韩福"，手起刀落，"带头连肩，斩于马下"；第三关是汜水关（今河南荥阳西北汜水镇），守将卞喜，把关羽诱入镇国寺中，伏兵计杀关羽，该寺方丈是关羽同乡，示意关羽有诈。"左右方欲动手，皆被关公拔剑砍之"，"一刀劈卞喜为两段"；第四关是荥（xíng，行）阳（今河南荥阳），太守王植是韩福亲家，设计把关羽等骗至馆驿休息，待三更半夜，放火烧死关羽等人。不料其从事胡班窥视关羽，受感动，告知王植毒计，并为关羽打开关门。王植带人马来赶，"被关公拦腰一刀，砍为两段；第五关是滑州（今河南滑县东），关羽对太守刘延有恩，虽不阻拦，但黄河渡口守将秦琪不从，"二人相交，只一合，关公刀起，秦琪头落"。这便是关羽"过五关，斩六将"的故事。但这个故事不见于正史，乃是小说家罗贯中在《三国演义》中所虚构，学者早已指出其中讹误，特别是地理知识的错误实在惊人：第一，如果要从许都到邺城，走直线应该是郑州—新乡—安阳—邺城；第二，如绕道洛阳，也应是东岭关—荥阳—汜水关—洛阳—滑州黄河渡口。其描写顺序错误显而易见。但这个故事彰显了关羽的勇武和义气，脍炙人口，影响很大。

　　关羽路遇孙乾，得知刘备已去汝南（今河南汝南）和刘辟会合，意欲与袁绍对曹操形成南北夹攻之势。于是关羽掉转马头，折向东向走去。途中在卧牛城先收了义子关平，又收了为他牵马扛大刀的助手周仓，到古城得遇张飞。关羽喜不自胜，把刀递给周仓，拍马来迎。"只见张飞圆睁环眼，倒竖虎须，吼声如雷，挥矛向关羽便搠"，责备关羽"背了兄长，降了曹操，封侯赐爵，今又来赚我"。任凭甘、糜二夫人怎样解释，张飞就是不信。正在这时秦琪之舅蔡阳带兵来追，"关公更不搭话，举刀便砍。张飞亲自擂鼓。只见一通鼓未尽，关公手起刀落，蔡阳头已落地"。这样，张飞才释疑，兄弟和好如初。

关羽、张飞同赴汝南见刘备，不料刘备又回冀州去了。于是关羽和孙乾同到冀州见刘备，又一起回到汝南，三位结义兄弟散而复合，接着又遇到被称为四弟的赵子龙，刘备集团的核心便形成了，当时手下有四五千人马，暂且在汝南驻扎。

但杀蔡阳的事，是罗贯中的附会。据史籍载，蔡阳是死于刘备之手。《三国志·蜀书·先主纪》载："（袁）绍遣先主（刘备）将本兵复至汝南，与贼龚都合，众数千人，曹公遣蔡阳击之，为先主所杀。"

关羽过五关，斩六将，充分表现了他值得骄傲的英雄业绩，也表现了他不屈不挠、克服重重困难的大无畏气概、一直为后人津津乐道。

毛泽东经常拿关羽打比方、作例子，教育、开导干部，从中也看出他对关羽的评价。1927年11月，毛泽东来到井冈山茅坪，寻找走散了的张子清所部三营（后来在湖南桂东县和朱德部会合）。当有人怀疑张部可能投降敌人时，他说，不会的，三国时代的关云长，曾与刘备失去联系。曹操为了收用关云长这员大将，又是封官赐爵，又是赠送金银、美女，三天一小宴，五天一大宴，费了多少心！可是一旦得到刘备的消息，关云长便毅然离开了拥有雄兵百万的曹操，骑上吕布的赤兔马，过五关，斩六将，千里迢迢，终于回到兵微将寡的刘备身边，成为千古美谈。

1939年12月，毛泽东在延安各界纪念"一二九"运动大会上讲话，谈到知识青年投奔延安，沿途边防遍设路卡，通过困难时说："因为他们既没有青龙偃月刀、嘶风赤兔马，又没有过五关斩六将的本领，那只有被赶到集中营'训练团'里去。这些事情似乎有些难办。但是，如果知识分子跟八路军、新四军、游击队结合起来，就是说，笔杆子跟枪杆子结合起来，那么，事情就好办了。"（《毛泽东文集》第二卷，人民出版社1993年版，第257页）

1947年6月，毛泽东在撤离延安转战决北途中，在与警卫人员谈到河北人会打仗时，毛泽东放声大笑："哈哈，河北人就一定打胜仗？三国时，河北名将颜良、文丑，不是叫山西人关云长给杀了吗！"当警卫员说："山西人也不一定行，关云长就不如彭老总。关云长走麦城，彭老总可是三战三捷。"毛泽东听了很称赞。不久他与周恩来、任弼时闲谈时说："关云长就不如我们彭老总！"

四、水淹七军，"降于禁，擒庞德，威震华夏"

刘备再度南下汝南，与黄巾军首领龚都等会合后，兵力扩充到数千人。建安六年（201）秋，曹操统军进击刘备于汝南，刘备抵挡不住。九月，关羽随刘备投靠荆州牧刘表。刘备脱离袁绍，获得发展自己势力的机遇。

从建安六年至十三年（201—208），刘备在这八年中致力于礼聘人才，扩大军事力量。特别是建安十二年（207），他带着关羽、张飞到南阳卧龙冈（今河南南阳，一说到襄樊古隆中）"三顾茅庐"。诸葛亮隆中对策，制定了夺取荆、益二州，东联孙权，北抗曹操的策略，并出山相助。"于是（刘备）与亮情好日密。关羽、张飞等不悦，先主解之曰：'孤之有孔明，犹鱼之有水也。愿诸君勿复言。'羽、飞乃止。"（《三国志·蜀书·诸葛亮传》）

建安十三年（208），曹操消灭了袁绍的势力，基本上平定了北方。七月，曹操亲率大军南下，想一举消灭占据荆州的刘表和坐镇江东的孙权。当时刘表已死，次子刘琮代行刺史。听到大军南下，便举城投降曹操。刘备为避开曹军锋芒，便撤离樊城（今湖北襄阳），向江陵（今湖北江陵）撤退，同时命令关羽率战船数百艘沿汉江东下，到江陵会合。江陵为江南军事重镇，储存有大批粮食、军械，曹操唯恐被刘备先得，便轻车简从，日夜从陆上追击。刘备军携带大批民众，行动甚慢，撤退到当阳长阪坡（今湖北当阳东北）时，被曹操骑兵先头队伍赶上，打得大败，溃不成军。这里有糜夫人殉节、赵子龙单骑救主（阿斗）、张翼德大闹长阪桥等可歌可泣的故事。刘备身边只剩下诸葛亮、赵云、张飞等数十骑，便东趋汉水，与从汉水东下的关羽会合。关羽率水军前来接应，保护刘备到了夏口（今湖北汉口）。

据《三国志·关羽传》裴松之注引《蜀记》记载，当年刘备在许都，与曹操一起打猎。打猎当中，众人散去，关羽曾劝刘备乘人散乱之际，杀掉曹操，以除后患。可能由于形势不允许，刘备没有答应。这回到了夏口，飘飘江边，关羽怒曰："往日猎中，若从羽言，可无今日之困。"刘备曰："是时亦为国家惜之耳；若天道辅正，安知此不为福邪！"但裴松之并不认同这种说法。他说："臣松之以为（刘）备后与董承等结谋，但事泄不克谐耳，若为国家惜曹公，其如此言何！（关）羽若果有此劝而（刘）备不肯从者，将以曹公腹心亲戚，实繁有徒，事不宿构，非造次所行；曹操虽可采，身必不免，故以计而止，何惜有之乎！既往之事，故托为雅言也。"

曹操占领江陵（今湖北荆州江陵）后，气势更盛，大有一举吞灭尚无立锥之地的刘备和东吴的孙权之势。这就发生了孙刘联军共抗曹操的赤壁大战。在赤壁之战中，东吴都督周瑜率水军三万，刘备部关羽率水军一万多人，是抗曹军主力。由于天时、地利、人和等各方面条件都有利于孙刘联军，而不利于曹军，周瑜、诸葛亮等又制定了火攻的策略，以少击众，以弱胜强，成为中国历史上有名的战例，影响很大，基本上奠定了魏、蜀、吴三足鼎立的基础。

令人疑惑不解的是，赤壁之战，既然是孙刘联军共抗曹军，而关羽的水军派上怎样的用场、起了什么作用，在正史乃至《三国演义》中却没有描写。对于战后关羽放走曹操，只在《三国演义》第五十回《诸葛亮计算华容，关云长义释曹操》有一段生动的描述，这也是正史中所没有的。小说是这样叙写的：

孙刘联军在赤壁之战中大败曹军，曹操与张辽引百余骑从火海中冲出，径奔乌林（今湖北洪泽东北长江北岸邬林矶）逃命。先后遭到东吴将领吕蒙、凌统截击，这时徐晃带领马延、张顗带三千兵马接应，曹操派马延、张凯引两千人马开路，其余留着护身。曹操接着又遭到甘宁、太史慈、陆逊等人截杀，已如惊弓之鸟、漏网之鱼。再往前走五里，到了乌林之西、宜都之北，遭到刘备部将赵子龙截杀；走到葫芦口，又遭到张飞的截杀；最后来到最险要的华容道，"一声炮响，两边500校刀手摆开，为首大将关云长，提青龙刀，跨赤兔马，截住去路。曹军见了，亡魂丧胆，面面相觑"。曹操欲下令"决一死战"。谋士程昱献计曰：'某素知云长傲上而不忍下，欺强而不凌弱；恩怨分明，信义素著。丞相旧日有恩于彼，今只亲自告之，可脱此难。'操从其说，即纵马向前，欠身谓云长曰：'将军别来无恙！'云长亦欠身答曰：'关某奉军师将令，等候丞相多时。'操曰：'曹操兵败势危，到此无路，望将军以昔日之情为重。'云长曰：'昔日关某虽蒙丞相厚恩，然已斩颜良，诛文丑，解白马之围，以奉报矣。今日之事，岂敢以私废公？'操曰：'五关斩将之时，还能记否？大丈夫以信义为重。将军深明《春秋》，岂不知庾公之斯追子濯孺子之事乎？'云长是个义重如山之人，想起当日曹操许多恩义，与后来五关斩将之事，如何不动心？又见曹军惶惶，皆欲垂泪，一发心中不忍。于是把马头勒回，谓众军曰：'四散摆开。'这个分明是放曹操的意思。操见云长回马，便和众将一齐冲将过去。云长回身时，曹操已与众将过去了。云长大喝一声，众军皆下马，哭拜于地。云长愈加不忍。正犹豫间，张辽纵马而至。云长见了，又动故旧之情，长叹一声，并皆放去。"

关羽放开一条生路让曹操逃走，引军自回。孔明见他回来，忙离座席，执杯相迎，关羽马上说："关某特来请死。"孔明故意开他玩笑，说："莫非曹操不曾投华容道上来？"知道他放走了曹操，欲按军法推出斩首。这时，刘备说话了："昔吾三人结义时，誓同生死，今云长虽犯法，不忍违却前盟。望权记过，容将功赎罪。"孔明方才饶了。华容道义释曹操，把关羽"全交重义"的特点发挥到极致，到了敌我不分的程度。

赤壁之战以后，刘备派关羽、张飞、赵云分别领兵南征，乘机攻占了武陵（今湖南常德）、长沙（今湖南长沙）、桂阳（今湖南郴州）、零陵（今湖南零陵）四郡。后来刘备又以"地少，不足以安民"为借口，从东吴的掌控中借来了南郡（今湖北江陵），从此刘备在荆州站住了脚跟。刘备封关羽为荡寇将军、襄阳太守，让他率军驻守荆州。

建安十七年（212），曹操进攻割据汉中三十余年的张鲁，益州（今四川成都）牧刘璋害怕曹操取得汉中后乘胜入蜀，派法正向刘备求助。刘备当然不会坐失良机。他留下诸葛亮、关羽守荆州，自己亲率步兵万余人入蜀。第二年，刘备在雒城（今四川广汉）受阻，写信给诸葛亮，让他带领张飞、赵云去增援，留关羽独镇荆州，全权管理荆州事务。刘备从葭萌关攻成都，诸葛亮、张飞、赵云溯江而上，略定郡县，至建安十九年（214），刘备取得益州，正式任命关羽总督荆州事务。

关羽听说西凉马超来降，并被拜为平西将军，因为他不是刘备的旧部将，心中不服气，就写信给诸葛亮，询问马超可以与谁相比。诸葛亮知道关羽不甘屈居人下，就回信说："马超文武兼备，勇猛刚烈超过常人，是当代的杰出人物，与秦朝末年的英布、彭越相类，能与张翼德并驾齐驱、一争高下，但还赶不上美髯公您超群绝伦啊！"看了诸葛亮的信，关羽大悦，把信拿给客人看。

在刘备取得益州的第二年，孙权派诸葛亮之兄诸葛瑾为使者去向刘备索还荆州，刘备借口夺取凉州（今甘肃武威一带）后再还。孙权便派一批官吏去接受荆州南部的长沙、零陵、桂阳三郡，关羽坚决不让，带兵把孙权委派的官吏全部赶走。孙权大怒，马上派大将吕蒙率领两万兵马进攻三郡。吕蒙夺下长沙、桂阳两郡后，刘备急忙率五万大军南下公安（今湖北公安），派关羽带领三万兵马到益阳（今湖南益阳）去夺回那两个郡。孙权也亲自到陆口（今湖北嘉鱼西南陆水入长江处），派鲁肃带领一万兵马驻扎益阳，与关羽相拒。孙刘两军剑拔弩张，一触即发。

当初竭力促成孙刘两家联合的鲁肃，不愿看到两家失和，就邀请关羽谈判。

这次会谈，在《三国演义》第六十六回《关云长单刀赴会　伏皇后为国捐生》便有一段花团锦簇的文字：

"却说使者回报鲁肃，说云长慨然应允，来日准到。肃与吕蒙商议：'此来若何？'蒙曰：'彼带军马来，某与甘宁各人领一军伏于岸侧，放炮为号，准备厮杀；如无军来，只于庭后伏刀斧手50人，就筵间杀之。'计划已定。

"次日，肃令人于岸口遥望。辰时后，见江面上一只船来，艄公水手只数人，一面红旗，风中招飐，显出一个大'关'字来。船渐近岸，见云长青巾绿袍，坐于船上；旁边周仓捧着大刀；八九个关西大汉，各挎腰刀一口。鲁肃惊疑，接入庭内。叙礼毕，入席饮酒，举杯相劝，不敢仰视。云长谈笑自若。

"酒至半酣，肃曰：'有一言诉于君侯，幸垂听焉：昔日令兄皇叔，使肃于吾主之前，保借荆州暂住，约于取川之后归还。今西川已得，而荆州未还，得毋失信乎？'云长曰：'此国家之事，筵间不必论之。'肃曰：'吾主只区区江东之地，而肯以荆州相借者，为念君侯等兵败远来，无以为资故也。今已得益州，则荆州自应见还；乃皇叔但肯先割三郡，而君侯又不从，恐于理上说不过去。'云长曰：'乌林之役，左将军亲冒矢石，勠力破敌，岂得徒劳而无尺土相资？今足下复来索地耶？'肃曰：'不然。君侯始与皇叔同败于长坂，计穷力竭，将欲远窜，吾主矜念皇叔身无处所，不爱土地，使有所托足，以图后功；而皇叔愆德隳好，已得西川，又占荆州，贪而背义，恐为天下所耻笑。惟君侯察之。'云长曰：'此皆吾兄之事，某非所宜与也。'肃曰：'某闻君侯与皇叔桃园结义，誓同生死。皇叔即君侯也，何得推托乎？'

云长未及回答，周仓在阶下厉声言曰：'天下土地，惟有德者居之。岂独是汝东吴当有耶！'云长变色而起，夺周仓所捧大刀，立于庭中，目视周仓而叱之曰：'此国家之事，汝何敢多言！可速去！'仓会意，先到岸口，把红旗一招。关平船如箭发，奔过江东来。

云长右手提刀，左手挽住鲁肃，佯推醉曰：'公今请吾赴宴，莫提起荆州之事。吾今已醉，恐伤故旧之情。他日令人请公到荆州赴会，另作商议。'鲁肃魂不附体，被云长扯至江边。吕蒙、甘宁引本部军欲出，见云长手提大刀，亲握鲁肃，恐肃被伤，遂不敢动。云长到船边，却才放手，早立于船首，与鲁肃作别。肃如痴似呆，看关公船已乘风而去。后人有诗赞关公曰：

'藐视吴臣若小儿，单刀赴会敢平欺。当年一段英雄气，尤胜相如在渑池。'

这段文字把关羽写得大义凛然、豪气冲天，为塑造关羽的英雄形象添上重重一笔。

但这件事，《三国志·关羽传》并不见录。相反，《三国志·鲁肃传》中却有这样的叙写："肃往益阳，与羽相拒，肃邀羽相见，各驻兵马百步上，但诸将军为单刀赴会。"《三国志·鲁肃传》注引裴松之引《吴录》注云："肃欲与羽会语，诸将显恐有变，议不可往。肃曰：'今日之事，宜相开譬。刘备负国，是非未决，羽亦何敢重于干命！'乃趋就羽。"似乎是鲁肃"单刀赴会"了！实则可能都是只身赴会，不带兵马。罗贯中为了突出关羽的英雄形象而单写关羽。

孙权派使者诸葛瑾去和关羽联姻，要关羽把女儿许配给自己的儿子，以结秦晋之好，共同对抗曹操。关羽不仅不答应，反而把诸葛瑾辱骂一通，说："虎女安肯嫁犬子！不看汝弟（诸葛亮）之面，应斩汝首！再休多言。"诸葛瑾回去报告孙权，孙权因此对关羽怀恨在心。赤壁之战以后，据守荆州的关羽名为"襄阳太守"，而荆州的襄阳、樊城等重镇还控制在曹操手中。诸葛亮和刘备在《隆中对》中筹划了跨据荆、益二州，待时机成熟时荆州军队直下宛（今河南南阳）、洛（今河南洛阳），完成统一大业的计策，因此，关羽一直虎视襄、樊。

建安二十四年（219）五月，刘备在汉中大败曹兵，曹操不得不退出汉中。于是，在手下文武官员拥戴下，做了汉中王。并分封五虎将军，关羽为前将军，张飞为右将军，马超为左将军，赵云为右将军，黄忠为后将军，并赐给关羽符节和斧钺。刘备派费诗将敕令送给关羽，关羽看不起老将黄忠，看后火冒三丈，不肯接受印绶，怒气冲冲地说："张飞是我结拜兄弟，马超出自世代将门，赵云久随吾兄刘备，他们与我同列，还算说得过去。那黄忠是什么人？竟敢与我同列？我大丈夫决不与一个老兵同列！"费诗只好劝关羽，说："成就大业的人，所任用的不能只是一个方面的人才。过去萧何、曹参从一开始就辅佐汉高祖打天下，陈平、韩信是后来的，但韩信还是排在前边，没有听说萧何、曹参因此而埋怨。现在汉中王因一时之功，封黄忠为后将军。至于说到功劳大小，他哪能跟将军您比呢？况且汉中王与将军犹加一体，休戚与共，祸福同享，将军不应该计较官爵的高低、俸禄的多少。"

同年六月，刘备取得汉中后，派孟达、刘封攻占汉中郡东部的房陵、上庸等地，势力又进一步扩张。曹操欲攻合肥，魏军大部调往淮南防守吴军。镇守荆州的关羽，抓住战机，从南郡对樊城发起猛攻。

襄阳、樊城隔汉水相对，互成犄角，是曹军抗拒刘备军队的战备要地。当时魏军将领曹仁常驻襄阳。曹操从汉中撤军到长安后，又派平寇将军徐晃率军支援曹仁，屯于宛城（今河南南阳）。曹操又派左将军于禁、立义将军庞德，屯驻在樊城。

于禁在此次战役中犯下了致命错误。曹仁让他和庞德在樊城北驻扎，和城中互相呼应，他竟未考虑地势低洼的条件，便把所率的七支人马都带到这里驻扎。八月天气，连降十几天大雨，汉水暴涨，平地水深数丈，樊城被大水包围，成了一座孤城。关羽决定用水攻于禁，他下令赶制大小船只和木筏，并派人把水口处都堵住。雨越下越大，水越积越深，关羽下令扒开江堤，顿时洪水滔滔，汹涌而下，曹军军营被水淹，于禁只得率少数将士避到高阜处。关羽乘战船猛攻，于禁欲退无路，被迫投降。庞德率一部兵士奋战，从早晨直到中午，箭尽矢绝，就短兵相接、白刃格斗。战士有的战死，有的投降。关羽加强了攻势，水继续上涨，土堤淹没，曹操的部队投降了。庞德想乘船撤回大营，但水势太大，船只颠覆，庞德落水，把着船木飘浮在水中，被关羽擒获。关羽爱惜庞德勇猛过人，原想劝降，但庞德宁死不降，遂被杀害。

关羽又乘胜猛攻樊城，城墙在洪水冲击下不断坍塌，随时可能被攻陷。曹仁在城内与诸将歃血为盟，决心与城共存亡。关羽团团围住樊城，又派出一支兵马将曹操的将军吕常围困于襄阳。襄阳和樊城已成了两座孤城。这时曹操的荆州刺史胡修、南乡太守傅方也投降了关羽，许都的豪强也纷纷投靠关羽，关羽声势一时"威震华夏"（中原一带）。

五、大意失荆州，败走麦城

消息传到许都，曹操大为震惊。为了避关羽的锋芒，他和大臣们商议，打算把都城迁往别处，司马懿及曹掾蒋济等谏止。他们向曹操献计说："（于）禁等为水患所失，于国家大计未有所损，而便迁都，既示敌以弱，又淮沔之人大不安矣。孙权、刘备，外亲内疏，关羽得意，权所不愿也。可喻权所，令掎其后，则樊围自解矣。"（《晋书·宣帝纪》）

曹操采纳了这一利用矛盾破坏孙、刘联盟，以坐收渔人之利的策略，一面下令叫镇守宛城的徐晃发兵去救樊城，一面派使者去见孙权，叫孙权进攻荆州。徐晃进至阳陵陂（樊城北），曹操派将军徐商、吕建传令，必须待后续援军会齐后方可再前进，徐晃佯筑长堑，表示要切断蜀军后路。蜀军害怕被围，烧营撤走，徐晃向蜀军逼近。

当初，诸葛亮在《隆中对》中说："若跨有荆、益，保其岩阻，西和诸戎，南抚夷越，外结好孙权，内修政理，天下有变，则命以上将将荆州之军以向宛、洛。将军（刘备）身率益州之众以出秦川，百姓孰敢不箪食壶浆以迎将军者乎？诚如是，则霸业可成，汉室可兴矣。"（《三国志·蜀书·诸葛亮传》）意思是说，刘备在取得荆、益二州建立基业之后，一定要外结盟孙权，共抗曹操，然后才能北定中原，复兴汉室。可见，孙刘联盟是刘备北定中原的必备条件。然而，这联盟却因为几个原因产生了裂痕：第一，荆州所有权的问题。荆州位于长江中游，北据汉沔，利尽南海，东连吴、会，西通巴、蜀，对孙、刘、曹三家都有重要意义。曹操曾想占据荆州，统一天下，但赤壁一战使他美梦成空；荆州之于孙氏集团是必争之地。因为荆州居长江上游，对于居下游的孙氏集团非常重要，只要操在别人手里，自己则处于被动地位。赤壁之战后，迫不得已，暂借给刘备。刘备得益州后，却无归还荆州之意。

第二，关羽自恃勇武，对孙氏集团始终倨傲不敬。鲁肃与他相会索要荆州时，他强词夺理，推三阻四，无归还之意。从孙刘两家联合来看未必得当。孙权派诸葛瑾为自己的长子孙登求娶关羽的女儿关凤时，关羽不仅不允，反而辱骂使者，双方关系越来越僵。

第三，东吴内部对孙刘联盟的态度已发生变化。在东吴的臣子中，主张联刘抗曹的鲁肃已去世，而其他臣子，如代替鲁肃统兵的吕蒙平素骁勇善战，且有兼并蜀国的雄心，所以，他要求出兵对付关羽。他说："且羽君臣，矜其诈力，所在反复，不可以腹心待也。……不如取羽，全据长江，形势益张。"（《三国志·吴志·吕蒙传》）

所以，孙权得到曹操的信后，欣然应允。他立即召回吕蒙，共商夺取南郡的计划。关羽也知道既要夺取樊城，又得防备孙权偷袭荆州。他看到东吴大将吕蒙屯兵陆口，再三嘱咐糜芳和傅士仁守好荆州，并将大部分军队留在南郡，还沿江设防，二三十里设一个岗楼，建起烽火台。吕蒙深知关羽无懈可击，就佯称病重，上书给孙权，要求回去养病。孙权公开发布命令，准许吕蒙回都城建业（今江苏南京）养病，吕蒙推荐陆逊接替自己。当时，陆逊年少多才却没有多大名气，任定威校尉。孙权便任命他为偏将军、右都督。陆逊接替吕蒙以后，派使者给关羽送去礼物和一封信，信上恭维关羽水淹七军，功劳超过晋文公的城濮之战和韩信背水破赵之役，还怂恿关羽发挥威力，夺取彻底胜利。关羽被陆逊的颂扬之词所迷惑，觉得陆逊不过是一介书生，便不把他放在眼里。于是下令从荆州抽调部分部队去增援襄、樊前线，打算趁徐晃的兵马还没有赶到，大水又未完全退去，先攻下樊城。他亲自督战，加紧攻城，而曹仁依旧坚守。关羽在襄樊前线的部队越来越多，粮草成了大问题。他责备糜芳和傅士仁的粮草运送跟不上，大怒说"还当治之"（《三国志·蜀书·关羽传》），二人于是存有叛心。关羽还想强占东吴贮存在湘东的粮食。

陆逊把关羽人马的调动情况详细地报告给孙权，孙权觉得时机已成熟，便命吕蒙为大都督，发兵袭击关羽。

这年十一月，吕蒙率军溯江而上，进至寻阳（今湖北广济东北），他让精锐士兵隐藏在船舱中，把战船伪装成商船，一路蒙混过关，通过关羽设在江边的一个个岗哨，神不知鬼不觉地到了公安（今湖北公安），又一路向荆州进发，兵临荆州城下，荆州守军才发现。分守江防的蜀军士兵被伪装的吴军蒙骗，猝不及防，全部被俘虏，江陵城内空虚，陷入混乱。吕蒙写信诱降驻守公安的蜀将傅士仁，又使傅士仁引吴军迫降驻守江陵的南郡太守糜芳。傅、糜二人对关羽的傲慢无礼心怀不满，这次又听说关羽回来要惩治他们，内心更加恐惧，于是在东吴兵临城下之际，献城投降。吕蒙遂率大军进据江陵，从而，一举夺回了被蜀军长期占据的南郡。吕蒙进驻江陵，尽得关羽及其他将领的家属，对他们优待和抚慰，并下令军中不得侵扰百姓，对百姓表示关心，有病的给药吃，饥寒者给衣服和粮食，使城内秩序迅速恢复。而骄傲轻敌的关羽，对吕蒙的袭击行动竟一无所知。

曹操的使者返回洛阳，带来孙权的密信，说即将派兵西上袭击关羽，但请保密，以防关羽得知后有所防备。大臣们大都认为应当为孙权保密，谋士董昭独持异议，认为应佯允保密而暗予泄露。他认为，关羽知孙权来攻，如撤兵，围自解。关羽南返与孙权交战，两敌相斗，必有一伤，正好坐收渔人之利。如果为其保密，使孙权得势，对我不利，被围将士久不见救，担心缺粮产生恐慌，一旦发生意外，局面将难以收拾，故应以泄密为好。曹操令徐晃将信的内容，分别射入樊城和关羽营中，被围魏军得信后，士气倍增，防守更加坚决。关羽则既唯恐腹背受敌，又不愿前功尽弃，同时判断公安、江陵城防坚固，吴军即使来攻，一时也不会被攻破，处于犹豫徘徊、进退两难境地。

曹操调来的徐晃军马已赶到，曹仁也从城中杀出，内外夹攻，关羽无法取胜。此时曹操已率主力部队进抵摩陂（今河南郏县东南），并已先后派二营兵进至偃城（今湖北襄阳县北），归徐晃指挥。关羽主力屯围头，一部屯四冢。徐晃以声东击西的战术，扬言欲出其不意突袭四冢。关羽恐四冢有失，自率步骑兵 5000 人出战，然而兵少被徐晃击退，当其拔营撤退时，徐晃军穷追不舍，紧随其冲入营帐。当时关羽营寨，外围深壕及鹿角十重，障碍设施极为严密，若从营外强攻，很难奏效。徐晃采取趁其军陷入混乱之机，由内突袭，一举大破之，杀降蜀将领胡修、傅方。当时关羽唯恐江陵失守，遂撤兵解围。

曹仁部将多欲乘胜追之，参军赵俨认为，应该让关羽保留一定力量，以便与孙权作战，不宜追击。曹仁采纳他的建议，未部署追击。曹操得知关羽撤退消息后，果然派人传达命令，不许追击关羽。

当关羽撤军而回时，孙权已到达江陵，派陆逊攻占夷陵（今湖北宜昌）、秭归（今湖北秭归）。在回军途中，关羽多次派人探听江陵情况。每次，吕蒙都礼待来使，并让使者周游全城，访问蜀军家属，有病的给药治疗，饥寒者则赐给衣裳粮食。使者回到关羽军中，把这些情况一讲，蜀军军心涣散，斗志锐减，不少人还离营逃回江陵。关羽自知力孤，派人向驻守上庸的蜀军将领刘封、孟达求援，二人以上庸新定为由，拒绝支援。不久，孙权又亲自来到江陵，部署加紧对关羽的进攻。关羽不敢回夺江陵，只好带着残兵败将向西退守麦城（今湖北当阳东南），想在那里等候援兵。这时，陆逊乘胜西进，夺取了宜都。关羽看到麦城东、西、南三面全是吴兵，而援军又迟迟不到，难以回川。

十二月，孙权派人招降关羽。关羽假意表示愿降，暗中在麦城树立旗帜、假人，乘机从北面逃往西川。关羽提出要吴兵退军 10 里，然后在南门相见。吕蒙果然退兵 10 里，等候关羽投降。吕蒙知道关羽兵少，料他要逃走必然走麦城北面的通西川小道，就事先派朱然带 5000 精兵埋伏在离麦城 20 里的北边山坡上，吩咐他在关羽过来时不要交战，只在关羽兵马过去后再大喊追击。同时，还令潘璋带 1000 精兵埋伏在临沮（今湖北远安北）小路上。

关羽留周仓与王甫同守麦城（在今湖北当阳市两河镇境内），自己与关平、赵累带残兵 200 余人突出北门，先后被朱然、潘璋截杀，一路且战且走，行至决石，两下是山，山边皆芦苇败草，树木丛杂。时已五更将尽，途中士卒大多失散，只剩下养子关平及贴身将士十余骑，顺着通向西川的小道，向临沮奔去。当他们走到漳乡（今湖北当阳东北），突然遭到东吴偏将潘璋的截击，关羽的人马被四面包围。关羽寡不敌众，战马被吴兵埋伏的绊马索绊倒，自己也跌进了陷坑之中，当即被潘璋部将马忠擒获。潘璋十分小心地将关羽和他的养子关平送到了吕蒙大营。吕蒙劝关羽投降，被关羽骂了一顿。孙权他本想劝降关羽为自己效力，部下谋士认为不可，遂在临沮杀死关羽父子。时建安二十四年（219）冬十二月，关羽亡年 58

岁。关羽被杀后，孙权为了嫁祸于人，把关羽的头颅用木盒子装起来送给曹操，曹操礼葬于洛阳南，即今关林。后主刘禅景耀三年（260）追谥关羽为"壮缪侯"。

关羽的被杀本传语焉不详，本传裴松之注引《蜀记》曰："权遣将军击羽，获羽及子平。权欲活羽以敌刘、曹，左右曰：'狼子不可养，后必为害。曹公不即除之，自取大患，乃议徙郡。今岂可生！'乃斩之。"

裴松之认为这个材料不可信。其理由是："按《吴书》：孙权遣将潘璋逆断羽走路，羽至即斩，且临沮去江陵二三百里，岂容不时杀羽，方议其生死乎？又云'权欲活羽以敌曹、刘'，此之不然，可以绝智者之口。"

又引《吴历》曰："权欲送羽首于曹公，以诸侯礼葬其尸骸。"可见历史上实有其事。

明万历二十四年（1596）撰写的《重建关王冢庙记》云："洛阳县南门外离城10里，有关王大冢，内葬灵首，汉时有庙。及今，年久毁坏。""汉时有庙"之说，似不可信。

现今的关林，始创于明代万历年间，清代乾隆年间扩建，已具现今规模。现占地百亩，殿宇廊庑150余间，是洛阳市的主要古迹名胜之一。洛阳关林的修建和装饰，显然受小说《三国演义》的影响。笔者曾多次游览关林，年轻时竟然试举了一下关羽那把82斤重的青龙偃月刀。

关羽有三子一女。长子（一说为养子）关平与关羽一起被俘后杀害。次子关兴，少有才名，深得诸葛亮器重，弱冠任侍中、中监军，数年后死去。三子关索，失落荆州后在鲍家庄养伤，诸葛亮南征孟获时才归军，作先锋。女儿关凤，即孙权为其长子孙登求娶的。

有两孙，长孙关统，关兴长子，妻公主，官至虎贲中郎将，卒，无子。孙关彝，关兴次子，关统死后袭爵。

《水浒传》中的大刀关胜为关羽后裔，在108将排第五。

关羽生前，曾被曹操表封为"汉寿亭侯"。"汉寿"是地名，东汉设汉寿县，故城在今湖南常德东60里，今仍称汉寿县。所以"汉"不是汉朝的汉。"亭侯"是官爵名，汉代食禄于乡、亭的列侯。《后汉书·百官志五》："列侯……以赏有功，功大者食县，小者食乡、亭。"所以"亭侯"

二字也不能拆开。

关羽作战骁勇异常，有"万人敌"之称；他与刘备、张飞桃园结义，终身恪守朋友义气，一生"随先主（刘备）周旋，不避艰险"，被曹操俘虏时"身在曹营心在汉"，被东吴俘虏后，慷慨就义；但他孤傲自大，以功自矜，导致大意失荆州。可以说，他是我国古代"忠""义""勇"的化身。他死后不久，当地人便在其殉难处玉泉山建庙奉祀。随着岁月的增长，他的影响不断增长，从"人"变成了"神"，在民间被称为"关公""关爷"，甚至成了商人的保护神，旧时商会会馆都供奉关羽。他的忠勇仁义，更为后代统治者所称道。

北宋以后，历代统治者不断给关羽加封各种头衔，而且越捧越高。宋哲宗封他为"显烈王"，宋徽宗封他为"忠惠君"和"崇宁真君"，又加封"武安王"和"义勇武安王"；宋高宗封他为"壮缪义勇王"；宋孝宗封他为"英济王"；元文宗封他为"显灵义勇武安英济王"；明神宗封他为"三界伏魔大帝、神威远镇天尊关圣帝君"；清世祖封他为"忠义神武关圣大帝"；清高宗封他为"忠义神武灵佑关圣大帝"；清仁宗封他为"忠义神武灵佑仁勇关圣大帝"；清宣宗封他为"忠义神武灵佑仁勇威显关圣大帝"。

由于关羽被称为"关圣大帝"，与孔子并称，一为武圣，一为文圣。中国城乡遍地皆有关帝庙，成为香火不断的一尊神灵，完成了关羽由人到神的转化。解州是关羽的家乡，解州的关帝庙气象宏伟，为全国各地关帝庙之冠。

毛泽东对关羽的评价是一分为二的。1932年初，毛泽东在与程子华谈话时说，关羽出身下层社会，是刘备的心腹之臣，随其周旋，不避艰险，死后被尊为武圣人。他的弱点是自负凌人，以致发展到上当受骗，大意失荆州。

毛泽东借此还批评因骄傲而坏国家大事。1941年1月，国民党反动派发动了围歼"新四军"的皖南事变。事变之后，在如何对待蒋介石和国民党反动派的问题上，党内产生了不同的意见。有的同志主张从政治上、军事上立即全面反击。毛泽东说："皖南新四军军部被歼，这是蒋介石杀我们的一刀，这一刀杀得很深。许多人看了这种情形，都非常气愤，就以为抗日没有希望了，国民党都是坏人，都应该反对。我们必须指出，气愤是完全正当的，哪有看到这种严重情况而不气愤的呢？但是抗日仍然是有希望的，国民党里面也不都是坏人。对于各部分的国民党人，应该采取不同的政策。"

毛泽东又说："三国时期，荆州失守，蜀军进攻东吴，被东吴将领陆逊火烧连营七百里，打得大败，其原因就在于刘备没有区分与处理好主要矛盾与次要矛盾的关系，在谋略中没有抓住主要矛盾。诸葛亮在《隆中对》中所规定的战略方针是'东联孙吴，北拒曹操'。曹刘是主要矛盾，孙刘是次要矛盾。孙刘的矛盾是统一战线内部的矛盾。所以当孙权数次讨荆州时，诸葛亮总是一再推诿软磨，而不是硬抗，直到最后才让出荆州的部分地方。刘备不了解这一点，派了根本不执行'联吴为根本，争夺荆州要有理有节'方针的关羽去驻守荆州。关羽这个人虽然斩华雄、诛颜良、文丑，过五关斩六将，擒庞德，威震华夏，但孤傲自大。"

刘备封"关、张、赵、马、黄"五虎大将时，关羽怒曰："翼德吾弟也；孟起世代名家；子龙久随吾兄，即吾弟也；位与吾相并，可也。黄忠何等人，敢与吾同列？大丈夫终不与老卒为伍！"当孙权派诸葛瑾为儿子向关羽女儿求婚，以结秦晋之好，共伐曹操时，关羽却勃然大怒，说："吾虎女安肯嫁犬子乎！不看汝弟（诸葛亮）之面，立斩汝首！再休多言。"诸葛瑾抱头鼠窜而去。孙权攻占了荆州，孙刘联盟瓦解。刘备见关羽被杀，荆州丢失，遂起兵攻打东吴，众臣苦谏都不听，实是因小失大。正如赵云曰："国贼是曹操非孙权也，且先灭魏，吴自宾服。"诸葛亮也上表谏止说："臣亮等窃以吴贼逞奸诡之计，致荆州有覆亡之祸；陨将星于斗牛，折天柱于楚地，此情哀痛，诚不可忘。但念迁汉鼎者，罪由曹操；移汉祚者，过非孙权。窃谓魏贼若除，则吴自宾服。愿陛下纳秦宓金石之言，以养士卒之力，别作良图。则社稷幸甚！天下幸甚！"可是刘备看完后，把表掷于地上，说："朕意已决，无得再谏。"决意起大军东征，最终导致兵败身亡。

毛泽东由此总结刘备的失败，"其原因在于刘备没有区分与处理好主要矛盾与次要矛盾的关系，在谋略中没有抓住主要矛盾。""曹刘是主要矛盾，孙刘是次要矛盾。孙刘的矛盾是统一战线内部的矛盾。"所以，毛泽东认为，只有"抓住主要矛盾，分清主次与轻重缓急，先曹后孙是大局为重的上策"。毛泽东通过分析《三国演义》这段刘备兵败身亡的历史故事来给大家以启示，很快统一了全党同志对皖南事变的认识。（《党史文汇》1994年第9期）

1948年5月，毛泽东在西柏坡有次和警卫员谈话，又谈到了关羽的缺点。他说，当初诸葛亮留守荆州，刘备调诸葛亮入川，诸葛亮不该留下关羽守荆州。让关羽守荆州一着错误呢！又说，关羽骄傲呢！关羽从思想上看不起东吴，不能认真贯彻执行诸葛亮"联吴抗曹"的战略方针，这就从根本上否定了诸葛亮的战略意图，结果失掉了根据地，丢了荆州，自己也被东吴杀了。

毛泽东经常以关羽为例，提醒干部，特别是高级干部要谦虚，不要骄傲。1950年2月，在中国军事顾问团赴越南前夕，毛泽东与团长韦国清说了一段话：我们的胜利人家是知道的，不用自己去表示。对待人家的缺点错误，少讲"过五关斩六将"。

毛泽东晚年对关羽持否定态度，认为关羽是统治阶级吹出来的。1971年9月，毛泽东和浙江省负责人南萍等就九届二中全会的问题，又谈起了关羽："不要带了几个兵就翘尾巴，就不得了啦。打掉一条军舰就翘尾巴，我不赞成，有什么了不起。三国关云长这个将军，既看不起孙权，也看不起诸葛亮，直到麦城失败。"

1974年12月，毛泽东在湖南长沙对周恩来说："批林容易批孔难，世界上的事，说起来难，做出来并不难。现在四书五经也批了，孔夫子是文圣打倒了，关云长是武圣也打倒了。"（《毛泽东人际关系实录》，江苏文艺出版社1989年版，第342页）表达了对当时正在进行的批林批孔运动的不满。

『万人之敌』的猛将张飞

张飞（？—221），字益德，一作翼德，幽州涿郡（今河北保定涿州）人，三国时期蜀汉重要将领，是我国历史上著名的猛将。

一、"张飞是涿郡富有家资的土地主"

毛泽东对张飞的评价很高，首先称赞他勇猛善战，武艺高强。"百万军中取上将首级，如探囊取物"。

毛泽东对张飞的评价，是根据正史陈寿的《三国志·蜀书·张飞传》和明罗贯中的"七实三虚"的三国历史小说《三国演义》得出的。故本文论述也兼采二者。

张飞的父亲和祖父均不详，只知其妻夏侯氏，是夏侯霸宗妹（本家妹妹，即堂妹）。建安五年（200），夏侯氏十四岁，"在本郡出行樵采（打柴）时，为张飞所得。飞知其良家女，遂以为妻"。

夏侯霸，生卒年不详，字仲权，沛国谯（今安徽亳州）人，三国时期魏国和蜀汉后期的重要将领，夏侯渊次子，其母为曹操妻室丁氏的妹妹。在魏国官至右将军、讨蜀护军，封爵博昌亭侯，屯驻陇西；在蜀汉时为主要北伐将领，多次参加伐魏战争。

夏侯渊（？—219），字妙才，沛国谯（今安徽亳州）人，东汉末年名将，擅长千里奔袭作战，官至征西将军，封博昌亭侯。

初期随曹操征伐，官渡之战为曹操督运粮草，又督诸将先后平定昌狶、徐和、雷绪、商曜等叛乱。后率军驻凉州，逐马超、破韩遂、灭宋建、横扫羌、氐，虎步关右。张鲁降曹操后，夏侯渊留守汉中，与刘备相拒逾年，于定军山被刘备部将黄忠所袭，战死，谥曰愍侯。张飞夫人夏侯氏请求安葬夏侯渊。

夏侯渊有七子，除次子夏侯霸外，他们是长子夏侯衡，三子夏侯称，四子夏侯威，五子夏侯荣，六子夏侯惠和七子夏侯和，皆有政声。

夏侯渊是夏侯惇之弟。夏侯惇（？—220），字元让，沛国谯（今安徽亳州）人，曹魏开国元勋，西汉开国元勋夏侯婴的后代。

少年时以勇气闻名于乡里。曹操起兵，夏侯惇是其最早的将领之一。多次为曹操镇守后方，曾率军民阻断太寿河水，筑陂塘灌溉农田，使百姓受益，功勋卓著。历任折冲校尉、济阴太守、建武将军，转领河南尹。曹丕为魏王，任为大将军，数月病死。封高安乡侯，追谥忠侯。

《三国志·魏书·武帝纪》裴松之注：吴人作《曹瞒传》及郭颁《世语》并云："嵩，夏侯氏之子，夏侯惇之叔父。太祖（即曹操）于惇为从父兄弟。"曹操与夏侯惇、夏侯渊是从兄弟，是夏侯霸的堂叔。在夏侯渊战死后，曾经被夏侯渊收养过的夏侯氏才请求安葬他，以报养育之恩（史载夏侯渊饥年时曾为养活弟弟留下的孤女而放弃自己年幼的儿子，极有可能就是此女）。这样看来，夏侯氏与曹操同乡同族，是曹操的堂侄女。那么，张飞就是曹操的堂侄女女婿。夏侯氏为张飞生二子（张苞、张绍）二女，二女皆为后主刘禅皇后（敬哀皇后、张皇后）。

张飞初识刘备、关羽，是东汉末年黄巾起义军打到幽州，幽州太守刘焉听从校尉邹靖的建议发榜招军时，《三国志》未载。《三国演义》第一回《宴桃园豪杰三结义　斩黄巾英雄首立功》是这样描写的：

且说张角一军，前犯幽州界分。幽州太守刘焉，乃江夏竟陵人氏，汉鲁恭王之后也。当时闻得贼兵将至，召校尉邹靖计议。靖曰："贼兵众，我兵寡，明公宜作速招军应敌。"刘焉然其说，随即出榜招募义兵。

榜文行到涿县，引出涿县中一个英雄。那人不甚好读书；性宽和，寡言语，喜怒不形于色；素有大志，专好结交天下豪杰；生得身长七尺五寸，两耳垂肩，双手过膝，目能自顾其耳，面如冠玉，唇若涂脂；中山靖王刘胜之后，汉景帝阁下玄孙，姓刘，名备，字玄德。昔刘胜之子刘贞，汉武时封涿鹿亭侯，后坐酎金失侯，因此遗这一枝在涿县。玄德祖刘雄，父刘弘。弘曾举孝廉，亦尝作吏，早丧。玄德幼孤，事母至孝；家贫，贩屦织席为业。家住本县楼桑村。其家之东南，有一大桑树，高五丈余，遥望之，童童如车盖。相者云："此家必出贵人。"玄德幼时，与乡中小儿戏于树下，曰："我为天子，当乘此车盖。"叔父刘元起奇其言，曰："此儿非常人也！"因见玄德家贫，常资给之。年十五岁，母使游学，尝师事郑玄、卢植，与公孙瓒等为友。

及刘焉发榜招军时，玄德年已二十八岁矣。当日见了榜文，慨然长叹。随后一人厉声言曰："大丈夫不与国家出力，何故长叹？"玄德回视其人，身长八尺，豹头环眼，燕颔虎须，声若巨雷，势如奔马。玄德见他形貌异常，问其姓名。其人曰："某姓张，名飞，字翼德。世居涿郡，颇有庄田，卖酒屠猪，专好结交天下豪杰。恰才见公看榜而叹，故此相问。"玄德曰："我本汉室宗亲，姓刘，名备。今闻黄巾倡乱，有志欲破贼安民，恨力不能，故长叹耳。"飞曰："吾颇有资财，当招募乡勇，与公同举大事，如何。"玄德甚喜，遂与同入村店中饮酒。

正饮间，见一大汉，推着一辆车子，到店门首歇了。入店坐下，便唤酒保："快斟酒来吃，我待赶入城去投军。"玄德看其人：身长九尺，髯长二尺；面如重枣，唇若涂脂；丹凤眼，卧蚕眉，相貌堂堂，威风凛凛。玄德就邀他同坐，叩其姓名。其人曰："吾姓关，名羽，字长生，后改云长，河东解良人也。因本处势豪倚势凌人，被吾杀了，逃难江湖，五六年矣。今闻此处招军破贼，特来应募。"玄德遂以己志告之，云长大喜。同到张飞庄上，共议大事。

飞曰："吾庄后有一桃园，花开正盛；明日当于园中祭告天地，我三人结为兄弟，协力同心，然后可图大事。"玄德、云长齐声应曰："如此甚好。"次日，于桃园中，备下乌牛白马祭礼等项，三人焚香再拜而说誓曰："念刘备、关羽、张飞，虽然异姓，既结为兄弟，则同心协力，救困扶危；上报国家，下安黎庶。不求同年同月同日生，只愿同年同月同日死。皇天后土，实鉴此心，背义忘恩，天人共戮！"誓毕，拜玄德为兄，关羽次之，张飞为弟。祭罢天地，复宰牛设酒，聚乡中勇士，得三百余人，就桃园中痛饮一醉。来日收拾军器，但恨无马匹可乘。正思虑间，人报有两个客人，引一伙伴当，赶一群马，投庄上来。玄德曰："此天佑我也！"三人出庄迎接。原来二客乃中山大商：一名张世平，一名苏双，每年往北贩马，近因寇发而回。玄德请二人到庄，置酒管待，诉说欲讨贼安民之意。二客大喜，愿将良马五十匹相送；又赠金银五百两，镔铁一千斤，以资器用。

玄德谢别二客，便命良匠打造双股剑。云长造青龙偃月刀，又名"冷艳锯"，重八十二斤。张飞造丈八点钢矛。各置全身铠甲，共聚乡勇五百余人，来见邹靖。邹靖引见太守刘焉。三人参见毕，各通姓名。玄德说起宗派，刘焉大喜，遂认玄德为侄。……

这就是在中国历史上传为美谈的"桃园三结义"：刘、关、张三人杀牛宰马，祭告天地，"不求同年同月同日生，只愿同年同月同日死"，同心协力，誓同生死。后来在几十年的征战中，他们实践了自己的诺言。后遂为结拜兄弟，共同谋事的典范。太平天国时《天地会诗歌选·桃园结义刘关张》："天下英雄居第一，桃园结义刘、关、张。"《水浒传》中的农民起义英雄，"路见不平，拔刀相助"，"该出手时就出手"；现代小说《红旗谱》中的农民英雄朱老忠，"为朋友两肋插刀"，都是凭这种"义"气。所谓"义"，中国古代一种含义极广的道德范畴，天下合宜之理或道德规范。孔子最早提出了"义"。《论语·里仁》子曰："君子喻于义，小人喻于利。"意思是与君子谈事情，他们只问道德上该不该做；跟小人谈事情，他只是想到有没有利可图。《水浒传》第五十一回《插翅虎枷打白秀英，美髯公误失小衙内》中，朱仝对吴用说："雷横兄弟，他犯了该死的罪，我因义气放了他，他出头不得，上山入伙，我也陪他在这里。"可见古人对义气的重视。

张飞不仅与刘备、关羽结为誓同生死的兄弟关系，而且倾家荡产，为刘备招兵买马，组织了一支500人的武装队伍，使刘备争霸天下有了小小的本钱。张飞在刘备事业起步之时作出了不可磨灭的贡献。

1957年，毛泽东在八大二次会议上说："张飞是涿郡富有家资的土地主，好慕风雅。"

二、"张飞张翼德于百万军中
取上将首级，如探囊取物"

探囊取物，囊，口袋；探囊，向袋里摸取拿东西。比喻极容易办到的事。出自宋欧阳修《新五代史·南唐世家·李煜》：

"（交泰）五年（962），命两省侍郎、给事中、中书舍人、集贤勤政殿学士，分夕于光政殿宿直，煜引与谈论。煜尝以熙载尽忠，能直言，欲用为相，而熙载后房妓妾数十人，多出外舍私侍宾客。煜以此难之，左授熙载右庶子，分司南都。熙载尽斥诸妓，单车上道。煜喜留之，复其位。已而诸妓稍稍复还，煜曰：'吾无如之何矣！'是岁，熙载卒，煜叹曰：'吾终不得熙载为相也。'欲以平章事赠之，问前世有此比否，群臣对曰：'昔刘穆之赠开府仪同三司。'遂赠熙载平章事。熙载，北海将家子也，初与李毂相善。明宗时，熙载南奔吴，毂送至正阳，酒酣临诀，熙载谓毂曰：'江左用吾为相，当长驱以定中原。'毂曰：'中国用吾为相，取江南如探囊中物尔。'及周师之征淮也，命毂为将，以取淮南，而熙载不能有所为也。"

其大意是说，南唐交泰五年（962），李煜任命韩熙载为两省侍郎、给事中、中书舍人、集贤勤政殿学士，夜里在光政殿值班。李煜让他一起谈论。李煜曾因为韩熙载忠诚，能直言，想用为宰相。而韩熙载后房姬妾有数十人，都出外舍私自接待宾客。李煜因此责难他，降级授给韩熙载右庶子，在南都任职处理公务。韩熙载把他的姬妾都抛弃了，一个人乘车上路。李煜高兴地挽留他，恢复他的职位。不久他的姬妾悄悄又回来了，李煜说：'我怎么对待你呢！'这一年，韩熙载死了。李煜叹曰："我终不得韩熙载担任宰相了。"要用宰相的职位封他，问古代有这样的先例没有，群臣回答说："从前刘穆之赠开府仪同三司。"遂赠韩熙载宰相职位。韩熙载，是北海将军的子弟，当初与李谷友善。因为后唐明宗李嗣源杀害了他的父亲，于是他决定离开中原，投靠江南的南唐政权。韩熙载的好友李谷前去为他送行。临行前，韩熙载告诉李谷："江南的南唐如果重用我，让我当宰相，那我一定能率军北上，迅速收复中原。"而李谷听后则说："我如果担任中原国家的宰相，那我就能率军轻而易举、毫不费力地夺取南方各国（就是探囊取物的意思）。"

韩熙载投奔南唐后不久，南唐就吞并了吴国。但是由于南唐皇帝昏庸，奸臣当道，韩熙载一直未能受到重用，也没能当上宰相。而他的好友李谷却做了中原国家——后周的大将。他奉命征讨南唐，屡建奇功，夺取了南唐的很多城池，受到后周朝廷的赏识。后来他虽然也没能当上宰相实现自己的誓言，但他的境遇明显要比韩熙载好得多。

《三国志》张飞本传只是说"飞雄壮威武"，外貌没有具体描绘。可到了罗贯中的历史小说《三国演义》中，张飞却成了一个"燕额虎须、豹头环眼"的彪形大汉，戏曲中更是花脸扮装。但根据现在的最新调查，特别是四川一带出土的文物显示，张飞很可能是个面如美玉、神采飞扬的美男子。比如一些三国时期雕像中的张飞竟然连一根胡子都没有，而且面如满月，神态温柔，又是书画家，有很高的文化修养，生养的两个女儿均为蜀后主刘禅的皇后，相貌一定出众。

张飞用的武器是丈八蛇矛。矛（máo），兵器名，是古代用来刺杀敌人的进攻性武器，是战争中常用的兵器。长柄，有刃，用以刺敌。始于周代，或周代以前，来历亦甚悠久，惟当时战术未精，各种兵刃使用之法，亦极简单，非若后之武术，以繁取胜、以多矜奇也。矛的使用方法大多是用双手握柄，以直刺或戳为主的战斗使用方法。汉刘熙《释名·释兵》："矛长丈八尺曰矟，马上所持，言其矟矟便杀也；又曰激矛，激截也，可以激截敌阵之矛也。"丈八蛇矛，又名丈八点钢矛。丈八蛇矛外形甚奇异，以汉尺折合现代的24.2厘米而言，一丈为十尺，丈八就是十尺八寸（矛杆长一丈，矛尖长八寸），计算如下：（10 + 0.8）× 24.2 = 261厘米。矛的形状，分为矛头和矛杆两大部分，可拆卸及组装。丈八点钢矛的主要零部件是矛头，使用者可以根据各自的具体情况酌情采用不同材质的矛杆。比如张飞就采用了与矛头相同的材质，用纯钨钢打造矛杆，这是丈八点钢矛的顶级配置，采用这种配置时，由于矛杆和矛头同属核心零部件，所以又称为"双核"。钨钢矛头，经特殊工艺锻造六六三十六天（蛇在十二属相中排名第六），锋利无比，矛头结构精细，弯曲似蛇。矛尖采用仿生学原理，宛如毒蛇吐芯，矛尖稍下处有左右两只小倒钩，倒钩顶部有小孔，可放置各类毒药、迷药、麻药、春药，用天山雪莲膏密封，溶血即化，万无一失。矛刃与普通矛不同，采用扁平双面刃，削铁如泥，侧面各有三道蛇形锯齿状纹饰，刺入时不但能最大限度地增加敌人的疼痛感，而且起到血槽的作用。与青龙偃月刀类似，六道蛇形纹饰组合盘旋于矛杆之上，栩栩如生。浮雕蛇鳞可增大手握矛时的摩擦力，不易脱手，蛇头向下，在矛杆底部三寸处组成一个圆形底托，可防止使用时脱杆。

唐房玄龄《晋书·刘曜载记》云："（陈）安左手奋七尺大刀，右手执丈八蛇矛，近交则刀矛俱发。"唐李白《送外甥郑贯从军》云："丈八蛇矛出陇西，弯弧拂箭白猿啼。"可见，丈八蛇矛是一件好生了得的武器。

晋陈寿《三国志》的作者陈寿评价说："关羽张飞皆称万人之敌，为世虎将""勇冠三军"；曹操的主要谋士程昱等"咸称羽、飞万人之敌也"；东吴大都督周瑜也称关羽张飞为"熊虎之将"。所以，关羽、张飞在当时及后世都成了勇猛善战的代名词。例如《晋书·刘遐传》载"晋刘遐每击贼，陷坚摧锋，冀方比之关羽、张飞。"又北齐魏收《魏书·崔延柏传》载："崔公，古之关、张也。"但平心而论，无论是正史或小说中，关羽的武艺远不如张飞，而关羽列为五虎上将之首，多半他是刘、关、张桃园三结义中的老二，张飞是老三；再一个原因是关羽乘坐的赤兔马快，所以和人交战，总是手起刀落，一刀挥为两段，战斗就取胜了。

东汉末年，统治者腐朽无能，外戚、宦官相继专权，朝政腐败。于西羌战争持续数十年，花费巨大，徭役兵役繁重。加之土地兼并现象严重，民不聊生。在这种情况下，张角创立太平道，以宗教的方式笼络人心，在贫苦农民中树立了威望，信众多达数十万。张角利用其在民众心中的话语权，将青、徐、幽、冀、荆、扬、兖、豫八州的信众分为 36 方，大方万余人，小方六七千人，每方设一渠帅，由他统一指挥，为大规模的起义做好了准备。

汉灵帝刘宏中平元年（184），全国大旱。颗粒不收而赋税不减，走投无路的贫苦农民在巨鹿人张角的号令下，纷纷揭竿而起，他们头扎黄巾高喊"苍天已死，黄天当立，岁在甲子，天下大吉"的口号，向官僚地主发动了猛烈攻击，这就是历史上著名的"黄巾起义"。

刘备、关羽、张飞带着在张飞故乡组织起来的那支义军，参加了扑灭黄巾起义的战争。他们在黄巾军将领程远志统兵五万来犯涿郡时，奉命出击。《三国演义》第一回《宴桃园豪杰三结义　斩黄巾英雄首立功》中写道："不数日，人报黄巾贼将程远志统兵五万来犯涿郡。刘焉令邹靖引玄德等三人，统兵五百，前去破敌。玄德等欣然领军前进，直至大兴山下，与贼相见。贼众皆披发，以黄巾抹额。当下两军相对，玄德出马，左有云长，右有翼德，扬鞭大骂：'反国逆贼，何不早降！'程远志大怒，遣副将邓茂出战。张飞挺丈八蛇矛直出，手起处，刺中邓茂心窝，翻身落马。程远志见折了邓茂，拍马舞刀，直取张飞。云长舞动大刀，纵马飞迎。程志远见了，早吃一惊，措手不及，被云长刀起处，挥为两段。后有诗赞二人曰：

英雄露颖在今朝，一试矛兮一试刀。
初出便将威力展，三分好把姓名标。"

这次初战，张飞崭露头角。张飞是力战，关羽是巧取，二人战法不同。刘、关、张三人率领兵马，帮助刘焉、卢植、公孙瓒、皇甫嵩等抵抗黄巾军，屡立战功，却得不到升赏，刘备只捞到一个定州中山府安喜县尉的小官。刘备只得遣散部队，只带亲随二十余人上任。适逢督邮至县，刘备出城迎接，到县衙后，督邮南面高坐，刘备侍立阶下。《三国演义》第二回《张翼德怒鞭督邮　何国舅谋诛宦竖》是这样写的："良久，督邮问曰：'刘县尉是何出身？'玄德曰：'备乃中山靖王之后；自涿郡剿戮黄巾，大小三十余战，颇有微功，因得除今职。'督邮大喝曰：'汝诈称皇亲，虚报功绩！目今朝廷降诏，正要沙汰这等滥官污吏！'玄德喏喏连声而退。归到县中，与县吏商议。吏曰：'督邮作威，无非要贿赂耳。'玄德曰：'我与民秋毫无犯，那得财物与他？'次日，督邮先提县吏去，勒令指称县尉害民。玄德几番自往求免，俱被门役拦住，不肯放参。

"却说张飞饮了数杯闷酒，乘马从馆驿前过，见五六十个老人，皆在门前痛哭。飞问其故。众老人答曰：'督邮逼勒县吏，欲害刘公；我等皆来苦告，不得放入，反遭把门人赶打！'张飞大怒，睁圆环眼，咬碎钢牙，滚鞍下马，迳入馆驿，把门人那里阻拦得住，直奔后堂，见督邮正坐厅上，将县吏绑倒在地。飞大喝：'害民贼！认得我吗？'督邮未及开言，早被张飞揪住头发，扯出馆驿，直到县前马桩上缚住；攀下柳条，去督邮两腿上着力鞭打，一连打折柳条十数枝。玄德正纳闷间，听得县前喧闹，问左右，答曰：'张将军绑一人在县前痛打。'玄德忙去观看，见绑缚者乃督邮也。玄德惊问其故。飞曰：'此等害民贼，不打死等甚！'督邮告曰：'玄德公救我性命！'玄德终是仁慈的人，急喝张飞住手。旁边转过关公来，曰：'兄长建许多大功，仅得县尉，今反被督邮侮辱。吾思枳棘丛中，非栖鸾凤之所；不如杀督邮，弃官归乡，别图远大之计。'玄德乃取印绶，挂于督邮之颈，责之曰：'据汝害民，本当杀却；今姑饶汝命。吾缴还印绶，从此去矣。'督邮归告定州太守，太守申文省府，差人捕捉。玄德、关、张三人往代州投刘恢。恢见玄德乃汉室宗亲，留匿在家不题。"

刘备径奔昔日同窗、北平太守公孙瓒，被封为平原县令，关羽、张飞任别部司马，分别统帅部队。当时董卓占据东都洛阳，挟持皇帝，专擅朝政，天下十八路诸侯公推渤海太守绍为盟主，共讨董卓。公孙瓒率刘、关、张参加了这次正义行动。

俗话说，棋逢对手，将遇良才。张飞遇到的第一个对手是吕布。

吕布（？—199），字奉先，五原郡九原县人（今内蒙古包头九原区），东汉末年名将，汉末群雄之一。

"布便弓马，膂力过人，号为飞将"。初从并州刺史丁原，继杀丁原归董卓，后又与司徒王允合力诛杀董卓，后任奋威将军，封温侯。他旋即被董卓旧部李傕等击败，依附袁绍。吕布勇猛异常，但不讲信用，是个反复无常的家伙。他先后为丁原、董卓、王允义子，所以张飞骂他"三姓家奴"。他与曹操争夺兖州失败后，吕布袭取徐州，割据一方。建安三年

（199）十二月吕布于下邳被曹操击败并处死。

由于《三国演义》及各种民间艺术的演绎，吕布向来是以"三国第一猛将"的形象存在于人们的心目之中。

吕布当时是董卓义子，随董卓率军抵抗十八路诸侯联军。董卓领兵十五万，驻守虎牢关（今河南荥阳泗水镇西），吕布等率兵三万在关前驻扎。联军派王匡、乔瑁、鲍信等八路诸侯迎敌。请看《三国演义》第五回《发矫诏诸镇应曹公　破关兵三英战吕布》的描写：

"正虑间，小校来报：'吕布搦战。'八路诸侯，一齐上马。军分八队，布在高岗。遥望吕布一簇军马，绣旗招展，先来冲阵。上党太守张杨部将穆顺，出马挺枪迎战，被吕布手起一戟，刺于马下。众大惊。北海太守孔融部将武安国，使铁锤飞马而出。吕布挥戟拍马来迎。战到十余合，一戟砍断安国手腕，弃锤于地而走。八路军马齐出，救了武国安。吕布退回去了。众诸侯回寨商议。曹操曰：'吕布英勇无敌，可会十八路诸侯，共议良策。若擒了吕布，董卓易诛耳。'

"正议间，吕布复引兵搦战。八路诸侯齐出。公孙瓒挥槊亲战吕布。战不数合，瓒败走。吕布纵赤兔马赶来。那马日行千里，飞走如风。看看赶上，布举画戟往瓒后心便刺。旁边一将，圆睁环眼，倒竖虎须，挺丈八蛇矛，飞马大叫：'三姓家奴休走！燕人张飞在此！'吕布见了，弃了公孙瓒，便战张飞。飞抖擞精神，酣战吕布。连斗五十余合，不分胜负。云长见了，把马一拍，舞八十二斤青龙偃月刀，来夹攻吕布。三匹马丁字儿厮杀。战到三十合，战不倒吕布。刘玄德掣双股剑，骤黄鬃马，刺斜里也来助战。这三个围住吕布，转灯儿般厮杀。八路人马，都看得呆了。吕布架隔遮拦不定，看着玄德面上，虚刺一戟，玄德急闪。吕布荡开阵脚，倒拖画戟，飞马便回。三人哪里肯舍，拍马赶来。八路军马，喊声大震，一齐掩杀。吕布军马望关上奔走；玄德、关、张随后赶来。古人曾有篇言语，单道着玄德、关、张三战吕布：

汉朝天数当桓帝，炎炎红日将西倾。

奸臣董卓废少帝，刘协懦弱魂梦惊。

曹操传檄告天下，诸侯奋怒皆兴兵。

议立袁绍作盟主，誓扶王室定太平。

温侯吕布世无比，雄才四海夸英伟。

护躯银铠砌龙鳞，束发金冠簪雉尾。

参差宝带兽平吞，错落锦袍飞凤起。

龙驹跳踏起天风，画戟荧煌射秋水。

出关搦战谁敢挡？诸侯胆裂心惶惶。

踊出燕人张翼德，手持蛇矛丈八枪。

虎须倒竖翻金线，环眼圆睁起电光。

酣战未能分胜败，阵前恼起关云长。

青龙宝刀灿霜雪，鹦鹉战袍飞峡蝶。

马蹄到处鬼神嚎，目前一怒应流血。

枭雄玄德掣双锋，抖擞天威施勇烈。

三人围绕战多时，遮拦架隔无休歇。

喊声震动天地翻，杀气迷漫牛斗寒。

吕布力穷寻走路，遥望家山拍马还。

倒拖画杆方天戟，乱散销金五彩幡。

顿断绒条走赤兔，翻身飞上虎牢关。

　　三人直赶吕布到关下，看见关上西风飘动、青罗伞盖。张飞大叫：'此必董卓！追吕布有甚强处？不如先拿董贼，便是斩草除根！'拍马上关，来擒董卓。正是：擒贼定须擒贼首，奇功端的待奇人。未知胜负如何，且听下文分解。"

　　这便是"虎牢关三英战吕布"。说是三英，实则主要是张飞，他首先出手，和吕布大战八十个回合；关羽是助战，和张飞一起共战吕布三十回合；刘备只是添乱，让吕布找到弱点逃跑了。这是张飞与吕布第一次交手。

　　张飞与吕布还有第二次交手。汉献帝刘协建安元年（196），刘备从徐州太守陶谦手中接管徐州，占据淮南的袁术与吕布结成儿女亲家，联合起来攻打刘备，争夺徐州。刘备派张飞守下邳（今江苏睢宁西北古邳镇东），自己驻兵盱眙（今江苏盱眙），准备抵抗袁术。双方相持了一个多月，互有胜负。下邳相曹豹是陶谦的旧部、吕布的岳父，与张飞不和，被张飞杀死，于是城中人人自危，十分混乱。当时袁术给吕布写信，劝他乘机袭取下邳，答应事成后，资助吕布粮草。吕布很高兴，率军而至。刘备中郎将许耽开门投降，张飞败走。吕布俘刘备妻小和诸将家属。由于形势所迫，刘备、张飞只好暂时依附吕布，驻军小沛。吕布归还刘备妻小和诸将家属。

此后，刘备在小沛招兵买马，扩大队伍。有一次，有人在山东买的300匹好马劫去一半。吕布听了大怒，随即点兵来小沛斗张飞。你看：

"两阵阵圆处，玄德出马曰：'兄长何故领兵到此？'布指骂曰：'我辕门射戟，救你大难，你何故夺我马匹？'玄德曰：'备因缺马，令人四下收买，安敢夺兄马匹。'布曰：'你便使张飞夺了我好马一百五十匹，尚自抵赖！'张飞挺枪出马曰：'是我夺了你好马！你今待怎么？布骂曰：'环眼贼！你累次蔑视我！'飞曰：'我夺你马你便恼，你夺我哥哥的徐州便不说了！'布挺戟出马来战张飞，飞亦挺枪来迎。两个酣战一百余合，未见胜负。玄德恐有疏失，急鸣金收军入城。吕布分军四面围定。玄德唤张飞责之曰：'都是你夺他马匹，惹起事端！如今马匹在何处？'飞曰：'都寄在各寺院内。'玄德随令人出城，至吕布营中，说情愿送还马匹，两相罢兵。布欲从之。陈宫曰：'今不杀刘备，久后必为所害。'布听之，不从所请，攻城愈急。玄德与糜竺、孙乾商议。孙乾曰：'曹操所恨者，吕布也。不若弃城走许都，投奔曹操，借军破布，此为上策。'玄德曰：'谁可当先破围而出？'飞曰：'小弟情愿死战！'玄德令飞在前，云长在后；自居于中，保护老小。当夜三更，乘着月明，出北门而走。正遇宋宪、魏续，被翼德一阵杀退，得出重围。后而张辽赶来，关公敌住。吕布见玄德去了，也不来赶，随即入城安民，令高顺守小沛，自己仍回徐州去了。"

这是张飞二战吕布，两人打了一百余回合，不分胜负，可见二人武艺之高强。之后，刘备只得携关羽、张飞投奔曹操，并与曹操联合，攻灭吕布。这是汉献帝刘协建安二年（197）六月的事。

回到许都之后，曹操表荐张飞为中郎将。后来刘备摆脱曹操的控制，

"万人之敌"的猛将张飞

先后依附河北袁绍、荆州牧刘表。屯兵于新野（今河南新野）期间，刘备到南阳卧龙岗（一说湖北襄阳古隆中）三顾茅庐，请诸葛亮出山相助，制定了夺取荆、益二州，东联孙吴，北抗曹操的方略，形势大为改观。

曹操取得"官渡之战"的胜利，消灭了河北袁绍的势力，初步平定了北方之后，会师南下荆州。此时荆州牧刘表病死，幼子刘琮继位，投降了曹操。《三国志》本传曰："表卒，曹公入荆州，先主奔江南。曹公追之，一日一夜，及于当阳之长阪。先主闻曹公卒至，弃妻子走，使飞将二十骑拒后。飞据水断桥，瞋目横矛曰：'身是张翼德也，可来共决死！'敌皆无敢近者，故遂得免。"

其大意是说，刘表死后，曹操进入荆州，先主逃亡江南。曹公追击他，一天一夜，在当阳县的长坂陂追上了。先主听说曹公突然赶到，就扔下妻子、儿女逃跑了，命令张飞率领二十名骑兵在后面抵挡追兵。张飞占据河岸，拆断桥梁，圆睁怒目，把枪一横，说：'我是张翼德，你们可以过来和我决一生死！'敌将全都不敢靠近，因此先主等人才幸免于难。"

这个情节，《三国演义》第四十二回《张翼德大闹长坂桥 刘豫州败走汉津口》的描写十分精彩：

刘备弃新野携"军民十余万，大小车数千辆，挑担背包者不计其数"，"日行十余里"南逃，张飞带二三十骑兵拒后，便发生"张翼德大闹长坂坡的故事"：

"却说文聘引军追赵云至长坂桥，只见张飞倒竖虎须，圆睁环眼，手绰蛇矛，立马桥上，又见桥东树林之后，尘头大起，疑有伏后，便勒住马，不敢近前。俄而曹仁、李典、夏侯惇、夏侯渊、乐进、张辽、张郃、许褚等都至。见飞怒目横矛，立马于桥上，又恐是诸葛孔明之计，都不敢近前。扎住阵脚，一字儿摆在桥西，使人飞报曹操。操闻知，急上马，从阵后来。张飞睁圆环眼，隐隐见后军青罗伞盖、旄钺旌旗来到，料得是曹操心疑，亲自来看。飞乃厉声大喝曰：'我乃燕人张翼德也！谁敢与我决一死战？'声如巨雷。曹军闻之，尽皆股栗。曹操急令去其伞盖，回顾左右曰：'我向曾闻云长言：翼德于百万军中，取上将之首，如探囊取物。今日相逢，不可轻敌。'言未已，张飞睁目又喝曰：'燕人张翼德在此！谁敢来决一死战？'曹操见张飞如此气概，颇有退心。飞望见曹操后军阵脚移动，乃挺矛又喝曰：'战又不战，退又不退，却是何故！'喊声未绝，曹操身边夏侯杰惊得肝胆碎裂，倒撞于马下。操便回马而走。于是诸军众将一齐望西奔走。正是：黄口孺子，怎闻霹雳之声；病体樵夫，难听虎豹之吼。一时弃枪落盔者，不计其数，人如潮涌，马似山崩，自相践踏。后人有诗赞曰：'长坂桥头杀气生，横枪立马眼圆睁。一声好似轰雷震，独退曹家百万兵。'"

这是对张飞浓墨重彩的刻画，成功地塑造了张飞勇猛善战的猛将形象。

在《三国志·关羽传》中，诸葛亮还将张飞与同列为五虎将的马超相提并论。他说："孟起兼资文武，雄烈过人，一世之杰，黥、彭之徒，当与益德并驱争先。"

马超（176—223），字孟起，扶风茂陵人（今陕西兴平），汉末卫尉马腾之子，东汉末年及蜀汉开国名将，汉末群雄之一。早年随父征战，马腾入京后，马超留驻割据三辅。潼关之战被曹操击败后，又割据陇上诸郡。失败后投靠张鲁，又转投刘备。刘备建立蜀汉后，马超官至骠骑将军、斄乡侯、凉州牧。于章武二年（223）十二月病逝，终年47岁，追谥威侯。

黥、彭之徒，指黥布、彭越。英布（？—前196），秦末汉初名将。六县（今安徽六安）人，因受秦律被黥，又称黥布。初属项梁，后为项羽帐下五大将之一，封九江王，后叛楚归汉，汉朝建立后封淮南王，与韩信、彭越并称汉初三大名将，前196年起兵反汉，因谋反罪被杀。

彭越，西汉开国功臣、著名将领，秦末聚兵起义，初在魏地起兵，后率兵归刘邦，拜魏相国、建成侯，与韩信、英布并称汉初三大名将，西汉建立后封为梁王。后因被告发谋反，被刘邦以"反形已具"的罪名诛灭三族，枭首示众。

彭越是昌邑人，别号彭仲。常在钜野湖泽中打鱼，伙同一帮人做强盗。陈胜、项梁揭竿而起，有的年轻人就对彭越说："很多豪杰都争相树起旗号，背叛秦朝，你可以站出来，咱们也效仿他们那样干。"彭越说："现在两条龙刚刚搏斗，还是等一等吧。"

过了一年多，泽中年轻人聚集了一百多，前去追随彭越，说："请你做我们的首领。"彭越拒绝说："我不愿和你们一块干。"年轻人们执意请求，才答应了。跟他们约好明天太阳出来集合，迟到的人杀头。第二天太阳出来的时候，迟到的有十多人，最后一个人直到中午才来。当时，彭越很抱歉地说："我老了，你们执意要我当首领。现在，约定好的时间而有很多人迟到，不能都杀头，只杀最后来的一个人。"命令校长杀掉他。大家都笑着说："何必这样呢，今后不敢再迟到就是了。"于是彭越就拉过最后到的那个人杀了。设置土坛，用人头祭奠，号令所属众人。众人都大为震惊，害怕彭越，没有谁敢抬头看他。于是就带领大家出发夺取土地，收集诸侯逃散的士兵，有一千多人。

刘邦从砀北上攻击昌邑（今山东潍坊昌邑），彭越援助他。昌邑没有攻下来，刘邦带领军队向西进发。彭越也领着他的人马驻扎在钜野（今山东菏泽巨野）泽中，收编魏国逃散的士兵。项籍进入关中（今陕西），分封诸侯后，就回去了，彭越的部队已发展到一万多人却没有归属。

公元前 206 年 7 月，田荣自立为齐王，起兵反抗项羽，就派人赐给彭越将军印信，让他进军济阴攻打楚军。项羽命令萧公角率兵迎击彭越，却被彭越打得大败。

公元前 205 年春天，刘邦和魏豹以及各路诸侯向东攻打楚国，彭越率领他的部队三万多人在外黄归附汉王。刘邦说："彭将军收复魏地十几座城池，急于拥立魏王的后代。如今，魏王豹是魏王咎的堂弟，是真正魏王的后代。"就任命彭越做魏国国相，独揽兵权，平定梁地。

公元前 204 年，彭越经常往来出没替汉王游动出兵，攻击楚军，在梁地断绝他们的后援粮草，史称"彭越挠楚"。同年冬天，项羽和刘邦在荥阳相持，彭越攻下睢阳、外黄等十七座城邑。

公元前 203 年秋天，项羽的军队向南撤退到夏阳，彭越又攻克昌邑旁二十多个城邑，缴获谷物十多万斛，用作刘邦的军粮。

彭越率领着全部人马在垓下和刘邦的军队会师，于是大败楚军。项羽自刎而死。那年春天，封彭越为梁王，建都定陶。

马超"生得面如傅粉，唇若抹朱，腰细膀宽，声雄力猛，白袍银甲，手执长枪"，但却异常勇猛。马超的对手是许褚。许褚（chǔ），字仲康，谯国谯（今安徽亳州）人。长八尺余，腰大十围，容貌雄毅，勇力绝人。年轻时在家乡聚集了数千户人家，共同抵御贼寇。曾有一次因缺粮与贼寇用牛交换粮食，牛到了对方手中后又跑了回来，结果许褚单手倒拖牛尾走了百步，贼寇大惊，不敢要牛就走了。从此淮、汝、陈、梁之地，听到许褚之名都感到畏惧。后追随曹操，自典韦战死之后，主要负责曹操的护卫工作。

"许褚裸衣斗马超"的故事在《三国志》卷十八《许褚传》有比较详细的记载："其后太祖与遂、超等单马会语，左右皆不得从，唯许褚。超负其力，因欲前突太祖，素闻褚勇，疑从骑是褚。乃问太祖曰：'公有虎侯者安在？'太祖顾指褚，褚瞋目盼之，超不敢动，乃各罢。后数日会战，大破超等，褚身斩首级，迁武卫中郎将。武卫之号，自此始也。军中以褚力如虎而痴，故号曰虎痴。是以超问虎侯，至今天下称焉，皆谓其姓名也。"

其大意是说，此后太祖（曹操）和韩遂、马超等单独会谈，左右都不让跟随，只带了许褚一人。马超倚仗他的武力，私下里向前冲杀太祖，平素听说许褚勇猛非凡，怀疑太祖的随从骑兵就是许褚。就问太祖说："曹公有一个虎侯，现在在哪里？"太祖回头指着许褚，许褚圆睁双目，怒视着马超。马超吓得不敢乱动，于是各自回营。几天以后，双方交战，大败马超等人，许褚亲手杀死了许多敌人，升武卫中郎将。"武卫"的称号，从此开始出现。军中因为许褚力状如虎又貌似憨痴，所以都叫他"虎痴"；因此马超有虎侯之问，至今天下都这样称呼他，都说这是他的名字。

请看《三国演义》第五十九回《许褚裸衣斗马超　曹操抹书问韩遂》中的描写：

"是夜北风大作。操尽驱兵士担土泼水；为无盛水之具，作缣囊盛水浇之，随筑随冻。比及天明，沙水冻紧，土城已筑完。细作报知马超。超领兵观之，大惊，疑有神助。次日，集大军鸣鼓而进。操自乘马出营，止有许褚一人随后。操扬鞭大呼曰：'孟德单骑至此，请马超出来答话。'超乘马挺枪而出。操曰：'汝欺我营寨不成，今一夜天已筑就，汝何不早降！'马超大怒，意欲突前擒之，见操背后一人，睁圆怪眼，手提钢刀，勒马而立。超疑是许褚，乃扬鞭问曰：'闻汝军中有虎侯，安在哉？'许褚提刀大叫曰：'吾即谯郡许褚也！'目射神光，威风抖擞。超不敢动，乃勒马回。操亦引许褚回寨。两军观之，无不骇然。操谓诸将曰：'贼亦知仲康乃虎侯也！'自此军中皆称褚为虎侯，许褚曰：'某来日必擒马超。'操曰：'马超英勇，不可轻敌。'褚曰：'某誓与死战！'即使人下战书，说虎侯单搦马超来日决战。超接书大怒曰：'何敢如此相欺耶！'即批次日誓杀虎痴。

"次日，两军出营布成阵势。超分庞德为左翼，马岱为右翼，韩遂押中军。超挺枪纵马，立于阵前，高叫：'虎痴快出！'曹操在门旗下回顾众将曰：'马超不减吕布之勇！'言未绝，许褚拍马舞刀而出。马超挺枪接战。斗了一百余合，胜负不分。马匹困乏，各回军中，换了马匹，又出阵前。又斗一百余合，不分胜负。许褚性起，飞回阵中，卸了盔甲，浑身筋突，赤体提刀，翻身上马，来与马超决战。两军大骇。两个又斗到三十余合，褚奋威举刀便砍马超。超闪过，一枪望褚心窝刺来。褚弃刀将枪挟住。两个在马上夺枪。许褚力大，一声响，拗断枪杆，各拿半节在马上乱打。操恐褚有失，遂令夏侯渊、曹洪两将齐出夹攻。庞德、马岱见操将齐出，麾两翼铁骑，横冲直撞，混杀将来。操兵大乱。许褚臂中两箭。诸将慌退入寨。马超直杀到壕边，操兵折伤大半。操令坚闭休出。马超回至渭口，谓韩遂曰：'吾见恶战者莫如许褚，真虎痴也！'"

这场恶战，两人打了230余回合，不分胜负，创造了《三国演义》中战斗的纪录。从这个恶战片段，可见马超之勇猛，而诸葛亮认为"当与益德并驱争先"，意谓张飞、马超都是不分高下的猛将。

毛泽东喜欢把自己手下的猛将比喻为张飞，以示对他们的赞许。据李锐《庐山会议实录》，1959年7月31日常委会上彭德怀说："'张飞'这个绰号是主席取的。"毛泽东称彭德怀为张飞。在7月23日的会议上，彭德怀自己讲，"张飞粗中有细"，他自己却"粗中无细"。而毛泽东对张飞这个人物评价是颇高的。据说还有彭大元帅的一件轶事：1947年，在陕北战场歼灭国民党的军长刘戡部时，彭德怀在战役打响前，曾打电话给毛泽东："刘戡这个龟儿子，主席要活的还是要死的？"毛泽东在电话里笑道：

"《三国演义》里说，张飞张翼德于百万军中取上将之首，如探囊取物。"彭德怀说："主席，我立军令状。"此战果然击毙了刘戡。

毛泽东说："彭德怀同志讲的，张飞粗中有细，他说他粗中无细。我说我也是张飞，粗中有点细。"（转引自李锐《庐山会议实录》，河南人民出版社1994年版，第72页）

1947年6月，毛泽东在陕北调陈（赓）谢（富治）兵团回师，摆在黄河南岸，东扼阎锡山，西拒胡宗南，他对陈赓说："你做个当阳桥上的猛张飞吧！"

三、张飞 "粗中有细"

粗中有细，表面似乎粗率、随便，实际却细致、细心。语出明吴承恩的《西游记》第55回："沙僧听说，大喜道：'好！好！好！正是粗中有细，果然急处从宽。'"

粗鲁亦作"粗卤"，意谓性格、行为等粗野鲁莽。语出元尚仲贤《单鞭夺槊》第一折："量尉迟恭只是一个粗鲁之夫，在美良川多有唐突，乞元帅勿罪。"又明施耐庵《水浒传》第三回《史大郎夜走华阴县　鲁提辖拳打镇关西》："这鲁达虽好武艺，只是性格粗卤。"

张飞与尉迟恭、鲁达（智深）都是同一类型的猛将，性格粗鲁，但同时又都是"粗中有细"。即粗鲁中包含有精细；表面似乎粗鲁，实际却很精细；平时比较粗鲁，关键时候却很精细。

张飞勇猛、鲁莽、嫉恶如仇，人们常常称他为"惹祸的太岁""好逞匹夫之勇"的大老粗，忽略了他粗中有细、颇善谋略的一面。

《三国演义》中"眉头一皱，计上心来"，仿佛是诸葛亮的专利，但是张飞的眉头也是毫不含糊地皱过几皱的。先拿长坂桥退曹兵一事来说吧，当时，张飞只有二十余人，面对曹操的百万大军，如果还不用计，恐怕他的嗓门再大，也难以抵挡曹操的百万大军。危急时刻，张飞不仅毫不慌张，而且还懂得布置这些兵马，让士兵在马尾上绑了树枝，在小树林里来回驰骋："只见桥东树林之后，尘头大起，疑有伏兵……又恐是诸葛孔明之计，都勒住马，不敢近前……"他看到这个计策奏了效之后，又怒喝几声，吓得夏侯杰肝胆俱裂，撞倒于马下，操回马便走，诸军众将一齐望西奔逃。我想，如果不是张飞成功地运用了疑兵计，刘备或许会全军覆没于长坂桥，更不会有以后的三国鼎立之势。

当然，攻占巴州，义释严颜，便是其突出表现之一。《三国志》本传载："先主入益州，还攻刘璋，飞与诸葛亮等溯流而上，分定郡县。至江州，破璋将巴郡太守严颜，生获颜。飞呵颜曰：'大军至，何以不降而敢拒战？'颜答曰：'卿等无状，侵夺我州，我州但有断头将军，无有降将军也。'飞怒，令左右牵去斫头，颜色不变，曰：'斫头便斫头，何为怒也！'飞壮而释之，引为宾客。"

其大意是说，先主（刘备）进入益州（今四川成都），回军攻打刘璋，张飞和诸葛亮溯长江而上，分别平定了沿江的各郡县。张飞到了江州，打败了刘璋的部将严颜，活捉了严颜。张飞呵斥严颜说："我们大军到此，你为什么不投降而敢抵抗呢？"严颜回答说："你们没有礼貌，侵夺我们的州郡，我们益州只有断头的将军，却没有投降的将军。"张飞非常生气，命令身边的人把他带下去砍头。严颜面不改色，说道："砍头就砍头，发什么怒呢！"张飞钦佩他的勇敢，便释放了他，并引荐他做了宾客。

这个故事本身也很精彩，到了小说家的笔下，便更加异彩纷呈了。明罗贯中《三国演义》第六十三回《诸葛亮痛哭庞统　张翼德义释严颜》写道：

却说严颜在巴郡，闻刘璋差法正请玄德入川，拊心而叹曰："此所谓独坐穷山，引虎自卫者也！"后闻玄德据住涪关，大怒，屡欲提兵往战，又恐这条路上有兵来。当日闻知张飞兵到，便点起本部五六千人马，准备迎敌。或献计曰："张飞在当阳长坂，一声喝退曹兵百万之众。曹操亦闻风而避之，不可轻敌。今只宜深沟高垒，坚守不出。彼军无粮，不过一月，自然退去。更兼张飞性如烈火，专要鞭挞士卒；如不与战，必怒；怒则必以暴厉之气待其军士：军心一变，乘势击之，张飞可擒也。"严颜从其言，教军士尽数上城守护。忽见一个军士，大叫："开门！"严颜教放入问之。那军士告说是张将军差来的，把张飞言语依直便说。严颜大怒，骂："匹夫怎敢无礼！吾严将军岂降贼者乎！借你口说与张飞！"唤武士把军人割下耳鼻，却放回寨。

军人回见张飞，哭告严颜如此毁骂。张飞大怒，咬牙睁目，披挂上马，引数百骑来巴郡城下搦战。城上众军百般痛骂。张飞性急，几番杀到吊桥，要过护城河，又被乱箭射回。到晚全无一个人出，张飞忍一肚气还寨。次日早晨，又引军去搦战。那严颜在城敌楼上，一箭射中张飞头盔。飞指而恨曰："若拿住你这老匹夫，我亲自食你肉！"到晚又空回。第三日，张飞引了军，沿城去骂。原来那座城子是个山城，周围都是乱山，张飞自乘马登山，下视城中。见军士尽皆披挂，分列队伍，伏在城中，只是不出；又见民夫来来往往，搬砖运石，相助守城。张飞教马军下马，步军皆坐，引他出敌，并无动静。又骂了一日，依旧空回。张飞在寨中自思"终日叫骂，彼只不出，如之奈何？"猛然思得一计，教众军不要前去搦战，都在寨中等候；却只教三五十个军士，直去城下叫骂。引严颜军出来，便与厮杀。张飞摩拳擦掌，只等敌军来。小军连骂了三日，全然不出。

张飞眉头一皱，又生一计，传令教军士四散砍打柴草，寻觅路径，不来搦战。严颜在城中，连日不见张飞动静，心中疑惑，着十数个小军，扮作张飞砍柴的军，潜地出城，杂在军内，入山中探听。

当日诸军回寨。张飞坐在寨中，顿足大骂："严颜老匹夫！枉气杀我！"见帐前三四个人说道："将军不须心焦：这几日打探得一条小路，可以偷过巴郡。"张飞故意大叫曰："既有这个去处，何不早来说？"众应曰："这几日却才哨探得出。"张飞曰："事不宜迟，只今二更造饭，趁三更明月，拔寨都起，人衔枚，马去玲，悄悄而行。我自前面开路，汝等依次而行。"传了令便满寨告报。

探细的军听得这个消息，尽回城中来，报与严颜。颜大喜曰："我算定这匹夫忍耐不得，你偷小路过去，须是粮草辎重在后；我截住后路，你如何得过？好无谋匹夫，中我之计！"即时传令：教军士准备赴敌，今夜二更也造饭，三更出城，伏于树木丛杂之处。只等张飞过咽喉小路去了，车仗来时，只听鼓响，一齐杀出。

传了号令，看看近夜，严颜全军尽皆饱食，披挂停当，悄悄出城，四散伏住，只听鼓响，严颜自引十数裨将，下马伏于林中。约三更后，遥望见张飞亲自在前，横矛纵马，悄悄引军前进。去不得三四里，背后车仗人马、陆续进发。严颜看得分晓，一齐擂鼓，四下伏兵尽起。正来抢夺车仗，背后一声锣响声，一彪军掩到，大喝："老贼休走！我等的你恰好！"严颜猛回头看时，为首一员大将，豹头环眼，燕颔虎须，使丈八矛，骑深乌马：乃是张飞。四下里锣声大震，众军杀来。严颜见了张飞，举手无措，交马战不十合，张飞卖个破绽，严颜一刀砍来，张飞闪过，撞将入去，扯住严颜勒甲绦，生擒过来，掷于地下；众军向前，用索绑缚住了。原来先过去的是假张飞。料道严颜击鼓为号，张飞却教鸣金为号：金响诸军齐到。川兵大半弃甲倒戈而降。

张飞杀到巴郡城下，后军已自入城。张飞叫休杀百姓，出榜安民。群刀手把严颜推至。飞坐于厅上，严颜不肯下跪。飞怒目咬牙大叱曰："大将到此，何为不降，而敢拒敌？"严颜全无惧色，回叱飞曰："汝等无义，侵我州郡！但有断头将军，无降将军！"飞大怒，喝左右斩来。严颜喝曰："贼匹夫！砍头便砍，何怒也？"张飞见严颜声音雄壮，面不改色，乃回嗔作喜，下阶喝退左右，亲解其缚，取衣衣之，扶在正中高坐，低头便拜曰："适来言语冒渎，幸勿见责。吾素知老将军乃豪杰之士也。"严颜感其恩义，乃降。后人有诗赞严颜曰：

> 白发居西蜀，清名震大邦。忠心如皎月，浩气卷长江。
> 宁可断头死，安能屈膝降？巴州年老将，天下更无双。

又有赞张飞诗曰：

> 生获严颜勇绝伦，惟凭义气服军民。
> 至今庙貌留巴蜀，社酒鸡豚日日春。

张飞请问入川之计。严颜曰："败军之将，荷蒙厚恩，无可以报，愿施犬马之劳，不须张弓枝箭，迳取成都。"正是：只因一将倾心后，致使连城唾手降。未知其计如何，且看下文分解。

"义释严颜"的情节在《三国志·蜀书·张飞传》和小说中都有记载。叙述刘备进入益州，张飞一路平定蜀中郡县，兵至江州，巴郡太守严颜依靠城池进行抵抗，张飞强攻打不下来就用计诱使严颜出城作战，活捉了严颜。张飞敬佩严颜的为人，对他以礼相待后招降之。《三国演义》描述严颜后来成为黄忠的副将，跟随其出战，屡立功劳。

文天祥《正气歌》道尽了历代忠义之士的正气，其中四烈臣之首的严将军，指的是忠州人严颜。实际上，忠州正是得名于严颜将军和另一位将军巴曼子。唐太宗李世民因为巴、严二将军的"意怀忠信"而赐名"忠州"。这是中国大地上唯一以"忠"命名的州县。张飞"义释"严颜，颇有国士之风。它之所以能够取胜，在于它"眉头一皱，又生一计"，用毛泽东的话来说，就是"多想出智慧"，这是一个人足智多谋的表现。

如果说"义释严颜"突出表现了张飞的"粗中有细"，那么，智取瓦隘口赚张郃，则把他这种性格发挥到了极致。

汉献帝刘协建安十二年（215）七月，曹操打败割据汉中三十余年的张鲁后，留下夏侯渊、张郃镇守汉川（今陕西汉中），自己则率兵退回。张郃南下攻略巴西（今四川阆中）及巴东（今重庆奉节）两郡，想把那里的老百姓迁徙到汉中，对益州构成严重威胁。偏将军黄权指出，魏军占领汉中又攻掠三巴（益州北部三郡：巴郡、巴西郡、巴东郡）犹如将割断蜀的股臂。于是刘备任命黄权为护军，率兵北上抵御曹军；派征虏将军张飞为巴西太守，抵御张郃。张郃进至宕渠（今四川渠县东北）、蒙头、荡石（今四川渠县八蒙山）一带，与张郃的部队相持了五十多天。张飞率一万多精兵从另一路拦击张郃的部队，由于山路狭窄，张郃的部队前后难以互援，张飞打败了张郃。张郃丢掉战马，和部下的十几个人从山中偏僻小路逃回南郑（今陕西汉中东）。这是正史的简要记载。

张郃（？—231），字儁义，河间鄚人。东汉末年，应募参加镇压黄巾起义，后属冀州牧韩馥为军司马。191年，袁绍取冀州，张郃率兵投归，任校尉。因破公孙瓒有功，迁为宁国中郎将。后在官渡之战中投降曹操。此后，随曹操攻乌桓、破马超、降张鲁，屡建战功。继与都护将军夏侯渊留守汉中。215年，率军进攻巴西宕渠，被蜀将张飞击败。后任荡寇将军。219年，从夏侯渊迎战刘备军于定军山，当夏侯渊战死，全军危急之际，张郃代帅，率部安全撤退。后屯陈仓。

曹丕称帝后，升左将军，封鄚侯，奉命从曹真击平安、定羌胡，后与夏侯尚围攻江陵。228年，随曹真西拒诸葛亮，在街亭大败蜀军，迫其退回汉中。因功升征西车骑将军。231年，领兵追击蜀军，至木门中箭亡。张郃戎马一生，以用兵巧变、善列营阵，长于利用地形著称。

张郃这样一个能征善战的将军，又怎么败在张飞手下呢？《三国演义》

第七十回《猛张飞智取瓦口隘　老黄忠计夺天荡山》描写：

"却说张郃部兵三万，分为三寨，各傍山险：一名宕渠寨，一名蒙头寨，一名荡石寨。当日张郃于三寨中，各分军一半去取巴西，留一半守寨。

"早有探马报到巴西，说张郃引兵来了。张飞急唤雷铜商议。铜曰：'阆中地恶山险，可以埋伏。将军引兵出战，我出奇兵相助，郃可擒矣。'

"张飞拨精兵五千与雷铜去讫。飞自引兵一万，离阆中三十里，与张郃兵相遇。两军摆开，张飞出马，单搦张郃。郃挺枪纵马而出。战到二十余合，郃后军忽然喊起：原来望见山背后有蜀兵旗幡，故此扰乱。张郃不敢恋战，拨马回走。张飞从后掩杀。前面雷铜又引兵杀出。两下夹攻，郃兵大败。张飞、雷铜连夜追袭，直赶到宕渠山。

"张郃仍旧分兵守住三寨，多置擂木炮石，坚守不战。张飞离宕渠十里下寨，次日引兵搦战。郃在山上大吹大擂饮酒，并不下山。张飞令军士大骂，郃只不出。飞只得还营。次日，雷铜又去山下搦战，郃又不出。雷铜驱军士上山，山上擂木炮石打将下来。雷铜急退。荡石、蒙头两寨兵出，杀败雷铜。次日，张飞又去搦战，张郃又不出。飞使军人百般秽骂，郃在山上亦骂。张飞寻思，无计可施。相拒五十余日，飞就在山前扎住大寨，每日饮酒；饮至大醉，坐于山前辱骂。

"玄德差人犒军，见张飞终日饮酒，使者回报玄德。玄德大惊，忙来问孔明。孔明笑曰：'原来如此！军前恐无好酒；成都佳酿极多，可将五十瓮作三车装，送到军前与张将军饮。'玄德曰：'吾弟自来饮酒失事，军师何故反送酒与他？'孔明笑曰：'主公与翼德做了许多年兄弟，还不知其为人耶？翼德自来刚强，然前于收川之时，义释严颜，此非勇夫所为也。今与张郃相拒五十余日，酒醉之后，便坐山前辱骂，旁若无人：此非贪杯，乃败张郃之计耳。'玄德曰：'虽然如此，未可托大。可使魏延助之。'孔明令魏延解酒赴军前，车上各插黄旗，大书'军前公用美酒'。魏延领命，解酒到寨中，见张飞，传说主公赐酒。飞拜受讫，吩咐魏延、雷铜各引一支人马，为左右翼；只看军中红旗起，便各进兵；教将酒摆列帐下，令军士大开旗鼓而饮。

"有细作报上山来，张郃自来山顶观望，见张飞坐于帐下饮酒，令二小卒于面前相扑为戏。郃曰：'张飞欺我太甚！'传令今夜下山劫飞寨，令蒙头、荡石二寨，皆出为左右援。当夜张郃趁着月色微明，引军从山侧而下，径到寨前。遥望张飞大明灯烛，正在帐中饮酒。张郃当先大喊一声，山头擂鼓为助，直杀入中军。但见张飞端坐不动。张郃骤马到面前，一枪刺倒，却是一个草人。急勒马回时，帐后连珠炮起。一将当先，拦住去路，睁圆环眼，声如巨雷：乃张飞也。挺矛跃马，直取张郃。两将在火光中，战到三五十合。张郃只盼两寨来救，谁知两寨救兵，已被魏延、雷铜两将杀退，就势夺了二寨。张郃不见救兵至，正没奈何，又见山上火起，已被张飞后军夺了寨栅。张郃三寨俱失，只得奔瓦口关去了。张飞大获胜捷，报入成都。玄德大喜，方知翼德饮酒是计，只要诱张郃下山。

"却说张郃退守瓦口关，三万军已折了二万，遣人问曹洪求救。洪大怒曰：'汝不听吾言，强要进兵，失了紧要隘口，却又来求救！'遂不肯发兵，使人催督张郃出战。郃心慌，只得定计，分两军去关口前山僻埋伏，吩咐曰：'我诈败，张飞必然赶来，汝等就截其归路。'当日张郃引军前进，正遇雷铜。战不数合，张郃败走，雷铜赶来。西军齐出，截断回路。张郃复回，刺雷铜于马下。败军回报张飞，飞自来与张郃挑战。郃又诈败，张飞不赶。郃又回战，不数合，又败走。张飞知是计，收军回寨，与魏延商议曰：'张郃用埋伏计，杀了雷铜，又要赚吾，何不将计就计？'延问曰：'如何？'飞曰：'我明日先引一军前往，汝却引精兵于后，待伏兵出，汝可分兵击之。用车十余乘，各藏柴草，塞住小路，放火烧之。吾乘势擒张郃，与雷铜报仇。'魏延领计。

"次日，张飞引兵前进。张郃兵又至，与张飞交锋。战到十合，郃又诈败。张飞引马步军赶来，郃且战且走。引张飞过山峪口，郃将后军为前，复扎住营，与飞又战，指望两彪伏兵出，要围困张飞。不想伏兵却被魏延精兵到，赶入峪口，将车辆截住山路，放火烧车，山谷草木皆着，烟迷其径，兵不得出。张飞只顾引军冲突，张郃大败，死命杀开条路，走上瓦口关，收聚败兵，坚守不出。

"张飞和魏延连日攻打关隘不下。飞见不济事，把军退二十里，却和魏延引数十骑，自来两边哨探小路。忽见男女数人，各背小包，于山僻路攀藤附葛而走。飞于马上用鞭指与魏延曰：'夺瓦口关，只在这几个百姓身上。'便唤军士吩咐：'休要惊恐他，好生唤那几个百姓来。'军士连忙唤到马前。飞用好言以安其心，问其何来。百姓告曰：'某等皆汉中居民，今欲还乡。听知大军厮杀，塞闭阆中官道；今过苍溪，从梓潼山桧钐川入汉中，还家去。'飞曰：'这条路取瓦口关远近若何？'百姓曰：'从梓潼山小路，却是瓦口关背后。'飞大喜，带百姓入寨中，与了酒食；吩咐魏延：'引兵扣关攻打，我亲自引轻骑出梓潼山攻关后。'便令百姓引路，选轻骑五百，从小路而进。

"却说张郃为救军不到，心中正闷。人报魏延在关下攻打。张郃披挂上马，却待下山，忽报：'关后四五路火起，不知何处兵来。'郃自领兵来迎。旗开处，见张飞。郃大惊，急往小路而走。马不堪行。后面张飞追赶甚急，郃弃马上山，寻径而逃，方得走脱，随行只有十余人。步行入南郑见曹洪。洪见张郃只剩下十余人，大怒曰：'吾教汝休去，汝取下文状要去；今日折尽大兵，尚不自死，还来做甚！'喝令左右推出斩之。行军司马郭淮谏曰：'三军易得，一将难求。张郃虽然有罪，乃魏王所深爱者也，不可便诛。可再与五千兵径取葭萌关，牵动其各处之兵，汉中自安矣。如不成功，二罪俱罚。'曹洪从之，又与兵五千，教张郃取葭萌关，郃领命而去。"

如果说对手吕布是有勇无谋之辈，张飞粗中有细，略施小计，便能取胜；那么，这次的对手张郃，"乃魏之名将"，智勇双全，但是在这次智取瓦隘口的战役中，张飞可谓应付裕如。

第一次交锋，张飞利用"地恶山险，可以埋伏的地势"，与雷铜"两下夹攻，郃兵大败"。之后，张郃"分兵守住三寨，多置擂木炮石，坚守不战"，一连三日，张飞搦战，张郃只是不出，"张郃寻思，无计可施"。

两军相持五十余日，"飞就在山前驻扎山寨，每日饮酒；饮至大醉坐于山前辱骂"。正如诸葛亮所说："此非贪杯，乃败张郃之计也。"张郃果然中计，三寨俱失，逃回瓦口关，"三万兵已折了二万"。这是第二战。

第三战，张郃用埋伏计，赚杀雷铜，获小胜。张飞识破其计，来个"将计就计"。张郃仍用埋伏计，自己去向张飞搦战，再叫伏兵杀出，"要围困张飞"；张飞令魏延把张郃的伏兵"赶入峪口，将车辆截断山路，放火烧车，山谷草木皆着，兵不得出，张郃大败，逃回瓦口关，坚守不出"。

第四战，张飞又胜了。

最后一战，更见出张飞思路的宽阔，竟通过几个攀藤附葛的百姓，找到了通往瓦口关的小路。魏延在关前攻打，张飞从关背后进攻，前后夹攻，张郃大惊，"急往小路而走。马不堪行，后面张飞追赶甚急，郃弃马上山，寻径而逃，方得走脱"。张飞大获全胜。在这一次次与张郃的较量中，张飞随着战况的变化，不断改变战斗策略，占尽天时、地利、人和等有利条件，夺得了胜利，是他"粗中有细"性格的一个杰作。

张飞这一仗不仅扩大了蜀汉的领土，更保住了蜀地门户，使益州转危为安。此战过后，魏军再无力南侵，张飞对巩固刘备在益州的统治起了重要作用，并为刘备进攻汉中创造了条件。张飞随后又参加了攻打汉中的战役。建安二十四年（219），刘备据有汉中，称汉中王，拜张飞为右将军。

毛泽东在中共八大二次会议上说："要看到自己的缺点。十个指头九个好，一个指头有问题。华者，花也，不要只开花不结果矣；不要粗而不细，要学张飞粗中有细。"

张飞胆略过人，英雄盖世，是个粗鲁型人物，但他又粗中有细，驻守巴西智胜魏之名将张郃，攻巴州义释严颜，也有点国士之风，但张飞暴而无恩，"爱敬君子而不恤小人"，刘备曾多次劝诫，他置若罔闻，后从刘备攻吴，临行时为心怀怨恨的部将所杀，死于非命，令人慨叹，后追谥为"桓侯"。

毛泽东在读欧阳修编撰的《新五代史·张廷蕴传》时，联想到张飞，批注道："张桓侯之流。"

原来张廷蕴也是张飞一流的人物，骁勇善战，粗中有细，自己识字无多，却又敬重文士。他随后唐庄宗征战四方，屡立战功，在攻战潞州的战役中，张廷蕴带领部队率先奋死攻入城内，却为后到的李嗣源怀恨在心。他后随明宗（即李嗣源）攻破郓州，俘判官赵凤。在得知赵凤就是他一向敬重的文士后，就举荐给明宗，赵凤后贵为宰相，多次向明宗荐举提升张廷蕴，终因潞州之战的芥蒂，得不到明宗采纳。

张廷蕴和张飞性格颇为相似，所以毛泽东才用"张桓侯之流"来评论张廷蕴。

四、张飞是有"高度原则性的"

明人佚名作有《古城记》传奇剧本。有明刊本,《古本戏曲丛刊》据以影印。写三国时刘备、关羽、张飞在徐州失败后,关羽投降曹操,后来得知刘备、张飞下落,又前往会合。其中颇多民间传说,业界用了杂剧《千里独行》和《义勇辞金》的不少曲文。清人也有同名作品。京剧和有些地方剧种《赠袍赐马》《挂印封金》(一名《灞桥挑袍》)、《古城会》源出于此。可见这是一个极有戏剧性的故事。他们的根据就是《三国演义》第二十八回《斩蔡阳兄弟释疑　会古城主臣聚义》写道:

"周仓跟着关公,往汝南进发。行了数日,遥见一座山城。公问土人:'此何处也?'曰:'此名古城。数月前有一将军,姓张,名飞,引数十骑到此,将县官逐去,占住古城,招军买马,积草屯粮。今聚有三五千人马,四远无人敢敌。'关公喜曰:'自徐州失散,一向不知下落,谁想却在此!'孙乾先入城通报,教来迎接二嫂。

"张飞在芒砀山中,住了月余,因出外探听玄德消息,偶过古城。入县借粮;县官不肯,飞怒,因就逐去县官,夺了县印,占住城池,权且安身。当日孙乾领关公命,入城见飞。施礼毕,具言:'玄德离了袁绍处,投汝南去了。今云长直从许都送二位夫人至此,请将军出迎。'听罢,更不回言,随即披挂持矛上马,引一千余人,径出北门。孙乾惊讶,又不敢问,只得随出城来。关公望见张飞到来,喜不自胜,付刀与周仓接了,拍马来迎。只见张飞圆睁环眼,倒竖虎须,吼声如雷,挥矛向关公便搠。关公大惊,连忙闪过,便叫:'贤弟何故如此?岂忘了桃园结义耶?'张飞曰:'你既无义,有何面目来与我相见!'关公曰:'我如何无义?'飞曰:'你背了兄长,降了曹操,封侯赐爵。今又来赚我!我今与你拼个死活!'关公曰:"你原来不知!我也难说。现放着二位嫂嫂在此,贤弟请自问。"二夫人听得,揭帘而呼曰:'三叔何故如此?'飞曰:'嫂嫂住着。

且看我杀了负义的人，然后请嫂嫂入城。'甘夫人曰：'二叔因不知你等下落，故暂时栖身曹氏。今知你哥哥在汝南，特不避险阻，送我们到此。三叔休错见了。'糜夫人曰：'二叔向在许都，原出于无奈。'飞曰：'嫂嫂休要被他瞒过了！忠臣宁死而不辱。大丈夫岂有事二主之理！'关公曰：'贤弟休屈了我。'孙乾曰：'云长特来寻将军。'飞喝曰：'如何你也胡说！他那里有好心，必是来捉我！'关公曰：'我若捉你，须带军马来。'飞把手指曰：'兀的不是军马来也！'

"关公回顾，果见尘埃起处，一彪人马来到。风吹旗号，正是曹军。张飞大怒曰：'今还敢支吾么？'挺丈八蛇矛便搠将来。关公急止之曰：'贤弟且住。你看我斩此来将，以表我真心。'飞曰：'你果有真心，我这里三通鼓罢，便要你斩来将！'关公应诺。须臾，曹军至。为首一将，乃是蔡阳，挺刀纵马大喝曰：'你杀吾外甥秦琪，却原来逃在此！吾奉丞相命，特来拿你！'关公更不打话，举刀便砍。张飞亲自擂鼓。只见一通鼓未尽，关公刀起处，蔡阳头已落地。众军士俱走。关公活捉执旗的小卒过来，问取来由。小卒告说：'蔡阳闻将军杀了他外甥，十分忿怒，要来河北与将军交战。丞相不肯，因差他往汝南攻刘辟。不想在这里遇着将军。'关公闻言，教去张飞前告说其事。飞将关公在许都时事细问小卒，小卒从头至尾，说了一遍，飞方才信。"

"正说间，忽城中军士来报：'城南门外有十数骑来的甚紧，不知是甚人。'张飞心中疑虑，便转出南门看时，果见十数骑轻弓短箭而来。见了张飞，滚鞍下马。视之，乃糜竺、糜芳也。飞亦下马相见。竺曰：'自徐州失散，我兄弟二人逃难回乡。使人远近打听，知云长降了曹操，主公在于河北；又闻简雍亦投河北去了。只不知将军在此。昨于路上遇见一伙客人，说有一姓张的将军，如此模样，今据古城。我兄弟度量必是将军，故来寻访。幸得相见！'飞曰：'云长兄与孙乾送二嫂方到，已知哥哥下落。'二糜大喜，同来见关公，并参见二夫人。飞遂迎请二嫂入城。至衙中坐定，二夫人诉说关公历过之事，张飞方才大哭，参拜云长。二糜亦俱伤感。张飞亦自诉别后之事，一面设宴贺喜。"

在古城会中，由于刘、关、张在徐州失败后，不通音信，关羽投降了曹操，现在又找张飞相会，张飞怀疑他是有理由的。张飞责备关羽背弃了刘备，也就是违背了桃园三结义时所发"不愿同年同月同日生，只求同年同与人同日死"的誓言，也就是违背了"义"，这就是他的原则性。一旦关羽斩了操将蔡阳，兄弟和好如初，彼此又恢复了信任。

　　毛泽东还对张飞的是非分明、嫉恶如仇的原则立场十分称赞，他曾多次向人讲起《古城会》的故事。1944 年 12 月 25 日，毛泽东在延安中央党校作报告，在谈到审干问题时说："张飞在古城相会时，怀疑关云长，是有高度原则性的。关羽形式上是投降了曹操，封了汉寿亭侯，帮曹操杀了颜良、文丑。你又回来究竟是干什么来了？我们一定要有个严肃性、原则性。"

　　1949 年 12 月，毛泽东在与民主人士楚图南等人会见时，很有风趣、十分悠然地和他们讲起了《三国演义》中《古城会》的故事来。在此前后，毛泽东在中南海接见民盟中央四届扩大会议全体代表时，也对大家说看看《古城会》"这个戏是很有益处的"。

五、张飞的悲剧

刘备章武元年（221），张飞升任车骑将军兼司隶校尉，被封为西乡侯。下策文说：我接续帝王的世系，继承了上天给予的大业，铲除凶暴，还没有使天下大治。现在寇贼、强盗为害作乱，人民遭到灾难和痛苦，思念汉朝的人就像仙鹤那样伸着脖子汉朝的复兴。我因此而忧伤，坐在席子上也不安稳，吃东西却不知道其中的美味，要整顿军队，发布誓词，秉承上天之意讨伐贼寇。因为您忠诚刚毅，比得上召虎（即召穆公，召公奭的后代。《诗经·大雅·韩奕》："江汉之浒，王命召虎。"），远近闻名，因此特地颁布命令，增高你的级别，晋封您的爵位，命您监管京都及其附近的郡县。希望您大大地助长上天的威严，用德行来安抚百姓，使他们顺从，用刑戮来讨伐叛逆，以符合我的心意。《诗经·大雅·江汉》上不是说："不要侵害百姓，不要急于求成，一切尊则要效法周王朝。迅速建立大的功业，我会赐给您幸福和爵禄。"您能够自勉吗？

当初，张飞勇猛、威风、雄壮，仅次于关羽，魏国的谋臣程昱等人都称赞关羽、张飞的勇力可抵挡万人。关羽对士兵很好，对士大夫们却很傲慢。张飞尊敬、爱戴有声望、有地位的人，却不爱护士兵、百姓，刘备曾告诫张飞说："你刑罚过分，又经常鞭打士卒。却把他们留在身边，这可是招致祸患的做法。"但张飞都没醒悟，也不思改过。在刘备举军伐吴时，张飞奉命率兵万人从阆中出发，到江州与刘备会合。在其临出发前，被帐下的张达、范彊刺杀身亡。

汉献帝刘协建安二十四年（219），孙权攻杀蜀大将关羽于章乡（今湖北当阳东北），夺回荆州。章武元年（221），刘备率大军伐吴，替关羽报仇，下令张飞率一万人马从阆中出发，到江州（今重庆）会合东进。张飞被部下杀害。

《三国志》本传是这样说："羽善待卒伍而骄于士大夫，飞爱敬君子而不恤小人。先主常戒之曰：'卿刑杀既过差，又日鞭挞健儿，而令在左右，此取祸之道也。'"飞犹不悛。先主伐吴，飞当率兵万人，自阆中会江州。临发，其帐下将张达、范彊杀张飞，持其首，顺流而奔孙权。飞营都督表报先主，先主闻飞督之有表也，曰：'噫！飞死矣。'追赐飞曰桓侯。"

其大意是说，关羽对士兵很好，而对士大夫却很傲慢；张飞尊敬、爱戴有声望、有地位的人，却不爱护士兵、百姓。刘备曾告诫张飞说："你行刑杀人已经过度，又经常鞭打士卒，却还把他们留在身边，这是招致祸患的做法。"张飞还不改悔。先主讨伐东吴，张飞应当率兵万人，从阆中出发到江州与先主会合。临出发前，张飞帐下的将领张达、范彊刺杀他，拿着张飞的人头，顺江而下，投奔孙权。张飞的营都督上表报告先主，先主听说张飞的都督有表上奏，就说："唉！张飞死了。"追封张飞的谥号为桓侯。

《三国演义》第八十一回《急兄仇张飞遇害　雪弟恨先主兴兵》写道：

"却说先主欲起兵东征，赵云谏曰：'国贼乃曹操，非孙权也。今曹丕篡汉，神人共怒。陛下可早图关中，屯兵渭河上流，以讨凶逆，则关东义士，必裹粮策马以迎王师；若舍魏以伐吴，兵势一交，岂能骤解。愿陛下察之。'先主曰：'孙权害了朕弟，又兼傅士仁、糜芳、潘璋、马忠皆有切齿之仇：啖其肉而灭其族，方雪朕恨！卿何阻耶？'云曰：'汉贼之仇，公也；兄弟之仇，私也。愿以天下为重。'先主答曰：'朕不为弟报仇，虽有万里江山，何足为贵？'遂不听赵云之谏，下令起兵伐吴，且发使往五溪，借番兵五万，共相策应；一面差使往阆中，迁张飞为车骑将军，领司隶校尉，封西乡侯，兼阆中牧。使命赍诏而去。

"却说张飞在阆中，闻知关公被东吴所害，旦夕号泣，血湿衣襟。诸将以酒解劝，酒醉，怒气愈加。帐上帐下，但有犯者即鞭挞之，多有鞭死者。每日望南切齿睁目怒恨，放声痛哭不已。忽报使至，慌忙接入，开读诏旨。飞受爵望北拜毕，设酒款待来使。飞曰：'吾兄被害，仇深似海；庙堂之臣，何不早奏兴兵？'使者曰：'多有劝先灭魏而后伐吴者。'飞怒曰：'是何言也！昔我三人桃园结义，誓同生死；今不幸二兄半途而逝，吾安得独享富贵耶！吾当面见天子，愿为前部先锋，挂孝伐吴，生擒逆贼，祭告二兄，以践前盟！'言讫，就同使命望成都而来。

"却说先主每日自下教场操演军马，克日兴师，御驾亲征。于是公卿都至丞相府中见孔明，曰：'今天子初临大位，亲统军伍，非所以重社稷也。丞相秉钧衡之职，何不规谏？'孔明曰：'吾苦谏数次，只是不听。今日公等随我入教场谏去。'当下孔明引百官来奏先主曰：'陛下初登宝位，若欲北讨汉贼，以伸大义于天下，方可亲统六师；若只欲伐吴，命一上将统军伐之可也，何必亲劳圣驾？'先主见孔明苦谏，心中稍回。

"忽报张飞到来，先主急召入。飞至演武厅拜伏于地，抱先主足而哭。先主亦哭。飞曰：'陛下今日为君，早忘了桃园之誓！二兄之仇，如何不报？'先主曰：'多官谏阻，未敢轻举。'飞曰：'他人岂知昔日之盟？若陛下不去，臣舍此躯与二兄报仇！若不能报时，臣宁死不见陛下也！'先主曰：'朕与卿同往：卿提本部兵自阆州而出，朕统精兵会于江州，共伐东吴，以雪此恨！'飞临行，先主嘱曰：'朕素知卿酒后暴怒，鞭挞健儿，而复令在左右，此取祸之道也。今后务宜宽容，不可如前。'飞拜辞而去。

"次日，先主整兵要行。学士秦宓奏曰：'陛下舍万乘之躯，而徇小义，古人所不取也。愿陛下思之。'先主曰：'云长与朕，犹一体也。大义尚在，岂可忘耶？'宓伏地不起曰：'陛下不从臣言，诚恐有失。'先主大怒曰：'朕欲兴兵，尔何出此不利之言！'叱武士推出斩之。宓面不改色，回顾先主而笑曰：'臣死无恨，但可惜新创之业，又将颠覆耳！'众官皆为秦宓告免。先主曰：'暂且囚下，待朕报仇回时发落。'孔明闻知，即上表救秦宓。其略曰：'臣亮等切以吴贼逞奸诡之计，致荆州有覆亡之祸；陨将星于斗牛，折天柱于楚地：此情哀痛，诚不可忘。但念迁汉鼎者，罪由曹操；移刘祚者，过非孙权。窃谓魏贼若除，则吴自宾服。愿陛下纳秦宓金石之言，以养士卒之力，别作良图，则社稷幸甚！天下幸甚！'先主看毕，掷表于地曰：'朕意已决，无得再谏！'

"遂命丞相诸葛亮保太子守两川；骠骑将军马超并弟马岱，助镇北将军魏延守汉中，以当魏兵；虎威将军赵云为后应，兼督粮草；黄权、程畿为参谋；马良、陈震掌理文书；黄忠为前部先锋；冯习、张南为副将；傅彤、张翼为中军护尉；赵融、廖淳为合后。川将数百员，并五谿番将等，共兵七十五万，择定章武元年七月丙寅日出师。"

"却说张飞回到阆中，下令军中；限三日内制办白旗白甲，三军挂孝伐吴。次日，帐下两员末将范彊、张达，入帐告曰：'白旗白甲，一时无措，须宽限方可。'飞大怒曰：'吾急欲报仇，恨不明日便到逆贼之境，汝安敢违我将令！'叱武士缚于树上，各鞭背五十。鞭毕，以手指之曰：'来日俱要完备！若违了限，即杀汝二人示众！'打得二人满口出血。回到营中商议，范彊曰：'今日受了刑责，着我等如何办得？其人性暴如火，倘来日不完，你我皆被杀矣！'张达曰：'比如他杀我，不如我杀他。'彊曰：'怎奈不得近前。'达曰：'我两个若不当死，则他醉于床上；若是当死，则他不醉。'二人商议停当。

"却说张飞在帐中，神思昏乱，动止恍惚，乃问部将曰：'吾今心惊肉战，坐卧不安，此何意也？'部将答曰：'此是君侯思念关公，以致如此。'飞令人将酒来，与部将同饮，不觉大醉，卧于帐中。范、张二贼，探知消息，初更时分，各藏短刀，密入帐中，诈言欲禀机密重事，直至床前。原来张飞每睡不合眼，当夜寝于帐中，二贼见他须竖目张，本不敢动手。因闻鼻息如雷，方敢近前，以短刀刺入飞腹。飞大叫一声而亡。时年五十五岁。后人有诗叹曰：

> 安喜曾闻鞭督邮，黄巾扫尽佐炎刘。
> 虎牢关上声先震，长坂桥边水逆流。
> 义释严颜安蜀境，智欺张郃定中州。
> 伐吴未克身先死，秋草长遗阆地愁。

"却说二贼当夜割了张飞首级，便引数十人连夜投东吴去了。次日，军中闻知，起兵追之不及。时有张飞部将吴班，向自荆州来见先主，先主用为牙门将，使佐张飞守阆中。当下吴班先发表章，奏知天子；然后令长子张苞具棺椁盛贮，令弟张绍守阆中，苞自来报先主。时先主已择期出师。大小官僚，皆随孔明送十里方回。孔明回至成都，怏怏不乐，顾谓众官曰：'法孝直若在，必能制主上东行也。'

"却说先主是夜心惊肉战，寝卧不安。出帐仰观天文，见西北一星，其大如斗，忽然坠地。先主大疑，连夜令人求问孔明。孔明回奏曰：'合损一上将。三日之内，必有惊报。'先主因此按兵不动。忽侍臣奏曰：'阆中张车骑部将吴班，差人赍表至。'先主顿足曰：'噫！三弟休矣！'及至览表，果报张飞凶信。先主放声大哭，昏绝于地。众官救醒。"

总之，张飞是个粗鲁型人物，虽然有时也粗中有细，但又暴躁无恩，"爱敬君子而不恤小人"，刘备多次劝诫，他却置若罔闻。后来关羽被杀，刘备欲攻吴报仇，临行前，因鞭打部将张达、范彊而被二人杀，死于非命，令人慨叹！这是性格缺陷造成的悲剧，引人深思。

张飞是三国时蜀国"五虎上将"之一，刘备平定益州后，派张飞为巴西太守，领军驻守阆中，达七年之久，为巩固蜀汉政权，保护阆中一方平安立下了汗马功劳。公元221年，为替关羽报仇，同刘备起兵攻伐东吴。临行前，因被部将范彊、张达刺杀，死时只有五十五岁，张飞的头被带到东吴，其尸体躯干被埋葬在阆中，头颅埋葬在云阳，并分别建有张桓侯祠（汉桓侯祠）和张桓侯庙（张飞庙）。张飞为部将范彊、张达所杀后，"乡人慕其忠勇，于墓前建阙立庙，以礼祀之，"自此之后，张桓侯祠屡废屡兴，历时一千七百余年。

现存的张桓侯祠，位于四川省阆中古城西街汉桓侯祠内。它是一组四合庭式明、清古建筑群，占地六千六百多平方米，总建筑面积二千四百多平方米，为国务院公布的全国重点文物保护单位。

张桓侯祠主体建筑均沿中轴线布局，由南向北主要由山门，敌万楼及左、右牌坊、大殿、后殿、墓亭及张飞墓和墓后园林组成。

张飞墓在汉桓侯祠张飞武官像后面。张飞武官像后有桓侯神道碑与张飞墓相接，墓坐北向南，呈椭圆形，东西宽25米，南北长42米，封土堆高8米，冢上林木葱茏、古树参天。据说，墓上所有的树木都没有主干，连柏树都没有，很奇怪的现象。墓左后侧为两千多平方米的园林，园内花草繁盛，竹木成荫。

张飞庙，又名张桓侯庙，位于重庆市云阳县盘石镇龙宝村狮子岩下，系为纪念三国时期蜀汉名将张飞而修建。

张飞庙，始建于蜀汉末期，后经历代修葺扩建，距今已有一千七百余年的历史。原址位于飞凤山麓，庙内保存了大量珍贵的字画碑刻，稀世文物 200 余件，现存建筑面积 1400 平方米，琉璃粉墙，金碧辉煌。殿宇群，依山取势，庙内碑刻书画丰富，被誉为"巴蜀胜景、文藻胜地"。张飞庙先后被评为全国重点文物保护单位和中国国家风景名胜区，是长江三峡黄金旅游线上的重要景点之一。

据传张飞在阆中被部将范彊、张达暗害后，二人取其首级投奔东吴，行至云阳，闻说吴蜀讲和，便将其首级抛弃江中，为一渔翁捕鱼时打捞上岸，埋葬于飞凤山麓，世人在此立庙纪念，有飞"头在云阳，身在阆中"之说。

张飞大义大勇，为人民敬仰，历年来农历八月廿八其生辰，群众纷纷前来举行祭祀，民俗活动颇具一定规模。

因三峡工程建设，张飞庙作为库区唯——个远距离整体搬迁的文物单位，于 2002 年 10 月 8 日闭馆拆迁，溯江而上三十公里，从原云阳老县城对岸的凤凰山搬迁至盘石镇龙安村。

张飞庙充分利用地形地貌，依山坐岩临江，山水园林与庙祠建筑浑然一体，相互衬托。庙外黄桷梯道、石桥涧流、瀑潭藤萝、临溪茅亭、峻岩古木等场景，秀美清幽。庙内结义楼、书画廊、正殿、助风阁、望云轩、杜鹃亭、听涛亭等古建筑，布局严谨、层叠错落、独具一格，既有北方建筑雄奇的气度，又有南方建筑俊秀的质韵，更有园林点染、竹木掩映、曲径通幽。因此张飞庙素有"巴蜀胜境"的美称。

张飞庙还收藏汉唐以来的石刻、木刻、字画六百余件及新石器时期以来的其他文物千余件。尤其是字画碑刻，名家圣手，流派纷呈，各领风骚，不少为国内外所罕见，具有较高的历史、艺术和科研价值，如汉《张表碑》、梁《天临碑》、黄庭坚书《幽兰赋》、苏轼书《前后赤壁赋》、岳飞书《前后出师表》等，因而早有"张祠金石，甲于蜀东"的说法。所以张飞庙又有"文藻胜地"之盛誉。由于张飞庙自然景观与人文景观的较高价值，1980 年被定为四川省级重点文物保护单位，现为三峡库区内重庆市唯一全淹全迁的重点风景名胜古迹。

张飞还是个书法家。在人们的眼中，张飞是一员勇猛的战将，实际上张飞的能耐不仅如此，据《三国志集解》等一些史料记载，他还能写诗、会画画，也是一位不错的书法家。多年前，著名学者邓拓在《由张飞的书画谈起》一文里说："我国书法家并不限于文人，武将中也不少，如岳飞、张飞等。"

有关张飞书法的记载，最早见于南北朝时期梁人陶宏影的《刀剑录》。他写道："张飞初拜新亭侯，自命匠炼赤山铁，为一刀。铭曰：新亭侯，蜀大将也。后被范彊杀之，将此刀入于吴。"这个《新亭侯刀铭》便是张飞的书法作品。

明代文献学家、曾任四川右参政的曹学佺在他的《蜀中名胜记》第二十八卷中记载，顺庆府渠县（渠县即三国时的宕渠县）有一个八濛山，山下有一石，石上题有："汉将张飞，率精卒万人，大破贼首张郃于八濛，立马勒石。"两行隶书大字。这段题字说的就是那次张飞以少胜多，把名将张郃打得大败而逃的事情。据说当时张飞非常高兴，得意之际，便以石代纸写下了这段文字。

清代人赵一清所写的《稿本三国志注补》中，引自《方舆纪要》上的话也说："八濛山'山下有勒石云：汉将张飞率精卒万人，大破贼首张郃，立马勒石。盖张飞所亲书也'。"

《三国志·集解》中张飞传集解引也认为这句话是张飞亲笔题写的。原刻石经过长久的风化剥蚀，文字已经不太清晰。现存的"立马铭"是光绪七年（1881），根据岐山知县胡升猷家藏原拓，重刻于八濛石壁的青石质碑石。今陕西岐山县博物馆就收藏有一幅张飞"立马铭"手书碑石原拓，字体、大小均与史载吻合。碑刻共22个文字，用笔丰满遒劲，气势刚健凝重，充分显示了他的个性和风格，不失为一篇难得的书法作品。

『后起之秀』周瑜

周瑜（175—210），字公瑾，庐江郡舒（今安徽庐江西南）人，三国时东吴杰出的政治家、军事家。

凡是看过三国故事的人，都会对东吴大将周瑜留下深刻印象。他是少年得志的英雄，文武双全，高大英俊，风流倜傥，精通音律，气量宽宏，可以说有很高的个人魅力。

在《三国演义》中，周瑜虽然见识非凡、足智多谋，却嫉妒诸葛亮的才能，甚至被诸葛亮气死，这是对周瑜的扭曲贬低，与事实不符。

即使小说如此，仍不能影响人们对周瑜的喜爱。年仅二十四岁的周瑜投奔孙策后，随孙策驰骋疆场，屡立战功。周瑜最后英年早逝，只在身后留下了赫赫战功，但因其显赫的成就和才华而名重一时、彪炳史册。

毛泽东对于周瑜也有很高的评价。他在《青年工作要照顾青年的特点》一文中说："三国时代，曹操带领大军下江南，攻打东吴。那时，周瑜是个'青年团员'，当东吴的统帅，程普等老将不服，后来说服了，还是由他当，结果打了胜仗。"（《毛泽东选集》，第五卷，人民出版社1977年版，第85页）毛泽东认为这个年轻的统帅一点也不比经验丰富的老年人差。他对于周瑜的成绩大力称赞，特别举周瑜的例子来说明选拔和任用干部时不能搞论资排辈，而是要大胆任用年轻人，要按照能力来选择人才。

在毛泽东的心目中，周瑜的形象永远是意气风发的。他认为，大敌当前之时，后起之秀周瑜挂了大都督的帅印，虽然老将程普不服，但周瑜还是打了胜仗，证明了"青年人打倒老年人，学问少的人打倒学问多的人"。

毛泽东对于赤壁之战中的英雄人物有着挥之不去的情结，他很喜欢北宋文学巨匠苏轼的名篇《念奴娇·赤壁怀古》，其中"遥想公瑾当年，小乔初嫁了，雄姿英发，羽扇纶巾，谈笑间，樯橹灰飞烟灭"一句，就对周瑜的业绩和风采进行了盛赞。

毛泽东自己也有同样骄人的业绩和赫赫战功，自然会对少年英雄周瑜多有称赞，当有英雄惺惺相惜之意。

一、周瑜是个"青年团员"

自古英雄出少年。周瑜就是这样一个少年英雄。他丰神俊朗、见识非凡、有勇有谋、风流倜傥,二十四岁便能征善战,被封为中郎将,时人称其为"周郎"。后他又成为东吴的大军统帅和智囊人物,虽然英年早逝,但可以说他的出现,直接影响了天下大势,他理所当然留名史册。

(一)周郎故事

汉灵帝熹平四年(175),周瑜出生在一个士族世家。曾祖周荣,先后在汉章帝、和帝两朝担任过尚书令。尚书令是什么官职呢?尚书令可不是一般官职。始于秦朝,汉朝沿置,本为少府的属官,掌管章奏文书,类似于现在的政府秘书长。东汉政务皆归尚书,尚书令成为直接对君主负责、总揽一切政令的首脑。

堂祖父周景、堂叔周忠,皆为东汉太尉。《三国志》裴松之注引谢承《后汉书》说:"景字仲飨,少以廉能见称,以明学察(举荐)孝廉,辟公府。后为豫州刺史,辟汝南陈蕃为别驾,颍川李膺、荀绲、杜密、沛国朱寓为从事,皆天下英俊之士也。稍迁尚书令,遂登太尉。"又引张璠《汉纪》说:"景父荣,章(帝)、和(帝)世为尚书令。初景历位牧守,好善爱士,每岁举孝廉,延请人,上后堂,与家人宴会,如此者数四。及赠送既备,又选用其子弟,常称曰:'移臣作子,于政何有?'先是,司徒韩缜为河内太守,在公无私,所举一辞而已,后亦不及其门户,曰:'我举若可矣,不令恩偏称一家也。'当时论者,或两讥焉。"

周荣最初只是被举荐的孝廉。所谓孝廉,孝,指孝悌者;廉,指清廉之士。分别为统治阶级选拔人才的科目，始于汉代，在东汉尤为求仕进者必由之途。这里说周荣就是这样被推荐的，但他很能干，官越做越大，历任太守、尚书令，一直做到太尉，位列三公。太尉是个什么官呢？太尉是全国军事首脑，相当于现在的国防部部长。秦至西汉，太尉与丞相、御史大夫并为三公，东汉时太尉与司徒、司空，并称三公，地位非常显赫。

周瑜的父亲周异，曾官为东汉末年的洛阳令，从世家大族降为一般官宦之家，家道已经中落，但仍然富裕。

周瑜高大英俊，"瑜长壮有姿貌"（晋陈寿《三国志·吴书·周瑜鲁肃吕蒙传》），因为生逢乱世，周瑜从小就立下了远大的志向，他刻苦读书，尤喜兵法，总想凭自己的才能来廓清天下。

当年，吴郡豪族孙坚举义兵，参加讨伐董卓联军，临行前，把家属迁移到舒县。孙坚的儿子孙策和周瑜同岁，都才14岁，两人交情很深，周瑜将路南边的大宅院让给孙策居住，还经常资助其钱财。有一天，周瑜到上房拜见了孙策的母亲，生活上给予很多的帮助。两人在此广交江南名士，有着很好的声誉。

孙坚死后，孙策继承父志，统率士卒。汉献帝兴平二年（195），周瑜20岁。当时，他的叔父周尚做丹阳（今安徽宣城）太守，周瑜去探望他。孙策东渡时，到了历阳（今安徽和县）写信给周瑜，周瑜率兵马前去迎接。

孙策高兴地说："我有了您的帮助，一切都会顺利的。"于是，周瑜就跟随孙策攻克了横江（今安徽芜湖至南京一段长江）、当利口（今安徽和县东）。

渡江后进攻秣陵（今江苏南京），打败了笮融、薛礼，转而又攻占了湖孰、江乘，进入曲阿（今江苏丹阳）。这时，孙策的兵马已有几万，孙策对周瑜说："我用这些人马攻取吴郡（今江苏苏州）、会稽（今浙江绍兴），平定山越叛乱，已经足够了。你还是回去镇守丹阳吧。"

周瑜回到丹阳不久，袁术派其堂弟袁胤取代周尚做太守，周瑜和周尚就回到了寿春（今安徽寿县）。袁术想把周瑜用为自己的部将，周瑜见袁术没有什么作为，就请求去做居巢长，好借路再回江东，袁术答应了。于是，周瑜于汉建安三年（198）经居巢到了吴郡。

孙策听闻周瑜归来，不但亲自出迎，而且授周瑜建威中郎将，调拨给他士兵两千人，战骑五十匹。孙策还赐给周瑜鼓吹乐队，替周瑜修建住所，赏赐之厚，无人能与之相比。孙策还在发布的命令中说："周公瑾雄姿英发，才能绝伦，和我有总角之好、骨肉之情。在丹阳时，他率领兵众，调发船粮相助于我，使我能成就大事，论功酬德，今天的赏赐还远不能回报他在关键时刻给我的支持呢！"周瑜时年 24 岁，吴郡人都称他为"周郎"。

因为周瑜在庐江声望很好，孙策就派他防守牛渚（今安徽当涂西北长江边）。不久，孙策准备攻打荆州（今湖北荆州），让周瑜做中护军并兼任江夏（今湖北安陆）太守，跟着孙策攻占了皖县（今安徽潜山）。当时，得到了乔公的两个美貌超群的女儿，孙策自己娶了大乔，周瑜娶了小乔。孙策对周瑜说："乔公之女，虽经战乱流离之苦，但得我们二人作女婿，也足可庆幸了。"接着，孙策又挥师进攻浔阳（今江西九江），征讨江夏郡，平定了豫章（今江西南昌）、庐陵（今江西吉水东北），周瑜就奉命留镇巴丘（今湖南岳阳）。

这两个美女一个嫁了威震江东的孙策，一个嫁了文武双全的周瑜，也算是美女配英雄，堪称天作之合。可是孙策娶大乔之后两年，曹操与袁绍大战官渡（今河南中牟东北），孙策正准备阴袭许昌（今河南许昌）以迎汉献帝，从曹操手中接过"挟天子以令诸侯"的权柄时，被许贡的家客所刺杀，死时年仅二十六岁。大乔和孙策这一对年轻夫妻，从此阴阳两隔。大乔只有带着襁褓中的儿子孙绍，艰苦度日。

小乔的境遇比姐姐好一点，她与周瑜琴瑟相谐，恩爱相处了十二年。曾随军东征西战，并参加过历史上著名的赤壁之战。战后二年，"瑜还江陵，为行装，而道于巴丘，病卒，时年三十六岁"。在这十二年中，周瑜作为东吴的统兵大将，江夏击黄祖，赤壁破曹操，功勋赫赫，名扬天下。可惜周瑜也因病去世。这两位美女之命薄，也只能引人一叹。

历史上关于"二乔"，有一个美丽的故事。据说，乔公二女国色天香，又聪慧过人，远近闻名。在乔公故宅的后院有一口古井，水清且深。相传二乔姐妹常在此梳妆打扮。每次她们妆罢，便将残脂剩粉丢弃井中，长年累月，井水泛起了胭脂色，水味也有胭脂香了。于是，这井便有了胭脂井的雅称。有诗曰："乔公二女秀色钟，秋水并蒂开芙蓉。"

在明罗贯中《三国演义》第四十四回"孔明用智激周瑜　孙权决计破曹操"中，虽然对小乔之美没有明确的描述，但围绕着小乔的故事则给后人留下了深刻的印象。作者甚至把赤壁之战的起因归结在小乔身上，并且借诸葛亮之口进行了绘声绘色的阐述，极具传奇色彩。

书中的故事是这样的：曹操平定辽东后，心情大畅，欲建铜雀台以娱晚年。其子曹植为了取悦父亲，便为父亲设计了一个样子。曹操听了很高兴，就让曹植、曹丕在邺郡（今河北临漳西南邺镇）建台。等到曹操得荆州后，欲领兵百万南下，约孙权"共擒"刘备。一时间，东吴主战、主降两派争个不休。当时，刘备实力较差，为了能够站稳脚跟，必须跟孙权联合抗曹。于是诸葛亮主动请缨去说服孙权。

这时候，在鄱阳湖训练水师的周瑜也星夜赶回柴桑（今江西九江西南），劝说孙权切不可投降曹操。虽然周瑜决心抗曹，但对联合刘备却存戒心。他接见了诸葛亮，却不肯明言抗曹的决心，只是一味试探诸葛亮。

诸葛亮佯装不知大、小乔为孙策、周瑜之妻，使用激将之法假意劝瑜降曹，言道："愚有一计：并不劳牵羊担酒，纳土献印；亦不须亲自渡江，只须遣一介之使，扁舟送两个人到江上。操一得此两人，百万之众，皆卸甲卷旗而退矣。"

看周瑜很感兴趣，他接着说道："亮居隆中时，即闻操于漳河新造一台，名曰铜雀，极其壮丽；广选天下美女，以实其中。操本好色之徒，久闻江东乔公有二女，长曰大乔，次曰小乔，有沉鱼落雁之容，闭月羞花之貌。操曾发誓曰：'吾一愿扫平四海，以成帝业；一愿得江东二乔，置之铜雀台，以乐晚年，虽死无恨矣。'今虽引百万之众，虎视江南，其实为此二女也。"

周瑜对于诸葛亮之言并不尽信，问："操欲得二乔，有何证验？"诸葛亮又言，操曾命子曹植作《铜雀台赋》，"赋中之意，单道他家合为天子，誓取二乔。"

为了证明诸葛亮所言是实，瑜又问："此赋公能记否？"诸葛亮越发大展才智，当着周瑜、鲁肃之面背诵该赋时，巧妙地添油加醋，着意激怒周瑜。其中有句为："立双台于左右兮，有玉龙与金凤。揽二乔于东南兮，乐朝夕之与共。"

周瑜听罢，"勃然大怒，离座指北而骂曰：'老贼欺吾太甚！'"。自此，便坚定孙刘联合抗曹的决心。

当然，这个故事不过是小说家的杜撰罢了。把一场战争，归结到一个女子身上，不能不说是小说家开的一个大玩笑。

关于乔玄及其二女大乔、小乔，实际情况是这样的：

乔玄，一作桥玄，字公祖，东汉睢阳（今河南商丘南）人。少为县功曹。汉桓帝时为度远将军，边境安定。灵帝初年累迁为司徒，位列三公。素与南阳太守陈球有仇，及在公位，荐陈球为廷尉。光和初年升太尉，病故。

乔玄生卒年未可考，但他在桓、灵二帝时做官，灵帝光和初年升任太尉，不久病故。光和是灵帝年号（178—184），那就是说乔玄大约于公元180年中前后病故。而孙策、周瑜攻皖（今安徽潜山）是建安三年（198），其时乔玄已病故近二十年。其遗女流落到皖县，亦未可知。

他有两个女儿，见于陈寿《三国志·吴书·周瑜传》："（孙）策欲取荆州，以瑜为中护军，领江夏太守，从攻皖，拔之。时得乔公两女，皆国色也。策自纳大桥，瑜纳小桥。"裴松之注引《江表传》曰："策从容戏瑜曰：'桥公二女虽流离，得吾二人作婿，亦足为欢。'"所以正史并没有说此时桥玄还活着。

在《三国演义》第五十四回《吴国太佛寺看新郎　刘皇叔洞房续佳偶》中，刘备到东吴招亲，娶孙尚香，临行时，诸葛亮"又教玄德先往见乔国老——那乔国老乃二乔之父，居于南徐"。然后乔国老面见吴国太（孙权之母），从中撮合，促成了刘备与孙尚香的婚事。这当然又是小说家的虚构。

至于曹植《铜雀台赋》的"二乔"，《三国演义》第三十四回有"更作两条飞桥，横空而上"的话，赋中的"二乔"，当即为这两座桥，与乔公二女毫无关系。小说写诸葛亮的机智，巧妙地曲解此二字（"乔"姓古时本作"桥"，后来才省作"乔"），用作曹操想夺取孙策和周瑜的妻子"二乔"的证据，借以激怒周瑜。后文第四十八回写曹操自白欲夺取"二乔"，则又进而坐实此事，不过是小说前后照应之法。但话又说回来，曹操如能打败东吴，未必不要"二乔"。唐诗人杜牧《赤壁》云：

折戟沉沙铁未销，自将磨洗认前朝。
东风不与周郎便，铜雀春深锁二乔。

杜牧便是这种看法。

（二）股肱之臣

周瑜对于东吴孙氏的事业来说，可以说是股肱之臣。他的一生都在不断为孙氏集团谋划和战斗，可以说，为孙氏集团的创建和壮大立下了汗马功劳。

汉献帝刘协建安五年（200），孙策遇刺身亡，临终时把军国大事托付给弟弟孙权。当时，孙权只有会稽、吴郡、丹阳、豫章、庐陵数郡，而且这些地方的偏远险要之处也尚未全归附。可以说，当时的孙权力量还是很分散的，并没有把天下英雄豪杰招纳在自己身边。关键时刻，首先出面支持孙权的是张昭、周瑜、吕范、程普等人。周瑜从外地带兵前来奔丧，留在吴郡孙权身边任中护军。他握有重兵，用君臣之礼对待孙权，同长史张昭共同掌管军政大事，其他人自然不敢有异议异动。

建安九年（204），曹操一举消灭了袁绍，威逼孙权送儿子为人质。周瑜志向高远，劝阻孙权送质。孙权听取了周瑜的意见，没有送质。

建安十一年（206），周瑜率孙瑜等人征讨麻、保二屯，杀了二屯的首领并俘虏了一万多人，然后回军防守宫亭（今江西鄱阳湖）。江夏太守黄祖派部将邓龙率几千人马进攻柴桑，周瑜率军迎击，将其击退，并活捉了邓龙，械送吴郡。

建安十三年（208）春，孙权讨伐江夏（今湖北武汉武昌），周瑜被委任为前部大都督，打败了当时盘踞那里的黄祖。九月，刘琮以荆州降曹操。曹军水军、步军发展到几十万人，东吴上下都很惊恐。孙权召集部下讨论对策时，多数人认为曹军势大，难以抗拒，最好还是降曹。但周瑜分析了当时的形势，力劝孙权抗曹。孙权听取了周瑜的意见。后来，孙权和刘备联合抗曹，在赤壁打败了曹军。至此，三足鼎立的局面初步形成。

在赤壁之战后，周瑜在赶往江陵（今湖北江陵）做出征准备的路上，染病身亡，死于巴丘（今湖南岳阳西南），年仅三十六岁。在临终前，他给孙权上疏曰：

"当今天下，方有事役，是瑜乃夙夜所忧，愿至尊先虑未然，然后康乐。今既与曹操为敌，刘备近在公安，边境密迩，百姓未附，宜得良将以镇抚之。鲁肃智略足任，乞以代瑜。骑瑜陨踣之日，所怀尽矣。"

裴松之注引《江表传》亦有类似记载："瑜以凡才，昔受讨逆殊特之遇，委以腹心。遂荷荣任，统御兵马，志执鞭弭，自效戎行。规定巴蜀，次取襄阳，凭赖威灵，谓若在握。至以不谨，道遇暴疾，昨自医疗，日加无损。人生有死，修短命矣，诚不足惜。但恨微志未展，不复奉教命耳。方今曹公在北，疆场未静，刘备寄寓，有似养虎，天下之事未知终始，此朝士旰食之秋，至尊垂虑之日也。鲁肃忠烈，临事不苟，可以代瑜。人之将死，其言也善，倘或可采，瑜死不朽矣。"

周瑜一生之忠诚、智谋之深远，由此可见一斑。

周瑜一死，孙权感到痛彻心扉，他亲自穿上丧服为他举哀。在周瑜的灵柩运回吴郡时，孙权到芜湖亲迎，各项丧葬费用全由国家支付。

（三）折节容下

历史小说《三国演义》为了突出诸葛亮的光辉形象，在对周瑜的形象进行刻画时做了大量的扭曲和贬低，忽略了周瑜的胸怀气魄，把周瑜塑造成一个气量狭小、嫉贤害能的人，甚至最后被诸葛亮气死，这是与事实不符的。历史学家陈寿在本传中称其"性度恢廓，大率为得人，惟与程普不睦"。也就是说，除了跟程普关系不睦，与其他人的关系都处得不错。而周瑜之所以与程普关系不睦，其原因也不应归咎于周瑜，而是因为程普自恃资格老，对周瑜不服。可见，周瑜是个很有气度的人。

毛泽东在评论这段故事时，没有计较史实和小说中关于具体情节上的分别，而是着眼于"要周瑜当团中央委员"的主题，认为要给年轻人机会，把年轻人推到青年团工作的领导岗位上来。

程普，字德谋，生卒年不详，右北平土垠（今河北丰润东）。初时为州郡吏员，有威姿容貌，好计略，善于应对。东汉末年成为江东孙氏部下名将，历仕孙坚、孙策、孙权三任君主。官至裨将军、江夏太守。

他跟从孙坚四处征伐，讨黄巾于宛、邓，破董卓于阳人。可见，程普也是个能征善战的将军。

汉献帝刘协兴平元至二年（194—195），孙坚死后，程普随孙策起于淮南，攻拔庐江，回来后程普与孙策俱往东渡江。建安元年（196），孙策到横江、当利，破张英、于麋等，又转下秣陵、湖孰、句容、曲阿，程普皆有功劳，于是给增兵二千，战马五十匹。孙策进破乌程、石木、波门、陵传、余亢，程普的功劳为多。建安二至四年（197—199），孙策入会稽后，以程普为吴郡都尉，治钱唐。后又徙为丹阳都尉，居石城。程普复讨宣城、泾、安吴、陵阳、春谷诸贼，皆大破贼众。孙策曾攻击祖郎，遭敌军所围，程普独与另一骑兵共护孙策，驱马疾呼，挥矛突进贼围，贼军溃散，孙策方能随出。后拜程普为荡寇中郎将，领零陵太守，从讨刘勋于寻阳，进攻黄祖于沙羡，还镇石城。

孙策逝世后，程普与张昭等共辅孙权，于是周旋三郡，平讨不服。建安十三年（208），程普代太史慈守备海昏，与周瑜共为左右督，破曹操于乌林。周瑜死后，程普代领南郡太守。孙权分荆州与刘备后，程普复还领江夏，迁荡寇将军，不久逝世。

在具体攻打曹军的过程中，周瑜严密部署、集思广益，前期采纳了黄盖的诈降火攻之计，借助东风，取得了火烧赤壁的大捷。后又运用吕蒙之计，成功地解除了甘宁之围。赤壁之战，可以说是周瑜军事能力最全面的展示，其中周瑜对天下大势的分析对于战争走势的预测，以及对于整场战争的指挥，无不展现了周瑜的杰出才华。至于周瑜善于博采众议，果断决策的胸怀和品格，也表现得淋漓尽致。在裴松之注引《江表传》中，对于周瑜和程普的故事，有过描述。在赤壁之战时，周瑜虽有才干，文韬武略都出类拔萃，但因为其年轻，年长资深的程普十分不服。那时的军中先锋诸将，以程普最为年长，时人皆呼普为程公。其性格好施与，喜敬士大夫，惟与周瑜不睦。

《江表传》说："（程）普颇以年长，数陵侮（周）瑜。（周）瑜折节容下，终不与校（较）。普后自敬服而亲重之，向告人曰：'与周公瑾交，若饮醇醪，不觉自醉。'时人以其谦让服人如此。"

"初曹公闻瑜年少有美才，谓可游说动也，乃密下扬州，遣九江蒋干往见瑜。干有仪容，以才辩见称，独步江、淮之间，莫与为对。乃布衣葛巾，自托私行诣瑜。瑜出迎之，立谓干曰：'子翼良苦，远涉江湖为曹氏作说客邪？'干曰：'吾与足下州里，中间别隔，远闻芳烈，故来叙阔，并观雅规，而云说容，无乃逆诈乎？'瑜曰：'吾虽不及夔、旷，闻弦赏音，足知雅曲也。'因延干入，为设酒食。毕，遣之曰：'适吾有密事，且出就馆，事了，别自相请。'后三日，瑜请干与周观营中，行视仓库军资器仗讫，还宴饮，示之侍者服饰珍玩之物，因谓干说：'丈夫处世，遇知己之主，外托君臣之义，内结骨肉之恩，言行计从，祸福共之，假使苏张更生，郦叟复出，犹抚其背而折其辞，岂足下幼传所能移乎？'干但笑，终无所言。干还，称瑜雅量高致，非言辞所间。中土之士，亦以此多之。"

"刘备之自京还也，权乘飞云大船，与张昭、秦松、鲁肃等十余人共追送之，大宴会叙别。昭、肃等先出，权独与备留语，因言次，叹瑜曰：'公瑾文武筹略，万人之英，顾其器量广大，恐不久为人臣耳。'"

"瑜之破魏军也，曹公（操）曰：'孤不羞走。'后书与权曰：'赤壁之役，值有疾病，孤烧船自退，横使周瑜虚获此名。'"

"瑜威声远著，故曹公、刘备咸欲疑潜之及卒，权流涕曰：'公瑾有王佐之资，今忽短命，孤何赖哉！'后权称尊号，谓公卿曰：'孤非周公瑾，不帝矣。'"

这里借蒋干之口，赞扬了周瑜的"雅量高致"；借曹操、刘备、孙权对周瑜的毁誉，写出了周瑜对东吴的重大贡献。

在用人问题上，毛泽东向来主张多选拔年轻干部，放手任用，反对论资排辈的因循守旧思想。每当谈到这个问题时，他常举出周瑜和历史上其他人的例子来加以说明。

1953 年 6 月 30 日，毛泽东在接见中国新民主主义青年团第二次代表大会主席团成员时说："要选青年干部当团中央委员。三国时代，曹操带领大军下江南，攻打东吴。那时，周瑜是个'青年团员'，当东吴的统帅，程普等老将不服，后来说服了，还是由他当，结果打了胜仗。现在要周瑜当团中央委员，大家就不赞成，团中央委员尽选年龄大的，年轻的太少，这行吗？自然不能统统按年龄，还要按能力。团中央委员候选人的名单，三十岁以下的原来只有九个，现在经过党中央讨论，增加到六十几个，也只占四分之一多一点。三十岁以上的还占差不多四分之三，有的同志还说少了。我说不少。六十几个青年人是否都十分称职，有的同志说没有把握。要充分相信青年人，绝大多数是会胜任的。个别人可能不称职，也不用怕，以后可以改选掉。这样做，基本方向是不会错的。青年人不比我们弱。老年人有经验，当然强，但生理机能在逐渐退化，眼睛耳朵不那么灵了，手脚也不如青年敏捷。这是自然规律。要说服那些不赞成的同志。
（《青年团的工作要照顾青年的特点》，《毛泽东选集》，第五卷，人民出版社 1977年版，第 85 页）

显然，周瑜就是毛泽东提倡信任和提拔新人的依据所在。

毛泽东对待青年人的态度，始终是寄予厚望的。他曾说过，青年人是早晨八九点钟的太阳，希望在他们身上。因此，他认为，在选拔人才时，应该选择有才能的人，而不是按照资历选人。他并不盲目迷信资历老的人一定能够做成事，不片面强调年龄，而是把能力放在了第一位。毛泽东多次借年轻将领周瑜的故事来说明要破格提拔年轻人的意思。

1957 年 4 月上旬，毛泽东在上海召开的四省一市的省市委书记思想工作座谈会上，谈到提拔青年干部时说："赤壁之战，程普四十多岁，周瑜二十多岁，程普是老将，不如周瑜能干，大敌当前，谁人挂帅？还是后起之秀周瑜挂了大都督的帅印。孔明二十七岁成名，也未当过支部书记、区委书记嘛，也是个新干部嘛！赤壁之战以前无名义，之后才当军师中郎将。古时候可以破格用人，我们为什么不可以大胆提拔。"

在1958年5月的中共八大二次会议上，他特别强调了青年人的作用。他说："从古以来，发明家创立新学派的，在开始时都是青年，学问比较少的、被人看不起的、被压迫的人，这些发明家在后来才变成壮年、老年，变成有学问的人。这是不是一个普遍的规律？不能完全肯定，还要调查研究。但是，可以说多数如此。为什么？这是因为他们方向对，学问再多，方向不对，等于无用。"

1964年3月，毛泽东在一次谈话中再次强调："现在必须提拔年轻干部。赤壁之战，群英会，诸葛亮那时二十七岁，孙权也是二十七岁，孙策起义时只有十七八岁，周瑜死时才不过三十六岁，那时也不过三十岁左右，鲁肃四十岁，曹操五十三岁。事实上，青年人打败了老年人，长江后浪推前浪，世上新人赶旧人。"

毛泽东对周瑜的评价，反映了他重用和提拔青年干部的一贯思想，也是对周瑜这位青年军事家的高度褒扬。

二、"后起之秀"周瑜

在正史的记载中，周瑜可以说是个完美的人。他不仅聪明俊秀、胆略过人，而且有非凡的风度和品德。他人如其名，是个风度翩翩、内外皆秀的人，就像是一块完美无瑕的美玉。在品德上，《三国志》中记载，他举贤荐能可比鲍叔；折节为国可比蔺相如；谦礼忠君无人能比；气度恢弘众将诚服。可见，毛泽东把周瑜称为"后起之秀"，一点也不夸大。

（一）举贤荐能

周瑜尽管才华过人，但毫无嫉妒之心，鲁肃就是周瑜推荐的。在病重之时他写信给孙权推荐鲁肃代替他，赞扬鲁肃"智略足任"。而鲁肃果然不负厚望，竭力辅佐孙权，为孙氏基业立下了不少功勋，东吴政权由此稳定下来，这也可谓是周瑜慧眼独具的结果。

鲁肃（172—217），字子敬，临淮东城（今安徽定远东南）人，三国时期东吴著名政治家、外交家和战略家。早年袁术听说了鲁肃的名字，请为东城长，鲁肃看袁术不能成就霸业，便率部属百余人随周瑜到江南，经周瑜的推荐，成为孙权的参谋，很早就为孙权谋划了成就帝业的战略计划，深受孙权器重。赤壁战前，鲁肃在联合刘备、劝说孙权抗曹等方面都起了极为重要的作用。在赤壁之战中，作为赞军校尉协助周瑜取得赤壁之战的胜利。赤壁战后，鲁肃从大局考虑，又劝说孙权将荆州借给刘备，继续巩固孙刘联盟。周瑜去世后，鲁肃接任他的位置，任奋武校尉，负责处理荆州事务，继续与刘备维持盟好关系。

鲁肃家境很好，是个大财主。在东汉末年，群雄四起，天下大乱，而鲁肃广济穷人，结交贤能，深受乡民们爱戴。当时周瑜任居巢长，他听闻鲁肃之名，带数百人来拜访，请他资助一些粮食。尽管二人素不相识，但周瑜刚说出借粮之意，鲁肃毫不犹豫，立即点头同意赠三千斛米给他。经此一事，周瑜确信鲁肃是与众不同的人物，主动与他相交，两人成为莫逆之交。

不久，周瑜东渡长江，投奔孙策，鲁肃与他同行。见到孙策后，孙策很赏识鲁肃。后来，孙策去世，孙权仍住在吴郡。周瑜劝鲁肃辅佐孙权，并向孙权推荐鲁肃，说他有才干，可为辅佐之臣。还建议孙权应该多方搜罗鲁肃这样的人才，以成就大业，不能让他们流散外地。

孙权立即约见鲁肃，与其交谈，非常高兴。等在场宾客起身退出时，鲁肃也告辞而出。但不一会儿，鲁肃又被孙权悄悄领了回来，合榻对饮。

孙权对鲁肃说："今汉室倾危，四方云扰，孤承父兄余业，思有桓文之功。君既惠顾，何以佐之？"

鲁肃答："昔高帝区区欲尊事义帝而不获者，以项羽为害也。今之曹操，犹昔项羽，将军何由得为桓文乎？肃窃料之，汉室不可复兴，曹操不可卒除。为将军计，惟有鼎足江东，以观天下之衅。规模如此，亦自无嫌。何者？北方诚多务也。因其多务，剿除黄祖，进伐刘表，竟长江所极，据而有之，然后建号帝王以图天下，此高帝之业也。"

孙权又说："今尽力一方，冀以辅汉耳，此言非所及也。"（《三国志·吴书·鲁肃传》）

从此，孙权却对鲁肃另眼相看，非常器重。鲁肃也尽力辅佐孙权，每遇大事，他都参赞谋划，且思深虑远，有过人之明。

建安十三年（208），孙权命甘宁西攻江夏（今湖北武汉武昌区），斩太守黄祖，然后准备夺取荆州（今湖北荆州）。七月曹操开始南征，集结大军于南阳（今河南南阳）。八月，刘表病死。鲁肃提出代表孙权去荆州吊丧，了解情况。孙权批准了他的请求。他到达南郡（今湖北江陵东北）时，刘表的儿子刘琮已经献出荆州降曹，刘备准备南撤渡江。鲁肃当机立断，去找刘备，力劝刘备和东吴联合抗曹。

孙权得知曹操准备沿江东下，召集众位将领商议，将领们都劝孙权降曹，唯鲁肃不发一言。

孙权起身如厕，鲁肃跟到屋檐之下。孙权明白鲁肃的意思，就拉着他的手说："卿欲何言？"鲁肃回答说："向察众人之议，专欲误将军，不足与图大事。今肃可迎操耳，如将军，不可也。何以言之？今肃迎操，操当以肃还付乡党。品其名位，犹不失下曹从事，乘犊车、从吏卒，交游士林，累官故不失州郡也。将军迎操，欲安所归？愿早定大计，莫用众人之议也。"

孙权听完，叹息道："此诸人持议，甚失孤望；今卿廓开大计，正与孤同，此天以卿赐我也。"（《三国志·吴书·鲁肃传》）

当时周瑜正在外地，鲁肃劝孙权将他召回。周瑜归来，更坚定了孙权抗曹的决心。孙权授权周瑜，让他主持战事，任命鲁肃为赞军校尉，帮助周瑜出谋划策，终于在赤壁大败曹兵。

（二）气度恢弘

虽然周瑜年纪较轻，但他却有着恢弘的气量。他待人十分谦恭有礼。开始时，孙权只是将军，诸将及宾客对他礼仪并不全备，比较草率。只有周瑜对孙权敬慎服事，完全按君臣之礼来对待。尽管他年纪很轻就被委以重任，但他并不因为自己位高权重就对下属傲慢无礼，他注重以德服人。在老将程普欺辱与他的情况下，他仍能折节相容，表现出了大将的气度。

在后来的小说《三国演义》中，把周瑜描写成了一个气量狭小、嫉贤妒能的人，当他发现自己的才智不如诸葛亮时，就千方百计想要谋害诸葛亮，但计谋一次次被诸葛亮所打破，他气到箭疮迸裂、不省人事，甚至临死时还发出了"既生瑜，何生亮"的长叹。尽管这一连串的斗智斗勇，情节紧凑、极为生动，但是却为不符合史实的文学创作，根本就是子虚乌有。作者之所以进行这样的描写，也在于大力烘托诸葛亮的神机妙算。试想，一个如此出色的周瑜，都无法战胜诸葛亮，就可想而知，诸葛亮有多厉害了。而事实是，周瑜年长诸葛亮六岁，当他弱冠之年就屡立战功时，诸葛亮还是个少年人，等到诸葛亮二十七岁出山时，两人已在历史舞台上整整相距了十二年，可以说分处两个不同阶段的人。周瑜所处的时代，是前三国时期，那时候，天下大乱，群雄逐鹿，大势未定。而诸葛亮所处的时代，则是后三国时期，当时，三分天下的大势已定，可以说诸葛亮对于天下大势没有造成决定性的影响。

三国时期，能够影响天下大势的有三个人：一是曹操，曹操挟天子以令诸侯，统一了北方；二是司马懿，司马懿对完成了统一，结束三国奠定了基础；三就是周瑜，是他帮助孙策平定江东，又成为托孤重臣，协助孙权制衡曹刘两方，造成了天下三分的情形。《三国名臣赞序》两次提到周瑜对三分天下的决定作用："晚节曜奇，则三分于赤壁"，"卓卓若人，曜奇赤壁。三光参分，宇宙暂隔"。

周瑜在主张抗曹时，也是敢以数万敌百万，但他并不是逞匹夫之勇，而是对于敌我形势进行了充分的分析，具备战略家的素质。

（三）非凡才干

周瑜的才干更是有目共睹。在他短暂的一生里，散发着灿烂夺目的光芒，无人能掩。在晋陈寿《三国志》中，陈寿多次以"英隽异才""王佐之才""年少有美才""文武筹略，万人之英"等词来形容周瑜，可见周郎之才气。周瑜的才华，是一种锐意进取的少年朝气，他自信飞扬，有无法抵挡的英气。他早年的征伐为孙氏政权的建立立下了汗马功劳，在赤壁之战这个著名的战役中，他更是功不可没。在赤壁之战结束之后，他名声大振，开拓荆州，图谋进军中原，但英年早逝，让东吴的王图霸业成为泡影。

对周瑜的才干，刘备、曹操、孙权都有着清楚的认识。刘备曾私下挑拨周瑜和孙权的关系说，"公瑾文武筹略，万人之英"，只是他"器量广大，恐不久为人臣耳"。曹操也不肯服输，曾经写信给孙权，有意贬低周瑜在赤壁之战中的作用。他说，赤壁之战，正赶上我的将士们染病，于是，我自己烧船退却，没想到，这下倒使周瑜成了名。不管别人怎样评价，对于周瑜的功绩，孙权还是心中有数的。他在周瑜去世后痛哭流涕，说："公瑾有王佐之才，如今短命而死，叫我以后依赖谁呢？"他称帝后，仍念念不忘周瑜，曾对公卿们说："没有周公瑾，我哪能称尊称帝呢？"周瑜死后，孙权还曾与陆逊谈论周瑜："公瑾雄烈，胆略兼人，遂破孟德，开拓荆州，邈焉难继，君今继之。"周瑜的功绩，由此可见一二。周瑜还是历史上有名的儒将，风度之好，令人折服。虽为武将，但他不是粗莽武夫，反而风雅超群，可以说能文能武。他还精通音律，在宴会上，觥筹交错之间，他虽有三分醉意，但乐师弹错了曲子，他也能够听出来，并回头看向传来错误乐曲的方向。所以，"曲有误，周郎顾"成为留传千古的一段佳话。

周瑜英年早逝，留给后人的印象也是一个充满蓬勃朝气的人。他分析战争形势，胸有成竹，指点江山，游刃有余，有一种谈笑间定天下的从容大气。待人谦和有礼，和他战场上的雄姿英发构成一个鲜明的对比。周瑜的身上，集结了众人的优点，有关羽之忠烈节义，有赵云之骁勇善战，有孙策之英明果决，有诸葛亮之智慧淡定，刚和柔在他的身上，完美地融合在一起，所以苏轼写下了这样的句子"遥想公瑾当年，小乔初嫁了，雄姿英发，羽扇纶巾，谈笑间，樯橹灰飞烟灭"，想一想当年意气风发的周瑜，何等令人心驰神往。

三、"周瑜是政治家"

周瑜雄才伟略，不仅体现在能征善战上，他对于天下形势的估计和政治权力的分析更是体现了他卓越的政治眼光。所以，毛泽东才会肯定地说"周瑜是政治家"。

（一）反对送质

当曹操在官渡之战打败袁绍后，志得意满，认为自己图谋天下的时刻到了。于是，他在建安五年（200），"策薨，权统事。瑜将兵赴丧，遂留吴，以中护军与长史张昭共掌众事"。建安七年（202），曹操下书责令孙权，让他把儿子送到自己这里来做人质，以对孙权产生震慑之意。而孙权是个胸有大志的人，他自然不愿如此受制于人，但考虑到实力相差太大，担心会因此开战，便召集了群臣会商。众臣下议论纷纷，意见不一，张昭、秦松等重臣，犹豫再三，不能决断。

孙权虽然不愿意送子为质，但由于没有得到强有力的支持，也有点举棋不定。想到兄长孙策临死前说的"内事不决问张昭，外事不决问周瑜"，于是，他专门征求周瑜的意见。周瑜立场坚定，坚决反对送人质，他给孙权分析利害。裴松之注引《江表传》说：

"曹公新破袁绍，兵威日盛，下书责权质任子。权召群臣会议，张昭、秦松等犹豫不能决，权意不欲遣质，乃独瑜诣母前定议。"瑜曰："当年楚君刚被封到荆山之侧时，地方不够百里。他的后辈既贤且能，扩张土地，开拓疆宇，在郢都建立根基，占据荆州扬州之地，直到南海。子孙代代相传，延续九百多年。现在将军您继承父兄的余威旧业，统御六郡，兵精粮足，将士都肯卖力。而且，开山铸造铜钱，煮海水制造食盐，国家十分富饶，泛舟举帆，朝发夕至，人心安定，战士强劲勇敢，可以说所向无敌，为什么要送质于人呢？人质一到曹操手下，我们就不得不与曹操相呼应，也就必然受制于曹氏。那时，我们所能得到的最大的利益，也不过就是一方侯印、十数仆从、几辆车、几匹马罢了，哪能跟我们自己创建功业称孤道寡相提并论呢？为今之计，最好是不送人质，先静观曹操的动向和变化。如果曹操能遵行道义，整饬天下，那时我们再归附也不晚；如果曹操骄纵、图谋生乱，那么玩兵如玩火，玩火必自焚，将军您韬略勇敢足以抗拒威胁，只要静待天命即可，为何要送质于人呢？"

周瑜这番话，说到了孙权心里。孙权的母亲听了周瑜的话，也认为该这样做，她对孙权说："公瑾议是也。"孙母一锤定音，决断下来。又说："他比你哥哥只小一个月，我一向把他当儿子对待，你该把他当成兄长才是。"孙权便没给曹操送人质。

从这件事可以看出，周瑜有着长远的眼光，并不为一时的力量悬殊而妄自菲薄。他懂得分析自己的优势和劣势，同时能够预见到未来的形势变化，也能够顺应时势，可以说是拥有一个卓越的政治家才有的胸襟和胆识。

（二）巧用连环计

周瑜是个少年得志的青年将领，视孙策为挚友，忠贞不二。到孙策被刺身亡，他承担重托，继续辅佐孙权，对于孙氏集团的发展壮大鞠躬尽瘁。曹操慕其才华，曾经派蒋干前去游说周瑜，希望他能为自己所用。

《三国志》记载，蒋干"有仪容，以才辩见称，独步江、淮之间，莫与为对"。蒋干受命后，头戴葛巾，身着布衣，装作闲游，去见周瑜。周瑜一见蒋干，就猜出了他的来意，于是问他："子翼真是用心良苦，居然远涉江湖，不是来替曹操来做说客的吧？"蒋干见周瑜一下子就道破他的来意，觉得十分慌乱，急忙掩饰说："我和你本来也算得上乡亲了，是因为听说了您的美名特来拜会，怎么能怀疑我是曹操的说客呢？"周瑜说：

"我虽然才能不及夔和师旷，算不上知音，但也能听曲而解意了。"言下之意，是在告诉蒋干，虽然你不肯明说，但你的来意我是清清楚楚的。蒋干听了，表情更加尴尬。

周瑜还是请蒋干进入营帐，摆设酒宴，盛情款待。随后，周瑜还领着他遍观军营，检视仓库和军资器仗，然后，仍然置酒高会。席间，周瑜不但向蒋干展示了自己的侍从、服饰、珍宝，还对他说："丈夫处世，遇知己之主，外托忠臣之义，内结骨肉之亲，言行计从，祸福共之。即使苏、张更生，郦叟复出，犹抚其背而折其辞，岂足下幼生所能移乎！"这样一来，周瑜的意思表露无遗，蒋干连一句劝说的话都说不出来，只好无奈地微笑。等到回去见了曹操，蒋干只能大肆宣扬周瑜器量端雅，趣致高卓，言词说不动他。

在《三国演义》第四十五回《三江口曹操折兵　群英会蒋干中计》中，周瑜对于蒋干其人，还曾经用过绝妙的计策，有一个有趣的故事。当时，赤壁之战在即，曹操有百万大军，雄踞长江北岸，和东吴军队隔江对峙，尽管准备大战一场，但周瑜并没有胜算。

曹操的士兵都是北方人，不习水战，幸得荆州降将蔡瑁、张允为水军都督。这二人都是久经沙场的大将，谙习水战之法。周瑜想到只要除掉这二人，这场战争就轻松多了。但他一再谋划，都没有想到什么好主意除去这两个人。

一天，周瑜正在帐中议事，部下传报"故人蒋干相访"。周瑜想蒋干虽和他自幼同窗，但是曹操手下的谋士，两人各为其主，并无来往。这时候，蒋干来访，一定是来劝降的。他眉头一皱，计上心来，连忙吩咐众将依计而行，随后带着众人亲出帐门迎接。二人相见，寒暄一番，周瑜挽着蒋干的手臂同入大帐，设盛宴款待蒋干，请文武官员都来作陪。席上，周瑜待蒋干十分熟络，并解下佩剑交给大将太史慈，命他掌剑监酒，吩咐道："蒋干和我是同窗契友，虽从江北到此，却不是曹操的说客，诸位不要心疑。今日宴席之上，只准共叙朋友旧交，有人提起两家战事，即席斩首！"蒋干听了，面色如土，自然不敢多言。周瑜又对蒋干说道："我自领兵以来，滴酒不饮，今日故友相会，正是：江上遇良友，军中会故知。定要喝它个一醉方休！"说罢，传令奏起军中得胜之乐，开怀畅饮。周瑜喝得兴起，意气风发地说："在座各位，都是江东豪杰，今日之会，可称作'群英会'！真是同窗契友会'群英'，江东豪杰逞威风！"

宴会过后，周瑜主动要求和蒋干同榻而眠。说着，便装醉睡去了。蒋干看周瑜睡着，便摸到桌前，拿起一叠文书偷看起来。正翻着，忽见里面有一封书信，细看却是曹操的水军都督蔡瑁、张允写给周瑜的降书。蒋干一看，大吃一惊，慌忙把信藏在衣内。

第二天清晨，有人入帐叫醒周瑜，说道："江北有人到此。"周瑜急忙止住他，看看蒋干，蒋干只装熟睡。周瑜和那人轻轻走出帐外，又听那人低声说道："张（允）、蔡（瑁）二都督道：'急切不得下手，……'"声音越来越低。蒋干心中着急，可又不敢乱动。不一会儿，周瑜回来躺下睡了。蒋干等周瑜睡熟，偷偷地爬起来，径直走出军营，守营军士也不阻拦。他来到江边，寻着小船，飞一般驰过长江，回见曹操。

曹操听了蒋干所见情形，大怒，下令斩杀蔡瑁和张允。等到曹操醒悟过来，为时已晚。然而周瑜想到双方实力相距甚大，仍然不能安心。这时避难江东的庞统想出了连环计破曹，但苦于找不到一个合适的理由让庞统过江骗过曹操。正在周瑜为此发愁时，蒋干再次来到东吴。这下子，他们搭上了一个最好的通道，由蒋干把庞统引见给了曹操。曹操早就听闻名士庞统的大名，再听了他的连环计，心中感觉很妙。于是就按照庞统的建议，把大小战舰都连在一起，让不习惯颠簸的士兵更好地习练。

就这样，周瑜的计策再次成功，赤壁一战稳操胜券。正是利用了腐儒蒋干，周瑜才能够在这场大战中一举成功。周瑜在赤壁之战前夕的准备工作中，显示了一个军事家的运筹帷幄和政治家的深谋远虑。

笔者以为"连环计"，是由裴松之注引《江表传》生发而来。

（三）赤壁大战

1958 年 5 月 8 日，毛泽东在中共八大二次会议第一次会议上讲《破除迷信》问题时说："周瑜、孔明都是年轻人。孔明二十七岁当军师。程普是老将，他不行。孙权打曹操，不用他，而用周瑜做都督。程普不服，但是，周瑜打了胜仗，周瑜死时才三十六岁。"（王子今：《毛泽东与中国史学》，中共中央党校出版社 1993 年版，第 199 页）

建安十三年（208）九月，曹操占领荆州之后，收降刘琮的八万人马，拥有大军数十万，实力陡增，骄横益甚。扬言要顺流而下，席卷江东。行前，曹操写信给孙权，信中说，我奉旨南征，刘琮束手就擒。如今我训练了大军八十万，准备与您会猎江东。面对曹操的挑战，东吴的很多谋臣都感到很惊恐，纷纷劝说孙权投降曹操。其中以张昭为首，都说："曹公豺虎也，然托名汉相，挟天子以征四方，动以朝廷为辞，今日拒之，事更不顺，且将军大势，可以拒操者，长江也。今操得荆州，奄有其地，刘表治水军，艨艟斗舰，乃以千数，操悉浮以沿江，兼有步兵，水陆俱下，此为长江之险，已与我共之矣。而势力众寡，又不可论。愚谓大计不如迎之。"当时，周瑜身处外地，只有鲁肃等少数主战派，难以说动众人。所以，鲁肃建议孙权叫周瑜回来。

周瑜一回东吴，就力挽狂澜，竭力主战，并说服了孙权。他认为，曹操虽然是汉朝丞相，其实是汉朝的奸贼。他对孙权说："以将军的神明威武和雄才大略，再加上父兄的威望，割据江东，占地几千里，兵精粮足，英雄豪杰都乐于效劳，这正是横行天下，为汉朝除去残暴的大好时机。曹操是自己来送死，难道我们还要去迎接他？请让我来分析一下，如今假设北方已完全稳定，曹操无后顾之忧，能持久地和我们争城夺地，但是否能与我们在水上一决胜负呢？况且现在北方并没有平定，加上马超、韩遂还割据潼关以西之地，实际上是曹操的后患。再说曹军舍去骑兵，依靠舟船，和我们吴越人较量，本来就不是中原士兵的长处。如今又赶上天气寒冷，马无草料，曹操驱使中原的士兵远涉江湖之间，水土不服，必生疾病。以上我所列举的四点，都是用兵者的大忌，但是曹操却冒险行动。将军要活捉曹操，就在今天了。我请求带领精兵三万，进驻夏口，保证为将军打败曹操。"

听了周瑜入情入理的分析，孙权抗曹的决心坚定了。他拔出佩刀，砍下几案的一角，说："诸将吏敢复有言当迎操者，与此案同！"（裴松之注引《江表传》）这下子，其他的大臣不敢多言。孙权又说："曹操老贼早就想废掉汉帝自己做皇帝，只是担心二袁、吕布、刘表和我反对而已。如今这几位英雄已被他消灭，只有我还在江东，我与老贼势不两立。你说应当抗击，这和我的想法完全一致，这真是上天要我成大事，就将你赐给我呀！"（《三国志·周瑜传》）

为了坚定孙权的信心，周瑜又单独进言分析当前形势，说："大臣们一见曹操的战书上写有水步兵八十万，心中恐惧，也不认真推测一下虚实，就提出了降敌的见解，这是没道理的。现在，我们可以认真地估算一下，曹操所带的中原士兵，最多十五六万，而且是经过长途跋涉、疲惫不堪之众；收降刘表的人马，最多不过七八万，而且这部分人尚心怀观望、怀疑，并非一心一德。曹操统御着这些疲惫病弱、狐疑观望的士兵，人数虽多，何足畏惧？我们只要有精兵五万就完全可以战胜他。请您不要迟疑，不要有所顾忌。"

孙权听了，更加没有疑虑，用手抚摸着周瑜的后背，很感动地说："公瑾之言，大合我心！张昭等人，顾惜家人妻小，只为小我考虑，真让我失望。只有你与鲁肃的看法跟我一致，这是老天让你们二人来辅助我的！五万人，一时难以凑全，但我已选好三万人马，船只粮草和各种战具也已准备妥当，你和鲁肃、程普马上就可以带兵出发。我会继续调发人众、粮草，做你的后援。你能一战破曹，当然好，假如遇到挫折，就回来找我，我将与曹操决一死战！"（裴松之注引《江表传》）

这时，刘备在当阳（今湖北省当阳）被曹操打败，想率人马南渡长江，在当阳和鲁肃相遇，便一起商讨对付曹操的计策。刘备率军驻扎在夏口，派诸葛亮来拜见孙权，在共拒曹操的问题上取得了一致。于是，孙权派周瑜和程普等人率军与刘备合力抗曹，两军在赤壁相遇。此时，曹军中已有不少士兵患病，刚一交战，曹军就败退江北，周瑜等人驻扎在南岸。周瑜的部将黄盖说："现在敌众我寡，不能同他们久战。但我看到曹军的船舰首尾相连，可以用火攻来打败他们。"于是，周瑜调来几十艘艨艟斗舰，装满柴草并在中间浇满油脂，外面披上帷幕，上面插上牙旗，事先让黄盖写信告诉曹操要去投降，将快艇系在大船后面依次向前驶去。接近曹军时，急令解开船只，同时点火，当时风势很猛，大火很快就蔓延到岸上的营寨。顷刻之间，曹营烟火冲天，人马被烧死和淹死的不计其数，曹军被迫向南郡撤退。刘备与周瑜又挥军全力追击，曹操留下曹仁等防守，自己率残兵退回北方去了。这就是历史上著名的以少胜多的典型战例——赤壁之战。

只要看赤壁之战前周瑜为孙权分析的天下形势，就能够看出周瑜是个卓越的军事家和政治家。他不人云亦云，而是能够冷静理智地分析敌我形势，且能够高瞻远瞩，是当之无愧的少年英雄。

毛泽东在《论持久战》一书中指出："中国如晋楚城濮之战，楚汉成皋之战，韩信破赵之战，新汉昆阳之战，袁曹官渡之战，吴魏赤壁之战，吴蜀彝陵之战等等，外国如十月革命后的苏联内战，都是以少击众、以劣势对优势而获胜。"(《毛泽东选集》，第二卷，人民出版社1979年版，第491页)

在这里，毛泽东把刘备、孙权共抗曹操的大战称为"吴魏之战"，高度评价了东吴在这次大战中的决定作用，从而也肯定了作为东吴主帅的周瑜的历史功绩。

（四）巧施苦肉计

在赤壁之战中，周瑜之所以能大获战功，还有一个关键人物，那就是老将黄盖。

黄盖，字公覆，生卒年不详，零陵泉陵（今湖南零陵）人。东汉末年江东孙氏部下名将，历仕孙坚、孙策、孙权三任君主。官至偏将军、武陵太守。我们常说的歇后语"周瑜打黄盖——一个愿打，一个愿挨"，就是黄盖的故事。黄盖是南阳太守黄子廉的后代，随其祖父迁泉陵（今永州零陵区）。初为郡吏，后举孝廉。

东汉末年，随孙坚起兵讨伐董卓，以功授别部司马丹阳令。孙坚死后，效忠孙坚之子孙策、孙权，先后做过石城、春谷、浔阳等九县县令，为山越族所佩服。

黄盖能征善战、有谋有勇，擅长使铁鞭，作战十分勇猛，一生立过无数战功。黄盖小时候家里很穷，他靠卖柴来维持生活，但他很喜欢读书，也很刻苦。他希望能够通过自己的努力出人头地。作为东吴的一员大将，黄盖在赤壁大战中，起到了十分关键的作用。

在《三国演义》第四十六回《用奇谋孔明借箭　献密计黄盖受刑》中，对于黄盖巧用苦肉计及周瑜使用连环计进行了详尽的描述，故事十分引人入胜。当时，诸葛亮草船借箭后，和周瑜不谋而合，都提出了火攻曹操的作战计划。正在此时，曹操也派了荆州两位降将蔡和、蔡中兄弟前来周瑜大营，诈称投降。周瑜心中明白他们是诈降，但还是将计就计接待了这两个人。然后他故意设下圈套。

一天，周瑜正在帐内休息，黄盖来见，献计说他想出了火攻曹操的作战方案。周瑜和黄盖密谋说，他正在准备利用前来诈降的蔡氏兄弟对曹操施行诈降计，但为了让曹操受骗，需要有人受皮肉之苦。黄盖当即表示，他是东吴的大将，受孙氏大恩，如果由他来承受重刑，自然可以骗过曹操。周瑜同意了。

第二天，周瑜召集诸将来军中议事，他让诸将各领取三个月的粮草，分头做好破曹的作战准备。黄盖毫不客气地打断他说，别说三个月了，就算是所有的兵士领取三十个月的粮草，也别想打败曹操。如果能打败曹操，就只能在一个月之内。而如果一个月之内没有胜算，还不如束手投降。周瑜一听这种动摇军心的论调，大怒，喝令左右把黄盖推出去斩首。黄盖并不示弱，而是高声叫喊着，他是江东旧臣，资历比周瑜老多了，周瑜这个毛头小子，他根本不放在眼里。周瑜听了这话，更加怒不可遏，当即命令要马上砍了黄盖的头。别的将领看到这两员重将越闹越烈，生怕出了大事，忙来劝解。大将甘宁以黄盖乃东吴旧臣为由，替黄盖求情，被一阵乱棒打出大帐。众文武一见大都督火冲脑门，老将黄盖眼看被斩，就一齐跪下，苦苦为黄盖讨饶。

　　周瑜看大家都为黄盖求情，就把斩立决改为重打一百脊杖。众文武还觉得杖罚过重，仍苦求周瑜手下留情。周瑜此次寸步不让，他掀翻案桌，斥退众官，喝令速速行杖。行刑的士兵把黄盖掀翻在地，剥光衣服，狠狠地打了五十脊杖。众官员见状再次苦苦求免，周瑜这才恨声不绝地退入帐中。几乎所有的文武官员都觉得周瑜太绝情，只有周瑜和黄盖二人知道，这是他们演给曹操看的一场苦肉计，要借蔡氏兄弟把这个消息传给曹操。

　　五十脊杖把黄盖打得皮开肉绽，鲜血迸流，一连昏死过去几次。当行刑完毕，黄盖被抬回自己的营帐后，将领们纷纷前来探望他。他只是长吁短叹，对于这个计谋一字不提。而他的密友阚泽抱着怀疑的态度前来视疾时，黄盖才道出了实情，并转请素有忠义和胆识的阚泽替他潜去曹营代献诈降书信。

　　曹操是何等的老谋深算，对于黄盖这样的老将要背叛东吴，他更是将信将疑。但阚泽既具胆识，又能言善辩，最终使曹操不得不信。恰在此时，已混入周瑜帐下的蔡中、蔡和两人也遣人送来了周瑜怒杖黄盖的密报。阚泽离开曹营回去之后，又使人给曹操带去了密信，进一步约定了黄盖来降时的暗号和标识。这期间，蔡和、蔡中也从江南为曹操暗通消息。这时，曹操对于黄盖"投降"一事深信不疑了。

　　为了能够在战斗中更有胜算，周瑜还巧用连环计，让曹操的战船都用铁索捆在一起。面对稳如泰山的战船阵，曹操很得意，踌躇满志。建安十三年（208）十一月二十日，孙刘联军方面已做好大战前的准备与部署。诸葛亮设坛祭风三日，是夜将近三更时分，果然东南风渐起，并越来越急。黄盖也将准备好的二十只大船，装满芦苇干柴，浇上鱼油，铺好引火用的硫黄、焰硝等物，然后用青布油单遮盖好，船头还钉满大钉，船上又树起诈降的联络标识"青龙牙旗"。每条大船后面各系着行动便捷的小船"走舸"。黄盖还特派小卒持书与曹操约定当晚来降。周瑜也安排好接应黄盖的船只和进攻的后续队伍。

　　江北的曹操，正在大寨中与诸将等待消息时，黄盖的密信送到。信中称，因周瑜关防甚严，黄盖一时无计脱身。巧遇鄱阳湖运粮船队到寨，周瑜遂命黄盖巡逻，这才有了出营的机会。于是，定于当晚二更来降，插着青龙牙旗的船队就是来降的粮船。

曹操见书大喜，与诸将来到水寨的大船之上，专等黄盖的到来。黄盖座船的大旗上，写着"先锋黄盖"四个大字。他指挥着诈降的船队，趁着呼呼的东南风向北岸疾进如飞。当曹操看到黄盖的船队远远驶来时，高兴异常，认为这是老天保佑他成功。但曹操的部下程昱却看出了破绽，他认为满载军粮的船只不会如此轻捷，恐怕其中有诈。曹操一听有所醒悟，立即遣将驱船前往，命令黄盖来船于江心抛锚，不准靠近水寨。但为时已晚。

此时，诈降的船队离曹军水寨只有二里水面，黄盖大刀一挥，前面的船只一齐放火。各船的柴草、鱼油立即燃烧起来，火乘风威，风助火势，船如箭发，冲入曹操水寨。曹军战船一时俱燃，因各船已被铁锁连在一起，所以水寨顿时成为一片火海。大火又迅速地延及北岸的曹军大营。危急中，曹操在张辽等十数人护卫下，狼狈换船逃奔北岸。孙刘的各路大军乘胜同时并进，曹军被火焚水溺、着枪中箭而死的不可胜数，曹操本人也落荒而逃。

周瑜和黄盖巧施苦肉计，能够骗过老谋深算的曹操，可以说是智谋上的一次胜利。可见，周瑜在谋略之上，不输于枭雄曹操。

（五）战后有远虑

赤壁之战后，周瑜又与程普进军南郡（今湖北江陵），隔着大江和曹仁对峙。两军还没有交锋，周瑜就派甘宁去占领了夷陵（今湖北宜昌）。曹仁抽出部分步兵、骑兵围攻甘宁，甘宁向周瑜告急。周瑜采用吕蒙的计策，留下凌统守卫后方，自己和吕蒙一起到上游去援救甘宁。甘宁之围解除后，周瑜就渡过长江到北岸驻扎，约定日期与曹仁交战。周瑜亲自骑马督战，不幸被敌箭射中右肋，伤势很重，便回到营地。曹仁听说周瑜卧床不起，便加紧攻打。周瑜强打起精神到军营巡视，激励官兵的士气。曹仁闻讯，只好率军退走。

孙权拜周瑜为偏将军并兼任南郡太守，以下隽、汉昌、刘阳、州陵作为他的封邑，让他驻守在江陵。刘备以左将军的身份兼任荆州牧，驻扎在公安。刘备去拜见孙权时，周瑜上疏说："刘备以勇悍雄杰的姿态，又拥有关羽、张飞这样的熊虎之将，一定不会长期屈服、受他人支配。我认为最好的方法是把刘备迁移安置到吴郡，大兴土木为他建造宫室，多送他一些美女和珍奇的玩物，使他的耳目感官得到享受；再把关羽、张飞分开，安置在不同的地方，让像我这样的人指挥他们作战，大事就好办了。现在分割土地来资助他们，这三个人聚集在边界地带，恐怕是蛟龙得到了云雨，最终就不再是水池可以容纳得下的了。"

孙权认为曹操在北方，应广泛招纳英才，又担心刘备最终难以制服，所以没有采纳周瑜的建议。

这时刘璋做益州牧，外面有张鲁的抢夺侵扰。周瑜进京拜见孙权说："如今曹操刚刚遭受挫折，心中正在发愁，不能和将军交战。我请求和奋威将军孙瑜一同去攻打蜀地，得到西川，攻灭张鲁，然后让奋威将军孙瑜镇守那里，和马超相互救援。我率军回来，再和将军占据襄阳（今湖北襄阳），进而逼攻曹操，北方就有被攻克的希望了。"孙权同意了周瑜的建议。

周瑜病亡时，年仅三十六岁。周瑜死后，孙权穿上丧服为他举哀，左右深为感动。周瑜的灵柩要运回吴郡，孙权亲自到芜湖迎接，各项费用一概由官府供给。孙权后来又专门颁布命令说："故将军周瑜、程普，其有人客，皆不得问。"

无论是对敌我力量形势的分析，还是采纳部下的建议；无论是战争中对士气的鼓励，还是战后献策用美女珍玩来迷惑刘备，都是周瑜这个年轻将领政治眼光的体现。怪不得在 1959 年 8 月 1 日时，毛泽东在庐山召开常委会就政治挂帅和军委工作批评彭德怀不能和其他元帅搞好团结："大权独揽，小权分散，参加中央的会，等于没参加。周瑜是政治家，程普开始不顺从，他是老将军，同当左右都督。你为何不能容纳这些元帅，无非乱中求治，没有周瑜那种气概，年龄比周瑜大，经验也多。其他元帅经验不见得比你多，也没程普那么老。元帅团结在自己周围，疙瘩解开。"（李锐《庐山会议实录》，河南人民出版社 1994 年版，第 199 页）

四、"少年新进"

毛泽东对于周瑜有着特殊的偏爱，不仅体现在他喜欢关于周瑜的诗词上，而且他在看到欧阳修的不同言论时，也会提出自己的看法为周瑜辩护。

（一）新进少年成大业

毛泽东喜欢诗词，其中以气势恢宏的豪放诗词更为他所喜，而苏轼的名作《念奴娇·赤壁怀古》无疑深受其钟爱，他曾经以奔放豪迈的草书来手书这个名篇。苏轼在创作这首词时，被贬官黄州。他借赞美周瑜的气魄和风姿，来抒发自己仕途坎坷、壮志难酬的情怀。但整阕词毫无萎靡之意，而是声势浩大，十分恢宏。对于周郎赤壁的回忆，都是激烈辽阔的战争场面。"乱石穿空，惊涛拍岸，卷起千堆雪"一句，表面是写长江的惊涛骇浪，实际则表现了战争的激烈和周瑜的英勇。毛泽东对于豪放的苏词的喜爱，除了文学角度的欣赏之外，自然也有对于周瑜业绩和风采的赞赏之意。

清代姚鼐的《古文辞类纂》中收有欧阳修《为君难论》一文，此文主要讲了君主的"用人"和"听言"。他认为，为君之难，听言比用人更难，因为言论有忠奸难辨、贤愚不明的情况，主观判断往往和客观效果不一致。

欧阳修讲了两个例子来说明：

这两个例子，一是战国时的秦赵长平之战。本来是老将廉颇镇守长平，但赵孝成王不用老将廉颇，而任用纸上谈兵的新将赵括，结果招致大败。二是秦楚之战。秦始皇要征讨楚国，问年轻的战将李信该带多少兵，李信答："二十万人足矣。"秦始皇再问老将王翦，王翦答："非要六十万人不可。"秦始皇一听，就不满地说王翦胆怯。于是给了李信二十万兵，让他去攻打，结果李信大败。而后，给了王翦六十万兵前往，王翦获胜。

由此，欧阳修得出结论：秦赵二国之君"乐用新进，忽弃老成，此其所以败也"；并阐述说，"大抵新进之士喜勇锐，老成之人多持重，此所以人主之好立功名者，听勇锐之语则易合，闻持重之言则难入也"。

可见在欧阳修看来，这两次战争的失败都是因为君主听信了年轻人的话，任用年轻人所致。如果能够使用老将，就不会落败。无疑，这种看法是片面的。

毛泽东在读这篇文章时，作了批注，提出了自己的不同意见："看什么新进。起、翦、颇、牧，其始皆新进也。周瑜、诸葛、郭嘉、贾诩，非皆少年新进乎？"（《毛泽东读文史古籍批语集》，中央文献出版社1993年版，第97—98页）

毛泽东的这一批注，看似简单，却包含了很深的涵义。在毛泽东看来，事业的成败不在于人的新进老成，而在于人是不是贤、是不是有能、是不是为将之材。他列举了少年英雄的故事，也说明了一些功勋卓著的老将也是从"少年新进"开始的，而且他否定了欧阳修关于少年新进误事的说法，而是客观地说明了关键问题在于使用什么样的新进，也就是要具体问题具体对待的思想。

（二）自古英雄出少年

毛泽东在批注欧阳修的《为君难论》时，列举了多位历史人物来进行说明，我们对此进行一一分析。

在批注中，毛泽东提到了三国时的周瑜、诸葛亮、郭嘉和贾诩四人，认为他们都是有头脑、有作为的"少年新进"。周瑜自然是当之无愧的少年英雄，他初入军旅时年仅二十余岁，而领兵挂帅大战曹军时，也只有三十出头。诸葛亮在众多的影视作品中往往被塑造成一个足智多谋的中年人形象，但刘备三顾茅庐相请时，诸葛亮不过二十七岁，自然也能够称得上"少年新进"，他同样为蜀的发展壮大立下了大功。

郭嘉（170—207）字奉孝，颍川阳翟（今河南禹州）人，是曹操部下最为主要的谋士之一，有奇计，为东汉末年著名军事家，有"鬼才"之称。郭嘉出身寒门，自幼胸怀大志。"少有远量"，自二十岁起便暗中交结有识之士（"自弱冠匿名迹，密交结英隽"），不与世俗之士交往（"不与俗接，故时人多莫知，惟识达者奇之"）。这些"英隽"里面包括荀彧（163—212，字文若，颍川颍阴（今河南许昌）人，东汉末年著名政治家、战略家）、辛评（？—204），字仲治，颍川阳翟人，东汉末年人物。曹魏卫尉辛毗之兄）、郭图（？—205，字公则，颍川人，东汉末年袁绍帐下谋士）等人，谈论时势。

最初，郭嘉投奔了实力较强的袁绍，袁绍对其非常恭敬。但郭嘉仅数十日就发现袁绍优柔寡断，不善用人，难成大业。他对同在袁绍帐下当谋士的辛评、郭图说："夫智者审于量主，故百举百全而功名可立也。袁公徒欲效周公之下士，而未知用人之机。多端寡要，好谋无决，欲与共济天下，大难，定霸王之业，难矣！"（《三国志·魏书·郭嘉传》）

随后，郭嘉毅然离去，一直赋闲了六年。建安元年（196），曹操颇为器重的谋士戏志才（162—196，名忠，字志才，东汉颍川郡，即今河南禹州人，经荀彧推荐，成为曹操手下谋士）早逝，曹操便写信给谋士荀彧，书中说："自志才亡后，莫可与计事者。汝、颍固多奇士，谁可以继之？"（《三国志·魏书·郭嘉传》）荀彧见信后，向曹操推荐了郭嘉。曹操将郭嘉接入自己的营帐，两人相谈许久后，曹操赞叹道："使孤成大业者，必此人也。"（《三国志·魏书·郭嘉传》）郭嘉对曹操的气度留下了深刻印象，也非常高兴地说："真吾主也。"（《三国志·魏书·郭嘉传》）曹操遂任郭嘉为司空军祭酒。

后来，在官渡之战和北征乌桓中，郭嘉发挥了重要的作用。郭嘉可以称得上是"少年新进"的人物，他死时年仅三十八岁。

此外，贾诩也是曹操帐下一位重要的谋臣。贾诩，字文和，姑臧人。董卓入洛阳，贾诩以尽尉掾仍平津都尉，后归占据南阳的董卓部将，并说服张绣投降曹操，多有建言。虽然他较曹操年长，但在年少时也是个很有奇谋的人，因此才得到举荐，开始了其谋士生涯。文帝（曹丕）时为太尉。

毛泽东还提到了一些战功卓著的沙场老将，如白起、王翦、廉颇、李牧，但同样意在指出他们虽然是老将，但在之前都是从"少年新进"开始的，直到多年以后，才成为战功卓著的老将，发挥了重要的历史作用。

白起（？—前258），也叫公孙起，郿（今陕西眉县东北）人。号称"人屠"，战国时期秦国名将。他和王翦、廉颇、李牧并称为战国四将。是中国历史上继孙武、吴起之后又一位杰出的军事家、统帅。白起的一生可谓战功赫赫，后人称之为"战神"。

白起并没有显赫的背景，也没有经过系统的兵家学习，是纯粹的"行伍出身"，从小兵开始，他是凭借着一次次的拼杀和战绩赢得了重用。可以说，他是一个典型的从基层起步的将领。

一开始秦国只是地处西陲的一个小国，商鞅变法后，国家逐渐强盛。秦昭王时，任用白起为将。随后，白起就开始了他的征战生涯，根据史实记载，白起一生征战三十余年，从未打过一次败仗。他素以深通韬略著称，既是高超的战术家又是高明的战略家。其指挥的战争规模之大、战斗之残酷世所罕见。

他征战六国，善用歼灭战，当时，六国军队只要听说是他带兵来战，就会吓得望风而逃。

《史记·范睢蔡泽列传》上记载，所有的国家都不敢与秦战，后面加了一个注释，就是因为秦人有此将军！据统计，他一生在战场上歼敌有一百余万人，这个数字，实在让人吃惊。他还指挥了历史上著名的长平之战。

当时，因为白起的计策成功，赵军大败，四十万赵兵投降。白起与人计议说："先前秦已攻陷上党，上党的百姓不愿归附秦却归顺了赵国。赵国士兵反复无常，不全部杀掉，恐怕日后会成为祸患。"于是使诈，把赵降卒全部坑杀，只留下二百四十个年纪小的士兵回赵国报信。长平之战，秦军先后斩杀和俘获赵军共四十五万人，赵国上下为之震惊。从此赵国元气大伤，一蹶不振。

虽有善始，但他功高遭忌，后秦攻赵都邯郸，他与秦王、相国范睢意见不合，被迫自刎。他伏剑自刎时说："我何罪于天而至此哉？"良久，又说："我固当死。长平之战，赵卒降者数十万人，我诈而尽坑之，是足以死。"（《史记·白起王翦列传》）于是自杀。

白起可以说是为秦国的统一战争作出了重大贡献，他被封为武安君，用兵老道，无人能敌，但这位每战必胜的老将军也是从"少年新进"开始的，毛泽东就是这样认为的。

王翦，频阳（今陕西富平东五十里）人，秦始皇的大将。同白起一样，他也是从基层做起的一位卓越军事家，他是继白起之后秦国的又一位名将，与其子王贲在辅助秦始皇统一六国的战争中立有大功，除韩国之外，其余五国均为王翦父子所灭。他一生的主要战绩有破赵国都城邯郸，消灭燕、赵，消灭楚国。

廉颇和李牧是战国时赵国名将。

廉颇，赵惠文王时任上卿，屡次战胜齐、魏等国。长平之战，坚壁固守三年，而秦不可破。后因赵孝成王中了反间计，任用只会纸上谈兵的赵括为将，遭到惨败。赵孝成王十五年（251），他战胜燕军，任相国，封信平君。一度与丞相蔺相如关系紧张，后摒弃前嫌，复又和好，传为佳话。京剧中有一出《将相和》，就是演绎他与蔺相如的故事的。赵悼襄王时不得志，奔魏居大梁（今河南开封）。后赵王多次为秦所败，派使者去看他，准备再次起用为大将。使者受其政敌的贿赂，还报赵王说："廉将军虽老，尚善饭，顷之三遗矢（屎）矣。"赵王以为他已衰老，不再起用。

李牧（？ —前228），长期守卫赵国北部边疆，打败东胡、林胡、匈奴。赵王迁三年（前233），率军向秦国反攻，在肥（今河北藁城西南）大败秦军，因功封武安君。后因赵王中秦反间计，被杀，秦遂灭赵。

由此可知，廉颇和李牧，在巩固边防、抵抗侵略方面立下了汗马功劳，作为老将，他们能够战无不胜，但之所以能够取得这些成绩，是他们从年少时就开始征战，如果没有年少时的基础，他们不可能成长为卓越的军事领袖。

五、为周瑜正名

在正史中，周瑜堪称完美：性情上雅量高志，为人上气量恢宏，智谋上运筹帷幄，胆略上英勇过人，业绩上战功赫赫，才华上文武双全，连相貌都无可挑剔。但因为《三国演义》的故事太深入人心，很多人心目中的周瑜形象却是很扭曲的。

（一）谁人草船借箭？

在小说《三国演义》第四十六回《用奇谋孔明借箭　献密计黄盖受刑》中，草船借箭的故事是这样的：

周瑜十分嫉妒诸葛亮的才干，就故意刁难诸葛亮，提出让诸葛亮在十日之内赶制十万支箭。诸葛亮却出人意料地说："操军即日将至，若候十日，必误大事。"他表示："只消三天的时间，便可纳十万枝箭。"周瑜一听大喜，当即让诸葛亮立下了军令状。在周瑜看来，诸葛亮无论如何也不可能在三天之内造出十万支箭，因此，到时候"军法从事"，诸葛亮必死无疑。

诸葛亮告辞以后，周瑜就让鲁肃到诸葛亮处查看动静，打探虚实。诸葛亮一见鲁肃就说："三日内如何能造得十万箭？子敬只得救我！"

忠厚善良的鲁肃回答说："公自取其祸，我如何救得你？"

诸葛亮说："望子敬借给我二十只船，每船军士三十人，船上皆用青布为幔，各束草千余个，分布两边。我别有妙用，第三日包管有十万支箭。只不可教公瑾得知。若彼知之，吾计败矣。"

鲁肃虽然答应了诸葛亮的请求，但并不明白诸葛亮的意思。他见到周瑜后，不谈借船之事，只说诸葛亮并不准备造箭用的箭竹、翎毛、胶漆等物品。周瑜听罢也大惑不解。

诸葛亮向鲁肃借得船只、兵卒以后，按计划准备停当。第一天，不见诸葛亮有什么动静！第二天，仍然不见诸葛亮有什么动静！直到第三天夜里四更时分，他才秘密地将鲁肃请到船上，并告诉鲁肃要去取箭。鲁肃不解地问："何处去取？"诸葛亮回答道："子敬休问，前去便知。"鲁肃被弄得莫名其妙，只得陪伴着诸葛亮去看个究竟。

凌晨，浩浩江面，大雾漫天，茫茫一片。诸葛亮遂命用长索将二十只船连在一起，起锚向北岸曹军大营进发。时至五更，船队已接近曹操的水寨。这时，诸葛亮又教士卒将船只头西尾东一字摆开，横于曹军寨前。随后，他又命令士卒擂鼓呐喊，故意制造了一种击鼓进兵的声势。鲁肃见状，大惊失色，诸葛亮却心底坦然地告诉他说，我料定，在这浓雾低垂的夜里，曹操决不敢毅然出战。你我尽可放心地饮酒取乐，等到大雾散尽，我们便回。

曹操闻报后，果然担心重雾迷江，遭到埋伏，不肯轻易出战。他急调旱寨的弓弩手六千人赶到江边，会同水军射手，共约一万多人，一齐向江中乱射，"箭如雨发"，企图以此阻止击鼓叫阵的"孙刘联军"。一时间，箭如飞蝗，纷纷射在江心船上的草把和布幔之上。过了一段时间后，诸葛亮又从容地命令船队调转方向，头东尾西，靠近水寨受箭，并让士卒加劲地擂鼓呐喊。等到日出雾散之时，船上的全部草把密密麻麻地排满了箭支。此时，诸葛亮才下令船队调头返回。他还命令所有士卒一齐高声大喊："谢曹丞相赠箭！"当曹操得知实情时，诸葛亮的取箭船队已经离去20余里，曹军追之不及，曹操为此懊悔不已。

船队返营后，共得箭十余万枝，为时不过三天。鲁肃目睹其事，即称诸葛亮为"神人"。诸葛亮对鲁肃讲，自己不仅通天文，识地利，而且也知奇门，晓阴阳，更擅长行军作战中的布阵和兵势，在三天之前已料定必有大雾可以利用。他最后说："我的性命系之于天，周公瑾岂能害我！"当周瑜得知这一切以后，大惊失色，自叹不如。

可是，在史实中，草船借箭确有其事，但借箭者并不是诸葛亮，而是孙权。根据《三国志·吴书·吴主传第二》裴松之注引《吴历》说，建安十八年（213）正月，曹操与孙权对垒濡须（今安徽巢县西巢湖入长江的一段水道）。初次交战，曹军大败，于是坚守不出。一天孙权借水面有薄雾，乘轻舟从濡须口闯入曹军前沿，观察曹军部署。孙权的轻舟行进五六里，并且鼓乐齐鸣，但曹操生性多疑，见孙军整肃威武，恐怕有诈，不敢出战，喟然叹曰："生子当如孙仲谋，刘景升儿子若豚犬耳！"

裴松之注引《魏略》说，孙权乘大船来观察曹操的军队，曹操下令弓弩齐发，射击吴船。不一会儿，孙权的轻舟因一侧中箭太多，船身倾斜，有翻沉的危险。孙权下令调转船头，使另一侧再受箭。一会儿，"箭均船平"，孙军安全返航。曹操这才明白自己上当了。在《三国志平话》中，借箭的则是周瑜。

（二）周瑜是不是主战派？

《三国演义》中，有一段诸葛亮赴东吴劝说孙权联刘抗曹的故事，其中有诸葛亮智激周瑜。诸葛亮为了能够说服周瑜攻打曹操，甚至搬出曹植所作《铜雀台赋》，用来说明曹操修建铜雀台，是为了得到大乔和小乔。这一说法激怒了周瑜，周瑜才愤而决定联刘抗曹。

这段故事，纯属捏造，因为周瑜是东吴最有力的主战派。本来当时曹操发出战书时，东吴的诸位谋臣都很害怕曹操的势力，他们都主张投降曹操。只有鲁肃一人是主战的。因为鲁肃说服不了众人，才建议孙权召回周瑜。而周瑜一回来，就显示了他强大的影响力，他为孙权分析了当时的形势，坚定了孙权抗曹的决心。

在随后的赤壁之战中，周瑜更是显示了他的深谋远虑，他不但使用计策让曹操一开始就损兵折将，而且在大战中使用火攻，巧借风势，大败曹军。在《三国演义》中，为了塑造诸葛亮的神机妙算，把诸葛亮神化了，甚至提到了他能够登坛作法借来东风。

故事中说，诸葛亮与周瑜共同制定了"火攻"曹营的计划，但连日来江上一直刮西北风，用火攻不但烧不着北岸的曹兵，反而会烧到自己。周瑜为东风之事闷闷不乐，病倒在床上。诸葛亮知道后，给周瑜开了个"药方"，周瑜打开一看，只见上面写着："欲破曹兵，宜用火攻。万事俱备，只欠东风。"

周瑜承认自己的心事被诸葛亮猜中，便问诸葛亮有何办法。诸葛亮说他能借来东风，让周瑜为他搭起高九尺的七星坛，然后自己在坛上作法。几天之后，果然刮起了东南风。周瑜更觉得诸葛亮不可留，便派人赶到七星坛去杀诸葛亮。

然而，诸葛亮早就料到周瑜会有这一手，事先离开七星坛，回自己的根据地夏口去了。临走还给周瑜留下这样的话："上覆都督，好好用兵；诸葛亮暂回夏口（今湖北武汉黄鹄山上），异日再容相见。"周瑜只得作罢。

其实，正史上诸葛亮并没有参与赤壁之战，也并没有呼风唤雨之能，指挥赤壁之战的人是周瑜，东风是长江上的一种自然现象，但通晓天文，特别是气象学的诸葛亮，及时预报可能刮东风的时间，长期在鄱阳一带训练水军的周瑜和黄盖也认可，他们聪明地抓住这一战机打败了曹军。至于小说中写"七星坛诸葛祭风"，乃是神化诸葛亮，其实是古代巫祝伎俩。但古代亦是一门学问，现在看来近乎荒唐，诸葛亮可能是信奉并实行的。所以，《三国演义》第一百零三回"五丈坛诸葛禳星"的描写，是说诸葛亮看到自己的"将星"昏暗不明，快落了，要祈祷一下，使之不落，以延长自己的寿命，说如果成功，寿命便可延长一纪（十二年），不料魏军急攻，魏延闯入，"竟将主灯扑灭"，因而没有成功。这更加荒诞。因此，鲁迅在《中国小说史略》批评说"状诸葛之多智而近妖"，大概就是指的这类描写。

（三）周瑜之死

在《三国演义》的故事中，周瑜是因为气量狭小，被诸葛亮"三气"，活活气死的。其实，历史上周瑜气量宽宏，"三气"之说为小说家言，当属虚构。

《三国志·吴书·周瑜传》关于刘备借荆州及周瑜之死是这样描写的：

"后备诣京见权，求都督荆州，惟肃劝权借之共拒曹公。曹公闻权以土地业备，方作书，落笔于地。

"周瑜病困，上疏曰：'当今天下，方有是役，是瑜乃心夙夜所忧，愿至尊先虑未然，然后康乐。今既与曹操为敌，刘备近在公安，边境密迩，百姓未附，宜得良将以镇抚之。鲁肃智略足任，乞以代瑜。瑜陨踣之日，无所怀矣。'"

裴松之注引《江表传》也有类似记载：

"初瑜病困，与权笺曰：'瑜以凡才，昔受讨虏殊特之遇，委以腹心，遂荷荣任，统御兵马，志执鞭弭，自效戎行。规定巴蜀，次取襄阳，凭赖威灵，谓若在握。至以不谨，道遇暴疾，昨自医疗，日加无损。人生有死，修短命矣，诚不足惜，但恨微志未展，不复奉教命耳。方今曹公在北，疆场未静，刘备寄寓，有似养虎，天下之事，未知终始，此朝士旰食之秋，至尊垂虑之日也。鲁肃忠烈，临事不苟，可以代瑜。人之将死，其言也善，倘或可采，瑜死不朽矣。'案此牋与本传所载，其辞乖异耳。"

从这些记载来看，刘备借荆州，与孙权联合，共抗曹操，是双方都有需要；事后孙吴索还荆州，亦在情理之中。围绕这个问题双方斗智斗勇，当不可免。当刘备未取得西川，甚至取得西川以后，不肯把荆州归还东吴，可以理解。周瑜与诸葛亮身为东吴、蜀汉两集团的两个要员，负有重要责任。周瑜生前没有收回荆州，也是事实。但借荆州是经孙权批准的，周瑜并不负主要责任。况且，从赤壁之战结束到周瑜病逝的两年间，诸葛亮正在零陵一带做后勤工作，根本没有和周瑜见过面。而周瑜是在江陵进行军事准备时，生病而死。周瑜病逝后，送丧吊唁的是当时在刘备手下的周瑜旧下属庞统，而不是诸葛亮。但周瑜死时，诸葛亮去吊丧，也是可能的。因为紧接着《周瑜传》后写道：

"肃年四十六，建安二十二年卒。权为举哀，又临其葬。诸葛亮亦为发哀。"

大家注意："诸葛亮亦为发哀。"这个"亦"（也），表示诸葛亮来东吴吊唁已不是第一次，而是第二次。东吴人物去世，须要刘备派诸葛亮前往吊唁的，也只能是周瑜了。

周瑜有两男一女。女儿，配与太子孙登。长子周循娶公主为妻，也就是作了孙权的驸马，官骑都尉，有周瑜杀伐决断的作风，但很早就死了。次子周胤，最初官兴业都尉，娶孙氏皇室之女为妻，授兵一千人，驻扎在公安（今湖北公安）。黄龙元年（229），封都乡侯，后来因为犯法，迁庐陵郡（今江西吉水）。赤乌二年（239），诸葛瑾、步骘联名上书，为他求情，朱然、全琮也上了类似的书，孙权才准许。恰在这时周胤病死了。

"曲有误，周郎顾"。周瑜不仅是著名的军事家、政治家，也是一位高明的音乐家。本传曰："瑜少精意于音乐，虽三爵之后，其有阙误，瑜必知之，故时人谣曰：'曲有误，周郎顾。'"在裴松之注引《江表传》中他自称："吾虽不及夔、旷，闻弦赏音，足知雅曲也。"

周瑜自比夔、旷，夔、旷何许人也？夔，舜帝时乐官，相传作五弦琴，歌《南风》之曲："南风之薰兮，可以解吾民之愠兮。南风之时兮，可以阜吾民之财兮。"这是帝舜所歌《南风歌》歌词，当是由夔谱曲。曲谱今矢。旷，师旷，字子野，春秋时晋音乐家，目盲，善弹琴，辨音能力甚强。晋平公铸大钟，众乐工听后都认为音律准确，独师旷不以为意。他的判断力，后为师涓所证实。周瑜自比夔、师旷，可见其音乐造诣之深。

韦睿『有刘秀、周瑜之风』

韦睿（442—520），字怀文，京兆杜陵人（今西安东南），南朝梁武帝时的名将。南朝宋时为右军将军，南朝齐末年为上庸太守，后随梁武帝萧衍起兵，历任冠军将军、辅国将军等职。

毛主席很爱读《南史·韦睿传》，在文中密加圈点，批注有二十五处之多，有人统计这是他读史书批注最多的一个人物。

毛泽东在读李延寿著的《南史》卷五十八《韦睿传》的批语中说："（韦睿）敢以数万敌百万，有刘秀、周瑜之风"，赞扬他会打仗，善于调查研究；赞扬他豁达大度，能团结干部；赞扬他作风好，谦虚朴素，廉洁克己，等等，认为"我党干部应学韦睿作风"，可见他对韦睿的确十分赏识。

一部《二十四史》，人物纷纭，论地位，韦睿说不上显赫，但毛泽东如此情有独钟，不惜笔墨地批注，原因何在？首先，在韦睿的身上，体现着作为领导干部的种种美德与素养，诸如谦逊朴实、率先垂范、节俭廉洁、团结同事、勤奋工作，还有毛泽东素来推崇的深入基层"调查研究"，等等。这些，在今天仍是涉及党风、政风的大问题，所以为毛泽东十分看重。

一、"有刘秀、周瑜之风"

（一）"敢以数万敌百万"

毛泽东十分推崇韦睿这位古代名将。他在读唐代李延寿所撰《南史》卷五十八《列传》第四十八《韦睿·裴邃传》时，在这篇传记的天头上，用粗重的毛笔写着"梁将韦睿裴邃传"几个大字，并画了四个大圈，还在韦睿的名字旁画着双杠。传记中浓圈密点，批语达二十五条之多。有些地方写出批语，似乎意犹未尽，还在评点的文字另加有圈点。这在毛泽东评点的史籍中，是较为少见的。

韦睿的祖先韦贤做过汉朝的丞相，自此以后，韦氏累世为三辅地区名门望族。祖父韦玄，为逃避做官隐居在长安终南山。宋武帝刘裕入关中，曾授予他太尉的官职，但他没有应召。伯父韦祖征，在南朝宋末任光禄勋。父韦祖归，任宁远长史。韦睿一生气度非凡，在少时便已崭露头角。《南史》上说他"好学，阐有清操"，"事继母以孝闻"；助表兄杜幼文治梁州时，"梁土富饶，往者多以贿败。睿时虽幼，独以廉闻"等。

韦睿英勇善战的事迹，传记中有多处记载。钟离之战是他的伟大功绩之一，对稳定淮南的形势起了极其重要的作用。

梁武帝萧衍天监六年（507）九月，北魏宣武帝元恪打算灭掉南梁，命令中山王元英率军南下攻打，并攻克了马头（位于钟离西，今安徽怀远南），将城中储备的粮草尽数向北运走。梁武帝萧衍为了抵御魏军，派徐州刺史昌义之领兵进驻钟离（今安徽凤阳东北）。

十月，元英与镇东将军萧宝寅率军队围攻钟离，号称"众兵百万"，连营四十余座。十一月，梁帝诏右卫将军曹景宗都率领军队二十万解救钟离，驻扎在道人洲（今安徽凤阳东北淮河中），等待众军集齐后一起进发。

天监七年（508）正月，昌义之统率梁军将士奋力抗击，多次打退魏军进攻。二月，曹景宗所率领的二十万军到达邵阳洲（今安徽凤阳东北），便停止前进修筑工事防守，不敢前行。梁武帝十分生气，派韦睿带兵与他们会合。并赐给韦睿龙环御刀，说如果有谁不听命令的，就处斩。韦睿星夜兼程赶赴凤阳前线，无论是途经沼泽还是山谷，都不减慢行军的速度。其时魏军拥兵百万，气势很盛。部将们皆怯战，多次劝说韦睿慢些行军，韦睿认为凤阳城中被围困的兄弟如此危急，怎能放慢行军速度呢？他还说，现在不能减速，如果慢一些，会被魏军的气势所打败。于是，军队十天便到达邵阳洲与曹景宗汇合。

曹景宗为人心高气傲，喜欢争强好胜。他看书写字有自己不懂的地方，从不去问别人，全是自己望文生义，自己创造新字，即使是在公卿面前也从不谦虚恭让。武帝很担心他与韦睿是否能团结一心共同抗敌。但曹景宗见到韦睿后，觉得他气度不凡，内心暗暗敬佩，他对韦睿非常谦让，彻底打消了武帝的顾虑。武帝听说这种情况后非常高兴，感慨地说：我的两员大将这么团结，我们的军队必定能取得胜利！

韦睿到来后，在夜里便率大军在曹景宗营地前二十里处，夜掘长长的战壕，树起鹿角，截洲当作城池，离魏军城堡只有百余步的距离。早晨的时候，营已建成，元英见到后大吃一惊，用杖击地说："是何神也！"（《梁书·韦睿列传》）

曹景宗的武器非常精锐，魏军见到后，士气逐渐消减。曹景宗又派人潜水到城里送信，昌义之得知援军到达，士气倍增。

魏将杨大眼是一员猛将，率领上万骑兵来战，所向披靡。韦睿见到后，急忙布置阵势，杨大眼率领骑兵围攻，韦睿让两千强弩兵一起发射，杀死魏军很多人。杨大眼右臂中箭逃跑。第二天清晨，元英带着部将出战，韦睿坐着白色木车，手拿白角如意指挥军队，一天双方交锋数回合，元英打不过，便退走。

到了夜里，魏军又来攻城，箭像雨一样砸了下来。韦睿的儿子韦黯请求到城下去躲避一下，韦睿不同意。这时军中惊乱，韦睿到城上厉声呵斥，才稳定了军心。

曹景宗召集勇士千余人，在杨大眼军营的南边几里处修建工事，并成功击退来攻的魏军。梁武帝命曹景宗装备好战舰，让它们与魏军浮桥同高，以准备火攻；并命令曹景宗和韦睿分别攻打邵阳洲的北桥和南桥。韦睿下令准备好大战船，然后让梁郡太守冯道根、庐江太守裴邃、秦郡太守李文钊等人为水军的这次进攻做好准备。

三月，淮水暴涨了六七尺高，韦睿又派水军乘坐斗舰袭击洲上面的魏军。另派小船载了一些干草，灌上油，趁风点了些火，目的是烧掉魏军的桥。同时，派出敢死军拔栅砍桥。这时大水湍急，转眼之间，桥栅都已经冲坏。梁军奋勇冲杀，都用以一敌百的气势杀敌，呼声惊动天地。魏军大败，元英看到桥已经断了，便脱身弃城逃跑，杨大眼也烧了军营而去。各个防守之地都被击破，魏军争先扔掉装备和武器跳到水中，溺死、被斩杀的魏军不计其数。曹景宗令手下大将马广追击杨大眼四十余里，杨大眼的军队死伤无数，非常凄惨。

另一位梁国将领昌义之听到这个消息后，又悲又喜，不知说什么好，连声叫道："重生！重生！"随后，昌义之出兵追击元英至洛口。元英一个人骑马逃入梁城，他的兵士也全军覆灭。同时，梁军又俘虏五万人，收缴的军粮器械堆积如山，牛马驴骡多得数不过来。

纵观钟离之战，在韦睿的领导下，梁军配合密切、上下同心，并找到魏军不习水战的弱点，用防守拖累对方，适时进行反击，取得了自宋初以来对北魏作战的第一次大捷，杀死敌人二十五万。

梁武帝让中书郎周舍在淮水慰劳军士，韦睿把这次作战的战利品聚在军门。周舍见后，对他说："你这次的收获真是非常之大！"韦睿又因这场战役的功劳晋爵为侯，升职为右卫将军。同一年，韦睿被提拔为左卫将军，不久又担任安西长史、南郡太守。

对于韦睿临危不惧、敢于以寡敌众的气概，毛泽东甚为赞赏，因此将他与刘秀、周瑜相提并论，批道："敢以数万敌百万，有刘秀、周瑜之风。"（《毛泽东读文史古籍批语集》，中央文献出版社1993年版，第201页）

周瑜，三国时期一位著名的青年将领，文武兼备，风流倜傥。建安十三年（208），周瑜领精兵三万，用火攻之计，使曹操几乎全军覆没。著名的赤壁之战使周瑜名声大振，被封为偏将军领南郡太守。在周瑜短暂的一生中，为东吴政权建立了丰功伟绩。对于周瑜，毛泽东曾多次加以肯定和赞扬，他认为赤壁之战的头号功臣非周瑜莫属。

在评论韦睿时，毛泽东还谈到了另一位名人——刘秀，即东汉光武帝，东汉王朝的开国皇帝，字文叔，蔡阳人，生于西汉哀帝建平元年（前6）。汉高祖刘邦九世孙。父刘钦，母樊氏。刘秀排行第三，所以字叫文叔。刘秀二十八岁起兵加入绿林起义军，三十岁称皇帝，在位三十三年，卒于建武中元二年（57），终年六十三岁，葬于原陵（今河南孟津西长道社），是中国封建社会历史上很有作为的一个帝王。

为何毛泽东拿韦睿与刘秀作比？因为刘秀也曾临大敌而勇，以劣势对优势并取得了最后的胜利，这一以少击众的典型战例便是堪称决定历史的一战——昆阳之战。

新汉昆阳之战，发生在公元23年，是绿林农民起义军在昆阳（今河

韦睿：有刘秀、周瑜之风：

南叶县）一带粉碎"新"莽军队进攻的一次大战，是我国历史上著名的一次以劣势对优势、以少数对多数而获胜的典型战例。

西汉末年，外戚王莽窃夺政权，公元 8 年称帝，改国号为"新"。新朝政令苛虐，政治腐朽，经济凋敝，民不聊生，于是在地皇四年爆发了全国性的农民起义，以武力反抗新莽的统治。一时间起义烈火燃遍黄河南北和江汉地区，新莽王朝完全处于众叛亲离、风雨飘摇的境地。

在当时的众多农民起义军队伍中，尤以绿林、赤眉两支声势最为浩大。他们在军事上不断打击新莽势力，逐渐向王莽统治腹心地区推进。

新莽王朝不甘心退出历史舞台，拼凑力量进行垂死挣扎，农民起义于是进入了最后进攻阶段。昆阳之战正是这一历史背景下的产物。

新莽地皇四年（23）初，绿林军各部趁王莽主力东攻赤眉，中原空虚之际，挥兵北上，在沘水（今河南泌阳境）击灭王莽荆州兵甄阜、梁丘赐部。接着又在淯阳（今河南新野东北）击败严尤、陈茂部，势力迅速发展到十余万人。在胜利进军的形势下，农民军开始萌发了建立政权的要求，于是在二月间，推举汉室后裔（刘秀的族兄）刘玄为帝，恢复刘汉政权，绿林军改称汉军。更始政权建立后，即以主力北上围攻战略要地宛城（今河南南阳），并开进到潆川一带。为了阻止王莽军的南下，保障主力展开行动，更始政权另派王凤、王常和刘秀等人统率部分兵力，趁敌严尤和陈茂军滞留于颍川郡一带之际，迅速攻下昆阳（今河南叶县）、定陵（今河南舞阳北）、郾县（今河南郾城南）等地，与围攻宛城的主力形成掎角之势，这为下一步进击洛阳，与赤眉军会师以及经武关西入长安，消灭王莽政权创造了有利的条件。

王莽政权对更始农民起义军的战略动向十分不安，于是就慌忙改变军事部署，将主力由对付赤眉转而对付更始军。三月间，王莽派遣大司空王邑和司徒王寻奔赴洛阳，在那里征发各郡精兵四十二万，号称百万，南进攻打更始军，企图以优势的兵力与农民军进行决战，一举而胜，以确保宛城，安定荆州，保障长安、洛阳的安全。

五月间，王邑、王寻率军西出洛阳，南下颍川，在那里与严尤、陈茂两部会合，并迫使先期进抵阳关（今河南禹州市西北）的更始军刘秀部撤回昆阳。之后，继续推进，迫近昆阳。

当四十二万王莽军逼近昆阳之时，昆阳城中的更始军仅有八九千人。如何对付气势汹汹的强敌，更始农民军意见开始时并不统一。有的将领认为敌我兵力众寡悬殊，不易取胜，因而主张避免决战，化整为零，先回根据地，再图后举。但刘秀则反对这种消极做法，主张集中兵力，坚守昆阳，迟滞、消耗王邑军的兵力，掩护主力攻取宛城，然后伺机破敌。这时王莽从弟王邑的先头部队已逼近昆阳城北，在这紧急关头，诸将同意了刘秀的建议，决定由王凤、王常等率众坚守城邑，另派刘秀、李轶等率十三骑乘夜出城，赶赴郾县、定陵一带调集援兵。

王邑、王寻等人统率新莽军蜂拥抵至昆阳城下，将其团团围困。这时曾与绿林军交过手、深知其厉害的严尤向王邑建议说："昆阳城易守难攻，而且更始农民军主力正在宛城一带，我军应当绕过昆阳，迅速赶往宛城，先击败更始军在那里的主力，届时昆阳城即可不战而下。"然而王邑等人自恃兵力强大，根本听不进这一正确的意见，坚持先攻下昆阳，再进击更始军主力。于是动用全部兵力列营百余座，猛攻昆阳不已，并傲慢地扬言："百万之师，所过当灭，今屠此城，喋血而进，前歌后舞，顾不快耶！"四十余万王邑军轮番向昆阳城发起进攻，并挖掘地道，制造云车，企图强攻取胜。昆阳守军别无退路，遂依靠城内人民的支持，合力抵抗，坚守危城，多次击退王邑军的进攻，予敌人以很大的消耗和挫折。

严尤眼见昆阳城屡攻不下，己军日趋被动，遂再次向王邑建议："围城必须网开一面，使城中守军逃出一部分到宛阳城下，去散布恐怖情绪，以动摇敌军的军心，瓦解敌军的士气。"可是刚愎自用的王邑依然未能采纳。

刘秀等人抵定陵、郾县后，说服不愿出兵的诸营守将，于六月初一率领步骑万余人驰援昆阳。此时王邑军久战疲惫，锐气早已丧失殆尽，这就为更始军击破它提供了机遇。

刘秀亲率千余援军步骑为前锋，在距王邑军二三公里处列成阵势，准备接战。王邑、王寻等人自恃兵力雄厚，骄妄轻敌，只派出数千人迎战。刘秀率众奋勇进攻，反复猛冲，当场斩杀王邑军数百人，取得了初战的胜利，大大振奋了士气。

这时候，更始起义军主力已攻占宛城三日，但捷报还未传到昆阳。刘秀为了鼓舞全军士气，动摇敌人军心，便制造了攻克宛城的战报，用箭射入昆阳城中；又故意将战报遗失，让王邑军拾去传播。这一消息一经散布，昆阳城中的守军士气更为高涨，守城更为坚决；而王邑军则由于屯兵昆阳坚城，久攻不下，且闻宛城失陷，士气更为沮丧。胜利的天平开始向起义军这一边倾斜了。

刘秀在取得初战胜利后，又善于捕捉战机，趁敌人士气沮丧，并利用主帅妄狂轻敌的弱点，精选勇士三千人，出敌不意地迂回到敌军的侧后，偷偷地涉过昆水（今河南叶县辉河），向王邑大本营发起极其猛烈的攻击。在此时王邑等人依旧轻视汉军，未把刘秀放在眼里，同时又担心州郡兵失去控制，遂下令各营勒卒自持，不准擅自出兵，而由自己和王寻率领万人迎战刘秀的冲杀。然而，王邑这一做法造成严重的恶果：在刘秀所率的精兵的猛烈进攻下，王邑手下的万余人马很快陷入被动挨打的困境，阵势大乱。可诸将却又因王邑有令在先，谁也未敢去救援，致使王邑军败溃，王寻也做了刀下之鬼。昆阳城内的守军见敌军主帅已脱离部队，敌军阵势已乱，也乘势及时出击，内外夹攻，杀声震天动地，打得王邑全军一败涂地。王邑军的将卒们见大势已去，遂纷纷逃命，互相践踏，积尸遍野。这时又恰遇大风飞瓦，暴雨如注，滍水剧涨，王邑军涉水逃跑而被淹死的不计其数，使得滍水为之不流，只有王邑、严尤等少数人狼狈逃脱，窜入洛阳。至此，昆阳之战就在更始起义军歼灭王莽军主力、尽获其全部装备和辎重的辉煌胜利中结束了。

昆阳之战，是绿林、赤眉起义中的决定性一战，它聚歼了王莽赖以维持统治的军队主力，为起义军胜利进军洛阳、长安，最终推翻新莽统治创造了有利条件。

毛泽东在1936年的《中国革命的战略问题》及1938年的《论持久战》中两次提到发生在南阳历史上以少胜多、以弱胜强的新汉昆阳之战。此次战役双方兵力悬殊，刘秀兵力不足万人，而王莽军队号称四十万。刘秀利用王莽的将军王邑、王寻轻敌懈怠，以精兵三千突破王莽军队的中坚，乘锐追击，大破敌军。

对这次战役毛泽东在《论持久战》这部军事著作中指出："主观指导的正确与否影响到优势劣势和主动被动的变化，关于强大之军打败仗，弱小之军打胜仗的历史事实而益信，中外历史上这类事情是多得很的。中国如晋楚城濮之战，楚汉成皋之战，韩信破赵之战，新汉昆阳之战，袁曹官渡之战，吴魏赤壁之战，吴蜀彝陵之战，秦晋淝水之战等等，外国如拿破仑的多数战役，十月革命后的苏联内战，都是以少击众、以劣势对优势而获胜。"（《毛泽东选集》，第二卷，人民出版社 1979 年版，第 491 页）

（二）"以少击众"

"以少击众"，从而取胜，要有过人的胆略，抓住战机，敢于以寡敌众，收弱胜强，夺取胜利。

梁武帝萧衍天监四年（505），韦睿与右军司马胡景略合兵，进围合肥（今安徽合肥）。因梁右军司马胡景略等久攻不克，韦睿在观察地形后说："吾闻'汾水可以灌平阳，绛水可以灌安邑'，即此是也。"（《梁书·韦睿传》）于是令在淝水上游修筑堤坝，使水位上涨，疏通水路。不久，梁水军陆续抵达战区。面对梁军的进攻，魏军在合肥东西构筑两座小城抵御。韦睿又领兵先攻打这二城。不料魏将杨灵胤率五万人马攻来。梁军都很害怕，打算上奏朝廷请求增兵。韦睿笑着说："敌人已至城下，才想起援军，怎么能胜？"于是便下令与魏军死战，终于击退了杨灵胤。

韦睿急派军主王怀静等部署在淝水两岸筑城，保护堤坝，以待魏军。魏军攻破梁军所筑新城，城中千余人皆被斩俘，并乘胜攻击梁军堤坝，兵势甚盛。军监潘灵祐劝韦睿退还巢湖，各位将领也建议退保三叉，韦睿大怒，说："宁有此邪！将军死绥，有前无却。"（《梁书·韦睿传》）。于是把令旗、仪仗竖立在堤下，表示无退兵之志。韦睿素来体弱，每次作战都不骑马，而是坐在抬舆（轿）上指挥，但这次北魏军来破河堤，韦睿亲自出来指挥与之争战。魏军稍有退却，他就在大堤上修筑营垒加强防御。韦睿起造高大战舰，其高度相当于合肥城，从四面居高临下，围攻合肥。魏军毫无办法，相互面对痛哭起来。韦睿造好了进攻的武器，堰水又满，倾泻而出，魏军大溃，救兵已不起作用。魏守将杜元伦登上城头，督促战斗，中箭而死，于是合肥城被攻破。梁军入城，斩获俘虏魏军一万余人、牛马上万匹、满屋的绢共十间，所有这些都赏赐给了将士。韦睿白天接待客人，夜半研读兵书，从三更开始直至天明。他安抚部下，常恐不周，因而人们争先恐后来归附。所到之处，建立住所，其藩篱墙壁，都有一定标准。

合肥平定后，梁武帝命令军队进驻东陵。东陵距魏甓城二十里，将要开战时，有诏书下来要求回军。怕敌人从后面追击，韦睿把军用物资安排在最前面，自己坐轿在最后压阵，魏军畏惧韦睿的勇猛，远远地望着他退走，竟然不敢追击。

合肥之战是中国历史上城邑攻坚战的著名战例，梁军在韦睿果断指挥下，奋勇攻击，一举攻占合肥，取得了此次北伐的最大胜利。可知睿实乃良将，既是智将，也是猛将，他风度翩翩，更是一员儒将。

在极为有限的物质条件下，凭着超群的智慧和才能取得胜利，所以韦睿深得毛泽东的赞赏。毛泽东在史学家叙述韦睿的这两次作战文字旁加以旁圈，批注："以少击众""以少击众"，第二次还在"以少击众"四字边逐字加了旁圈。在读到韦睿指挥作战时"以板舆自载，督励众军"，毛泽东批道："将在前线。"合肥之战时，当魏兵来挖掘肥水堰坝的时候，韦睿"亲与争"，毛泽东又批道："将在前线。"在不到三十字的原文里逐字加了旁圈，并连续两次批注"将在前线"，表示对韦睿的勇气和身先士卒的嘉许。

（三）"为将当有怯弱时"

韦睿是一员智将，眼光长远，善于权衡度势这里举几个例子。第一个例子是宋时，韦睿为雍州刺史袁㧑的主簿。袁㧑与邓琬作乱，韦睿便提议到义成郡做官，因而得以免祸，一直做官到右军将军。第二个例子是齐末，老将陈显达惧功高震主，与崔慧景共同作乱，频逼京师，民心惶骇不安。当时韦睿为上庸太守，属下问他上庸的归所，韦睿说："陈虽旧将，非命世才；崔颇更事，懦而不武。其取赤族也，宜哉！天下真人，殆兴于吾州矣。"于是派了两个儿子结好萧衍（后为梁武帝），为萧衍的臂助，此后便被梁武帝引为心腹。当时萧衍为雍州刺史，故有"吾州"之说。当时萧衍并未有何突出之处，韦睿能一眼瞧出明主，可谓眼光独到。

第三个例子能表现出韦睿智慧的事件发生于天监七年（508），韦睿受梁武帝萧衍委派，督众军支援安陆（今湖北安陆），以防魏军南袭。韦睿下令增筑城墙，并开挖大堑，起造高楼。众人笑其胆怯，韦睿却说："不然，为将当有怯时，不可专勇。"毛泽东读至此批注说："此曹操语。夏侯渊不听曹公此语，故致军败身歼。"魏军闻韦睿来援，且有所准备，便退兵而回，韦睿不战而胜。

"为将当有怯弱时"，不是讲的畏缩不前，也不是讲的一筹莫展，而是讲的应该具有不恃"专勇"而知己不足、智勇兼备的制胜之道。夏侯渊不听曹操告诫、不懂"为将当有怯弱时"，为显赫战功所迷惑，恃勇轻敌，最终命丧黄忠刀下。

毛泽东提倡的积极防御的战略方针，也是"为将当有怯弱时"思想运用的一种典范。坚持积极防御的战略方针，是毛泽东在人民军队"以小敌大""以弱敌强"的实践中提出来的。如何防御，成为关系中国革命成败的问题，成为党领导军队作战首先要解决的问题。

在这个问题上，"常常发生两种偏向，一种是轻视敌人，又一种是为敌人所吓倒"。李德、博古等人在中央苏区第五次反"围剿"战争中实行的没有丝毫"怯弱"的单纯防御、在长征中实行的退却逃跑，即是这两种错误偏向的典型事例。

所谓"积极防御"，即攻势防御，又叫决战防御。消极防御，即专守防御，又叫单纯防御。只有积极防御才是真防御，才是为了反攻和进攻的防御。其要点就是寓"勇"于"怯"之中。"勇"与"怯"，是对立统一的。一个优秀的领导干部既要有敢想敢干的勇气，"临危不惧、有前无却"，勇于探索，勇于实践，也要有战战兢兢之心，"临事而惧、谦虚谨慎"，不妄自尊大，不逞匹夫之勇。总之，唯有"勇""怯"兼备，才能立于不败之地。

1971年10月26日，第26届联合国大会第1976次会议以压倒多数通过了"两阿提案"，恢复了中国在联合国的合法席位。得知消息后，毛泽东高兴之余，对周恩来、乔冠华等人说："有一出京剧就叫《定军山》，是谭鑫培、谭富英的拿手戏。你们看看《魏书》的《夏侯渊传》。当初夏侯渊打了几次胜仗，曹操写信提醒他'为将当有怯弱时，不可但恃勇也。将当以勇为本，行之以智计；但知任勇，一匹夫敌耳。''当有怯弱时'，就是要想到自己的弱点和不足，有打败仗的可能。夏侯渊把曹操的告诫不当一回事，结果全军覆没。你们去联合国，困难很多，要'以勇为本'，更要注意'为将当有怯弱时'。"毛泽东颇为赞赏的南北朝时期梁朝名将韦睿，也深谙此理。

二、"仁者必有勇"

（一）"决心"

天监四年（505），韦睿奉命督率梁军攻北魏，他派人攻打魏的小岘城（今安徽合肥东），久攻不破，"睿巡行围栅"，到前线视察。此时。突然有魏兵数百人出城列阵，韦睿想攻击他们，而将领们都说，我们这次轻装而来，未做战斗的准备，让我们回去穿好铠甲，就可以向他们进攻了。韦睿不同意，他认为，北魏在城中驻有二千多士兵，关闭城门坚守，足以自保。现在无故让这些人出城，其中必然有骁勇的人，这些出来迎战的人肯定是勇敢的人，如果能打败这些人，攻下这座城毫无问题。众将们听后仍然犹豫不决，韦睿见状，便指着手中的符节厉声说："朝廷授给我这些信物，不是为了装饰的，我的命令，是不能违抗的！"说完，他便挥师向魏军发起攻击，将士们拼死作战，果然将魏军打得大败，并乘胜前进，下半夜就攻占了小岘城。

毛泽东对此也批注最多。他在"睿巡行围栅"几字旁加了圈，天头上画了三个大圈，地头上写上批语："躬自调查研究。"批语的"躬自"二字，是后加的，旁边画了两个圈，以加重"躬自"在调查研究中的重要意义。在"魏城中忽出数百人陈于门外，睿欲击之"句旁，画有圆圈。批语是："以少击众。"韦睿对他部下要求回去调兵的建议说："魏城中二千余人，闭门坚守，足以自保。今无故出入于外，必其骁勇，若能挫之，其城自拔。"毛泽东在"今无故出入于外"以下逐字加了旁圈，天头上画着三个圈。批语是："机不可失。"韦睿的部将仍很犹豫，他指着手里拿来的符节说："朝廷授此，非以为饰，韦睿之法，不可犯也。"毛泽东对韦睿的这句话逐字加旁圈，在天头上批道："决心。"

毛泽东在中共七大闭幕词《愚公移山》中曾说过一句激励人克服困难

韦睿：有刘秀、周瑜之风：

的话："下定决心，不怕牺牲，排除万难，去争取胜利。"从此，"下定决心，不怕牺牲，排除万难，去争取胜利"成为中国共产党人勇于奋斗，敢于牺牲斗争精神的写照。此后，它在军民当中广为流传，成为人们战胜一切艰难险阻的精神动员令。

攻城的胜利结果是"魏军果败走，因急攻之，中宿而城拔"。这充分说明，韦睿的分析和决断是正确的。这与他自身不可动摇的"决心"有很大关系。军队遇到困难的时候，决心始终是向困难冲锋的号角，并且能通过它使自己保持主动。尽管自己处于弱势，但韦睿并没有把自我一方摆在被动的局面里，反而把速度原则发挥到极致，并利用速度形成战略性机动。

保持主动，关乎着整个军队的存亡。在战场上一旦被敌人逼到被动之位，自己离失败也就不远了。战争力量的优势或劣势固然是这种战场主动或被动与否的客观基础，然而只要有背水一战的决心，在它的鼓舞下，必能战胜无数的困难险阻。

毛泽东说过："被动总是不利的，必须力求脱离它。"(《毛泽东选集》，第二卷，第 457 页)他在自己的军事生涯中认识到："战争力量的优劣本身，固然是决定主动或被动的客观基础，但还不是主动或被动的现实事物，必须经过斗争，经过主观能力的竞赛，方才出现事实上的主动或被动。"(《毛泽东选集》，第二卷，第 459 页)因而，毛泽东十分重视主观指导的正确与否。毛泽东正是从韦睿这类以少胜多、以弱胜强的战例中发现了主观指导的正确与否，可以直接影响到这种优势与劣势、主动与被动之间的相对变化。他说"观于强大之军打败仗，弱小之军打胜仗的历史事实而益信"这一点。因此，在"力争主动，力避被动"这个生死攸关的问题上，毛泽东除了主张先以自己局部的优势和主动向着敌人局部的劣势和被动，一战而胜，再及其余，各个击破之外，也还十分看重"有计划地造成敌人的错觉，给以不意的攻击"这种造成优势和夺取主动的方法。

在《论持久战》一书中，毛泽东曾用不少篇幅详细地阐述这种力争主动，力避被动的问题，就是因为他在以弱对强的斗争中认识到："被敌逼迫到被动之位的事是常有的，重要的是要迅速地恢复主动地位。如果不能恢复到这种地位，下文就是失败。"(《毛泽东选集》，第一卷，第 206 页)

（二）"曹景宗不如韦睿远矣"

毛泽东曾把韦睿与曹景宗相比，认为"曹景宗不如韦睿远矣"。曹景宗何许人也？毛泽东又为何这么说？曹景宗（457—508），字子震，新野（今河南新野）人，梁开国名将。《南史·曹景宗传》载，曹景宗"性躁动，不能沉默。出行常欲襄车帷幔，左右辄谏以位望隆重，人所具瞻，不宜然。"于是他说了一番他过去在乡里飞马拓弓、击鸥逐獐、饮血茹毛，从而"不觉老之将至"的人生作风。毛泽东对这段记载很感兴趣，在许多地方密密地加了旁圈，由衷地赞赏和同情，因而禁不住批道："景宗亦豪杰哉。"本传载曹景宗幼善骑射，好打猎。有次随父亲出门，中途突然遇到数百个强盗围攻，他身上带有百余箭，百发百中射杀强盗，强盗吓得逃窜而去，"因以胆勇闻"。曹景宗"颇爱史书，每读《穰苴》《乐毅传》，辄放卷叹息曰'丈夫当如是！'"。穰苴即司马穰苴，春秋时齐国大夫，"文能附众，武能威敌"，死后有《司马穰苴兵法》传世。乐毅是战国时燕国名将。对这两处反映曹景宗的勇敢和抱负的记载，毛泽东较重视，逐字画有旁圈。

毛泽东认为，曹景宗不失为豪杰之人，特别是他追求金戈铁马、铿锵有力的人生风格。前面引述的那段原文就表明了曹景宗粗犷、豪放的性格和气概。的确，曹景宗贵为公侯、刺史、将军，对标志权贵身份的繁文缛节和车马排场，不是刻意追求，而是十分蔑视，强烈向往叱咤风云、自由自在的生活，是难得的。他引起毛泽东的深深共鸣，也从一个侧面反映了毛泽东追求的人生方式和他内在的豪迈狂放的性格。

正像人们所知道的那样，毛泽东是个不愿束缚自己的个性去循规蹈矩的人。但是，建国后，从某种意义上说，他"失去了行动的自由"，因为没有警卫部门的批准，他出不了中南海，不能像一般人那样逛街、游园等等，出门也是汽车、火车、飞机。这对一个在金戈铁马中打出江山的领袖来说，不啻是一种违背个性的制约。这种感受，毛泽东在1965年1月9日会见他的外国老朋友斯诺时，便有过自白。他说："与其说我是写文章的，不如说我能同反对我的人打仗更合适。不打仗了，有时候病也来了，出门也不骑马，坐汽车、飞机、火车。每天走十里路，骑二十里马，非常舒服。"又说："简单一点的生活，对人反而好些。"以毛泽东这种性格和处境去理解曹景宗的上述自白，很自然会产生特有的思想感情上的沟通。

唐李延寿《南史》卷五十八《韦睿传》记载，天监五年（506），曹景宗率兵与韦睿合力攻魏，解救徐州刺史昌义之，打了胜仗。毛泽东批道："良将也，仅次于韦睿、裴邃。"毛泽东说景宗仅次于他，也可见对韦睿的军事才能评价之高。

据曹景宗本传记载，曹景宗在这次战斗中招募勇战兵士千余人，大败魏将杨大眼，配合韦睿力攻魏，"虏五万余人，收其军粮器械山积，牛马驴骡不可称计"。

《曹景宗传》载，徐州解围后，曹景宗班师回朝，梁武帝于华光殿开庆功宴会，众臣连句作诗，"令左仆射沈约赋韵。景宗不得韵，意色不平，启求赋诗"。在梁武帝和众臣看来，曹景宗不过一介武夫而已，没有答应。梁武帝还说，你技能甚多，人才英拔，何必在一首诗上争胜呢？曹景宗仍然请求。"时韵已尽"，只剩下"竞""病"二字了，便给了他。曹景宗便操笔，斯须而成，其辞曰："去时儿女悲，归来笳鼓竞。借问行路人，何如霍去病？"帝叹不已，约及朝贤惊嗟竟日。毛泽东对这首诗，逐字加了旁圈，对其文采颇为赏识。1959年庐山会议期间，毛泽东在一次讲话中说："公社一级干部不懂一点政治经济学是不行的。不识字的可以给他们讲课。……南北朝有个姓曹的将军，打了仗回来作诗：去时儿女悲，归来笳鼓竞。借问行路人，何如霍去病？"（李锐：《庐山会议实录》（增订本），河南人民出版社195年版，第131—132页）

这首出自没有多少文化修养的武将曹景宗之手的诗，其实并不算一首完整的诗，它只是联句中很小的一部分，但它却把作者胜利时的骄傲、高自期许的英雄气概、报国的豪情热望，表现得淋漓尽致，千载之下，仍能令人凛然而生敬意。所以，毛泽东在会上特意念了这首诗，称赞有加，用以说明文化不高的人也可以写出好诗。

毛泽东说曹景宗"亦豪杰"，是指其骁勇洒脱的个性和率兵破敌的战功。对本传里所述曹景宗的劣处，毛泽东也有批注。本传载，曹景宗随梁武帝起兵初，攻破一个县城，"景宗军士，皆桀黠无赖，御道左右莫非富室，抄掠财物，略夺子女，景宗不能禁。及武帝入顿西城，严中号令，然后稍息"。读至此，毛泽东批道："曹孟德、徐世勣、郭雀儿、赵玄郎亦用此等人。"

曹孟德即曹操，陈琳在《为袁绍檄豫州》一文中说，曹操用了盗坟的无赖兵士，"所过隳突，无骸不露"。徐世勣，即唐初大将李勣，《新唐书》本传说他纵人抢掠。郭雀儿即后周太祖郭威，新、旧《五代史》均说他起兵入汴京时，纵兵大掠。

本传又载："景宗在州，鬻货聚敛，于城南起宅，长堤以东，夏口以北，开街列门，东西数里。而部曲残横，人颇厌之。二年十月，魏攻司州，围刺史蔡道恭。城中负板而汲，景宗望关及司州城陷，为御史中丞任昉所奏。帝以功臣不问，征为右卫将军。"毛泽东读至此批道："使贪使诈，梁武有焉。"这就从曹景宗的贪、诈中，看出梁武帝对部下养痈遗患的失误。

曹景宗骁勇善战，立有战功，但在治军和个人品德上却又不为人称道，所以毛泽东更加偏爱的是韦睿。

纵观毛泽东对《南史·韦睿传》的圈读及批注，重在将领如何处事，保障战争的胜利，如何处理军政的大局，处理好军队官兵的关系，将领之间的关系，这是保障战争胜利的根本。他比较韦睿与曹景宗这二个人，曹景宗只是一名勇将，但好色贪财，这种人不是不能用，但得防着点，所以毛批注："曹景宗不如韦睿远矣"。这种高尚的作风和品格，正是从根本上决定了他在指挥战争时能否取得胜利的关键元素。对军事干部是如此，对行政干部讲，何尝不是如此。因此，毛泽东始终关心的是干部的思想作风建设。

韦睿不仅有胆有识，且性情慈爱，最重要的是，他为人谦虚谨慎，从不居功自傲。史书上记载，每一次战争取得胜利后，曹景宗与其他将领都争先向梁武帝报捷，但韦睿总是在最后，从不像其他将领那样邀功取宠。

钟离之战后，昌义之十分感激韦睿，请曹景宗和韦睿玩樗蒲，设二十万钱作为赌注，让二人相赌，以报二人之恩。曹景宗掷得雉，韦睿掷得卢，他赶紧取一子反之，说："异事。"于是作塞。战后，曹景宗与诸将争先告捷，只有韦睿独居后，他平时行事多是如此，世人尤以此贤之。

毛泽东读到此处批道："使曹景宗胜"。说明赌局的结果，表明韦睿不争胜、不贪财，甘为人后的谦虚精神和廉洁自律的品格。

樗蒲是我国古代的一种游戏，始于汉末魏初。汉代马融有《樗蒲赋》："昔有玄通先生，游于京都，道德既备，好此樗蒲。"晋代尤为盛行。南朝宋刘义庆《世说新语·方正》："王子敬（献之）数岁时，尝看诸门生樗蒲，见有胜负，因曰'南风不竞。'也作樗蒱。以击骰决胜负，得采有卢、雉、犊、白等称。"后来泛称赌博为樗蒲。樗蒲的掷具不同于六博，只有五枚，外形短小，长六分至一寸左右，两头锐圆，像压偏的杏仁，常用樗木制成，所以称樗蒲，又叫五木。樗蒲呈两面，以黑白区别，有的还刻上牛犊或野鸡的花样，小玲玲珑，掷出后极易产生"转跃不定"的效果，令赌徒乍惊乍喜，结局瞬息万变。樗蒲五木中，其中两枚的黑面上画犊，在背面画雉，其互不重复的变化有十二种之多，其最高者为卢，三黑二犊；其次为雉，三黑二雉；再次为开，三白犊雉；再次为塞，三黑犊雉；以上依次为犊、白、塔、秃、撅。

曹景宗掷得雉，列二等，胜算很大。但韦睿掷出后，五木俱黑，四木已定，一木尚在转动，眼看就要成卢。韦睿知道曹景宗争强好胜，所以自己轻轻一碰，把最后的一木翻了过来，白面雉朝上，成了塞，这样曹景宗便赢了，但这是韦睿故意让的，樗蒲是赌输赢，而且赌注那么大，韦睿都让了，说明他不把钱财看得很重。所以毛泽东批注曰："使曹景宗胜。"肯定了韦睿谦虚的精神。

（三）"韦放有父风"

《韦睿传》中说到了韦睿有四个儿子：韦放、韦正、韦棱、韦黯。

韦放是韦睿的长子，字元直。"身长七尺七寸，腰带八围，容貌甚伟"。

大通元年（527），韦放奉命曾与陈庆之一起北伐，亦是一员沉勇的骁将。当时领军曹仲宗、东宫直陈庆之攻打北魏涡阳，梁武帝诏令寻阳太守韦放率兵去与曹仲宗等会合。北魏散骑常侍费穆带兵突然来到，韦放的营垒还没有建好，麾下只有二百余人，"众皆失色，请放突去。放厉声斥之曰：'今日唯有死尔！'"。于是脱掉盔甲而下马，坐在胡床上安排布置，兵士们都殊死奋战，人人以一当百，将魏军击退，追击到涡阳。毛泽东看了他的事迹后批注道："韦放有父风。"

梁武帝萧衍大通二年（528），韦放徙督北徐州诸军事、北徐州刺史，增封四百户，持节、将军如故。在镇三年，卒，时年五十九。谥曰宣侯。

韦睿的其他子孙也备极荣宠。下面略举一二：

韦正，做过中书侍郎、襄阳太守、给事黄门侍郎等。正子为载，从王僧辩讨伐侯景，后降陈武。晚年隐居江乘县之白山。载弟鼎，擅观人，使周时遇到杨坚，预言其"大贵"。到了陈后主至德初年，韦鼎为陈太府卿时，把自己的田地和住宅全部卖掉，大匠卿毛彪问他为什么这样做，韦鼎回答说："江南地区的王气已经完全丧失了，我和你都将会埋葬在长安。"及至陈被平定后，隋文帝召韦鼎并授予他上仪同三司。做光州刺史时，"部内肃然，咸称其神，道无拾遗"。卒于长安，年七十九。

韦棱，性恬素，以书史为业，博物强记，当世之士，咸就质疑。做过治书侍御史，太子仆，光禄卿等。著有《汉书续训》三卷。

韦黯，少习经史，有文词，位太府卿。侯景失败渡江后，只余八百余骑，南梁的马头（地名，在寿阳西北）戍主（官名）刘神茂一直对时任南豫州（今安徽寿阳）监州事的韦黯不满，见侯景到来，献上了取寿阳的阴谋。侯景依计行事，来到寿阳城下，派人去见韦黯，说自己是朝廷的客人，如果不接他入城，魏兵追到，自己有失的话，朝廷必然会怪罪。黯信以为真，开门迎接，侯景一进城就夺了韦黯的权，占领了寿阳。韦黯逃走，后来在台城保卫战中病死。

韦粲，韦放长子，"有父风，好学仗气"。当时为衡州刺史的韦粲知道侯景反叛的消息后，立刻率本部五千人急行军东进赴援。在建康郊区，韦粲因大雾而迷路，被侯景突击，力战不退，与儿子韦尼及三个弟弟韦助、韦警、韦构，从弟韦昂一起牺牲，追谥忠贞。韦氏可谓一门忠烈。韦睿、陈庆之、兰钦这些南梁名将的很多子孙都死在侯景之手。

韦臧，韦粲长子，历官尚书三公郎、太子洗马、东宫领直。建康城陷后，奔江州，收旧部曲，据豫章，为其部下所害。有弟韦谅。

三、"我党干部应学韦睿作风"

（一）"劳谦君子"

毛泽东倡导学"韦睿作风"，应该学习韦睿什么样的作风呢？首先就是韦睿"劳谦君子"的勤勉率下之风。

"劳谦"，勤劳谦恭。语出《易·谦》："劳谦，君子有终，吉。"孔颖达注疏："上承下接，劳倦于谦也。"《后汉书·桓帝纪下》："往者孝文劳谦自约，行过乎俭。""君子"，泛指才德出众的人。《易·乾》："九三，君子终日乾乾。"汉班固《白虎通·号》："或称君子何？道德之称也。居为言群也；子者丈夫之通称也。"宋王安石《君子斋记》："故天下之有德，通谓之君子。"

毛泽东读到"睿每昼接客旅，夜算军书。三更起，张灯达曙，抚循其众，常如不及，故投幕之士争归之"，逐字加了旁圈，并写了"劳谦君子"这个批语，称赞韦睿勤政、爱兵，礼贤下士，有儒将风度。

我国自古有"仁不统兵"的说法。所谓"仁不统兵"，是说治军一定要严格。但是，这种"严"，应该以对士兵的关心、爱护为基础和出发点，以军纪、军法为依据，要严而有据，严而有度，严中有情，决不能简单粗暴、滥施刑罚。而且，在严格要求官兵的同时，对他们的精神和生活一定要悉心关怀、照料。战国时魏将吴起，主张领兵者必须"严刑明赏"，认为"若赏罚不明"，"虽有百万之军亦无益"。

有些带兵者认为，要带好兵，就必须让士兵怕自己，甚至不惜动用各种粗暴手法树立威严。其实，真正的威严并不能靠权力和压服得来。

古人说，"公生明，廉生威"，"唯正足以服人"。只有处事公正、赏罚有信、身先士卒并切实关心、体贴部属，才能真正得到他们发自内心的钦佩和拥戴。

作为主将，韦睿的日常军务相当繁忙，甚至连屯驻地的营房修建标准等问题都在他的工作范围内。韦睿身体羸弱，作战不能骑马，却仍坚持乘坐用人抬的代步工具板舆，亲临阵前激励士兵。"魏军凿堤，睿亲与争"。毛泽东在此处又逐字旁圈，两次写下"将在前线"的批语，表示对他身先士卒的称赏。《南史》说他"将兵仁爱，士卒营幕未立，终不肯舍；井灶未成，亦不先食"。正是这些品质使得一个看似并不威严的将军拥有巨大的威信，得以带领官兵为梁国立下不朽功勋。

韦睿常常是在白天接待客人，夜晚钻研兵书，三更就起来掌灯工作，直到天亮。韦睿对于友人毫不慢待，大家都很尊敬他。他抚慰兵士，无微不至，所以当时有识之士都纷纷来投奔他，凡是所来之人，都受到他的热情接待。韦睿不仅是体恤下属、关心士兵、勤于政事、廉洁自律的好将领，在家中还是出了名的孝子，他对继母也十分孝敬，因此受到乡里人的称赞。韦睿生性慈爱，抚养死去兄长的儿子比抚养自己的儿子还要周到。后来辞官回家后，把历年所得俸禄均分送给亲朋故友，家中没有剩余财产。

（二）"躬自调查研究"

所谓作风，包括思想作风、工作作风和领导作风。是否善于调查研究，是毛泽东考察干部时最为关注的一个条件，无疑也是他称颂"韦睿作风"的一个组成部分。毛泽东在《韦睿传》中两次批注："躬自调查研究。"一处是天监四年（505），梁攻小岘城时，"睿巡行围栅"；一处是次年韦睿领兵攻打合肥时，"睿案行山川，曰：'吾闻汾水可以灌平阳，即是此也'"。第一处，毛泽东在"睿巡行围栅"处加了旁圈，在天头上批道"躬自调查研究"。先画了三个大圈，音犹不足，又在自己批的"躬自"两字旁加了旁圈，以加重"亲自作调查研究"的重要意义。第二处，毛泽东在"睿案行山川"旁加了旁圈，天头上画了三个大圈，又批注道："躬自调查研究"，还在"躬自"旁加了套圈，在"调查研究"旁加了单圈。从这两个批注，可以看出毛泽东对调查研究从而掌握实际情况是多么重视，对韦睿的亲自调查研究这一作风是多么赏识。

没有调查研究，脱离实际，正是一些夜郎自大、一味逞强的领导工作者的病灶所在。毛泽东一贯重视和强调调查研究。在读《新唐书》卷一百七十三《裴度传》时，写到宰相武元衡被刺身死，裴度受伤，有人要求宪宗罢免裴度，受到宪宗斥责。"（裴）度亦以权纪未张，王室陵迟，常愤愧无死所。自行营归，知贼曲折，帝益信仗。"毛泽东也曾写下类似的批语："调查研究，出以亲身。"

裴度（765—839），字中立，河东闻喜（今山西闻喜）人，唐朝宪宗时期有名的大臣，贞元进士，由监察御史累迁御史中丞，力主削平藩镇，转升为宰相。《新唐书·裴度传》记载，裴度受宪宗之命巡视诸军，此番巡视，使裴度掌握了敌我双方大量的信息。毛泽东写的批语，赞赏裴度深入前线了解情况，由此提倡搞调查研究要"出以亲身"。调查研究是建设、改革不断取得胜利的法宝。只有通过客观、全面、系统的调查研究，才能在把握真实情况、尊重群众实践的基础上，促进统一思想认识的形成，有效防止工作的偏差和失误，从而作出正确的决议、决定。

（三）"将在前线"

韦睿是一个标准的书生，身体衰弱多病，看起来病恹恹的。所以每次上战场时，韦睿都是一身儒服，不着盔甲，坐在一块木板上由士兵抬着指挥作战。他指挥作战用的是一根竹子做的白角如意。

在作战时，韦睿则完全显现出了与他的文弱形象完全不相称的勇猛。每次他都躬自巡行，死守不退，军旗永远在前，故能激励将士。

韦睿每战"以板舆自载，督励众军"和"魏军凿提，睿亲与争"，毛泽东分别在天头地脚两处批注："将在前线。"

毛泽东何以如此赞赏"将在前线"，其实是对将军深入实际作风的赞赏，是对与士卒同甘共苦行为的推崇。如今我们抓基层建设也需要坚持"将在前线"的作风。基层建设是一项群众性的经常工作，没有广大官兵积极性、创造性的发挥，很难有所突破、有所作为。在实际工作中，基层经常会遇到自身难以解决的困难，这些困难解决及时不及时将直接决定基层建设质量的高低与发展的快慢。因此，领导机关应该深入基层，身体力行，狠抓落实，一方面充分调动广大官兵的积极性，另一方面应为基层帮困解难，用"将在前线"的工作作风抓基层。

（四）"不贪财"

韦睿攻克合肥后，一切缴获都归公，"所获得军兵，无所私焉"，即对缴获的物资，韦睿自己丝毫不取。毛泽东对此批道"不贪财"。

在共同击退凤阳的魏军之后，被救刺史拿出二十万钱设赌，曹景宗与韦睿玩掷樗蒲赌输赢，韦睿看到自己快赢了一次，却故意做了一次手脚，以让曹景宗赢。毛泽东为此批道："使曹景宗胜"。

毛泽东对干部"贪污"问题更是深恶痛绝，处理更加严厉。轻者教育或去职，重者坐牢，严重者杀头。正因为搞了"三反""五反"运动，才保住了他那个时代整个干部队伍的清廉形象。因为毛泽东反贪污坚持走群众路线，相信群众的眼睛是雪亮的。所以那时干部只要敢多拿公家一张纸、一个信封，被群众揭发了，也是要挨"批斗"的，干部也把"贪污"当成一种耻辱，不像现在看见别人贪污受贿没事心里总有一种不平衡感，于是也要以身试法。毛泽东先后下令审判、处死谢步升、唐达仁、左祥云、黄克功、肖玉壁、刘青山、张子善七个贪官。

谢步升是我党反腐败历史上枪毙的第一个"贪官"。1932年5月9日下午3时，经中华苏维埃共和国临时最高法庭判决，叶坪村苏维埃政府主席谢步升在江西瑞金伏法。

谢步升利用职权贪污打土豪所得财物，偷盖苏维埃临时中央政府管理科公章，伪造通行证私自贩运物资到白区出售，谋取私利。他为了谋妇、夺妻、掠取钱财，秘密杀害干部和红军军医。事发后，查办案件遇到一定阻力。毛泽东很关注谢步升案，他力主严惩，并指示说："腐败不清除，苏维埃旗帜就打不下去，共产党就会失去威望和民心！与贪污腐化作斗争，是我们共产党人的天职，谁也阻挡不了！"

1932 年 5 月 9 日，以梁柏台为主审的中华苏维埃共和国临时最高法庭二审开庭，经审理，判决："把谢步升处以枪决，在 3 点钟的时间内执行，并没收谢步升个人的一切财产。"这是红都瑞金打响的苏维埃临时中央政府惩治腐败分子的第一枪。

左祥云是我党历史上对因贪污等腐败问题而判处死刑执行枪决的较高级别的干部。中央苏区时期，为筹建中央政府大礼堂和修建红军烈士纪念塔、红军检阅台等纪念物，专门设立了"全苏大会工程处"。工程于 1933 年 8 月动工。当年 11 月就有人举报左祥云与总务厅事务股股管永才联手贪污工程款。中央人民委员会即令中央工农检察部、中央总务厅抓紧调查，结果发现左祥云在任职期间勾结反动分子，贪污公款 246.7 元。

1934 年 2 月 13 日，最高法院在中央大礼堂开庭公开审判左祥云及有关人员，审判历时近五个小时。最后判决左祥云死刑，执行枪决。同时，对其他有关人员作了相应判决。2 月 18 日，对左祥云执行了枪决。

被处以极刑的唐达仁是瑞金贪污腐败窝案的主犯。1933 年夏的一天，中华苏维埃共和国中央政府工农检察部收到一封匿名举报。部长何叔衡先后派出两个调查组进行调查，1933 年 12 月 28 日，毛泽东同志主持中央政府人民委员会会议，听取中央工农检察部关于瑞金县苏维埃贪污案的汇报。会议决定，瑞金县财政部部长蓝文勋撤职查办，会计科科长唐达仁交法庭处以极刑，并给予县苏维埃主席杨世珠以警告处分。

黄克功之死被视为毛泽东"挥泪斩马谡"。

黄克功少年时代参加红军，跟随毛泽东经历了井冈山的斗争和二万五千里长征，是"老井冈"中留下来的不多的将领。

1937 年 10 月，26 岁的红军旅长黄克功，对陕北公学一个女学生刘茜逼婚未遂开枪将她打死在延河边。有人提出国难当头，人才难得，可让他戴罪杀敌。经陕甘宁边区高等法院审判，黄克功被处以死刑。黄克功给党中央、中央军委写信，要求从轻处理、戴罪立功。时任中央军委主席的毛泽东接信后给边区法院院长雷经天写信，支持法院判决，并要求在公审大会上，当着群众和黄克功的面公布这封信的内容。全文是：

雷经天同志：

你的及黄克功的信均收阅。黄克功过去斗争历史是光荣的。今天处以极刑，我及党中央的同志都是为之惋惜的。但他犯了不容赦免的大罪，以一个共产党员红军干部而有如此卑鄙的，残忍的，失掉党的立场的，失掉革命立场的，失掉人的立场的行为，如为赦免，便无以教育党，无以教育红军，无以教育革命者，并无以教育做一个普通人。因此，中央与军委便不得不根据他的罪恶行为，根据党与红军的纪律，处他以极刑。正因为黄克功不同于一个普通人，正因为他是一个多年的共产党员，是一个多年的红军，所以不能不这样办。共产党与红军，对于自己的党员和红军成员不能不执行比较一般平民更加严厉的纪律。当此国家危急革命紧张之时，黄克功卑鄙无耻残忍自私至如此程度，他之处死，是他自己的行为决定的。一切共产党员，一切红军指导员，一切革命分子，都要以黄克功为前车之戒。请你在公审会上，当着黄克功及到会群众，除宣布法庭判决外，并宣布我这封信。对刘茜同志之家属，应给以安慰和抚恤。

毛泽东

一九三七年十月十日

（《毛泽东书信选集》，人民出版社1983年版，第110—111页）

黄克功对此心服口服。临服刑前，当黄克功听说中央已安排对他的家人进行安抚时，感动得霎时痛哭流涕。就这样，一个勇冠三军的红军将领被公审枪毙了。

1940 年，是陕甘宁边区经济最困难的年头，上级安排老战士肖玉壁到清涧县张家畔税务所当主任。肖玉壁打过多次仗，仅身上留下的伤疤就有90 多处，可谓战功赫赫。上任后，肖玉壁以功臣自居。不久，就贪污受贿，同时利用职权，私自做生意，甚至把根据地奇缺的食油、面粉卖给国民党破坏队，影响极坏。案发后，边区政府依法判处他死刑。他不服，向毛泽东求情。毛泽东问："肖玉壁贪污了多少钱？"林伯渠答："3000 元。他给您写了一封信，要求看在他过去作战有功的情分上，让他上前线，战死在战场上。"毛泽东没有看信，沉思了一阵，他想起了黄克功案件。毛泽东对林伯渠说："你还记得我怎样对待黄克功吧？"林伯渠说："忘不了！"毛泽东接着说："那么，这次和那次一样，我完全拥护法院判决。"就这样，贪污犯肖玉壁被依法执行枪决。

1951 年 10 月，中共中央召开政治局扩大会议决定，在全国各条战线开展一个精兵简政、增产节约运动。随着增产节约运动的深入发展，各地暴露和发现了大量的惊人的浪费、贪污现象和官僚主义问题。

同年 11 月，有人揭发出了原天津地委书记、石家庄市委副书记刘青山，原天津专区专员、天津地委书记张子善的巨大贪污案。这两人居功自傲，贪图享受，革命意志消沉，腐化堕落。他们扬言："天下是老子打下来的，享受一点还不应当吗？"两人于 1950 年春至 1951 年 11 月，假借经营机关生产的名义，勾结私商进行非法经营。他们利用职权，先后盗窃国家救灾粮、治河专款、干部家属救济粮、地方粮，克扣民工粮、机场建筑款，骗取国家银行贷款等，总计达 170 余亿元（旧币）。

1951 年 11 月 29 日，华北局向毛泽东、党中央报告了天津地委严重贪污浪费的情况。11 月 30 日，毛泽东在为转发这一报告的批语中指出："……这件事给中央、中央局、分局、省市区党委提出了警告，必须严重的注意不被资产阶级腐蚀发生严重贪污行为这一事实，注意发现、揭露和惩处，并须当作一场大斗争来处理。"

在公审大会召开之前，曾有高级干部考虑到刘、张两人在战争年代有过功劳，向毛泽东说情。毛泽东说，正因为他们两人的地位高，功劳大，影响大，所以才下决心处决他们：只有处决他们，才能挽救 20 个、200

个、2000 个、20000 个犯有各种不同程度错误的干部。

毛泽东杀刘青山、张子善后有一段精彩的话，现在听来都发人深省："我们杀了几个有功之臣，也是万般无奈。我们建议重读一下《资治通鉴》。治国就是治吏，礼、义、廉、耻，国之四维。四维不张，国将不国。如果臣下一个个都寡廉鲜耻，贪污无度，胡作非为，而我们国家还没有办法治理他们，那么天下一定大乱，老百姓一定要当李自成。国民党是这样，共产党也是这样。杀张子善、刘青山时我讲过，杀他们两个，就是救了二百个、二千个、二万个啊。我说过的，杀人不是割韭菜，要慎之又慎。但是事出无奈，不得已啊。问题若是成了堆，就是积重难返了啊。崇祯皇帝是个好皇帝，可他面对那样一个烂摊子，只好哭天抹泪了哟。我们共产党不是明朝的崇祯，我们绝不会腐败到那种程度。不过，谁要是搞腐败那一套，我毛泽东就割谁的脑袋。我毛泽东若是腐败，人民就割我毛泽东的脑袋。"

（五）"干部需和"

韦睿十分注重部将的团结合作。在攻合肥前，胡景略与前军赵祖悦发生了矛盾，两人互相嫉恨。一次两人发生口角，胡景略一气之下竟然咬破了牙齿，鲜血直流。韦睿知道此事后，想到将帅不和，会导致患祸，于是便把胡景略请来，摆下宴席，亲自把盏，劝说胡景略道："且愿两虎勿复私斗。"（《南史·韦睿传》）所以在这次作战中，两人没有互相斗气，战斗便进行得特别顺利。

"如果单单强调抗战而不强调团结和进步，那么所谓'抗战'是靠不住的，是不能持久的。缺乏团结和进步纲领的抗战，终究会有一天要改为投降，或者归于失败。"这是毛泽东为延安《新中华报》改版一周年纪念写的文章。正因为毛泽东深知团结下属的重要性，才会对韦睿的做法深有感触，重重批注"干部需和"，赞扬了韦睿的凝聚力及他发扬团结精神的做法。

无论是在新民主主义革命时期，还是在社会主义建设时期，毛泽东都非常注重军队、人民的大团结。毛泽东在《论十大关系》中指出："什么是国内外的积极因素？在国内，工人和农民是基本力量。中间势力是可以争取的力量。反动势力虽是一种消极因素，但是我们仍然要作好工作，尽量争取化消极因素为积极因素。在国际上，一切可以团结的力量都要团结，不中立的可以争取为中立，反动的也可以分化和利用。总之，我们要调动一切直接的和间接的力量，为把我国建设成为一个强大的社会主义国家而奋斗。"这就是说，毛泽东所要消灭的是不合理的经济剥削和政治压迫的反人民的社会制度，团结人而不是要消灭人。

毛泽东提出的十大关系是：重工业和轻工业、农业的关系，沿海工业和内地工业的关系，经济建设和国防建设的关系，国家、生产单位和生产者个人的关系，中央和地方的关系，汉族和少数民族的关系，党和非党的关系，革命和反革命的关系，是非关系，中国和外国的关系。毛泽东进一步指出："像我们常说的那样，道路总是曲折的，前途总是光明的。""我们一定要把党内党外、国内国外的一切积极的因素，直接的、间接的积极因素，全部调动起来，把我国建设成为一个强大的社会主义国家。"

1956年4月29日，毛泽东在同拉丁美洲一些国家党的代表的谈话《要团结一切可以团结的力量》中指出，要团结一切可以团结的人："为了这个目的，我们党必须充分利用一切可以利用的力量。对于党内犯过错误的同志要有正确的政策，帮助他们，而不是把他们整死。批评并不是一推了事。人总是要犯错误的，不同的是，有的犯得多一些，有的犯得少一些；有的改正得早一些，有的改正得晚一些。我们党内曾经有过对犯错误的同志实行'无情打击'的偏向。人总是有情的，何况是对同志呢？'无情打击'只会在党内造成对立，闹不团结，今天我打你，明天你打我，打来打去弄得大家不和气，党的事业不兴旺、不发达，同志们大家都不高兴。后来我们党纠正了这种偏向，帮助在改正错误的同志，能团结的力量越多越好。"

"犯过错误的同志有了经验教训，在这一点上可能比没有犯过错误的同志要强。没有犯过错误的同志，下一次有可能会犯错误。"

"大敌当前，我们必须调动一切可以调动的力量，包括社会的、党内的一切可以团结的力量。"

1956年8月30日，毛泽东在中国共产党第八次全国代表大会预备会议第一次会议上的讲话《增强党的团结，继承党的传统》中指出："我们的各项具体工作，包括工业、农业、商业、文化教育等等工作，百分之九十不是党员做的。所以，我们要好好团结群众，团结一切可以团结的人一道工作。"

毛泽东还指明了团结的目的和团结的对象："我们团结党内外、国内外一切可以团结的力量，目的是为了什么呢？是为了建设一个伟大的社会主义国家。"

毛泽东又说："所谓团结，就是团结跟自己意见分歧的，看不起自己的，不尊重自己的，跟自己闹过别扭的，跟自己作过斗争的，自己在他面前吃过亏的那一部分人。至于那个意见相同的，已经团结了，就不发生团结的问题了。"

早在1949年3月13日，毛泽东在《党委会的工作方法》一文中指出："注意团结那些和自己意见不同的同志一道工作。不论在地方上或部队里，都应该注意这一条。对党外人士也一样。我们都是从五湖四海汇集拢来的，我们不仅要善于团结和自己意见相同的同志，而且要善于团结和自己意见不同的同志一道工作。我们当中还有犯过很大错误的人，不要嫌弃这些人，要准备和他们一道工作。"

1957年2月27日，毛泽东在最高国务会议第十一次（扩大）会议上的讲话《关于正确处理人民内部矛盾的问题》中指出："国家的统一，人民的团结，国内各民族的团结，这是我们的事业必定要胜利的基本保证。"

1958年3月，毛泽东《在成都会议上的讲话》中指出了团结和斗争之间的辩证关系，他说："团结中就包含着不团结，有意见分歧就转化为斗争，不能天天团结，年年团结。讲团结，就是因为有不团结。人总是参差不齐的，不平衡是绝对的、永久的、无条件的。不团结也是无条件的，讲团结时还有不团结，因此要做工作。只讲团结一致，不讲斗争，不是马列主义。从团结的愿望出发，经过斗争，才能达到新的团结。团结转化为斗争，斗争再转化为团结。不能光讲团结和一致，不讲矛盾和斗争。苏联就只强调一致，不讲矛盾，特别是不讲领导同被领导之间的矛盾。没有矛盾和斗争，就没有世界，就没有发展，就没有生命，就没有一切。老讲团结，就是'一潭死水'，就会冷冷清清。一潭死水好，还是'不尽长江滚滚来'，后浪逐前浪好？要打破旧的团结基础，经过斗争，在新的基础上达到新的团结。党是这样，阶级是这样，人也是这样。团结、斗争、团结，这就有工作了。"

1957 年 11 月 18 日，毛泽东在莫斯科共产党和工人党代表会议上发表讲话，《党内团结的辩证方法》是其中的一部分。讲话中提出，对同志要采取辩证的方法。毛泽东指出："对同志不管他是什么人，只要不是敌对分子、破坏分子，那就要采取团结的态度。"

1962 年 1 月 30 日，毛泽东在《在扩大的中央会议上的讲话》中指出："要把党内、党外的先进分子、积极分子团结起来，把中间分子团结起来，去带动落后分子，这样就可以使全党、全国团结起来。只有依靠这些团结，我们才能够做好工作，克服困难，把中国建设好。要团结全党、全民，这并不是说我们没有倾向性。有些人说共产党是'全民的党'，我们不这样看。我们的党是无产阶级政党，是无产阶级的先进部队，是用马克思列宁主义武装起来的战斗部队。"又说："要使全党、全民团结起来，就必须发扬民主，让人讲话。在党内是这样，在党外也是这样。"

『唐朝有个常胜将军叫薛仁贵』

薛仁贵（614—683），唐朝名将，绛州龙门（今山西河津修村人）人，名礼，字仁贵，以字行世。唐朝名将，著名军事家、政治家。

毛泽东对薛仁贵十分欣赏。

1942年间，据贺龙夫人薛明回忆，在他和贺龙结婚后几天，毛泽东来了。"他一进我们的窑洞，我很紧张，但又很兴奋，恭恭敬敬地向毛主席又鞠躬又问好。可能因为我们刚刚结婚，毛主席握住我的手问：'你姓什么？'我说：'姓薛。'他说：'你是薛仁贵的后代了。'"（《说不尽的毛泽东》下，辽宁人民出版社、中央文献出版社1995年版，第157页）

1957年2月，毛泽东在最高国务会议第十次（扩大会议）上的讲话提纲《如何处理人民内部矛盾》中写道："马克思主义是和它的敌（对）思想作斗争发展起来的。历史上的香花在开始几乎均被认（为）毒草，而毒草却长期（被）认为香花。香毒难分，马、列、达尔文、哥白尼、伽利略、耶稣、路德、孔子、孙中山、共产党、孙行者、薛仁贵。"（《建国以来毛泽东文稿》第6册，中央文献出版社1992年版，第312—313页）

在读《旧唐书》二百十一《列传》三十六《薛仁贵传》时，在开头天头处上方空白处用毛笔写下"薛仁贵"的名字，并将开头"薛仁贵，绛州龙门人……遂登门大呼，以惊宫内。帝遂出乘高"一段文字，圈点断句，在人名右侧画直杠。在传末所附子薛讷、薛楚玉，孙薛嵩，从孙薛平，玄孙薛从的小传都加标点，且将他们的名字写在天头空白处。（中央档案馆整理：《毛泽东评点〈二十四史〉评文全本》，中国档案出版社2000年版，第1191—1198页）

一、东征高丽

薛仁贵，是南北朝时期名将薛安都的后代，属于河东薛氏家族。曾祖父薛荣，官至北魏新野、武关二郡太守、都督，封澄城县公。祖父薛衍，北周御伯中大夫。父薛轨，隋朝襄城郡赞治。其父薛轨早丧，因此家道中落。

薛仁贵少年时期家庭贫苦，身份低下，以种田为事业。他想要迁移祖坟，妻子柳氏对他说："夫君有超世之才，要抓住时机奋发。现在天子亲自征讨辽东，寻求猛将，这是难得的机会，夫君为什么不谋求功名来让自己显赫呢？等到你荣归故里的时候，再改葬也不晚啊。"于是去见张士贵将军响应招募，投到张士贵帐下。

小说中写薛仁贵顿餐斗米，当然有点夸张，可能饭量大是事实。饭量大对于一个贫穷家庭可是一个不小的负担，所以柳氏劝他去从军，所谓当兵吃粮，心中不慌。

1937年2月，毛泽东在延安凤凰山窑洞和来访的《大公报》记者范长江彻夜长谈时，就风趣地对他说："薛仁贵回窑就是回的这种窑，不是你们南方的那种砖窑啊！"小说里的薛仁贵一顿饭要吃几斗米粮。相传早年贫贱未发迹时寄居寒窑，大概与陕北那些黄土窑是相似的，所以，毛泽东这样说。（盛巽昌：《毛泽东眼中的历史人物》，世纪出版集团、上海辞书出版社2005年版，第2187页）

1958年8月24日，毛泽东在北戴河会议上谈到人民公社食堂时说："张道陵的五斗米道，出五斗米就有饭吃，传到江西的张天师就变坏了。吃粮食是有规律的，大口小口一年三石六斗，放开量叫他吃，像薛仁贵那样一天吃一斗米，总是少数，我们搞公共食堂，也可打回去吃。"（陈晋：《毛泽东读书笔记解析》，广东人民出版社1996年版，第1026页）

张士贵（586—657），本名忽峍，后更名士贵，字武安，祖籍山西盂县上文村，出生在河南卢氏（今河南卢氏）一个武官世家，唐代名将。

新旧《唐书》皆有传。史载说他自幼学武，"善骑射，臂力过人""弯弓百五十斤，左右射无空发"，和"三箭定天山"的白袍薛仁贵一样的英勇善战，隋末聚众揭竿起义，后归顺李渊，在完成唐朝统一大业和边境扩张的戎马生涯中屡立战功，先后任右光禄大夫、右屯卫大将军、左领军大将军等职，并被封为虢国公、勋国公。唐显庆初年（657）病故，谥号：襄，享年72岁。

唐贞观后期，唐太宗想亲征高丽，从贞观十八年（644）秋开始，即调集军资粮草和招募军士，积极进行战争准备。薛仁贵就到将军张士贵处应募，被收为部属。不久，唐太宗亲征高丽。

薛仁贵到了安地（今辽宁海城东南海城子），遇到郎将刘君邛被敌人围困，薛仁贵骑马去营救。他斩杀了一名敌人的将领，将他的人头挂在马鞍上，敌人都惧怕投降，薛仁贵由此出名了。

唐军攻打安市城，高丽莫离支派遣大将高延寿等率领大军二十万来抗拒，倚靠山来结营，唐太宗命令各将领分兵攻击。薛仁贵依仗自己骁勇壮悍，想要建立奇功，于是穿白色的衣服以彰显自己，手里拿着戟，腰鞬上挂着两张弓，大声呼喊着骑马冲了进去，没有人能阻挡他。大军乘着薛仁贵的气势攻击敌人，敌军溃败，都逃跑了。唐太宗望见了，派遣使者骑马去问："在前面冲锋穿白衣服的人是谁？"有人回答说："薛仁贵。"太宗皇帝召见了他，很惊诧，赏赐了金帛、牲畜、奴隶，授予了游击将军、云泉府果毅的职位。班师回朝的时候，唐太宗对薛仁贵说："我的旧将都老了，想要选拔骁勇的将领来军事作战指挥，没有比得过你的。我不高兴于得到辽东，我高兴的是得到了你这位良将啊。"于是，薛仁贵随后升迁为右领军中郎将。

唐高宗李治显庆三年（658），唐高宗命程名振征讨高丽，以薛仁贵为其副将。薛仁贵于贵端城（位于今辽宁浑河一带）击败高丽军，斩首三千余级。第二年，薛仁贵又和梁建方、契必何力等，与高丽大将温沙门战于横山。当时，薛仁贵手持弓箭，一马当先，冲入敌阵，所射者无不应弦倒地。接着，又与高丽军战于石城，遇善射敌将，杀唐军十余人，无人敢挡。薛仁贵见状大怒，单骑突入，直取敌将。那个敌将慑于薛仁贵勇武，来不及放箭，即被薛仁贵生擒。不久，薛仁贵与辛文陵在黑山击败契丹，擒契丹王阿卜固以下将士，战后他因功拜左武卫将军，封河东县男。

唐高宗李治乾封元年（666），高丽莫离支泉盖苏文死，其子泉男生继位，但为其弟泉男健驱逐，特遣使者向唐求救。唐高宗派庞同善、高品前去慰纳，为泉男健所拒。于是，唐高宗命薛仁贵率军援送庞同善、高品。行至新城，庞同善为高丽军袭击，薛仁贵得知后，率军及时赶到，击斩敌首数百级，解救了庞同善。庞同善、高品进至金山，又被高丽军袭击。薛仁贵闻讯后，率军将高丽军截为两段奋击，斩首 5000 余，并乘胜攻占高丽南苏、木底、苍岩三城，与泉男生相遇。对此，唐高宗特下诏慰勉薛仁贵。接着，薛仁贵又率两千人，进攻高丽重镇扶余城，这时，部将都以兵少，劝他不要轻进。薛仁贵说，兵"在善用，不在众"，于是率军出征，这次战役，他身先士卒，共杀敌万余人，攻拔扶余城，一时声威大震，扶余川 40 余城，纷纷望风降伏。这时，唐又派李勣为大总管，由他乘机进攻高句丽。薛仁贵也沿海急进，与李勣合兵于平壤城，高句丽降伏。之后，唐高宗命薛仁贵与刘仁轨率兵二万留守平壤，并授薛仁贵为右威卫大将军，封平阳郡公，兼安东都护。薛仁贵受命后，移治平壤新城。他任安东都护期间，抚爱孤幼，存养老人，惩治盗贼，擢拔贤良，褒扬节义之士，高句丽士民安居乐业。

唐太宗为了收复辽东，统一天下，征讨盖苏文弑逆，援救新罗，曾三次出兵征讨高句丽。唐高宗总章元年（668）薛仁贵等率兵攻下平壤城，俘虏高句丽王高藏，高句丽灭亡。唐在高句丽故地设置 9 个都督府、42 个州、100 个县，设安东都护府统辖，以左武卫将军薛仁贵总兵镇之。

二、忠勇救高宗

当然，回到中原以后，薛仁贵被委以重任，统领宫廷禁卫军被派驻扎玄武门。宫廷禁卫军虽不是职位特别高的官，但那是守卫皇帝的安全工作，是个很重要的职位。一个农民出身的士兵，而且没有任何家庭背景和人际关系的人，可以被皇帝这样信任，足可见其忠义与实力，加上那是唐太宗得天下的门，也能看出意义非凡，这个"守天下之门"日后他也做到了。就这样没什么战事，薛仁贵守了12年半的玄武门。

唐高宗李治永徽五年（654）三月，唐高宗李治率领一班大臣来到万年宫，如同春游，其实是前往万年宫集体办公。万年宫，贞观的时候叫作九成宫，位于麟游县西天台山上。宫殿修在半山腰，规模很大，皇帝的后宫以及重要大臣，都能住在里面。

居住在万年宫的时候，唐高宗和武则天，忽然遭遇了一场巨大变故。五月的一天夜里，山上下了大雨，结果引发山洪。大水冲击万年宫的北大门（也叫玄武门），在这里看守的士兵，看见水势凶猛，四散逃命。这天夜里，值班将军是右领军郎将薛仁贵。他眼看着士兵四散逃命、大水涌进宫内。那正是大家熟睡的时候，皇帝和武昭仪也在其中。守卫的军士不能进入大门之内，但是薛仁贵说："现在天子有危险，怎么能怕死呢！"于是爬上门大声呼喊，用来警示宫内。唐高宗急忙出来，攀登到高处。不久水冲进了皇帝的寝室。

因为薛仁贵的及时呼叫，唐高宗和武则天躲过一次劫难。高宗感谢薛仁贵，对薛仁贵说："多亏了你，让我免为沦溺，现在我知道确有忠臣啊。"唐高宗专门赏给薛仁贵一匹御马。二十八年以后，唐高宗还念念不忘九成宫的大水，亲口对薛仁贵说："当年万年宫遭水，没有你的话我已经变成鱼了。"

根据记载，这次山洪附近死了几千人。幸好薛仁贵在，否则中国历史可能就改变了。唐高宗非常感谢薛仁贵，以至于日后多次提起这事。这件功劳也许大家认为不是什么开疆扩土的大功，但是皇帝认为这功很大，毕竟是救了自己一命，从此薛仁贵的人生上了一个新台阶。

三、良策息干戈

苏定方讨伐贺鲁，薛仁贵上奏章说："我听说出师无名，所以战争不能胜利，明示天下他是贼寇，敌人才能降伏。现在泥熟不侍奉贺鲁，被他击败，抢走了泥熟的妻子和子女。我们的军队有在贺鲁部得到泥熟部的人的时候，应该全部送回去，并加以丰厚的赏赐，让百姓知道贺鲁残暴，而陛下恩德高尚。"

皇帝采纳了他的建议，于是归还了泥熟的家属，泥熟部请求誓死效忠唐军。具体事情是这样的：

苏定方（592—667），唐初大将，名烈，字定方，以字行于世，冀州武邑人。父邕，隋末聚乡里数千人，在信都郡（即冀州）本土讨伐叛贼。定方骁悍多力，胆气绝伦，十五岁随父征战，先登陷阵。父卒，代领其众，杀张金称于郡南，败杨公卿于郡西，自是贼不舍境，乡党赖之。后投窦建德，为建德大将高苏雅贤收为养子，从窦建德、刘黑闼攻城伐邑，每有战功。刘黑闼败后，定放归乡里。唐贞观初，为匡道府折冲。

苏定方一生的功绩主要是征讨突厥。先是征讨东突厥。贞观初年（627），苏定方被唐廷重新起用，任匡道府折冲。贞观四年（630），随从李靖出征东突厥，两军大战于碛口（今内蒙古善丁呼拉尔）。二月初八夜，苏定方亲率二百骑兵为前锋，手持弓弩，趁大雾秘密行进，距突厥牙帐只有七里，突厥兵才有所警觉，唐骑兵马不停蹄，当距敌约一里路时，大雾消散，发现了颉利可汗的牙帐。苏定方趁其无备，"驰掩杀数十百人，颉利及隋公主狼狈散走，余众俯伏"。李靖大军随后赶到，东突厥溃不成军，唐军"斩首万余级，俘男女十余万，获杂畜数十万，杀隋义成公主，擒其子叠罗施"。颉利率领残兵一万余人打算逃离碛口，被屯于道口的李勣部堵截，不久其部落大酋长也纷纷率众来降，李勣部队共获五万余俘虏。此役唐军大获全胜，彻底击败东突厥，史称"阴山之战"。颉利可汗败走后，投奔位于灵州西北的苏尼失，被唐将张宝相率众俘获。

在唐灭东突厥的战斗中，作为李靖前军先锋，长驱直入攻破颉利可汗牙帐的苏定方因战功授左武侯中郎将，后再迁任左卫中郎将。永徽六年（655），高句丽联合百济、靺鞨进攻新罗，攻占其北境三十余城。新罗向大唐求援，苏定方随同程名振攻打高句丽，得胜归朝，拜为右屯卫将军，封临清县公。

再是灭西突厥。初征西突厥，百骑破万兵。高宗永徽六年（655）五月，苏定方随从葱山道行军大总管程知节（即程咬金）征讨西突厥，被任命为前军总管。大军行至鹰娑川（今新疆开都河上游），西突厥两万精骑前来抵御。两军展开恶战，总管苏海政激战连场未能取胜，西突厥别部鼠尼施等又率领两万多骑兵前来增援，形势相当危急。当时苏定方所部正在歇马，与大总管营帐相距十余里，中间只隔着一座小岭，看到远处尘土飞扬，知道敌人大军已至，苏定方"率五百骑驰往击之，贼众大溃，追奔二十里，杀千五百余人，获马二千匹，死马及所弃甲仗，绵亘山野，不可胜计"。副大总管王文度嫉妒苏定方的功劳，对程知节说："敌军虽然逃跑，官军死伤也多。现在应当结为方阵，将辎重集于阵中，四面列队，人马披甲，敌来即战，才是万全之策。不要让士兵轻率离阵，以免造成损伤。"王文度假称另有诏命，说程知节恃勇轻敌，让王文度从中节制。随即集结军队，下令不许深入敌中。唐军"终日跨马被甲结阵，由是马多瘦死，士卒疲劳，无有战志"。苏定方心急如焚，对程知节说："天子诏令讨敌，如今反而自守，马饿兵疲，逢敌必败。如此怯懦，怎能立功呢？况且公为大将，前线之事不能自己决断，反而另派副将予以节制，必无如此之理！应拘禁王文度，将此情节急奏朝廷！"程知节没有听从。大军到达恒笃城，有胡人率众归降，王文度又说："这些胡人现在投降，等官军撤回后，他们仍会反叛，不如把他们杀尽，夺取他们的资财。"苏定方说："如果这样处置，那便是自己当贼，又怎能说是讨伐叛逆？"王文度不听。等到瓜分资财时，"唯定方一无所取"。显庆元年（656）十二月，唐军最终无功而返，王文度坐矫诏该当判处死刑，后得以除名为民；程知节坐逗留追贼不及而贻误战机亦被撤职。

最后是灭西突厥，俘沙勃铄可汗。

显庆二年（657）春，朝廷任命苏定方为伊丽道行军大总管，再次征讨西突厥，任雅相、回纥首领婆润等人为副将，又派已归附大唐的步真及弥射为安抚大使，自南道招抚西突厥旧部。苏定方在金山（今阿尔泰山）以北，大破西突厥处木昆部，俟斤懒独禄率领一万多兵众投降。苏定方加以安抚，从中调发了一千骑兵，共同进军至曳咥河（今新疆额尔齐斯河）。西突厥沙铄罗可汗阿史那贺鲁闻讯，率领十万大军前来应战。苏定方率汉军及回纥兵一万余人同敌展开战斗。"贼轻定方兵少，四面围之"，苏定方令步兵环踞南面高地，长矛外向，亲率精锐骑兵列阵于北原。西突厥军向唐军步兵发起三次冲锋，均未能打破唐军大阵的铜墙铁壁，士气渐泄，兵阵已乱。"定方乘势击之，贼遂大溃，追奔三十里，杀人马数万"，并"杀其大酋都搭达干等二百人"。

第二天继续进军，胡禄屋等五弩失毕举众来降，阿史那贺鲁独自与处木昆屈律啜率数百骑向西逃去。五咄陆部听闻沙铄罗可汗兵败，也纷纷归附了南道的阿史那步真。苏定方命令副将萧嗣业、婆润率各部房兵赶赴邪罗斯川（今伊犁河西）追击败兵，自己和任雅相率领新附之众拦截贼军后路。刚好赶上天降大雪，"平地二尺"，军吏请求让士卒稍事休息，苏定方说："敌军依恃大雪，以为我军不能前进，必休息士马，现在踏雪急追，掩其不备，可获大胜。如果放脱贺鲁，让他远逃而去，就不能擒获他了！"于是整顿军队，"昼夜兼行"。进至双河（今新疆温泉、博乐一带），和弥射、步真会合，"军饱气张"，长驱两百里，距贺鲁牙帐只有一百里时，下令结阵而行，大军抵达金牙山（今吉尔吉斯坦托克马克以西）。此时贺鲁正准备打猎，苏定方乘其无备，令士兵发动进攻，"破其牙下数万人"。贺鲁率其残部继续逃亡，唐军穷追不舍，"定方追贺鲁至碎叶水（今吉尔吉斯和哈萨克境内楚河），尽夺其众"。沙铄罗可汗仅率其子咥运、婿阁啜等十余骑连夜逃往石国（今乌兹别克斯坦首都塔什干一带）西北之苏咄城。苏定方派遣副将萧嗣业一路追击至石国，沙铄罗可汗被石国城主伊涅达干诱捕，送交萧嗣业。此次唐军征伐贺鲁"收其人畜前后四十余万"，息兵后苏定方令西突厥诸部各归所居，修复道路，设置邮驿，掩埋尸骨，慰问疾苦，划定部落地界，恢复生产，并将沙钵罗可汗掳掠的财物、牲畜等，全部归还原主。

从唐朝安西都护府凯旋的苏定方在都城长安举行了隆重的昭陵、太庙献俘礼仪，"高宗临轩，定方戎服操贺鲁以献"。西突厥灭亡后，大唐"列其地为州县，极于西海"（今咸海），原臣服于西突厥的中亚诸国纷纷前来归附，整个西域置于唐朝的掌控之下。苏定方因功升迁为左骁卫大将军，封邢国公，另封其儿子苏庆节为武邑县公。显庆三年（658），安西都护府升格为安西大都护府，唐仍依两厢分治的历史传统，在西突厥故地分别设置濛池都护府和昆陵都护府，并将西突厥"其所役属诸国皆置州府"。显庆四年（659）九月，"诏以石、米、史、大安、小安、曹、拔汗那、北拔汗那、愊怛、疏勒、朱驹半等国置州县府一百二十七"，并隶属于安西大都护府。西突厥及其属国全境纳入大唐版图后，大唐帝国统辖的疆域"西尽波斯"。

此役苏定方对西突厥实行分化和重点打击相结合的方略，攻守兼施，及时反击，掩其不备，穷追猛打，终获大胜，大唐帝国的势力也因此延伸至中亚。苏定方踏雪夜追贺鲁一幕堪称唐代著名边塞诗"月黑雁飞高，单于夜遁逃。欲将轻骑逐，大雪满弓刀"的真实写照。

四、"将军三箭定天山"

毛泽东对薛仁贵也很熟悉，《旧唐书·薛仁贵传》也是他爱读的一篇列传。他曾以神来之笔，气势磅礴地草书了薛仁贵西征铁勒，在天山作战归来时，战士们自编的曲调："将军三箭定天山，壮士长歌入汉关。"（盛巽昌：《毛泽东眼中的历史人物》，世纪出版集团、上海辞书出版社2005年版，第218页）

唐高宗龙朔元年（661），铁勒进犯唐边。薛仁贵为铁勒道行军副大总管。出发前唐高宗宴请将士，席间唐高宗对薛仁贵说："古善射有穿七札者，卿试以五甲射焉。"薛仁贵应命，置甲取弓箭射去，只听弓弦响过，箭已穿五甲而过。唐高宗大吃一惊，又不好意思，当即命人取更加坚固的铠甲赏赐薛仁贵。

铁勒是中国北方古代部落民族名。中国古代北方、西北方民族，又称狄历、丁零、敕勒、高车。铁勒众多部落中，回纥和薛延陀都建立过统一漠北地区的汗国。而据史书记载，突厥是铁勒化的塞种人部落。回鹘汗国兴起以后，"铁勒"之见于官方史书逐渐减少，后来常用回鹘或者突厥来指代铁勒。后契丹人统有大漠南北，铁勒这个称呼逐渐消失。

龙朔二年（662），回纥铁勒九姓突厥（九个部落联盟）得知唐军将至，便聚兵10余万人，凭借天山（今蒙古杭爱山）有利地形，阻击唐军。当年三月初一，唐军与铁勒交战于天山，铁勒派几十员大将前来挑战，薛仁贵应声出战，独挑几十人，连发三箭，敌人三员将领坠马而亡。敌大军见之，立即混乱，薛仁贵指挥大军趁势掩杀，敌人大军投降。因为铁勒骚扰唐边境达数十年之久，薛仁贵命令将投降兵就地活埋，以除后患，蒙古杭爱山现在还有坑杀遗迹，但是作为一名大将军应该没有权利坑杀这么多的人，这是和唐朝的民族政策相背离的，所以这应该是朝廷的指令。

之后继续北进，将铁勒九部的首领伪叶护三兄弟生擒（第二次生擒政权君主了），从此回纥九姓突厥衰落。当时世间流传歌谣"将军三箭定天山，战士长歌入汉关"。想想这仗打得多漂亮啊，战争本来是艰苦、残忍的事情，士兵能唱着歌回家，表达了军民将士们的喜悦之情。这次战役，薛仁贵虽然立了大功，但主将郑仁泰犯了错误，导致了这次战争不完美。铁勒的思结、多览葛等部落本来要投降，郑仁泰不接纳，反而出兵捕获了对方的家属，赏赐给部下，这些部落只好逃亡。郑仁泰派兵追赶，不但没有找到敌军，还因为缺乏粮草，损失了许多兵员。薛仁贵自己也娶了一个妾。一回到朝廷，部队的许多将领都遭到朝臣的弹劾，唐高宗以功抵过，未加追究。

天山之战本来可以一举消灭铁勒，开拓唐朝北方边疆，从而遏制东突厥势力的发展，但由于主将郑仁泰的严重政治性错误使得此战前功尽弃。但薛仁贵三箭定天山，使得对唐边境威胁达数十年的铁勒族在不到一个月就马上衰败，可以说是古代将军中唯一一位。

五、青海之败

1951 年 5 月，毛泽东在出席《关于和平解放西藏办法的协议》签字仪式的第二天晚上会见班禅和阿沛·阿旺晋美。他说："西藏在历史上很是了不起，你们的军队两次打入长安，唐朝皇帝都慌慌张张地跑了。唐朝有个常胜将军叫薛仁贵，他'征西'进入东部藏区青海附近后，吃了败仗。"（《人物》1996 年第 3 期第 2 页）

唐高宗咸亨元年（670），吐蕃入侵，任命薛仁贵为逻娑道行军大总管，率领将军阿史那道真、郭待封反击来援救吐谷浑。郭待封曾经为鄯城镇守，与薛仁贵地位平等，到这时候，觉得官职在薛仁贵之下很耻辱，总是违反命令。

军队到了大非川，将要去乌海的时候，薛仁贵说："乌海道路艰险而且瘴气很多，我进的是死地，可以说是危险的境地，但是快速进军就会成功，慢了就会失败。现在大非岭宽整平大，可布置两个营寨，把辎重都放到里面，留一万人防守，我快速前进，趁着敌人还没整顿好，直接消灭掉。"于是约定好，到了河口，遇到了敌人，打败了他们，斩杀俘虏了很多敌人，缴获牛羊数以万计，进到乌海城来等待援军。

郭待封不遵从薛仁贵的命令，领着辎重跟随前进，吐蕃率领二十万军队截击夺取辎重。唐军粮草和辎重全丢了，郭待封逃到险要的地方保全自己。

薛仁贵退军到大非川，吐蕃又增加四十万军队来和薛仁贵作战，唐军大败。薛仁贵和论钦陵议和才回来，于是吐谷浑国陷落。薛仁贵感叹说："今年星在康午，军队是逆天行事，邓艾因此死在西蜀，我因此战败。"诏书本来是定死罪，最后除去官职贬为普通人。

六、老将北伐

不久之后，高丽余众背叛朝廷，朝廷起用薛仁贵为鸡林道总管，但后来又犯罪被贬官象州，遇到皇帝才大赦回来。皇帝思念他的功劳，于是召见，对他说："当年在万年宫，如果没有你，我就成鱼了。以前消灭九姓突厥，攻破高丽，你的功劳很大。有人跟我说你在乌海城下将敌人放跑，没有追击，导致了战败，这是我遗憾而疑问的了。现在辽西不安宁，瓜、沙二州路已经不通，你怎么能在乡下高枕无忧，不为我指挥军队呢？"就这样，薛仁贵被重新起用了，官拜瓜州长史、右领军卫将军、检校代州都督。由此也可知，郭待封打了败仗后，回朝廷没少给主帅薛仁贵栽赃。

唐高宗李治开耀元年（681），已经68岁高龄的薛仁贵开始了自己人生最后的一场光辉战争。薛仁贵拜瓜州（治晋昌，今甘肃安西东南锁阳城）长史，不久，东突厥不断侵扰唐北境，薛仁贵又拜右领军卫将军、检校代州（治雁门，今山西代县）都督。次年，突厥酋长阿史那骨笃禄召集突厥流散余众，扩展势力，自称可汗，于永淳元年（682）据黑沙城（今内蒙古呼和浩特东北）反唐。同年，单于都护府（治今内蒙古和林格尔西北）检校降户部落官阿史德元珍（因犯罪被囚），闻阿史那骨笃禄反唐，便诈称检校突厥部落以自效，趁机投奔于阿史那骨笃禄。阿史那骨笃禄因阿史德元珍熟知唐朝边疆虚实，即令其为阿波大达干，统帅突厥兵马，进犯并州（治晋阳，今山西太原西南）与单于府北境，杀岚州刺史王德茂。

同年冬，69岁高龄的薛仁贵带病冒雪率军进击，以安定北边。领兵去云州，就是今天的大同一带，和突厥的阿史德元珍作战。突厥人问道："唐朝的将军是谁？"唐兵说："薛仁贵。"突厥人不信，说："我们听说薛仁贵将军发配到象州，已经死了，怎么还能活过来？别骗人了！"薛仁贵于是脱下头盔，让突厥人看。因为薛仁贵威名太大了，以前曾经打败过九姓突厥，杀过许多人，突厥人提起他都怕，现在看见了活的薛仁贵，立即下马跪拜，把部队撤回去。薛仁贵来了就是打仗的，哪里会因为受了几拜就客气，立即率兵追击，打了一个大胜仗，斩首一万多，俘虏三万多，还缴获了许多牛羊。

唐高宗李治永淳二年二月二十一日（683年3月24日），薛仁贵因病于雁门关去世，享年七十岁。唐高宗追赠他为左骁卫大将军、幽州（治蓟县，今北京城西南）都督，朝廷给灵车护送丧葬回到故乡。薛帅的传奇一生结束了。

七、恩泽一方

　　在象州，薛仁贵有一段鲜为人知的英雄事迹被正史给抹去了，但是人民不会忘记，在河东薛氏的家族志以及其他一些史书上清晰地记载着他感人的故事。在被贬象州期间，薛仁贵协助州官，治政安民，首先平息了匪患，又动员富户救济灾民，当久旱逢雨之时，又率领农民拦水浇田，替他人打抱不平、调解纠纷、敬老爱幼等仁风义举举不胜举，州民感之不尽。当薛仁贵奉命再次出征、离别象州时，州民当道跪留，哭声震天。当次年得知薛仁贵病故时，州民建庙建冢以祀。

　　在平壤，1400 年前的薛仁贵庙依然好好地伫立在那里，薛仁贵画像受着当地人的崇拜祭祀。薛仁贵，一个征服者，在被征服的土地上竟然受到这样的礼遇，实在是让人不可思议。但是翻开尘封的历史画卷，我们会看到这样的文字，"唐高宗命薛仁贵率兵二万留守平壤，并授薛仁贵为右威卫大将军，封平阳郡公，兼安东都护。薛仁贵受命后，移治平壤新城。他任安东都护期间，抚爱孤幼，存养老人，惩治盗贼，擢拔贤良，褒扬节义之士，高句丽士民安居乐业。"史书原文是："抚孤存老，检制盗贼，随才任职，褒崇节义，高句丽士众皆欣然忘亡。"这个字义上的"侵略者"却在他的征服地被人们真诚地膜拜着，因为那里的人们念着他的好、念着他的贡献。薛仁贵在朝鲜的影响甚至延伸到了朝鲜人民的服装上，有位朋友在抗美援朝期间，曾亲眼看到朝鲜老百姓，绝大部分穿的是白色衣服，就询问了当地的"阿巴尼"（长老），据说"我们穿白色衣服是为了纪念白袍薛礼（薛仁贵），我们很多州县还有薛礼庙"。当时部分志愿军还组织参观了平壤东郊凤凰山的薛礼庙。这与《新唐书》记载的薛仁贵在高句丽"抚孤存老，检制盗贼，随才任职，褒崇节义，高丽士众，莫不欣然"是完全一致的。薛仁贵创造了中外历史上为占领国人民建立殊勋的历史奇迹。

　　不仅仅在国外，薛仁贵在青藏高原战败后被贬到象州当了个小官，在象州，薛仁贵爱民象州城的表现也足以说明其仁慈宽厚的博大胸襟。

薛仁贵一生作战40年，仅败一次，其余全部胜利，并且一生没有犯过一次军事指挥上的战略错误，而且纂写的《周易新本古意》为世界上第一部辩证法理论的军事著作，可见其军事才能的出色。薛仁贵是中国历史上唯一一位能让敌人在未开战之时就下马跪拜的将军，他打败过铁勒等诸多外族侵略，是我国对外的民族英雄，是中华民族不该忘记的战神。

历史上的薛仁贵之妻姓柳，见于史传和地方史志，但未记名字。柳姓也是河东著名大族，以薛仁贵的出身，与河东柳姓是门当户对的士族联姻。当薛仁贵想在家改葬祖先时，是柳氏劝夫速速投军，"君盍图功名以自显富贵还乡，葬未晚"。在这位颇有见识的妻子劝告下，薛仁贵应征参军并立下了赫赫战功。

薛仁贵长子薛讷亦是唐朝大将，也是《说唐演义》人物薛丁山的原型。另有四子：薛慎惑、薛楚卿、薛楚珍和薛楚玉。

薛仁贵"子讷，字慎言，起家城门郎，迁蓝田令。富人倪氏讼息钱于肃政台。中丞来俊臣受赇，发义仓数千斛偿之。讷曰：'义仓本备水旱，安可绝众人之仰，私一家。'报上不与。微舍人倪若水即军陟功状。拜讷左羽林大将军、复封平阳郡公，以子畅为朝散大夫，又授凉州镇军大总管，赤水、建康、河源、边州皆隶节度，俄为朔方行军大总管。久之，以老致仕，卒年七十二，赠太常卿，谥曰昭定。性沉勇，寡言。其用兵，临大敌益壮。'"

薛讷的弟弟薛楚玉，字瑶，唐玄宗开元中为范阳节度使，以不称职而被削官。《新唐书·宰相世系表》载："薛楚玉，官至左羽林将军，封汾阴县伯。"

薛楚玉之子，名薛嵩，生于燕赵间，骑射膂力过人，不治生产，少年时误入歧途，跟随安史叛军，后归唐，为昭义军节度使，封高平郡王，后改封开阳郡王。生平喜好蹴鞠，大历七年（772）卒，赠太保。

薛嵩之弟薛昽（《旧唐书》作薛崿），大历七年继承兄长薛嵩节度使位，但在大历十年（775），被部将裴志清所逐，将兵马归田承嗣，逃到洺州。后入朝请罪，唐朝廷免其罪，将其地一分为三，以薛嵩族子薛择为相州刺史。薛雄（薛慎惑之孙，薛光之子）为卫州刺史，薛坚（薛讷之孙，薛直之子）为洺州刺史。田承嗣引诱薛雄造反，薛雄不从，被田承嗣派去的刺客杀害了。

薛嵩之子薛平，字坦途。唐宪宗元和元年（806）八月乙巳朔乙亥，"以浙东观察使薛平为润州刺史、浙西观察使"。（《旧唐书》卷十四本纪十四，《毛泽东评点〈二十四史〉评文全本》中国档案出版社2000年版，第386页）以司徒致仕，封魏国公，年八十卒，赠太傅。

薛嵩之三子薛昌朝，唐宪宗元和元年（806）九月戊朔庚申，"以前保信军节度使、德州刺史薛昌朝为右武卫将军，前为王承宗虏之，囚于镇州，至是归朝故也"。（同上书，第387页）毛泽东将这几句加以圈点，并在天头处写道："薛仁贵的曾孙。"

薛平之子薛从，字顺之，官终左领军卫上将军，赠工部尚书，与父亲同为一时之名臣。

总之，从薛仁贵至其玄孙薛，从一家五代，都是唐代忠良之将。所有薛仁贵衍传的十二世裔孙四十七人和其他河东薛氏裔孙三百三十余位文武官员，为唐朝立国的二百八十九年，相继的二十一位皇帝尽忠报国，为中国历史的著名的"大唐盛世"建功立业。因此，"薛家将"是中国古代"爱国为民"的光辉典范，显示了以白袍薛仁贵为代表的爱国主义精神。

八、薛仁贵的功劳是否挂在张士贵身上

在《薛仁贵传奇》中，薛仁贵三次投军都因张士贵的阻拦而失败，直到在程咬金（即程知节）的帮助下才当了火头军（相当于炊事兵）。在张士贵等人的几番阻挠下，薛仁贵在军中受尽屈辱。东征渤辽叛军时，薛仁贵带领火头军作为先锋开路，所向无敌，屡建奇功，但其功劳均被张士贵记在其女婿何宗宪名下。

凤凰山之围中，薛仁贵救出李世民，并乘胜追击铁世文，三箭定军山，最终让铁世文死于龙门阵下，歼灭叛军。张士贵在陷害薛仁贵的事情败露后欲杀人灭口，但薛仁贵仍得以逃脱，并在徐茂公、程咬金等人帮助下，最终见到了李世民。真相大白之后，张士贵起兵造反，兵围长安，但战败被杀。

然而，这都是虚构的，甚至可以说是诽谤抹黑。实际上，张士贵不仅没有陷害过薛仁贵，而且还是薛仁贵的伯乐。薛仁贵在他的提拔下渐渐成长为大唐名将，而他也被封为虢国公，死后陪葬昭陵。

《旧唐书》与《新唐书》均有关于张士贵的记述，但字数较少，仅一百余字，或许这也是张士贵被黑的原因之一吧。根据史书记载，张士贵本名忽峍，善于骑射，臂力惊人。隋末聚众为盗，号为"忽峍贼"，后追随高祖李渊，任右光禄大夫，战功卓著。张士贵随从伐东都洛阳，被任命为虢州刺史。李渊对他很是满意，甚至想让他着华丽之服饰去游街彰显雄姿。

张士贵同样深得李世民信任，曾在李世民的统领下击败勾结突厥的刘武周，并跟随李世民征战中原，在击破王世充、窦建德等人的作战中功勋卓著，被当作李世民的嫡系心腹，玄武门事变后被委任为玄武门长上，成为禁军首领。

唐太宗李世民贞观七年（633），西南叛乱，李世民命张士贵前去平反，士贵得胜而归。李世民听闻士贵身先士卒，冒着敌人的箭矢冲锋，为报国家而生死不顾，很是感叹："虽古名将，和一家也！"

贞观十八年（644），太宗下诏调集粮草，招募军士，准备东征高丽（旧唐书卷八十三为高丽而非高句丽）。薛仁贵就是在这时候到张士贵军营投军，成为士贵部属。第二年三月，太宗亲征高丽，张士贵以辽东道行军总管之名随太宗东征。

此次东征，唐军无果而归，但在安市大捷中张士贵担当先锋，率领精锐部队冲锋陷阵，太宗李世民亲临观战。张士贵部将薛仁贵身披白袍，手持方天戟杀入敌阵的形象深得李世民欢喜。后来李世民对薛仁贵说："朕不喜得辽东，喜得卿也。"东征归来后，薛仁贵一直跟随张士贵守卫玄武门。高宗永徽四年（653），张士贵离开军队，入朝为官，薛仁贵接替其守卫玄武门重任。所以，这里并没有什么"应梦贤臣"的故事，更没有张士贵欺压薛仁贵，抢夺其军功的故事。

《薛仁贵传奇》是根据中国古代民间故事和清代如莲居士的《薛仁贵征东》改编而来。据考证，目前可知最早关于薛仁贵演述的讲史评话是《薛仁贵征辽事略》，其作者不知何人，当然这是民间评书的常态。

根据著名文献专家赵万里对《〈薛仁贵征辽事略〉后记》整理，张士贵的反面形象最早出现在南宋时期。东北女真族的金国灭掉辽国之后南下进攻宋朝，完颜宗望长驱直入，并包围了北宋都城开封。此时，北宋内部主战主和派开始分裂，以张邦昌为代表的主和派主张割地求和，而李纲等人则力主保卫东京。靖康二年（1127），开封陷落，徽宗、钦宗及后宫、宗室百官等三千余人被金人俘虏。

康王赵构在南京应天府（今河南商丘）登基，建立南宋政权。时，朝廷内部又出现主战、主和派，而老臣们多站在主和派，青年将领则主战。此时，民间借古讽今的话本作者们就把唐朝老臣张士贵比喻腐朽老臣，而薛仁贵则是朝中主战的青年将领，为突出薛仁贵形象，张士贵也就被往死里贬低。

在金国统治地域内，金太宗为缓解汉人的反抗，安排刘彦宗承制授官，从汉人士大夫中科举选士以填充官僚体制。张士贵的十六世孙张国祯也参加了金朝的开科取士，并考中进士，担任著作郎、集贤院学士等职，金朝皇帝的诏令也多出自其手。这对金朝统治区内的北宋遗民来说，张国祯作为名将之后做出侍奉金朝的事情是不可容忍的。于是，一些人便开始编造故事来诽谤污蔑当朝权贵，张士贵不免中枪，被一黑再黑。

1957年3月8日，毛泽东在中国共产党全国宣传会议期间，同文艺界部分代表谈话。他说："真正的马克思主义者是不怕什么的，任何人也不怕，不怕别人整不整，顶多没有饭吃，讨饭，挨整，坐班房，杀头，受冤枉。我没有讨过饭。要革命，不准备杀头是不行的。被敌人杀了不冤枉。被自己人错杀了就很不好，所以我们党内有一条：一个不杀。但是坐班房，受点整也难说。上次我曾讲了薛仁贵、孙行者的事。薛仁贵害了病，打胜仗，功劳挂在别人身上。对孙行者也不公平，他自然个人英雄主义蛮厉害，自称齐天大圣，玉皇大帝封他'弼马温'，所以他就大闹天宫，反官僚主义。我看宗派主义和主观主义都有，张士贵宗派主义、官僚主义都有。"（《毛泽东文集》第七卷，人民出版社1999年版，第254页）

毛泽东在讲话中也是根据小说中的演义来评价张士贵和薛仁贵的。

『岳飞是个伟大的爱国英雄』

岳飞（1103—1141），字鹏举，北宋相州（今河南汤阴）人。自幼家贫，但学习努力，特别爱读《左氏春秋》、吴起的兵法。他生来力气过人，能拉三百斤的强弓，弩可达一千斤。初向周同学箭，能左右开弓。岳飞年轻时，家乡经常受金人骚扰，后来沦陷。面对国家山河破碎、家乡被占领、民不聊生、生灵涂炭的悲惨景象，岳飞组织岳家军奋起抗敌，保境安民。为了鼓励他抗击金兵，保家卫国，其母曾在他的背上刺了"精忠报国"四个大字。岳母刺字的故事，宋人笔记和野史均无记载，包括岳飞之孙岳珂所著《金佗稡编》也没有记录。岳飞背上刺字的记载始见于元人所修的《宋史》本传："初命何铸鞠之，飞裂裳，以背示铸，有'尽忠报国'四大字，深入肤理。"有一种说法是，因为"刺字为兵"的制度仍在执行，所以岳飞从军时在背部刺上"尽忠报国"四字明志。

明代表现岳飞故事的小说、戏剧如《精忠记》《武穆精忠传》《精忠旗传奇》等都有岳飞背上刺字的描写，刺字版本不一，流传最广的则是"精忠报国"。有学者认为，此时的"精忠报国"四字是混淆了宋高宗御赐"精忠岳飞"四字而产生的。

始修于明代的《唐门岳氏宗谱》说"尽忠报国"四字是姚氏于靖康初年为岳飞所刺，但《宗谱》晚出，此事的真实性仍有待考证。"岳母刺字"的演义故事则最早见于清抄本《如是观传奇》与杭州钱彩评《精忠说岳》，《说岳》中的岳母刺字故事影响广泛，一直流传至今，成为一段脍炙人口的佳话。

1906年，毛泽东就读井湾里私塾，老师是毛宇居。"当毛泽东识的字足够他看一些简单故事书时，他便弄到一本他大致能看明白的小说，在他住的那个小村里，书是极少的。大家都爱看的正好是《水浒传》和《三国演义》这两本小说。前者讲的是一百零八将聚义的壮举，后者讲的是三国打仗的故事。毛泽东对这两本书入了迷。在农忙中农，一有空闲，他就去读这两本书。"

毛泽东1936年同斯诺谈话时说："我读过经书，可是并不喜欢经书。我爱看的是中国古代的传奇小说，特别是其中关于造反的故事。我读过《岳传》《水浒传》《三国演义》和《西游记》等。那是我还很年轻的时候瞒着老师读的，老师憎恨这些禁书，并把它们说成是邪书。我经常在学校读这些书，老师走过来的时候就用一本经书把它们盖住。大多数同学也都是这样做的。许多故事，我们几乎都可以背出来，而且反复讨论过许多次。关于这些故事，我们比村里的老人知道的还要多些。他们也喜欢这些故事，而且经常和我们互相讲述。我认为这些书对我的影响大概很大，因为这些书是在易受感染的年龄里读的。"（《毛泽东自述》《毛泽东1936年同斯诺的谈话》，人民出版社1979年版，第8—9页）

谈话中所说的《岳传》，即《说岳全传》，全称《精忠演义说本岳王全传》，清钱彩综合史载和民间传说中有关岳飞的素材写成，共20卷80回。

在家乡韶山冲读私塾时，少年时代的毛泽东就看过根据明代人熊大木的岳飞评话改编的《精忠说岳全传》。当时，毛泽东常去附近李家屋场李漱清处求教。李漱清出洋留过学，见多识广。毛泽东曾向他谈过读《说岳全传》的见解："牛皋比岳飞有气魄，岳飞比不上他。岳飞明明知道秦桧要加害他，却偏要跑到风波亭送死；牛皋的胆子大得多，他敢于召集人马，上太行山落草，造皇帝老子的反。"显然，《说岳全传》给少年毛泽东留下了深刻印象。

后来，毛泽东很爱看岳飞题材的戏。据毛泽东的警卫员陈昌奉回忆：1933年，毛泽东在瑞金观看过京剧《岳母刺字》后，说："岳飞是个民族英雄，他精忠报国，全心为民，抵抗外军侵略……我们要向他学习。"抗战时期在延安，毛泽东几次观赏由田汉编剧、延安评剧院巡回演出的全本《岳飞》。

1938年8月，毛泽东在延安抗日军政大学的一次演讲中说："李逵什么也没有学，仗打得很好；岳飞也不是什么地方毕业。陈胜、吴广、石达开、杨秀清都是农民出身。"（陈晋：《毛泽东的文化性格》，中国青年出版社1991年版，第218页）用李逵、岳飞的事迹勉励学员，要自学成才。

针对国民党顽固派的消极抗日，毛泽东在延安的另一次讲话中，谈到当时整个中国的形势时说："中国历朝以来的政治路线和组织路线，有两条，一条是正当的，另一条是不正当的。如果朝廷里是贤明皇帝，所谓'明君'，就会是忠臣当朝，这就是正当的，用人在贤；昏君，必有奸臣当朝，是不正当的，用人在亲，狐群狗党，弄得一塌糊涂。宋朝徽、钦二帝，秦桧当朝（秦桧当朝是南宋高宗时期，而非北宋徽、钦二帝时期），害死岳飞，弄得山河破裂。历来有这两条路线。组织路线，即干部政策，是随着政治路线改变的。我们要讲正派路线，反对历朝的不正当路线。"

（陈晋：《毛泽东之魂》修订本，中央文献出版社 1997 年版，第 367 页）

　　毛泽东还非常注意用中国历史上投降派和抵抗派的故事对人们进行思想教育。1939 年 1 月 17 日，他在关于研究中华民族史复陕北公学教师何干之的信中说："如能在你的书中证明民族抵抗与民族投降两条路线谁对谁错，而把南北朝、南宋、明末、清末一些民族投降主义者痛斥一番，把那些民族抵抗主义者赞扬一番，对于抗日战争是有帮助的。"就这个问题，他在延安抗日军政大学的一次演讲中，特别提倡若干历史人物干到底的英雄气节，他说："多少共产党人被杀头，还是威武不能屈。但尚有一部分叛徒起先信仰马克思主义，而且做工作，但一旦威武来了，就屈服，带路杀人，什么都做。一种人被捉了，要杀就杀，这种英雄的人，中国历史上很多，有文天祥、项羽、岳飞，决不投降，他们就有这种骨气。那些叛徒就没有这种骨气，所以平素讲得天花乱坠，是没有用的。"

　　1958 年，毛泽东在几次中央会议上提到破除迷信时，都讲到岳飞，说："岳飞建立岳家军时只二十几岁。"

　　1960 年 3 月 19 日，毛泽东在上海请工人代表和市委领导人一起在锦江小礼堂看戏，其中就有折子戏《岳母刺字》。当舞台上岳母在儿子脊背上刺了"精忠报国"四个大字时，毛泽东情不自禁地从大沙发上站起身来，热烈鼓掌。重新入座后，他又侧身问上海联华钢厂厂长孔令熙："这个戏你看过吗？"又深情地说："中国像这样的母亲有千千万万呢！"

一、"岳飞是中国历史上一个伟大的爱国英雄"

（一）廉洁奉公

说起岳飞的"廉洁奉公"，让人不由得想起他的至理名言："文官不爱钱，武官不惜死，天下太平矣。"因为这句话是他一生的真实写照。

1122年，十九岁的岳飞怀着保家卫国的满腔热血奔赴了抗金前线，在此后近二十年的戎马生涯中，岳飞南征北战，参加和指挥了数百次战斗，他总是身先士卒，屡立奇功，为保卫和巩固南宋的江山社稷立下了汗马功劳，很快便成为南宋的一名高级将领。当时，与他同朝的其他将领在杭州都有豪华府第，唯独岳飞没有，高宗表示也要在杭州为岳飞修建一座上等宅院。岳飞知道后，立即上书辞谢说："北虏未灭，臣何以家为？"

岳飞立身廉洁，为官清正，这是众所周知的，可至于他廉洁到了什么程度，史书《金陀粹编》中是这样记述的："岳飞生活俭朴，不经商，不广置私产，虽然身居显位，却不纳妾，甚至连一个使女丫环也没有。每次朝廷给他的犒赏，他总是如数分配给部下，从不私藏一分一毫。一次，部队给养匮乏，岳飞就将朝廷赏赐给他个人的物品全部变卖，来解决军中急需。"

在封建社会，做官的有几个不想光宗耀祖、封妻荫子，享受荣华富贵？而像岳飞这样廉洁奉公、不谋私利、严于律己、不贪功名的又能有几人呢？南宋诸大将无不豪富，张俊为防盗，铸一千两一个的大银球，称为"没奈何"，堆满大屋，退休后尚有每年六十万担租米的收入。三十二岁就任节度使的岳飞，每月的俸禄超过宰相，可在他被害后，全部家产被没收，却没有一件真正值钱的东西，只有一些书画、字卷和赏赐品。这与那些有着豪华住宅、妻妾成群、家私万贯，而且还享受着种种特权的其他将领相比，真是天壤之别！岳飞的总家产只有三千贯（约合二千多两银），且其中含有数千匹麻布和数千石粮米，显然也是准备用于军队的，大奸臣秦桧对此难以置信。二十年后，岳飞这起冤案昭雪的时候，宋孝宗了解到实情，也为岳飞的清贫而感叹不已。

岳飞与士卒同甘共苦，吃得一样，住得一样。部队补给艰难时，则"与士卒最下者同食"。有一次岳飞受地方官招待，吃到"酸馅"（一种似包子的面食）这种在官员富商们看来很普通的食物时，不仅惊叹道："竟然还有这么美味的食物。"便特意带回去与家人共享。

南宋诸将中，唯有岳飞坚持一妻，且从不去青楼纵欲。大将吴阶曾花二千贯买了一名士人家（读书人家）的女儿送给岳飞，岳飞以屏风遮挡问道："我家的人都穿布衣，吃粗食，娘子若能同甘共苦，便请留下，否则，我不敢留你。"女子听了窃笑不已，显然不愿意。岳飞便遣人送回。部将谏阻说不要伤了吴阶的情面，岳飞说："而今国耻未雪，岂是大将安逸取乐之时？"吴阶得知后更加敬重岳飞。

岳飞在重兵在握、威震四方的腾达之时，一直保持廉洁奉公的美德。全家均穿粗布衣衫，妻子李氏有次穿了件绸衣，岳飞便道："皇后与众王妃在北方（靖康之难时被金兵俘虏）过着艰苦的生活，你既然与我同甘共苦，就不要穿绸布衣了。"自此李氏终生不着绫罗。战时，南宋对军队犒赏极厚，岳飞从来不取一文，全部分给将士。有次一名部将贪污赏银，立斩。

岳飞提出的"文臣不爱钱，武臣不惜死，天下太平矣"堪称封建社会官吏的行为典范，他廉洁自律的高尚品德也受到后人的景仰。

（二）严以律子

岳飞对子女教育很严，要求他们每天做完功课后，必须下地劳作。除非节日，否则不得饮酒。宋时有"任子恩例"，官员品级越高，子女可享受的官阶越高，次数越多。岳飞勉励儿子们"自立勋劳"，仅用了一次"恩例"，还是为被秦桧迫害致死的老上级张所之子张宗本而用。而岳云屡立殊勋（多次战斗中"功第一"），岳飞却多次隐瞒不报。

岳云，岳飞长子，字应祥，号会卿，宋宣和元年（1119）六月初五日生于河南汤阴县，是中国历史上有名的少年将军。因为金兵的侵略烧杀，岳云从小与父母分离，颠沛流离中目睹了金兵的恶行和宋人的困苦，在祖母教育下，立下保家卫国的大志。十二岁时岳云从军，被父亲岳飞编入其部将张宪的队伍中，当一名小卒。他旦夕勤学苦练，可谓文武双全，大有乃父之风。

有一次，小岳云与将士一起骑马进行爬山练习，不小心因马失前蹄而摔倒在地。父亲岳飞见了大怒，并指责岳云说："这全是平日练习不认真造成的，如果是在战场上，岂不误了国家大事？"当即下令将他推出去斩首。众将士急忙求情，念其年幼，岳飞最后还是下令将岳云打了一百军棍。从此岳云更加刻苦练习，练就了一副钢筋铁骨。

绍兴四年（1134），十六岁的岳云随父出征，去收复被金人占领的随州、邓州等地。在这次战斗中，岳云手持铁锥枪，冲锋在前，勇不可当，第一个登上久攻不克的随州城，后又随军北征，收复了邓州。从此，军中皆称他为"赢官人"（官人为宋代对男子的尊称，"赢"此指常胜不败的意思）。

此后岳云成为背嵬军最重要将领之一（背嵬军：岳飞亲兵，岳家军精锐，以八千余名骑兵为主，战斗力极其强悍）并任机宜文字（主要负责机密文字记录，是一支军队的重要文职），在历次对金对伪齐作战，以及剿灭杨幺、安定后方等战斗中屡立大功，却多次被父亲隐瞒不报，岳云毫无怨言。为此张俊说："岳侯避宠荣一至此，廉则廉也，然未得为公也！"岳飞答道："父之教子，怎可责以近功？"又说："正己而后可以正物，自治而后可以治人，若使臣男受无功之赏，则是臣已不能正己而自治，何以率人乎？"

宋高宗赵构绍兴七年（1137），金兀术率军南侵，以本族精锐在郾城（今属河南省漯河市）与岳家军大战。岳云身先士卒，率背嵬军骑兵冲撞敌阵，挫敌锐气，又反复冲杀，为这场重要的主力决战获胜立下大功（此战是中国历史上少有的大规模骑兵"遭遇"战，更是少有的平原野战中，农耕民族步骑混同击败数量优势的游牧民族骑兵精锐的战例）。

郾城大败后不久，金兵获得增援，以十万众改攻颍昌（今河南许昌），岳家军守军约三万。岳飞预先令岳云率部分背嵬军赴援。当日，岳率军在金兵阵中来回冲杀数十次，杀得人成血人，马成血马。因金兵数量远胜，主将王贵一度怯战欲退，为岳云坚拒。鏖战半日后，金兵士气低迷，岳家军留守部队五千人趁势开城杀出，一举击溃金兵。此战诛杀了金兀术女婿夏金吾，还生擒金军大小首领七十八人，杀死敌军、缴获军器等不计其数。

郾城等战后，金兀术大为震惊，仰天长叹道，"岳少保以五百骑破吾五十万众。撼山易，撼岳家军难！"

绍兴十一年（1141），岳云被奸臣秦桧诬陷，与父和张宪同时被害于杭州西湖，岳云时年仅二十三岁。

绍兴三十年（1160），宋孝宗为岳飞父子平反昭雪后，岳云附葬在杭州西霞岭下。其后宋孝宗追授岳云为安远军承宣使、武康军节度使及安边将军等职，并追封为继忠侯。

1952年，毛泽东在山东、河南视察黄河，从郑州返京途中，特地在岳飞故里汤阴车站下车，在月台上仔细观看矗立在那里的《岳武穆故里碑》，并在碑前留影。碑文大致是据《宋史·岳飞传》改写的，字数很多，但他仍颇感兴味，从头到尾耐心地念完，表达对岳飞的敬仰。汤阴县县长王庭文汇报说："据我们所查，岳飞后代没有一个当过汉奸的。"毛泽东听后高兴地说："很好，很好，岳飞是个好人，岳家没有一个当汉奸的，都保持了岳飞的爱国主义气节。"

（三）文采横溢

岳飞的文才自不必说，数十首诗词足以说明。除此之外，他爱好读书，书法颇佳，时人称"室有邺架""字尚苏体"（邺架，形容藏书极多；苏体，苏东坡书法甚好，岳飞学的便是苏体）。他还爱与士子、文人交往，"往来皆高士"。

在毛泽东眼中，岳飞还是一位优秀的诗人。他对岳飞流传下来的为数不多的几首诗词，口诵手书，十分喜爱。从他让王芳背诵的岳飞名作《满江红·怒发冲冠》，已看出他的熟悉和喜爱。《满江红》原诗是这样写的：

> 怒发冲冠，凭阑处潇潇雨歇。抬望眼仰天长啸，壮怀激烈。三十功名尘与土，八千里路云和月。莫等闲，白了少年头，空悲切。
>
> 靖康耻，犹未雪；臣子恨，何时灭？驾长车踏破贺兰山缺。壮志饥餐胡虏肉，笑谈渴饮匈奴血。待从头，收拾旧山河，朝天阙。

《满江红》是一首洋溢着爱国豪情的战歌。上阕抒情，抒写作者艰苦卓绝的战斗历程；下片言志，抒写作者洗刷国耻、重整河山的雄心壮志，表现了一种大无畏的英雄气概。千百年来，激励着中华民族的爱国热情，对后世产生了深远的影响。毛泽东还手书过这首词，而且他在 1966 年 6 月写的《七律·有所思》诗中"凭阑静听潇潇雨"，显然是由岳飞《满江红·怒发冲冠》词中"凭阑处，潇潇雨歇"点化而来。

毛泽东对岳飞的另一首词《小重山·昨夜寒蛩不住鸣》也非常看重，在阅读时密密地加了圈点。这首词是这样写的：

> 昨夜寒蛩不住鸣，惊回千里梦，已三更。起来独自绕阶行，人悄悄，帘外月胧明。
>
> 白首为功名，旧山松竹老，阻归程。欲将心事付瑶琴，知音少，弦断有谁听。

《小重山》和慷慨激昂的《满江红》（怒发冲冠）风格截然不同，上片寓情于景，写作者思念中原、忧心国事的心情；下片直抒胸臆，写收复失地受阻、心事无人理解的苦闷。全词多用比喻和典故，曲折地道出心事，笔调沉郁蕴藉，意象清冷，极尽变幻，抒发了抑郁难申的爱国情怀。当代词学家缪钺教授《灵溪词说》中评岳飞词绝句云："将军佳作世争传，三十功名路八千。一种壮怀能蕴藉，请君细读《小重山》。"可谓一语中的。

岳飞的《池州翠微亭》《送紫岩张先生北伐》两首是表现抗金内容的诗，毛泽东也十分喜爱，也都手书过。池州，今安徽贵池。翠微亭，在南齐山顶，唐建。俯视清流，高爽可爱。岳飞北伐时曾至此，因有是作。全诗是：

> 经年尘土满征衣，特特寻芳上翠微。
>
> 好山好水看不足，马蹄催趁月明归。

另一首《送紫岩张先生北伐》原文如下：

> 号令风霆迅，天声动北陬。
>
> 长驱渡河洛，直捣向燕幽。
>
> 马蹀阏氏血，旗枭可汗头。
>
> 归来报名主，恢复旧神州。

紫岩张先生即抗金名将张浚。张浚，字德远，汉州绵竹（今四川绵竹）人，南宋宰相、抗金派领袖、民族英雄。宋徽宗政和八年（1118）进士，历枢密院编修官、侍御史、知枢密院事、川陕宣抚处置使、尚书右仆射同中书门下平章事兼知枢密院事都督诸路军马等职。隆兴元年（1163），封为魏国公。隆兴二年（1164）八月，病卒，葬宁乡，赠太保，后加赠太师。张浚奉命督师抗金，岳飞也率部队参加了战斗。张浚出发时，作者写这首诗，鼓励张浚收复失地，统一中国。

诗中借送张浚北伐，抒发收复中原的壮志豪情，可与《满江红·怒发冲冠》对看。

毛泽东十分推崇岳飞，从他的立身行事，我们可以看到岳飞的影响。

岳飞为了实现抗金、收复中原的志向，甘愿献出自己的生命，而毛泽东一家为革命献出了六位亲人，这种献身祖国的精神是一脉相承的；岳飞"运用之妙，存乎一心"的观点，成了毛泽东军事理论中"灵活性"的注脚；岳飞视死如归的大无畏英雄气概，"文官不要钱，武将不怕死，天下太平矣"的名言，岳家军"撼山易，撼岳家军难"的战斗力，以及"饿死不抢掠，冻死不拆屋"的严明军纪，毛泽东都予以肯定，批判地加以继承和发展；甚至在自己的诗词中化用岳飞诗词中的句意，都是毛泽东受岳飞影响的明证。

当然，对于岳飞，毛泽东也没有求全责备。对于岳飞的缺点和历史局限性，毛泽东也毫不客气地指出，至少有这么几点：第一，岳飞只反对投降派秦桧等人，不反对宋高宗，对投降派的总后台宋高宗认识不清，是一种愚忠思想作怪；第二，作为封建官僚，他率军镇压了江西、湖北两支农民起义军，是镇压农民起义军的刽子手，这是要否定的；第三，他的名言"文官不要钱，武官不怕死"，有片面性，应该是文官、武官都不要钱，又不怕死，才全面。

（四）勇冠三军

毛泽东对岳飞的军事才能评价甚高。他在《论持久战》中讲到战争的灵活性时曾说："古人所谓'运用之妙，存乎一心'，这个'妙'，我们叫作灵活性，这是聪明的指挥员的出产品。灵活不是妄动，妄动是应该拒绝的。灵活，是聪明的指挥员，基于客观情况，'审时度势'（这个势，包括敌势、我势、地势等项）而采取及时的和恰当的处置方法的一种才能，即所谓'运用之妙'。"（《毛泽东选集》第二卷，第494页，人民出版社1991年6月第2版。）毛泽东所说的古人就是岳飞。"运用之妙，存乎一心"，是岳飞对宗泽说的一句话，但却概括了他对兵法精髓的把握。当时，岳飞随宗泽在黄河南岸作战，战开德，攻曹州，屡立战功。宗泽见他作战不拘常法，既佩服又担心，便对他说："尔勇智才艺，古良将不能过，然好野战，非万全策。"说罢，就把阵图交给岳飞看。岳飞看了以后说："阵而后战，兵法之常，运用之妙，存乎一心。"意思是说，先布好阵再出战，这是兵法的常规，但用兵的奥妙在于以变制变，而这又全靠军事家的运筹谋划。

那么，什么是常规呢？原来按照宋军的作战成例，凡将帅出征，皇帝亲授阵图，作战时需要严格遵守，不得变更。岳飞的这一主张，一反宋军作战的惯例，切中当时宋军作战的弊端，说明了战略战术的灵活性和指挥员审时度势、机断处置的作用。这种"运用之妙"，表现在作战计划的制订、战机的捕捉和战略战术的灵活运用等各个方面。其关键在于军事家的运筹谋划。前面所述岳飞收复荆襄汉六郡和大战郾城、朱仙镇两次大的胜利，都是从战略全局出发，利用天时、地利、人和等条件，及时抓住战机获得的。至于战术的运用，更是因地制宜、因时制宜，千变万化。例如，岳飞大破"拐子马"时，更是别出心裁，令步兵低头弯腰，手持大刀、长斧上阵，专砍"拐子马"的腿。这是因为"拐子马"身有铁甲防护，刀枪不入，为了便于奔跑，只有马腿外露。而且"拐子马"三匹连在一起，冲杀过来，就像现代战争中的坦克一样，很难抵挡。岳飞根据"拐子马"的这个特点，制定了专砍马腿的策略，果然奏效。因为一马被砍倒，其他两匹便不能奔跑，金兵便乱了阵脚，金兀术几十年来制胜宋兵的战术顷刻被破。

岳飞之所以能抗金节节胜利，在于他训练了一支战斗力极强的军队。这支部队人们叫它"岳家军"。"岳家军"是当时人们对岳飞率领的军队的习惯称呼，正如韩世忠率领的军队被称为"韩家军"，张俊率领的军队被称作"张家军"一般。杜充降金后，岳飞开始独立成军，在江南坚持抗金。岳飞收复襄汉六郡后，岳家军移屯鄂州，襄汉地区自此成为岳家军的主要防区。经过数次扩编，岳家军截至绍兴五年（1135）的兵力达到了三万余人。绍兴五年（1135），岳家军的规模扩大到十万人左右。这是因为杨幺军的壮丁五六万人大都编入岳家军，南宋朝廷此后又增拨了数万人编入岳家军的缘故。岳家军以后也大体维持十万左右的数量，直到岳飞被宋高宗和秦桧所害。

岳家军至少有十二统制"军"：1.背嵬军；2.前军；3.右军；4.中军；5.左军；6.后军；7.游奕军；8.踏白军；9.选锋军；10.胜捷军；11.破敌军；12.水军。其中，背嵬军是绝对主力，名字来自韩世忠的同名统制军；游奕是巡回的意思；踏白是武装侦察的意思；其他军名都是增长士气的军号。据绍兴九年（1139）统计，这十二军共由22名统制、5名统领和252

名将官分别率领，其中有正将、副将和准备将各 84 名。王贵任中军统制，张宪任前军统制，这二人是岳飞的副手，可代替岳飞指挥其他统制，主持岳家军全军的事务；徐庆、牛皋和董先三人最为善战，此五人是岳家军的中坚人物。此外，岳家军中还拥有一批文官，如薛弼、朱芾、李若虚、胡闳休、黄纵、于鹏、孙革等。

岳家军曾经有神武右副军、神武副军、神武后军、行营后护军等正式军号，随着时光的流逝。人们早已忘记了这些军号，而韩家军、张家军之类的称呼也退出了历史舞台，唯有"岳家军"一词，却独享盛名，流传千古，这是历史的选择、人民的纪念。

岳飞精擅各种兵器，年少时枪术就"一县无敌"，还达到了宋朝的最高射箭纪录：三石。可谓"勇冠三军"。作为统帅，岳飞的战略、战术更是高明。这里举几个岳飞大败金军的著名战役。

1. 郾城之战

宋高宗赵构绍兴九年（1139），金朝统治集团内完颜宗弼（？—1148），本名斡啜，又作兀术、斡出、晃斡出，女真族，太祖完颜阿骨打第四子，金朝名将、开国功臣。其一派得势，主张再次以武力迫使南宋屈服，夺回河南、陕西。次年，金朝分兵四路，东起两淮，西至陕西，向宋发动大规模的军事进攻。宋廷被迫命令各路宋军进行抵抗。

由岳飞率领的岳家军数万人，自湖北出发，很快进入河南中部，连败金军，占领军事重镇颖昌府、淮宁府，并乘胜收复了郑州、西京河南府（今河南洛阳东）等地。岳飞还派梁兴（北宋末期晋城的一位太行忠义社首领）等人渡过黄河，联合河东、河北义军，在金的后方痛击金军，收复了不少州县。

完颜宗弼见岳家军兵力分散，又探知岳飞只带有少量军队驻于郾城，决定亲率精锐骑兵一万五千人，直插郾城，企图一举消灭岳家军的指挥中心。

七月初八，完颜宗弼与龙虎大王、盖天大王等，在郾城北与岳家军对阵。

岳飞令其子岳云率轻骑攻入敌阵，往来冲杀。

金军出动重甲骑兵"铁浮图"（铁浮图：穿上重铠，戴着铁帽子的兵，三个人一组，用皮带连起来，每进一步，便用拦马的木头环卫，只进不退）作正面进攻，另以骑兵为左右翼，号称"拐子马"（拐子马，布置在左右两翼的骑兵，全由能骑善射的女真人组成），配合作战。岳飞遣背嵬亲军和游奕军迎战，并派步兵持麻扎刀、大斧等，上砍敌兵，下砍马足，杀伤大量金兵，使其骑兵不能发挥所长。

岳家军中的勇将杨再兴（1104—1140，南宋抗金名将）单骑突入敌阵，打算活捉完颜宗弼，杀金兵数百人。双方从下午激战到天黑，金军大败。

十日，金军再犯郾城，岳飞在城北之五里店再败金兵，杀死金将阿李朵孛堇。完颜宗弼集兵十二万屯于临颍（今河南临颍）。十三日，杨再兴以三百骑兵出巡，在小商桥（杨再兴陵园在河南省临颍县皇帝庙乡商桥村东）与金兵遭遇，杀死金兵两千多人以及万户撒八孛堇等一百多名将领，宋军也全部壮烈牺牲，杨再兴所中箭镞有两升之多。十四日，张宪（？—1142，字宗本，岳飞部下抗金将领）率岳家军再战，逐金兵出临颍县界。同日，岳家军又大破进犯颍昌的金军主力。

郾城之战是宋金双方精锐部队之间的一次决战，宋军以少胜多，给金军以沉重打击。宋军如能乘胜前进，收复故疆大有希望。但宋高宗赵构和秦桧只图利用胜利作为对金乞和的资本，遂下令班师，断送了这次战争的胜利成果。

2．颍昌之战

颍昌（治所在长社，即今许昌）之战也是岳飞北伐最大战绩之一。

完颜宗弼得到增援，投入剩余全部主力攻颍昌府城，其中有六个万夫长，号称骑兵三万多骑、步兵十万名，绵延十多公里，锣鼓喧天。

在颍昌府的岳家军共有五个军，然而除踏白军是全军外，中军统领苏坚在西京河南府，选锋军统制李道在外地，背嵬军和游奕军主力又在郾城县和临颍县，留驻在此的都只是一部分甚至一小部分，主帅岳飞也不在此地。颍昌府岳家军统帅王贵（？—1153，相州汤阴人，即今河南省安阳市汤阴县人，南宋抗金名将岳飞麾下中军统制，与前军统制张宪是岳飞的左右手）自己和姚政、岳云等率八百名背嵬军和一部分中军、游奕军出城决战，令统制董先率踏白军、副统制胡清率选锋军守城。

二十二岁的岳云率领八百名背嵬军，和金军主力左、右"拐子马"苦战几十回合，前后十多次出入敌阵，身受百余处创伤。王贵甚至有些气馁怯战，想要撤退，被岳云劝回。到了正午，守城的董先和胡清分别亲率踏白军和选锋军差不多五千人出城增援，完颜宗弼全军溃败逃走。

颍昌之战中和岳云的八百名背嵬军交手的金国骑兵中高级军官很多：完颜宗弼的女婿万夫长夏金吾阵亡；副统军粘汗孛堇身受重伤，抬到开封府后死去；金军千夫长被格毙五人。

岳家军活捉汉人千夫长王松寿、张来孙，千夫长阿黎不，左班祗候承制田瑾等七十八名敌将，金兵横尸五百余（估计共被杀五千多人），被俘二千多人，马三千多匹。岳家军随后全线进击，包围开封。七月十八日，张宪同徐庆、李山、傅选、寇成等诸统制从临颍县率主力往东北方向进发，将路上遭遇的金骑数千击溃，"横尸满野"，缴获战马一百多匹。同时，王贵自颍昌府发兵，牛皋（1087—1147，字伯远，汝州鲁山即今河南平顶山鲁山人，南宋抗金名将）也率领左军进军。

至此，在刘豫（1073—1143 或 1146，字彦游，永静军阜城，即今属河北人，金朝扶植的傀儡政权伪齐皇帝）的伪齐垮台后，南宋主力岳飞的岳家军和金国主力完颜宗弼的女真军第一次抛开这个垫在中间的缓冲进行了一场真正的较量。郾城之战中，完颜宗弼的女真"铁浮图"全军覆没，女真左、右"拐子马"军受重创，小商河之战和颍昌之战中完颜宗弼的残余"拐子马"军损失了很多百夫长以上的女真高级军官（此前吴玠的和尚原之战和刘锜的颍昌之战虽然大胜，却没有格毙金军万夫长的报告和证据，或者俘虏金军千夫长），当时因出使金国被拘留在燕京的洪皓在家书中说："顺昌之败，岳帅之来，此间震恐。"岳飞也为捷报频传而高兴，很乐观地向部下说自己要破酒戒："今次杀金人，直捣黄龙府，当与诸君痛饮！"

无论在哪场战斗中，岳飞都是身先士卒。官职不高时自不必说，升任通泰镇抚使后，为掩护大队和百姓过江，亲率后卫死拒南灞桥头，挡住金兵唯一去路，此役岳飞身被数十创，岳家军后卫战死无数。直到死前最后一场恶战：郾城之战时，还亲率铁骑突出阵前，都训练霍坚怕有闪失，上前劝阻："相公为国重臣，安危所系，奈何轻敌！"岳飞回答："非尔所知！"见主帅亲自冲阵，岳家军士气大振，一举击破金兵。

二、"岳飞治军是有他的一套的"

（一）"撼山易，撼岳家军难"

女真族政权——金国，于靖康二年（1127）攻破北宋都城东京（今河南开封），掳去徽、钦二帝，灭亡北宋之后，继续向新建立的南宋境内进军，中原广大地区成为沦陷区，但抗金战争并没有停止。

宋徽宗赵佶宣和四年（1122），十九岁的岳飞投军，在相州带一百多骑兵剿灭一股强盗，小试牛刀。他接着到相州大元帅府去见康王（即后来的宋高宗）。康王命令岳飞去招降强盗吉清，结果吉清带着三百多人投降，补授岳飞为承信郎。岳飞跟随刘浩解除金人对东京的包围，与金兵在滑台城（今河南滑县东）作战，打得金兵大败，岳飞升为秉义郎，隶属于东京留守宗泽部。

宗泽死后，杜充继任开封府尹兼东京留守，岳飞仍任原职。

宋高宗赵构建炎二年（1128），岳飞率部战胙城（今河南卫辉东南），又战黑龙潭，连战皆捷。其间曾去巩县（今河南巩义）保护宋代皇陵和宗庙，大战汜水关（今河南荥阳西北汜水镇），射杀金将，大破金兵。

建炎三年（1129），金大将兀术渡江南进，岳飞移军广德、宜兴。

绍兴元年（1131），与张俊同讨叛将李成。江淮平定后，加神武右军副统制，留镇洪州（今江西南昌），镇压这一地区的起义军，授亲卫大夫、建州观察使。

绍兴二年（1132）秋，岳飞到京城临安（今浙江杭州）拜见高宗，高宗亲书"精忠岳飞"四字，制成旗赐给他。

绍兴四年（1134），大破金傀儡伪齐军，收复襄阳等六郡，移驻鄂州（今湖北武昌），任清远军节度使，湖北路、荆、襄、潭州制置使。

绍兴五年（1135），从张俊镇压洞庭湖区杨幺起义，诏命岳飞兼蕲、黄制置使，岳飞以眼病请辞军事，朝廷不许，加检校少保。岳飞还军鄂州，授湖南北、襄阳路招讨使。

绍兴六年（1136），太行山忠义社抗金武装梁兴等百余人南来归附岳飞。岳飞自鄂州移军襄阳（今湖北襄阳），进取河南、陕西许多州县，并出兵淮西，再败伪齐军，官拜太尉。

绍兴七年（1137），岳飞奉诏入京，数见高宗，论收复中原的策略。高宗对他说："有大臣如此，我还有何可忧？进退之时机，朕不从中制约。"又把岳飞召到内室，说："中兴的事，全都委托给你了。"遂诏令岳飞节制光州（今河南潢川）。

绍兴八年（1138），岳飞还军鄂州。

绍兴九年（1139），岳飞上表，其中包含和议不便的意思，有"唾手可得燕云，复仇报国"的话。授岳飞开府仪同三司，坚辞不受。高宗三次下诏，且婉言奖谕，岳飞才接受。

绍兴十年（1140），金人进攻拱州（今河南睢县）、亳州（今安徽亳州市），守将告急，诏令岳飞驰援。岳飞遂派牛皋、王贵、杨再兴等人，分别控制西京、汝、郑、颍昌、陈、曹、光、蔡等地；又派梁兴渡过黄河，联络太行山忠义社抗金武装，攻取河东、河北各州县。又派兵东援刘锜，西援郭浩。他亲自率大军长驱直入，收复中原。诏授少保，委其为河南府路、陕西、河东北路招讨使，不久，改任河南、北诸路招讨使。很快，岳飞派出的兵马纷纷报捷。大军在颍昌向金军发起攻击，岳飞亲率精锐骑兵到郾城，也发起了十分凌厉的攻势。岳飞率部与金兵激战数十个回合，大破金军"拐子马"。金兀术懊丧地说："自从瀚海起兵，都是用'拐子马'取胜，现在算完了！"岳飞部大将杨再兴也在这次大战中壮烈牺牲。

在郾城连战皆捷的时候，岳飞派长子岳云驰援攻打颍昌的王贵。金兀术来攻时，王贵带领游奕、岳云带领背嵬等岳飞的亲随军，和金兀术在颍昌城西大战。岳云率领八百骑兵冲锋在前，步兵从左右两侧跟进，杀死金兀术女婿夏金吾、副统军粘罕索字堇，金兀术落荒而逃。

与此同时，梁兴会合太行忠义军及河北、河东抗金武装，也是连战皆捷，中原为之大振。这时洛阳、郑州、中牟也为岳飞部将占领。岳飞率大军进抵朱仙镇（今河南开封祥符区朱仙镇），距离北宋都城东京只有四十五里，与金兀术列阵相对，他派猛将带领五百岳家军奋勇冲杀，金兀术逃入东京城内固守。

在岳飞正准备收复东京，北渡黄河，收复失地之时，金人加紧诱降活动，奸相秦桧想要放弃淮北之地，暗示谏官上书要前线诸将班师回朝。秦桧请朝廷下令让张俊、杨沂中等人先撤兵，然后又说岳飞孤军深入，不可久留，请高宗下令让他班师。于是，朝廷一天连下了十二道金牌，命岳飞撤军。岳飞义愤填膺，潸然泪下，面向东方（京都所在方位）再拜说："十年之功，毁于一旦。"岳飞班师，百姓拦住马头痛哭。岳飞停留五天，等待百姓南迁。岳飞撤兵后，收复的州县，随即又被金人占领。

从上述岳飞的抗金事迹来看，在残酷的战争实践中，岳飞已经从一个尚武青年，锻炼成为了一位卓越的军事家。

作为一个卓越的军事家，岳飞那种视死如归的、大无畏的英雄气概，备受毛泽东称赞。1949年12月至1950年1月，毛泽东率中国党政代表团访问苏联期间，一次在和斯大林会谈时，他回忆起自己过去和国民党军队的战斗中，有一次极其危险，多次冲锋，未能冲破敌人的封锁。于是，指挥员号召战士："不畏艰险，视死如归。"前苏联翻译费德林不明白"归"的含义，请求予以解释。毛泽东说："中国字'归'，在这里不是通常的'回来''再来'的意思。在历史上，'归'的意思是'回到原本状态'。因此，这个成语应当这样理解：'藐视一切困难和痛苦，像看待自己回到原本状态一样看待死亡'。"并且进一步解释说："这是十二世纪古代中国的一位著名统帅岳飞使用过的一种说法。岳飞以抗击女真人入侵的远征而出名。"

斯大林耐心地听完毛泽东解释和费德林的翻译，略加思索后，轻轻说道："看来这是一个天才的统帅……表现出大无畏的精神和雄才大略。"

1963年2月15日，毛泽东会见柬埔寨西哈努克亲王时，陪同的总参谋长罗瑞卿，向他汇报了西藏军区司令员张国华讲的在中印边界自卫反击作战的主要经验是"一不怕苦，二不怕死"。他听了非常高兴地说："是呀，过去岳飞讲，'文官不要钱，武将不怕死，天下太平矣。'这句话有片面性，因为他缺了一面，好像文官不要钱，但是可以怕死；武官不怕死，却可以要钱。我们解放军，则是文官既不要钱，也不怕死；武官既不怕死，也不要钱。这样岂不更好，天下岂不更太平！岳飞还有两句话，'饿死不掳掠，冻死不拆屋。'就是饿死也不能抢劫，冻死也不能拆房子烤火。看起来，岳飞治军是有他的一套的。所以，那时金兀术不怕别的，只怕岳家军。他说过：'撼山易，撼岳家军难。'"

说到这里，毛泽东加强了语气，说："谁要撼我们解放军，就更加困难了，撼山易，撼解放军难。"

（二）"守死无去"

岳飞一心想收复被金朝占领的中原大地，对自己要求十分严格，又关心、爱护士兵。他领导的岳家军作战十分勇猛，从没打过败仗。岳家军将士具有"守死无去"的战斗作风，敌人以排山倒海的大力，也不能把岳家军阵容摇动。

岳家军神勇杀敌、名满天下，下面列举几位主要的将领。

杨再兴，今江西吉水人，祖居河南相州，生于宋崇宁三年（1104），死时为绍兴十年，三十六岁。自小习武，弓法神奇，幼年家境贫寒，跟随父亲打鱼为生。其祖先乃北宋世代忠良杨家将之杨继业。高宗绍兴元年（1131），曹成拥众十余万，占道州、贺州，杨再兴为曹成部将，随曹成南下，劫掠岭南。绍兴二年（1132），岳飞权知潭州兼权荆湖南中安抚使，进讨曹成。曹成令杨再兴集三万之众以相拒，再兴阵斩岳飞将部韩顺夫及飞胞弟岳翻。后兵败，再兴匹马跃入深涧，陷于绝境。追兵张弩欲发，杨再兴急呼："愿执我见岳飞！"乃出山涧，由张宪领见岳飞。岳飞以抗金为重，将才难得，不计个人恩怨，慨然为之松绑，劝其"以忠义报国"。杨再兴大为感动，从此追随岳飞南征北战，遂成抗金名将。

郾城之战时，杨再兴单枪匹马杀入敌阵，想活捉金兀术，虽然没找到，却一杆银枪连挑数百人，负伤几十处才冲回来，往来敌阵自如，其气势逼人，杀得以彪悍著称的女真人闻风丧胆。最后，金兵受阻退兵。五日后，杨再兴率三百骑兵的小分队巡逻到临颍县小商桥时遭遇金兀术的大军。双方展开了激烈的争斗。

和杨再兴三百骑交手的金国骑兵中高级军官很多，最后被杀的包括万夫长（忒母孛堇）、千夫长（猛安孛堇）、百夫长（谋克孛堇）、五十夫长（蒲辇孛堇）等百余人。其他金兵射箭如飞蝗，杨再兴身上每中一箭，就随手折断箭杆，铁箭头留在肉中继续冲杀。最后马陷泥中，终于被射死，三百将士也全部阵亡，而金军则付出更大的代价，死上千人。杨再兴的遗体被发现后，大家发现身体上已是千疮百孔，火化以后竟烧出铁箭头二升有余。

张宪，南宋抗金名将，系岳飞部属，今四川省阆中市江南镇阆南桥村张家花园人。随岳飞征战，张宪是岳飞最心爱和倚重的将领，任岳家军同提举一行事务，前军统制。张宪从小受其父张所的影响，习文练武，六艺精熟。少怀报国之志，弱冠从军在岳飞麾下，岳飞倚为右臂。每有攻战，张宪总是率部先行，骁勇绝伦，冠于三军。曾大破曹成、郝政，平定湖北荆、襄一带的叛乱。又从金人手中收复了河南随县、邓州，以功授副都统制。

宋高宗赵构绍兴十年（1140），金人背盟入侵。同年六月，岳飞在京西大败金兵，派张宪率领所部，进击金韩常于颍昌。官兵们勇气百倍，猛打猛冲，收复了淮宁府，然后荡平陈州之敌，连战皆捷。七月，岳飞大军驻扎颍昌，命令各路统兵将官，抓住有利时机，整饬营伍，分路出击。攻势无比锐利。金兀术非常恐慌，急忙收集余众十三万余人，进犯临颍，妄想孤注一掷，以求一逞。不期，杨再兴以三百余骑与金兀术猝然相遇在小商桥地区，宋军以一当十，拼死与战，终因寡不敌众而全部阵亡，杨再兴也以身殉国。正当金兀术趾高气扬、庆幸胜利之时，张宪率军赶到。金兵见张宪增援，闻风丧胆，八千精锐之师被张宪一鼓破之。同时，张宪的部将徐庆、李山又在临颍东北部歼敌六千，获马百匹，追击十五里。金兀术在茫茫夜色的掩护下，仓皇逃走。

岳飞大军乘胜挺进朱仙镇，离故都开封只有四十多里，中原人民为之大振，纷纷响应。就在这关键时刻，好利诬罔之徒、卖国贼秦桧，为了迎合宋高宗赵构深恐丧失权位而不愿二帝返国的私心，又屈从于金兀术"必杀飞，始可和"的要挟，竟与张俊相勾结，密谋陷害岳飞，连发十二道金牌，诏岳飞班师，饬岳飞还朝，罢岳飞兵权，并逮捕岳飞父子与张宪入大理寺监狱。

岳家军高级将领中，张宪以忠义著称，最早从岳飞征战，深得岳飞信任，是岳家军的中坚，自然会成为朝廷猜忌的主要对象。秦桧、张俊秘密收买岳飞部将中曾因过失受过岳飞惩处的王俊等人，利诱、威逼其诬告岳飞谋反，诡称岳云写信与张宪，叫张宪向朝廷假报金人入寇，请朝廷仍派岳飞统兵，以夺回兵权。这些罪状没有任何根据。他们便对张宪严刑拷打，妄想迫使张宪根据他们编造的谎言自诬，作为杀害岳飞父子的证据。张宪备受酷刑，体无完肤，始终不屈。张俊最后只好自己动手，编造供词，以告岳飞，将张宪械囚至杭州大理寺，与岳飞父子对质。万俟卨（mò qí xiè）、罗汝楫诬岳飞写给张宪等人的谋反信，已被张宪等焚毁灭证，遂绞杀岳飞。张宪与岳云一同斩首弃市。忠心耿耿为宋王朝奋斗一生的张宪，就这样含冤而死。

绍兴三十二年（1162），金人又毁约南侵，宋高宗只好禅位。宋孝宗即位后，为了抗击金人，始追复张宪为龙神卫四厢都指挥使、阆州观察使，宋宁宗嘉泰四年（1204），追赠宁远军承宣使。至此，张宪冤狱得以昭雪。到了明代，为了缅怀张宪抗击外敌的功劳和昭雪他的冤死，朝廷追谥他为烈文侯。

徐庆，相州汤阴人，从岳飞起兵，为岳家军重要将领。绍兴元年（1131）平定白波寨叛兵姚达、饶青。绍兴二年（1132）与张宪、王贵讨曹成，降其众两万。绍兴三年（1133）从岳飞平虔、吉盗贼，率本部讨彭友，又赴袁州击高聚。绍兴四年（1134）参加收复襄阳六郡战役，与牛皋等攻克随州，斩守将王嵩，又与牛皋战庐州，击败金伪联军。绍兴十年（1140）随岳飞北伐，克淮宁府，与张宪取得临颍大捷。累官防御使、岳家军统制。

王贵，相州汤阴人，从岳飞起兵。建炎四年（1130）战宜兴，败郭吉；

绍兴元年（1131）随岳飞平定虔州盗贼；绍兴二年（1132）随岳飞进军郴州、桂阳监讨曹成；绍兴三年（1133）在袁州击败高聚、张成，杀获甚众。绍兴四年（1134）从岳飞战汉上，收复襄阳、邓州；绍兴六年（1136）率兵收复伪齐卢氏县、唐州，直逼蔡州。绍兴十年（1140）从岳飞北伐，克复郑州、西京洛阳，在顺昌大败金兀术。累官承宣使，提举岳家军一行事务，中军统制。绍兴十一年（1141）岳家军归隶枢密院，任鄂州御前诸军都统制。绍兴十二年（1142）引疾辞职，改侍卫步军副都指挥使、福建路副总管等闲职。

秦桧、张俊密诱因犯军律险些被岳飞斩首的主要将领王贵背叛岳家军，遭到王贵抵制，后张俊求得王贵隐私相威胁，王贵才对秦桧等打击岳家军保持沉默。

（三）"饿死不掳掠，冻死不拆屋"

1935年3月2日，毛泽东到达四川省古蔺县马蹄滩宿营，朱德向他讲了两件红军遵守纪律的事，一件是路过永营盘山的橘林，饥饿的红军秋毫无犯；另一件是在没有找到萝卜地主人时，每挖一块萝卜，就塞进一个银元。

毛泽东听了很高兴地对朱德说："玉阶呀！《宋史》言：岳飞军，饿死不掳掠，冻死不拆屋。我们朱毛红军的纪律在井冈山是这样，到了总司令的四川家乡也是这样。"（《毛泽东长征在四川》，第49页）

"饿死不打掳，冻死不拆屋"，是岳家军的口号，也是真实的写照。"损坏庄稼，妨碍农作，买卖不公……斩！"在古代，令出不行者斩，很多军队做得到，号称损坏庄稼、买卖不公斩的也不少，但真正做得到的，恐怕只有岳家军一支。所以，岳家军所到之处，民众无不欢欣围观，"举手加额，感慕至泣"。

三、"岳飞是个民族英雄"

（一）首次北伐

南宋高宗赵构绍兴三年（1133），宋神武左副军统制、襄阳府、邓州（今河南邓州）、随州（今湖北随州）、郢州（今湖北钟祥）、镇抚使、兼襄阳知府李横和随州知州李道联合伊阳县风牛山寨的翟琮北伐伪齐刘豫。伪齐部队纷纷倒戈，牛皋、彭玘、赵起、朱全、牛宝、朱万成等军归附于李横，董先、张玘、董震等军归附于翟琮，伪齐唐州（今河南唐河）知州胡安中由李道招降。李横和牛皋、彭玘等克复了汝州（今河南汝州）、颍昌府、信阳军（今河南信阳）等地。翟琮和董震、张玘、董贵、赵通等攻入西京河南府，处决了盗掘宋朝皇陵的伪齐河南尹孟邦雄。但刘豫马上向金军求援。3月间，金元帅左都监完颜宗弼会合李成所率二万伪齐军，在开封西北牟施冈同宋军会战。李横、牛皋等军被金方重铠铁浮图骑兵击溃。到十月为止，翟琮的伊阳县风牛山寨大本营、邓州（今河南邓州）、随州（今湖北随州）、唐州（今河南唐河）、襄阳府、郢州（今湖北钟祥）等地相继被金军攻占而陷落，李横、翟琮、牛皋、董先、李道、张玘等全部退到江南西路，彭玘战死。伪齐的李成、许约等联络割据洞庭湖的杨幺、夏诚叛军，约定来年六月间南北夹攻，伪齐军和杨幺军水陆并进，顺江东下，"前去浙中会合"，消灭南宋政权，双方"建国通和"。

败逃到长江一带的宋军中，李道、牛皋等屡次申状岳飞和江南西路安抚制置大使赵鼎，"乞听岳飞节制"。宋廷于是将牛皋、董先共一千余人以及李道等部并入岳家军，张玘也拨归岳飞统辖；翟琮改任江南东路兵马钤辖，独立成军；李横和岳飞基本同级别，不愿隶属岳飞，其一万五千人马改隶官职更高的张俊。

绍兴四年（1134），为击败伪齐军和杨幺军的合兵计划，岳飞决定先打李成、后打杨幺，宋廷正式任命岳飞为荆湖北路前沿统帅，在他的制置使官职上添入"兼制置荆南、鄂、岳"的加衔，岳家军里增加荆湖北路安抚使司颜孝恭部约一千九百人、崔邦弼部三千人，以及荆南镇抚使司的兵马。岳家军当时用于进攻襄汉六郡的总兵力，大致在三万五千人左右。

由于再败对战局有重大影响，南宋朝廷非常看重这次岳飞的出征。出师前，赵鼎又生怕岳飞有失，上奏高宗："陛下渡江以来，每遣兵将，止是讨荡盗贼，未尝与敌国交锋。（岳）飞之此举，利害甚重，或少有蹉跌，则使伪境益有轻慢朝廷之意。"为了使岳飞之"将佐竭力奋死"，"以济事功"，宋高宗亲自手诏，称岳飞曾保奏王贵、张宪和徐庆三将"数立战效，深可倚办"，"理宜先有以旌赏之"，给王贵等三人颁赐捻金线战袍各一领、金束带各一条。宰相朱胜非遣使通知岳飞，只要得胜即授予他节度使的头衔。宋高宗又特令张俊的神武右军和杨沂中的神武中军分别甄选战马各一百匹拨给岳家军，并在岳飞的制置使官衔上又增加"兼黄州、复州、汉阳军、德安府"的加衔。岳家军自鄂州渡江攻郢州，岳飞在江心对幕僚们发誓："飞不擒贼帅，复旧境，不涉此江！"

绍兴四年（1134）五月五日，岳家军开到郢州城下。伪齐郢州知州荆超和长寿知县刘楫率一万多人马守城，拒绝投降。由于后勤供应有困难，岳家军的军粮不过两顿饭，但岳飞却说："可矣，吾以翌日巳时破贼！"六日黎明，岳家军开始总攻。荆超投崖自杀，刘楫被活捉后斩首，伪齐守军被杀达七千人。

然后岳家军分兵两路，张宪和徐庆率军往东北去进攻随州，岳飞率主力往西北主攻伪齐大将李成驻守的襄阳府。李成不战而逃，五月十七日，岳飞占领襄阳。而另一边，伪齐随州知州王嵩坚守不出，张宪和徐庆连攻数日不果，牛皋自告奋勇，只带三日口粮领兵支援张宪和徐庆。五月十八日，三日粮食尚未吃完，牛皋便与张宪、徐庆合军攻下随州城，其中十六岁的岳云使两杆数十斤重的铁锥枪，第一个攻上城头。五千伪齐军被歼灭，王嵩被俘并被押赴襄阳府处斩。

绍兴三年（1133）对付李横北伐一样，刘豫急忙调度兵力并请来一部分金兵，集结在邓州东南的新野市、龙陂、胡阳、随州的枣阳县（今湖北枣阳）以及唐州、邓州，加上李成逃到新野的部队，号称三十万大军。岳飞命统制王万和荆南府镇抚使司统制辛太守住清水河，引诱伪齐军进攻。辛太怯战，竟私自逃往峡州宜都县（今湖北枝城）。六月五日，王万军与伪齐军交战后，岳飞亲率主力夹攻，击败了李成军。第二天，李成又列阵求战，却犯了刘邦在彭城之战中犯的战术错误，被岳飞看出破绽。对于王贵、牛皋等将的请战，岳飞说："且止，此贼屡败吾手，吾意其更事颇多，必差练习，今其疏暗如故。夫步卒之利在阻险，骑兵之利在平旷；成乃左列骑兵于江岸，右列步卒于平地，虽言有众十万，何能为！"岳飞举鞭对王贵说："尔以长枪步卒，由成之右击骑兵。"又对牛皋说："尔以骑兵，由成之左击步卒。"和刘邦在彭城之战的败局相似，李成的前列骑兵溃散之后，将后列骑兵挤入水中淹死，军队崩溃，一败涂地。李成一军元气大伤，后来再也没能反攻襄阳府。

刘豫不断火急向金国求援，但是完颜宗弼刚刚在三月被吴玠一军在仙人关大败，金军主力损失很大，元气未复。又恰逢盛夏，女真人不耐酷热，正在北方避暑。于是，只派了一员史书上未记录姓的、名合字董的二等战将，会合李成，拼凑了陕西和河北签军数万，在邓州西北扎了三十多个营寨防守。

在备办粮草准备了一个多月以后，王贵和张宪分别率军从光化路和横林路向邓州挺进。七月十五日，王贵和张宪两军在邓州城外三十几里，同数万伪齐军和金军激战；王万和董先两部突然出现夹击，击败了对手。金将刘合字董只身逃窜。岳家军俘降签军将领杨德胜等二百余人，夺取战马二百多匹，兵仗数以万计。伪齐军高仲退守邓州城。七月十七日，岳家军攻城，岳云又是第一个登城的勇士，攻下邓州活捉了高仲。岳飞为避嫌，只报了岳云随州之功，未将邓州之功申报。事隔一年，宋廷查清此事，方才将岳云升迁武翼郎。由于岳云勇猛善战，因此被称为"赢官人"。

七月二十三日，选锋军统制李道攻占唐州。王贵和张宪同时在唐州以北三十里，再次击败伪齐军和金军。同一天，信阳军也被攻下。伪齐唐州知州、信阳军知军、通判等官员被俘共五十名。第二年，宋高宗为此特奖赏李道和崔邦弼金束带各一条。

七月二十六日，刘光世部将郦琼才率五千援军赶到，但已经无仗可打。岳飞特别上奏，恳求给这五千人"先次推赏""卒使不沾寸赏，恐怫人情"。

克复襄汉是岳飞的第一次北伐，由于两三个月前吴玠仙人关之战大破金军主力，帮助岳家军完成了自南宋开国八年以来第一次收复了大片失地的目标。收复的地方包括前一年丢失的原先李横的辖区，以及额外的缘由伪齐控制的唐州和信阳军。

（二）镇守襄汉

克复襄汉后，岳飞面临的是新恢复的中原地区的后勤防务问题，这是以后直到金哀宗完颜守绪时金国被灭、中原被克复后都一直困扰宋军的问题。这些地方因为"久罹兵火"，原来的居民"或被驱虏，或遭杀戮，甚为荒残"，以至于"百里绝人，荆榛塞路，虎狼交迹"，"野无耕农，市无贩商，城郭隳废，邑屋荡尽，而粮饷难于运漕"。凡是这样克复失地的宋军，都有一个两难的防务问题："若少留将兵，恐复为贼有"；"若多留将兵，唯俟朝廷千里馈粮，徒成自困，终莫能守"。

因为后勤的问题，岳飞只能将主力撤回，留少量兵力戍守。伪齐刘豫、李成的军队虽然不时骚扰，却始终不能夺回襄汉六郡的控制权。

襄汉六郡原来分属京西南路和京西北路，这次收复之后，宋廷为统一管理，单设襄阳府路。除在襄阳府设安抚使司外，不按制度设置"差监司"即转运使司等文人监军系统，"止委制置使岳飞措置"。这是战时对宋朝历来的文人控制武将军队的反制，对提高军队的战斗力有一定的影响。

此时岳飞作为武将不敢居功，上奏说自己"人微望轻，难任斯职"，要辞去制置使并请求宋廷另"委任重臣，经画荆、襄"。宰相赵鼎认为："湖北鄂、岳，最为沿江上流控扼要害之所，乞令（岳）飞鄂、岳州屯驻。不惟淮西藉其声援，可保无虞，而湖南、二广、江、浙亦获安妥。"宋高宗同意赵鼎的主张，确定岳飞改驻荆湖北路的首府鄂州（今湖北武昌），自此岳家军的大本营就定在了鄂州。

绍兴五年（1135），岳家军的规模从三万多人增加到十万人左右，岳家军也从原先十将的编制扩充至三十将的编制，每将的平均兵力是三千多人。到绍兴九年（1139）岳家军增至八十四将，每将的平均兵力减至一千二百余人。

据绍兴九年（1139）统计，这十二军共有二十二名统制、五名统领和二百五十二名将官分别率领，其中有正将、副将和准备将各八十四名。王贵任中军统制，张宪任前军统制，这二人是岳飞的副手，岳飞不在时可代替岳飞指挥其他统制，主持岳家军全军的事务；徐庆、牛皋和董先三人最为善战，此五人是岳家军的中坚人物。

（三）二次北伐

宋高宗赵构绍兴六年（1136）岳飞第二次北伐前，有两件事影响了他的布置。一是目疾。自1130年着手建立岳家军后，岳飞连续六年在夏天剿匪、在冬天抗金和伪齐。尤其是夏天在南方湿热的气候中用兵，是岳飞这个北方人所不适应的。绍兴五年（1135）夏六月，平定杨幺后，岳飞病势加重，"两目赤昏，饭食不进"，"四肢堕废"，以至于不得不上奏恳请解除军务养病。宋高宗当时倾向主战，回绝了岳飞的申请，反而说岳飞"措置上流事务，责任繁重"，"卿当厉忠愤之素心，雪国家之积耻，勉副朕志，助成大勋"。经过治疗，到了秋冬季，岳飞的目疾有所好转。

二是岳母姚氏于绍兴六年（1136）三月二十六日去世。岳飞是历史上有名的孝子，和老母在一起时总是全天侍候，亲自调药换衣，无微不至。姚氏死后，岳飞和岳云等人扶着其灵柩，光着脚徒步走到江州的庐山。丧葬完毕，岳飞就留在东林寺中为母守孝。按古代礼法，岳飞必须"丁忧"三年，如有特殊情况方可"起复"，即居官守丧。岳飞要坚持礼法，但满朝上下均一致反对。宋高宗命宦官邓琮到东林寺请岳飞起复，岳飞"欲以衰服谢恩"，邓琮坚持不允，但岳飞"三诏不起"。最后，宋高宗对岳飞及其部下下达了严厉的警告，说岳飞"至今尚未祗受起复恩命，显是属官等并不体国敦请"，"如依前迁延，致再有辞免，其属官等并当远窜"。主战派李纲也单独给岳飞写信说："宣抚少保以天性过人，孝思罔极，衔哀抱恤"，恳切希望他不要"以私恩而废公义"，"幡然而起，总戎就道，建不世之勋，助成中兴之业"。岳飞终于下决心放弃礼法，重返鄂州后带兵镇守襄汉，同时将姚氏"刻木为像，行温清定省之礼如生时"。

主战派宰相张浚从绍兴六年（1136）正月起到前线视师。中兴四将岳飞、韩世忠、刘光世、张俊都被召到镇江府的都督行府商议军事。张俊向宋高宗称赞韩世忠忠勇、岳飞沉鸷，可以倚办大事。三月，宋廷任命韩世忠为京东、淮东路宣抚处置使，岳飞为荆湖北路、京西南路宣抚副使，并且移镇为武胜、定国军节度使。此次都督行府军事会议决定由韩世忠自承州、楚州出兵攻京东东路的淮阳军（今江苏邳州西南），由岳飞自鄂州出发到襄阳府，然后北伐，由张俊自建康府出发到泗州，由刘光世由太平州出发到庐州，由杨沂中的殿前司军作为其旧上司张俊一军的后援。韩世忠和岳飞主攻，张俊和刘光世主守。

二月中旬，韩世忠发动了攻势，但岳飞还在临安府觐见宋高宗，无法配合。韩世忠在淮阳军宿迁县（今江苏宿迁）击败伪齐守军，围困了淮阳军城池。但六天后，伪齐援兵赶到，韩世忠被迫撤退。

当时都统制王彦患重病，其"八字军"（行营前护副军）驻荆南府，和岳家军的防区相邻。二月，左相赵鼎和右相张浚决定将"八字军"移屯襄阳府，由王彦出任襄阳府知府兼京西南路安抚使，归岳飞节制，以便一旦王彦病故，就把"八字军"并入岳家军。但王彦因旧事不接受这项任命，并且健康又有好转，宋廷遂将"八字军"调驻临安府。这样一来，岳家军没有增强军力，反而要接管"八字军"的荆南府防区分散兵力。

七八月间，岳飞再次出兵，以春季刚刚投降的原伪齐虢州栾川县知县李通为向导进行第二次北伐。先锋左军统制牛皋迅速攻下自己故乡汝州鲁山县附近的伪齐镇汝军，活捉守将薛亨。薛亨在十一月时，由岳家军参议官李若虚押送至临安府，宋高宗命他在岳家军中戴罪立功，结果二十多年后，他仍在鄂州军中服役。牛皋又继续攻下颍昌府大部和蔡州附近进行佯攻。岳飞率主力则往西北方向进攻。八月初，王贵、董先、郝晸等攻占虢州州治卢氏县，缴获粮食十五万石。岳家军旋即攻占了虢略县（今河南灵宝）、朱阳县（今河南灵宝西南朱阳镇）和李通原来当官的栾川县。王贵继续西向攻克了商州全境，包括上洛县（今陕西商州）、商洛县（今陕西商州东南商洛镇）、洛南县、丰阳县（今陕西山阳）和上津县（今湖北郧西西北）。

商州、虢州都属陕西路，是吴玠的战区。吴玠部将邵隆（原名邵兴，为避宋高宗绍兴年号之讳而改名）早已上奏要收复这两地，并已被宋廷任命为商州知州。岳飞攻克商州后，便催促邵隆尽快赴任，以便腾出岳家军的人马继续征战。

岳家军继续攻取伪齐顺州州治伊阳县。八月十三日，伪齐顺州安抚司都统制孙某与后军统制满在，在长水县的业阳迎战岳家军悍将杨再兴，被击溃。孙某等五百余人被阵斩，满在等一百多人被生擒。十四日，杨再兴又击溃伪齐顺州安抚使张某的二千多人。十五日夜间，岳家军夺取长水县城，缴获粮食二万石，并夺取了一个伪齐马监，得马万匹。接着，顺州另外两县永宁县和福昌县也被攻克。李纲在接到岳飞的捷报后写信说："屡承移文，垂示捷音，十余年来所未曾有，良用欣快。"

但此时在陕西附近的山区作战，后勤供应线过长造成粮草不足，岳飞只得班师，留王贵等戍守。但商州的全境和虢州的部分地区从此为南宋所控制，邵隆在年底赴商州就任知州，"披荆棘，立官府，招徕离散，各得其心"，逐渐将商州建设为要塞和下一次进攻的后勤基地。

九月下旬，岳飞回到鄂州后目疾再次剧烈发作，白天的时候，连卧室的窗户都必须全挡住才行。宋廷闻讯后，特派眼科医官皇甫知常与和尚中印两人急驰鄂州为岳飞治疗，方得好转。岳飞在这次北伐中壮志未酬，于武昌写下《满江红》。

二次北伐后，秦桧派刺客杀岳飞，未果，之后向皇帝进谗言，害死岳飞！

四、"以身殉志，不亦伟乎"

（一）"秦桧不过是执行皇帝的旨意"

提起岳飞，人人都会自然地想到秦桧。正是他以"莫须有"的罪名谋害了抗金英雄岳飞，成为人人唾骂的千古罪人。

秦桧（1090—1155），字会之，江宁（今江苏南京）人，宋徽宗政和五年（1115）进士，补密州教授，曾任太学学正。北宋末年任御史中丞。南归后，任礼部尚书，两任宰相，前后执政十九年。

秦桧是南北宋期间的一个传奇人物，长期以来也一直被视为汉奸或卖国贼。他本来是一位知名的抗金义士，后来随同徽、钦二宗被掳到金国，与金廷议和。建炎四年（1130）陪同宋高宗逃返南宋。此后，辅佐宋高宗，官至宰相。在南宋朝廷内属于主和派，反对国内主战派的势力。当中最为世人所知的，是"十二金牌召岳飞"的故事。

这里的金牌并不是指用黄金做的牌子，而是一种木制的漆牌，长一尺有余，朱漆黄金字，上刻"御前文字，不得入铺"八个字，是宋代多种通信檄牌中的一种，是以最快的速度传递紧急文字的标志。

张宪从临颍杀向开封之时，第一道班师诏送达。岳飞鉴于当时完胜的战局，写了一封奏章反对班师："契勘金房重兵尽聚东京，屡经败衄，锐气沮丧，内外震骇。闻之谍者，房欲弃其辎重，疾走渡河。况今豪杰向风，士卒用命，天时人事，强弱已见，功及垂成，时不再来，机难轻失。臣日夜料之熟矣，惟陛下图之。"

隔了两三日，朱仙镇已克，完颜宗弼（即金兀术）已逃出开封之时，岳飞在一天之内接连收到十二道用金字牌递发的班师诏。其中全是措辞严峻、不容反驳的急令，命令岳家军必须班师回鄂州，岳飞本人则去"行在"临安府朝见皇帝。宋高宗发十二道金牌的时间，在七月十日左右，即他得到七月二日克复西京河南府捷报不久。

岳飞收到如此荒唐的命令，愤惋泣下，"十年之功，废于一旦。"然而友军已经撤退，岳家军孤军难支，不得不下令班师，百姓闻讯拦阻在岳飞的马前，哭诉说担心金兵反攻倒算："我等戴香盆、运粮草以迎官军，金人悉知之。相公去，我辈无噍类矣。"岳飞无奈，含泪取诏书出示众人，说："吾不得擅留。"于是，哭声震野。岳飞决定留军五日，以便当地百姓南迁，"从而南者如市，亟奏以汉上六郡闲田处之"。

岳飞前往"行在"临安府的路途已走了大半，其间不断接到宋高宗的手诏，以及秦桧以三省、枢密院名义递发的省札。尽管内容自相矛盾、颠来倒去（特别注意，现在能看到的史料是经过秦桧一党销毁篡改的，这次北伐中断的关键细节的直接证据怕是不可能保存下来了）。最后仍是令岳飞"疾驰入觐"，"赴行在奏事"。当岳飞听到中原传来的宋军败讯，只能长叹："所得州郡，一朝全休！社稷江山，难以中兴！乾坤世界，无由再复！"结果岳飞的第四次北伐因为政治原因而失败。

岳飞奉诏回到临安以后，被解除了兵权。岳飞以收复中原为己任，反对秦桧和金国议和。金兀术给秦桧写信说："你日夜来请和，而岳飞却要收复河北，一定要杀掉他，才可议和。"秦桧也认为岳飞不死，肯定要阻碍议和，自己也必定招祸，所以千方百计谋害岳飞。

之后，岳飞父子被秦桧以谋反罪名予以逮捕审讯。使者至，岳飞笑道："皇天后土，可表此心。"岳飞、岳云父子下大理寺狱。开始，让何铸审讯岳飞，岳飞扯破衣裳背对何铸，有"精忠报国"四个大字，深入肉里。看罢罪状，实在没有证据，知道岳飞是无辜的。

秦桧又让和岳飞素有积怨的谏议大夫万俟卨罗织罪名，指使人做伪证，置岳飞父子于死地。审了两个多月，直到年终，案件仍没有完。

虽然找不到证据而无审讯结果，赵构、秦桧最终决定杀害岳飞父子和张宪，而秦桧创造发明了"莫须有"的罪名。岳飞案开始时，名将韩世忠愤愤不平，找秦桧问其实情，秦桧说："岳飞儿子岳云与张宪的书信（让张宪筹划岳飞回军中），其事莫须有（或许有）。"韩世忠质问道："'莫须有'三字，怎么能服天下？""莫须有"后来便成了凭空诬陷、故意捏造罪名的专用词语。

宋高宗赵构绍兴十一年农历十二月廿九（1142年1月27日）除夕之夜，一代名将岳飞及其儿子岳云、部将张宪在杭州大理寺风波亭内被杀害。岳飞被害前，在风波亭中写下八个绝笔字："天日昭昭，天日昭昭。"

岳飞被害后，狱卒隗顺冒着生命危险，将岳飞遗体背出杭州城，埋在钱塘门外九曲丛祠旁。隗顺死前，又将此事告诉其子，并说："岳元帅精忠报国，今后必有给他昭雪冤案的一天！"岳飞沉冤二十一年后，绍兴三十二年（1153），宋孝宗即位，准备北伐，便下诏平反岳飞，追封鄂王，谥武穆，改葬在西湖栖霞岭，即杭州西湖畔"宋岳鄂王墓"，并立庙祀于湖北武昌，额名忠烈，修宋史列志传记。

绍兴二十五年（1155），秦桧病死。他的儿子秦熺力图继承相位，为宋高宗所拒绝。秦家失势，使长期被压抑的抗战派感到为岳飞平反昭雪有了希望，开始要求给岳飞恢复名誉。后来南宋为了鼓励抗金斗志，为岳飞平反，并把秦桧列为致使岳飞之死的罪魁祸首。至宁宗赵扩开禧二年（1206）被追夺王爵，改谥谬丑。

相传平民为解秦桧之恨，用面团做成他的形象丢入油锅里炸，并称之为"油炸桧"，并演变成今时今日的"油条"（香港地区仍称作"油炸鬼"，闽南语也有将油条称为"油炸桧"之发音）。位于浙江杭州西湖西北角的岳王庙，有与岳飞被杀有关的秦桧、王氏、万俟卨、张俊等四人跪像，铸造于明代，经常受到侮辱性破坏。

后世有秦姓人（一说为乾隆年间进士抚台秦鉴泉）在此作诗："人从宋后少名桧，我到坟前愧姓秦。"

显然，岳飞父子被杀是个天大的冤案。由于秦桧、万俟卨长期执政，很长时间得不到平反。直到宋孝宗时才下诏恢复岳飞官爵，以礼改葬，谥武穆。宁宗赵扩嘉定四年（1211），追封鄂王。宋理宗赵昀宝庆元年（1225）改谥忠武。

（二）"高宗不想打，要先'安内'"

对于杀害岳飞的元凶和岳飞掉头的价值，毛泽东颇有见地。1957年6月，毛泽东在中南海住所接见著名词学家冒广生（鹤亭）、舒湮父子。当冒广生介绍舒湮抗战初期在上海写了个话剧《精忠报国》，用秦桧影射汪精卫时，毛泽东注视着舒湮说："主和的责任不全在秦桧，幕后是宋高宗。秦桧不过执行皇帝的旨意。高宗不想打，要先'安内'，不能不投降金，人文征明有首词，可以读一读……"后来，他们转到谈词的话题上去了。

毛泽东这里说的"文征明有首词"，指的是明朝的衡山居士文征明的《满江红》，刻有这首词的石碑，陈列在西湖岳飞陵园前院廊下。毛泽东博洽多闻、熟读史书，而且出语寓庄于谐，说来娓娓动听："是赵构自己承认'讲和之策，断自朕意，秦桧但能赞朕而已。'后来的史家是'为圣君讳耳'，并非文征明独排众议，他的《满江红》'慨当初，倚飞何重，后来何酷！岂是功成身合死，可怜事去言难赎'，一似丘浚的《沁园春》所说'何须把长城自坏，柱石潜摧'。"（舒湮《一九五七年夏季，我又见到了毛泽东主席》，《文汇月刊》1986年第9期）

毛泽东一语中的，中国旧史书历来为尊者讳，皇帝所做坏事的责任却要由臣子来承担。

毛泽东在谈话中引用了明代两位词人的两首作品来说明问题。我们先看文征明。文征明（1470—1559），初名璧，字征明，以字行，长洲（今江苏苏州）人，明代书画家、文学家。其《满江红》词全文如下：

拂拭残碑，敕飞字，依稀堪读。慨当初、倚飞何重，后来何酷！岂是功成身合死，可怜事去言难赎。最无辜、堪恨又堪悲，风波狱。

岂不念，封疆蹙！岂不念，徽钦辱！念徽钦既返，此身何属？千载休谈南渡错，当时自怕中原复。笑区区、一桧亦何能，逢其狱。

清徐釚撰《词苑丛谈》引明卓仁月辑《古今词统》卷十二云："夏侯

桥沈润卿掘地，得宋高宗赐岳侯手敕刻石，文征明待诏题《满江红》词云。"岳飞抗金有功，却惨遭杀害，人们普遍恨奸相秦桧。秦桧固然可恨，但更可恨的是宋高宗。《宋史·岳飞传论》："高宗忍自弃其中原，故忍杀岳飞。"

文征明这首词从残碑字迹发端，上阕写岳飞的冤狱，下阕剖析岳飞被杀的原因。全词抒写对岳飞冤狱的怨愤，批判锋芒直指宋高宗赵构，揭露赵构卑鄙自私的龌龊心理，实是诛心之至论。我们再看丘濬。丘濬为明代著名的词人。其《沁园春》（寄题岳王庙）原文是：

> 为国锄患，为敌报仇，可堪恨哀。顾当时乾坤，是谁境界？君亲何处？几许人才，万死间关，十年血战，端的孜孜为甚来？何须苦，把长城自坏，柱石潜摧！
>
> 虽然天道恢恢，奈人众、将天拗转回。叹黄龙府里，未行贺酒。朱仙镇上，先奉追牌。共戴仇天，甘投死地，天理人心安在哉！英雄恨，向万年千载，永不沉埋。

这也是一首为岳飞翻案的词。词的上阕，谴责宋高宗自坏长城，下阕歌颂民族英雄岳飞千古流芳。它无情地揭露了宋高宗害死岳飞、自坏长城的罪恶，热情赞扬岳飞的爱国主义精神。

岳飞被冤杀一事，《宋史》有关纪、传，只罪秦桧。毛泽东摒弃传统的史说，指出杀害岳飞的主使是宋高宗赵构。对于岳飞的被冤杀，毛泽东十分愤懑，他曾说过岳飞"以身殉志，不亦伟乎"！

这个评价出自他在读宋欧阳修等《新唐书·徐有功传》时写的一个批语："'命系庖厨'，何足惜哉，此言不当。岳飞、文天祥、曾静、戴名世、瞿秋白、方志敏、邓演达、杨虎城、闻一多诸辈，以身殉志，不亦伟乎！"（《毛泽东读文史古籍批语集》，中央文献出版社1993年版，第237页）

1959年4月，毛泽东在中共八届七中全会上说："舍不得砍掉头，就下不了最后的决心。岳飞不是砍了头，比干不是挖了心吗！"又说："我跟陈伯达讲过，你不尖锐，无非怕丢选票，连封建时代的人物都不如，无非是开除党籍、撤职、记过、老婆离婚。砍头也只是一分钟的痛苦。《风波亭》的戏还要唱，岳飞砍了头，有什么不好？"

其实，早在 1939 年 4 月 29 日，毛泽东在延安活动分子会议上的报告中就指出："文天祥、岳武穆就是为国家尽忠、为民族行孝的圣人。"（《毛泽东著作专题摘编》，中央文献出版社 2003 版，第 2288 页）岳武穆就是岳飞，因为宋孝宗曾追谥武穆。

毛泽东认为，岳飞被砍头，坏事变好事，能激励后人。大概在此前后的一天，几位中央领导人闲谈。贺龙说："都说看《三国》掉眼泪，替古人担忧，我就见不得英雄落难，尤其见不得岳飞遭难，一见就担忧，就掉泪。"毛泽东时颇有感触："我也是看《三国》掉眼泪的人。听见《风波亭》，心里就难受。可是后来我还发现，人这一生经多大难，办多大事。英雄一死就出了名。岳飞被杀，就家喻户晓并且流芳千古了。他流了血，这血就渗透到我们民族体内，世世代代传下来，他要是没流血，就不会有这么大的作用。"

1958 年 5 月 8 日，毛泽东在中共八大二次会议第一次会议上讲"破除迷信"问题时说："宋朝的名将岳飞，死的时候才三十八岁。"（王子今：《毛泽东与中国史学》，中共中央党校出版社 1993 年版，第 199 页）他对岳飞被早早害死，极为惋惜。

毛泽东还圈阅并手书过诗人明代高启的《吊岳王墓》：

大树无枝向北风，千年遗恨泣英雄。
班师诏已来三殿，射虏书犹说两宫。
每忆上方谁请剑，空嗟高庙自藏弓。
栖霞岭上今回首，不见诸陵白露中。

高启（1336—1374），字季迪，自号青丘子，长洲人，明代著名诗人。

1961 年 11 月 6 日，毛泽东为查找高启的一首《梅花》诗，曾一天给他的秘书田家英一连写了三封信。查到后，毛泽东挥笔用草体书写了全诗，并在后面大字写上："高启，字季迪，明朝最伟大的诗人。"

高启的《吊岳王墓》，是诗人瞻仰杭州栖霞岭岳王墓时所作。诗人对岳飞精忠报国、誓死抗金的爱国行动进行了热情歌颂，对南宋君臣苟且偷安的投降政策表示了强烈的愤恨。

（三）"请你替我给岳王坟献个花圈"

二十世纪 60 年代的一个春天，在杭州刘庄毛泽东的办公室里，毛泽东按了一下电铃，负责保卫工作的浙江省公安厅厅长王芳走了进来。

"快到清明节了，是吗？"毛泽东若有所思地轻声问。

王芳连忙回答："主席，后天就是清明节了。"

"你知道'以身许国，何事不敢为'是谁的话吗？"毛泽东的声音还是很轻。

"这是宋朝民族英雄岳飞的名言。"王芳说。

毛泽东这时满脸不高兴地问："王芳，你知道西湖边有多少座坟墓吗？"

"具体数字，我说不清楚，反正到处是坟墓。"

"是啊，我们这是与鬼为邻，成天与死人打交道。这些达官贵人们活着时住深宅大院，过着花天酒地、挥金如土的生活，死了，还要在西湖边上占一块宝地，这怎么能行？"

"主席，您说怎么办？""除了岳王墓等少数几个有代表性的人物的坟墓外，其他的应该统统迁到别处去。西湖风景区应该成为劳动人民休息和游览的地方，不能让人们看到这里到处是坟堆、墓碑。这些真是大煞风景啊！"

说到这里，王芳猜测，莫非毛泽东想去祭奠岳飞？

"岳飞是中国历史上一个伟大的爱国英雄。公元十二世纪，女真族在北方建立了金国。金人不安心偏居于北方，随着国力的增强，他们吞并宋朝的野心日益膨胀起来，并不断肆无忌惮地侵袭和骚扰中原地区。面对国家山河破碎、民不聊生，甚至生灵涂炭的悲惨景象，岳飞再也按捺不住心中的怒火，他主动请缨提旅，率领英勇善战的'岳家军'，驰骋抗金前线，杀得金人丢盔弃甲、闻风丧胆，真是英勇无比啊！"毛泽东郑重其事地说。之后，他舒缓了一口气，又接着讲道：

"1140 年，当岳飞正乘胜追击，即将打过黄河，'直捣黄龙府'时，被苟且偷安的南宋小朝廷一纸命令召回临安，就是这个大名鼎鼎的杭州哟。岳飞回来后，就被宋高宗和奸佞秦桧等人以'莫须有'的罪名残害致死。岳飞精忠报国，心昭天日的爱国壮志，千百年来，在民间广为传颂。他，可以说是个家喻户晓、妇孺皆知的大英雄。……当然，他受朝廷差遣去湖南镇压农民起义的行为我们应该批判，他那愚昧的忠君思想，我们应该摒弃，但就其短暂的一生而言，他为国家和民族立的功劳，还是远远大于过错的。他是个值得我们称颂的民族英雄……"

毛泽东讲得深入浅出、通俗易懂。

片刻的沉默之后，王芳开了口："主席，人们用生铁铸成的秦桧夫妇的跪像至今仍跪在岳飞坟前。当年出卖民族利益、认贼作父、残害忠良的奸臣及其走狗，将永远被世人所不齿、所唾骂。"

"'青山有幸埋忠骨，白铁无辜铸佞臣'。这诗写得真是入木三分。"毛泽东毫不掩饰心中的爱和恨。

"王芳，岳飞的《满江红》你会背吗？"毛泽东 1952 年在汤阴也曾问过当时的县长。

"背不好。"王芳的山东口音较重，他怕毛泽东听不清楚，想推辞。

"你背背，试试看。"毛泽东热情鼓励王芳。

"怒发冲冠，凭栏处，潇潇雨歇。抬望眼，仰天长啸，壮怀激烈。"王芳尽力用山东腔的普通话背诵着。

"三十功名尘与土，八千里路云和月。莫等闲，白了少年头，空悲切。"毛泽东也情不自禁地随着王芳的声音低吟着。

"靖康耻，犹未雪，臣子恨，何时灭。驾长车踏破贺兰山缺。壮志饥餐胡虏肉，笑谈渴饮匈奴血。待从头，收拾旧山河，朝天阙。"

岳飞的词背完了，但他们两人都还沉浸在《满江红》所创造的意境之中。

毛泽东对王芳说："快到清明节了，按我们民族的习惯，清明节是祭奠先人的日子，请你替我给岳王坟献个花圈。"这样，第二天，岳飞墓前又添了一个制作精美但没有标明敬挽人姓名的花圈。

毛泽东给古人敬献花圈这恐怕是唯一的一次，表明了他对岳飞这位卓越军事家和民族英雄的敬意。（李约翰等著《和省委书记们》，中央文献出版社 1994 年 3 月版，第 82—86 页。）

于是，当天下午，在岳王坟前的花圈丛中，又添了一个制作精美但没有标明敬挽人姓名的花圈。

毛泽东喜读岳飞庙里的楹联，他对岳王坟墓门的一副石刻楹联"青山有幸埋忠骨，白铁无辜铸佞臣"尤为喜欢，赞扬说："这诗写得真是入木三分。"

明朝嘉靖年间，重修岳飞墓和祠堂时，墓阙照壁上，嵌有明人洪珠所书"精忠报国"四字，墓前露台下，有铁铸秦桧、王氏、万俟卨和张俊四人像，反背跪地。"青山有幸埋忠骨，白铁无辜铸佞臣"刻于跪像背后的墓阙上。作者为松江女史徐氏，清代松江（今上海松江）人。

为纪念岳飞，中国许多地方都修筑了岳王庙，规模较大的有安阳汤阴、杭州、朱仙镇、靖江、宜丰等地的岳飞庙。杭州岳庙位于栖霞岭南麓，是墓庙一体的建筑群；安阳汤阴岳庙位于岳飞故里汤阴县；朱仙镇岳庙传说是为了纪念朱仙镇之战而建；靖江岳庙前身是宋代的岳飞生祠。

五、镇压钟相、杨幺起义

北宋爆发了宋江、方腊等农民起义，南宋则有钟相、杨幺起义。钟相、杨幺起义指的是南宋建炎四年至绍兴五年（1130—1135），在南宋农民起义战争中，湖南义军首领钟相、杨幺等率众于洞庭湖区连年抗击南宋官军围剿的战争。

北宋钦宗赵桓靖康二年（1127）四月，金灭北宋，康王赵构即位，重建宋朝，是为南宋。至宋高宗赵构建炎三年（1129），赵构迫于金军攻势退兵，谋偏安江南。时金军紧逼南下，宋溃军沿途剽掠，统治者横征暴敛、政繁赋重，激起江南民众纷起反抗。

南宋高宗赵构建炎四年（1130）二月，鼎州武陵（今湖南常德）农民钟相率先聚众起义，抗击溃兵游寇集团抢劫，破州县、焚官府、杀贪官，建国号为楚，年号为天载（一作天战），钟相称楚王，立子钟子昂为太子，设立官属。号召等贵贱、均贫富，得鼎、澧、潭、岳、辰（今湖南澧县、长沙、岳阳、沅陵）等州 19 县民响应。

南宋高宗建炎四年（1130）三月，遭宋溃军游寇集团孔彦舟部镇压，义军奋力抗击，初战获胜。后因孔彦舟遣间混入义军作内应，钟相不备，被俘杀。钟相牺牲后，数十万义军在杨幺、夏诚等率领下转入洞庭湖区，据湖泊港汊为险，濒湖设寨，兵农相兼，继续与官府抗衡。南宋高宗绍兴元年（1131），鼎澧镇抚使兼知鼎州程昌寓率水军乘车船、海鳅船攻夏诚水寨，于下沚江口（今湖南汉寿东北）被义军击败。义军缴获官军车船后，广伐鼎、澧地区松杉樟楠等木材，大造车楼大船，严密设防，陆耕水战，既取得水战优势，又获田蚕兴旺，实力日益增强。

南宋高宗绍兴三年（1133）四月，杨幺立钟相少子钟子义为太子，自号大圣天王，重建楚政权。南宋朝廷惊恐不安，视之为心腹大患，遂遣军往讨。

南宋高宗绍兴三年（1133）六月，荆南、潭鼎澧岳置制使王𤫉统领禁兵、御前、神武军 3.5 万人，并节制荆潭制置司水军统制吴全部万余人，战船数百只，偕统制崔增、高进趋洞庭湖。

同年十月，王𤫉至岳州，率舟师与杨幺车船水军短兵激战，船小不敌，败退桥口（今湖南湘阴西南湘江西岸）。寻留崔增、吴全等设伏岳州鳊山、洞庭湖口、牌口等处，自率神武前军万余人趋鼎州，会程昌寓部水军，企图两面夹击，一举歼灭义军。杨幺察其谋，将计就计，坚壁上游诸寨，将老少民众、牲畜转移隐蔽酉港（今湖南汉寿东北酉港镇），以部分车船出没空寨间，牵制疲惫上游宋军；另施疑兵，遣数只车船潜载数千水兵，偃旗息鼓，放流诱歼下游宋军。

同年十一月十二日，王𤫉、程昌寓率军出下沚江口，水陆并进，逐个围剿义军水寨，所至皆扑空。而下游预伏宋军发现湖面车船，万余人争乘数百只舟船贸然入湖拦截。将至阳武口（今湖南岳阳西洞庭湖中），义军车船突然回旋，纵横冲撞，官军猝不及防，舟船皆被撞沉，崔增、吴全及属下无一生还。义军获阳武口之役大捷后，回师又败王𤫉等军。绍兴四年（1134）六月，王𤫉再次遣军进剿。七月，杨幺乘江水暴涨，率车船水军出湖反击，尽歼社木寨（今湖南常德东）守军，王𤫉败逃。义军屡战屡捷，兵势日盛，使宋廷愈加恐惧。

南宋高宗绍兴五年（1135）二月，高宗调集 20 万大军，命张俊为诸路兵马都督，岳飞为荆湖南北路置制使，趋洞庭湖围剿。五月，宋军封锁缘湖四面诸江河要津后，岳飞率所部至鼎州，先对义军诸寨遣间诱降，分化瓦解义军；继以大军压境，示师威胁。

在岳飞招降政策诱惑下，义军大首领杨钦、刘衡、金琮、刘诜、黄佐等人，纷纷向岳飞投降，甚至一次就有上万人降，还不到一个月，"大圣天王"杨幺就成了一个孤家寡人。唯杨幺、夏诚等仍据寨自固。岳飞知湖深莫测，乃纳杨钦献策，遣人开闸泄放湖水，放巨筏堵塞港汊，并于湖面散放青草，以破义军车船优势。后以杨钦为向导，进围杨幺水寨。杨幺率水军出战，因水浅，车船机轮又被草缠住，滞不能行，被官军击败，各个水寨或降或破，杨幺领着自己的部众被岳家军追赶。杨幺走投无路，就跳到水里，然后被岳飞部将牛皋捉住杀掉了。杨幺余部全部向岳家军投降，岳飞亲自到各个营寨抚慰，将老弱放归田里，少壮编入军队，后来数万杨幺所部，成为南宋水师和岳家军的坚强战士。

为什么会出现这样的情况呢？除了民族英雄岳飞的在当时的崇高威望和岳家军的巨大感召力之外，最重要的原因就是：杨幺武装割据集团在当时已毫无出路。钟相、杨幺先前是在北宋垮台、社会混乱之际在洞庭湖区域乘机窜起的，然而随着岳飞、韩世忠等人的抗战活动，金人的攻势被遏止，广大南宋统治区的社会秩序得到了迅速恢复，恢复社会生产、发展经济，成为当时南宋社会的需要。

杨幺起义后期，其农民起义军领导层早已背叛"等贵贱、均贫富"的宗旨，他们衣食住行无不穷奢极欲，连睡觉的床都要用金玉镶嵌，而部下士卒和治下百姓却困苦潦倒。杨幺大失人心，以至于岳飞大军一来，杨幺部下就争相投奔岳家军。

杨幺不但自己享乐，更滥施兵威，焚烧无数宅院庙宇，滥杀官吏书生僧道，把滥杀无辜称为"行法"，将野蛮烧杀与反抗朝廷压迫混为一体，给洞庭湖地区造成了极大的破坏，害得洞庭湖地区民不聊生。

另一方面，南宋初年，在外敌侵略攻杀不断、国家处于危难困境的艰难时代和非常时期，在华夏民族一致对外、保家卫国，抗击外敌侵略的大背景下，杨幺竟然置国家民族大义于不顾，不仅不接受朝廷招安，继续割据一方，甚至还暗中与伪齐汉奸相互勾结，企图南北夹击，扼杀南宋政权！

伪齐政权频繁联络杨幺，杨幺也暗中勾结伪齐汉奸李成、许约等，甘愿充当走狗，配合金人南侵。据《宋史》记载"伪齐遣李成挟金人入侵，破襄阳、唐、邓、随、郢诸州及信阳军，湖寇杨幺亦与伪齐通，欲顺流而下，李成又欲自江西陆行，趋两浙与幺会。帝命飞为之备"。

针对杨幺暗中勾结伪齐汉奸李成等，配合金人南侵，准备南北夹击、扼杀刚建立不久的南宋政权的这一严峻局势，岳飞在绍兴四年（1134）初的奏章中明确指出："今外有北虏之寇攘，内有杨幺之窃发，俱为大患，上轸宸襟。然以臣观之，杨幺虽近为腹心之忧，其实外假李成，以为唇齿之援。今日之计，正当进兵襄阳，先取六郡，李成不就縶缚，则亦丧师远逃。于是加兵湖湘，以殄群盗，要不为难。"

岳飞平定钟相、杨幺之乱，得到了广大民众的拥护，甚至得到了杨幺部众们的拥护，符合当时人民的利益，符合当时国家民族的利益。我们应该理直气壮地宣布，岳飞平定钟相、杨幺之乱，既不是什么"污点"，更不是什么"罪孽"，而是岳飞在抗金之外的又一大功绩！

南宋初年，鼎州（今湖南常德）钟相、杨幺领导的起义是我国历史上规模较大的一次起义。起义军坚持近 6 年，鼎盛时势力波及洞庭湖地区 7 个州所属的 19 个县。传统观点认为这次起义提出了"等贵贱，均贫富"的口号，迫使朝廷先后 7 次镇压，并派 20 余人前往"招安"，给偏安江浙的南宋王朝造成沉重打击。

到底应该怎样看待岳飞镇压钟相、杨幺起义？毛泽东曾经说过："中国从秦末大泽乡（徐州附近）群众暴动起，到清末义和拳运动止，二千年中，大规模的农民起义运动，几乎没有停止过。同全世界一样，中国的历史，就是一部阶级斗争史。"（《读〈三国志集解〉》批语，《毛泽东读文史古籍批语集》，中央文献出版社 1993 年版，第 151 页）

根据这一论述，钟相、杨幺起义是反抗宋王朝的统治，所以是农民起义，这是应当肯定的，岳飞镇压农民起义是错误的，是他的一个"污点"；从另一方面来看，杨幺后来勾结傀儡政权张邦昌，企图和金人里应外合，南北夹击，消灭南宋政权，这又是民族矛盾，在民族矛盾中，杨幺站错了队，岳飞消灭它们是正当的，这是立了大功。所以，正如习近平同志所说："对历史人物的评价，应该放在其所处时代和社会的历史条件下去分析……不能用今天的时代条件、发展水平、认识水平去衡量和要求前人，不能苛求前人干出后人才能干出的业绩来。"我们对岳飞也应如是观，不是吗？

抗倭名将戚继光

戚继光（1528 年 11 月 12 日—1588 年 1 月 5 日），字元敬，号南塘，晚号孟诸，汉族，山东蓬莱人（一说祖籍安徽定远，生于山东济宁微山县鲁桥镇），卒谥武毅，明朝抗倭名将，杰出的军事家、书法家、诗人、民族英雄。著有《纪效新书》《练兵纪实》《莅戎要略》《武备新书》等，《明史》卷二百十二《列传》第一百有传。

毛泽东对戚继光非常推崇。1932 年初，毛泽东派程子华到宁都起义的红五军团工作。在谈话间，程子华在谈了自己在学生时代就敬仰戚继光，并以他为榜样，将来投笔从戎、打日本、报国家的话时，毛泽东称赞说："好，好，少有大志，心有楷模，一定成功。"

1952 年 10 月 27 日，毛泽东在罗瑞卿、许世友陪同下在济南进行了参观。"你们知道山东、济南怎么来的吗？"毛泽东和大家闲聊时问道。大家虽然知道，今日山东和济南的地理位置和当前的一些情况，要说具体历史就不敢说话了。毛泽东见大家没有回答，便讲起历史来⋯⋯

"山东作为地方最高一级的政区名称，是从金代开始的。山东这块富饶的土地养育了炎黄子孙和众多的名人志士。据说三皇五帝中的舜帝和大禹都曾生活在这里。孔子、孟子、左丘明、孙武、孙膑、诸葛亮、王羲之、黄巢、李清照、辛弃疾、戚继光、蒲松龄等，都是山东人，他们为山东增光添彩，也为中国历史作出贡献。"（《毛泽东轶事大观》，山东人民出版社 1997 年版，第 435 页）

1954 年 1 月，毛泽东在杭州接见郭沫若率领的访日科学代表团时，当得知代表团成员葛庭燧是山东蓬莱人时，立即脱口而出："好地方嘛！那里是仙境呢！是八仙东渡过海的地方，历史上戚继光在那里抗击倭寇。"

戚继光是从实践中不断成长、不断成熟的将军。他有非常丰富的军事经验，他认为凡战事必须力争主动，"明其出于法而不泥于法，合时措之宜"。戚继光后来把这些符合军事规律的思想，分别写进了《纪效新书》和《练兵纪实》。毛泽东欣赏戚继光的兵法思想，也读过他的兵法著作。1965 年 1 月，他在与国家计委谷牧、余秋里谈话时说道："戚继光在他的兵书中早就讲到，不要搞那些只是好看的，要搞实际战争中能用的东西。"（陈晋：《毛泽东之魂》修订本，中央文献出版社 1997 年版，第 340 页）。

一、戚继光简历

清张廷玉等《明史》本传说，戚继光，字元敬，家中历代担任登州（今山东烟台蓬莱）卫指挥佥事（官名。金代，按察司属官有佥事；元代，诸卫、诸亲军及肃政廉访、宣抚司、安抚司等皆有佥事；明代提刑按察使司、按察使，管理一省监察、司法的长官属官有佥事，无定员，分道巡察。指挥佥事，秩正四品，明代京卫指挥使司所辖，协理禁中警卫部队，为"分巡道"前身）。

父名景通，曾任都指挥使（明官署名，简称都司，是中国明代设立于地方的军事指挥机关。掌一方军政，统率其所辖卫所，属五军都督府而听从兵部调令，与布政使司、按察使司合称三司，分掌地方军政、民政、刑狱），代理大宁（都司名，辖境相当于今河北长城以北、辽宁西拉木伦河以南地区，后改北平行都司，移治保定府，即今河北保定）都指挥使司事，后召入京师任神机营（中国和世界上最早建立的火器部队，担负着"内卫京师，外备征战"的重任，是朝廷直接指挥的战略机动部队）。

戚景通（1473—1544），字世显，祖籍河南卫辉（今河南辉县），山东登州（今蓬莱）人。明代抗倭名将、杰出的军事家戚继光的父亲，一位武艺高强、治军严明的高级将领。戚景通系义乌（今浙江义乌）"南塘"外氏戚宁之子，后过继给伯父戚宣（时任登州卫指挥佥事）为子。因原配张氏不育，后又娶王氏，至五十六岁得子继光，后又得子继美。戚景通"赋性刚毅好学，能尽聪明正直，通于神明，居官有守，以孝廉闻，尝提兵破刘贼及青州贼李琪等，屡立战功"，曾任江南漕运把总、山东总督备倭、大宁都司掌印、神机营副将等职，为官清廉，政声颇佳。嘉靖十九年（1540），戚景通解甲归田，告老还乡。明世宗朱厚熜嘉靖二十三年（1544）病逝。

戚继光生于将门世家，其祖辈都是明代将领，到他父亲戚景通已是第六代了。戚继光出生时，戚景通已经五十六岁了。晚年得子，钟爱异常，他对戚继光寄予殷切的希望。戚继光刚懂事，他便对戚继光施以严格的教育。戚继光少年时便很洒脱，气度不凡。家穷，但喜爱读书，通晓经史的要旨。有一次，工匠们来为他家修理房屋，戚景通叫他们在两楹间安设四扇雕花门户。工匠们对十二岁的戚继光说："公子家是将门，可安设十二扇雕花门户。"戚继光便向父亲提出这个意见，哪知立刻遭到父亲的斥责，斥责他不应该爱虚荣，讲排场。还有一次，戚继光穿着一双考究的丝履，被父亲看见了，又被教训一顿，硬是叫他脱下来，不许再穿，以免养成奢侈的习惯。平时，戚景通教育戚继光读书、习字、练武，还经常给他讲一些保国安民和为人处世的道理。

在父亲的熏陶和教育下，戚继光从小养成良好的品质，具有强烈的上进心，颇能吃苦耐劳。嘉靖二十三年（1544），戚景通去世，戚继光承袭世职，担任登州卫指挥佥事，当时他年仅十七岁。

明世宗朱厚熜嘉靖二十七年（1548），戚继光奉命率领卫所士卒远戍蓟门（今北京东北）。从这一年起，到嘉靖三十一年（1552），前后五年，他每年戍守蓟门一次。

嘉靖二十八年（1549）十月，戚继光参加山东乡试，得中武举（武举人，科举时代，武乡试及第者。武举人及第后即可接受朝廷任命，成为武将。中国历史上的武举制度创始于唐代，兴盛在明清两代）。次年秋，赴北京参加会试（会试是中国古代科举制度中的中央考试，是考取贡士的考试，会试就是集中全国举人会同考试之意。参加的人是举人，在乡试后第二年的春天三月，所以又叫"春闱"或"礼闱"。乡试后第二年各地举人汇集京师应会试。会试由礼部主持，考试内容与乡试相同，考中者称"贡士"，第一名称"会元"。举人取得"贡士"资格后，方可参加殿试。殿试，指皇帝亲自出题考试。会试中选者始得参与。目的是对会试合格区别等第。殿试为科举考试中的最高一段。由唐高宗创制，但尚未成定制，宋代始为常制。明清殿试后分为三甲：一甲三名赐进士及第，通称状元、榜眼、探花；二甲赐进士出身，第一名通称传胪；三甲赐同进士出身）。

戚继光进京后不久，蒙古俺答汗拥重兵自古北口进攻密云、顺义、通州，兵临北京城郊，京师宣布戒严。朝廷又从大同、河南、山东等地调集兵力入援，并令会试武举也参加守城。戚继光被命为总旗牌，督防九门。他又向朝廷呈奏御敌方策，为当朝大臣所欣赏。

嘉靖三十二年（1553）夏天，由于张居正推荐，戚继光被提拔为代理都指挥佥事，在山东防御倭寇。

戚继光的防地是一片辽阔的区域——从江苏、山东交界处一直到山东半岛的北端，而当时山东沿海卫所的士兵仅及员额的一半，且多老弱病残之兵，纪律松弛，号令不严，战守无备。因此，他一上任，就立即着手整饬队伍，刷新卫所，训练士卒，严明纪律。起初，戚继光的许多部属都看不起这位二十六岁的年轻长官，不大愿意听从他的命令。有一个军官，按辈分是他的舅父，公然恃长辈身份，不听戚继光的号令。为了整顿军纪，戚继光毫不留情地处罚了他。当晚，又以外甥身份，向他赔礼道歉。这位舅父被戚继光的光明磊落行为所感动，当即以下级身份跪了下来，保证今后不再违抗命令。这件事情传开以后，官兵们都对戚继光肃然起敬。很快，卫所风气有了改变，军纪得到整肃，山东海防较过去坚固多了。他的治军才能也受到朝廷的赞誉和器重。

二、南抗倭寇

（一）倭寇渊源

倭寇，指十四至十六世纪侵扰劫掠我国福建地区的海盗，主要由日本人组成，除沿海劫掠以外主要从事中日走私贸易。抗日战争期间，中国人亦用以称日本侵略者。明谢肇淛《五杂俎·地部一》："亦使浙直诸军士因之习於海战，倭寇之来，可以截流而御之。"《明史·外国传三·日本》："有捕倭寇数十人至京者，廷臣请正法。"

所谓"倭寇"一词的由来，是从"高句丽广开土王碑"（西元414）碑文上所记载"倭寇××（某地名）"而来，在此"寇"当动词，即"日本侵略（某地名）"之意，而之后"倭寇"二字作为名词独立，用以称呼来自日本的侵略者。

倭寇之患从明初以来就一直存在。朱元璋建立明朝的时候，日本正处于封建割据的南北朝时代。早在元顺帝至元二年（1336），打进京都的足利尊氏废黜了后醍醐天皇，另立天皇，自任征夷大将军，设幕府于京都。后醍醐天皇南逃吉野，建立朝廷，史称南朝，在京都的朝廷被称为北朝。后醍醐天皇为了恢复王权，推翻幕府，派他的儿子在九州设征西府。除了南、北两个朝廷外，还有许多割据势力——守护大名。他们掠夺财富，除互相争战之外，还常常支持和勾结海盗商人骚扰和掳掠中国沿海地区，形成了元末明初的倭患。朱元璋即位后，连续派使者到日本，以恢复两国关系，更重要的是为了消弭倭患。但由于日本处于分裂对抗状态，几次派使都毫无结果，倭寇侵扰日渐繁复。北起山东，南到福建，到处受到劫掠。洪武二十五年（1392），北朝统一日本。南朝的武士、失意政客和浪人失去了依托，于是流落海上，盘踞海岛，形成了一股不小的力量，不时侵扰中国沿海，造成洪武末年日渐炽盛的倭患。

统一日本的足利幕府第三代将军足利义满，也想肃清南朝的残余势力，打击海上盗贼，同时也想发展与明朝的贸易，获取丰厚的利益。于是，两国恢复了关系。明成祖时，双方建立了勘合贸易关系：明朝给予足利幕府贸易凭证，即勘合；日本方面凭勘合来中国进贡，进行贸易。明朝发展与日本的关系，主要是为了消除倭寇对中国沿海地区的侵扰，足利幕府也积极剿捕倭寇。在足利义满死后，其子足利义持改变政策，双方勘合贸易中断，日本也不再剿捕倭寇，足利义满时期稍有收敛的倭寇劫掠又在中国沿海一带蔓延开来。

其后，在足利义教时期，中日勘合贸易又得以恢复。成化三年，即日本应仁元年（1467），日本进入了战国时代，足利幕府衰弱，勘合贸易制度遭到破坏，一些守护大名为了争得与明朝贸易的权力，抢夺勘合，没有贸易勘合的大名便进行海盗活动，明嘉靖中叶以后，中日勘合贸易完全断绝，倭寇侵扰日益严重。

明初，由于国力强盛，重视海防设置，因此倭寇未能酿成大患。正统以后，随着明朝政治腐败、海防松弛，倭寇气焰便日益嚣张。明英宗朱祁镇正统四年（1439），倭寇侵扰浙江台州的桃渚村，杀人放火，掘坟挖墓，甚至把婴儿束在竿上，用开水浇，看着婴儿啼哭，拍手笑乐。倭寇的罪行，给中国人民带来了痛苦和灾难。

至嘉靖时期，随着东南沿海一带商品经济的进一步发展，对外贸易相当发达。沿海一带私人经营的海上贸易也十分活跃。一些海商大贾、浙闽大姓为了牟取暴利，不顾朝廷的海禁命令，和"番舶夷商"相互贩卖货物，他们成群分党，形成海上武装走私集团，有的甚至亡命海外，勾结日本各岛的倭寇，于沿海劫掠。这些海盗商人如王直、徐海等，与倭寇勾结，使得倭患越演越烈，同时一些明朝官僚也与这些寇盗建立了联系。明世宗朱厚熜嘉靖二十七年（1548），明朝派朱纨巡抚浙江，兼提督福建军务，朱纨到任后，封锁海面，击杀了通倭的李光头等96人。朱纨的海禁触犯了通倭的官僚、豪富的利益，他们指使在朝的官僚攻击朱纨擅杀，结果朱纨被迫自杀。从此，罢巡视大臣不设，朝中朝外，不敢再提海禁之事。倭寇更加猖獗起来。

倭寇的滔天罪行，给中国人民造成了严重的灾难。被激愤的中国人民纷纷组织起来，进行抗倭的自卫斗争。嘉靖三十一年（1552），倭寇入侵南汇县，闵电等募集千人抗击。同年倭寇进犯松江，营州商人孙镗捐资助军饷，还派人回家乡动员子侄前来参加抗倭斗争。当时有"吴中倚镗若长城"的说法。嘉靖三十四年（1555），由苗、汉、壮、瑶等族人民组成的抗倭军队，在明朝爱国将领的领导下，于王江泾（嘉兴北）大破倭寇，斩敌2000人，这是嘉靖年间抗倭斗争中的一次巨大胜利，被称为"自有倭患以来，此为战功第一"。嘉靖三十七年（1558），倭寇进犯定海，城中居民誓死抵抗，倭寇转攻长乐，城墙崩坏几十米，居民数千人列栅拒战，拼死防守。同年，倭寇袭击扬州，各地来扬州经商的商人数百人参加守城作战，郜姓商人射死倭寇首领，扬州城得以保全。

抗倭斗争中涌现出了以戚继光为代表的爱国将领，他们依靠人民的力量，在抗倭斗争中屡建战功，终于取得了抗倭斗争的胜利。

（二）龙山之战

明世宗朱厚熜嘉靖三十四年（1555），时任宁绍台参将的戚继光于浙江慈溪遇到了倭寇军队，这一次倭寇抢掠的目标是浙江慈溪。接到消息后，戚继光十分高兴，他决定借此机会与倭寇大战一场。根据情报，倭寇只有上千人，为确保安全，他召集了上万名士兵，准备以多打少，用胜利庆祝开门大吉。

大队人马浩浩荡荡地开到了慈溪东南的龙山，在这里，他们遇到了倭寇的主力。著名的龙山之战就此拉开序幕。

威风凛凛的明军果然"不同凡响"，遇到人数远少于自己的倭寇，竟然一触即溃，别说攻击，连逃命都顾不上。前锋溃败，中军也动摇了，连戚继光的副将也拉着他的衣袖，让他赶紧逃跑，再不跑就来不及了。然而惊愕的戚继光很快恢复了平静，他挣脱副将的拉扯，取出了他随身携带的弓箭，从容地命令部下："此处哪里有高地，带我去。"站在高地上的戚继光审视着眼前滑稽的一幕，人数众多的明军四散奔逃，几百个倭寇在后面穷追不舍、肆无忌惮，看来败局已定了。然而他决定挽救危局——凭借他一个人的力量。戚继光拈弓搭箭，拉满了弓弦，瞄准带头冲锋的倭寇头领，射出了致命的一箭，倭寇头目应声倒地，但这并不是结束，他把手伸进了箭筒里，抽出了第二支箭。随着一道凌厉的风声，第二个头目倒地而亡，就在倭寇们被这位狙击手搞得人心惶惶之时，又一道风声伴随着惨叫传到了他们的耳朵里——第三个人被射死了。十年前的苦练终于得到了丰厚的回报。

这种狙击战法彻底打垮了倭寇们的心理防线，他们放弃了追赶，停了下来。要说前面的明军也确实是耳聪目明，看见人家不追了，顿时鼓起勇气、振作精神，在奔跑之中，完成了难度很大的一百八十度大回转动作，开始追击倭寇。戚继光这才松了口气，他马上找来部下，命令他们全力追击。士兵们追出一段之后，却开始陆续自动返回，戚继光纳闷到了极点，便顺手拦住一个士兵，问他为什么不追了。这位军爷毫不见外，落落大方地告诉他，这都是老传统，把他们赶远一点就行了，反正他们还要来的，犯不着去拼命。龙山之战就这样结束了，虽说很不体面，很丢脸，但戚继光并非毫无收获，从此战中，他认识到了重要的一点：单靠手下这帮兵油子是不行的。

此役戚继光以自己的个人能力挽回局面，开始崭露头角，也暴露出原卫所守军军心涣散、战斗力低下的弊端，使戚继光下决心重整军备，也为后来戚家军的组建埋下伏笔。

嘉靖三十五年（1556）十一月，戚继光向浙江军政首脑提出了请创兵营、训练士兵的建议，并保证"诚得浙士三千，亲行训练，比及三年，足堪御敌，可省客兵岁费数倍"。次年二月，再上练兵之议，直到嘉靖三十六年（1557）年底，胡宗宪才将三千兵拨归戚继光训练。

嘉靖三十六年（1557），倭寇侵犯乐清、瑞安、临海，戚继光未能及时援救，是由于道路阻塞所致，所以不加罪。不久，与俞大猷的军队会合，在岑港包围了汪直的余党。但很久都不能将其攻克，因此被撤官，（被责令）戴罪惩办敌人。不久这些倭寇逃跑，其他倭寇又到台州焚烧抢掠。给事中罗嘉宾等上奏（朝廷）弹劾戚继光无功，而且勾通外国。正在调查审问此事，不久戚继光就凭借平定汪直的功劳恢复了原职，改守台金、严三郡。

戚继光到浙江时，见防区的军队不习惯战斗，而金华、义乌民俗素有剽悍之称，于是请准招募三千人，教他们攻击、刺杀的方法，长短兵器轮番使用，从此戚继光这支部队特别精锐。又因为南方沼泽地很多，不利于骑马追逐，便按照地形制成阵法，考虑步行作战的方便，所有战舰、火药武器、兵械，都精心研制然后加以更换。"戚家军"驰名天下。

戚家军（又称义乌兵、浙军）嘉靖三十八年（1559）成军于浙江义乌，总兵力四千人，主力是义乌的农民和矿工。戚家军因为戚继光从而得名，是明朝的一支很有名气的军队，戚家军赖以成名的，是严明的军纪、职业化的训练水平、东亚最先进的装备、百战百胜的战绩和高达十余万级的斩级纪录，被誉为"16—17世纪东亚最强军队"。

自成军起，大小数百战未尝败绩。比较有名的大战有：嘉靖四十年（1561）台州之役，经新河、花街、上峰岭、藤岭、长沙等战斗，十三战十三捷，斩杀真倭三千余，烧杀溺毙无算；福建之役，总兵力六千，经横屿、牛田、林墩三战，斩杀倭五千余级，其中横屿之战是一场精彩的步炮协同作战，先以火炮击沉倭寇战船并轰击倭寇大营，再以突击队强行登陆突破倭寇本阵，斩杀倭寇头领。嘉靖四十二年（1563）平海卫，经仙游、王仓坪、蔡丕岭四战，共斩杀真倭两万余，福建倭寇被一扫而空，另于广东剿灭勾结倭寇的海盗吴平，击败吴平手下的海盗三万余人，吴平逃亡海上。

明穆宗朱载垕隆庆元年（1567），戚继光及其老部下三千人调往京师，督阵蓟辽，戚家军火枪队易步为骑，成为中国第一支火枪骑兵队。戚继光督阵蓟辽期间编练车步骑营三万。隆庆二年，朵颜部酋长董狐狸率蒙古铁骑三万入寇，戚继光以车营抵挡，自己率八千铳骑突袭董狐狸牙帐，大破朵颜三万铁骑，俘董狐狸。侄子董长昂，董狐狸仅以身免，逼董狐狸扣关请罪。万历三年（1575），长秃率兀良哈铁骑五万入寇，戚继光又率火枪骑兵队出塞包抄，一口气打垮五万蒙古骑兵，活捉长秃。

自嘉靖三十八年（1559）戚家军成军到明神宗朱翊钧万历十一年（1583）戚继光去职，戚家军击败的敌军总数超过十五万余，这在日久承平的万历中兴时期是很恐怖的战绩。

戚家军的威名并没有因为戚继光的去职而低落，以戚家军为种子的浙兵一直是明后期国防力量的主力。万历朝鲜之役中，浙兵首登平壤，立下头功，其中许多人还是戚继光的老部下，如攻克牡丹峰的老将吴惟忠。

（三）岑港之战

龙山之战后，戚继光刚开始训练军队，时隔不久，岑港之战拉开了序幕。

之前，即是年秋九月，王直拥众据岑港。王直即汪直，嘉靖年间向以走私违禁之货，与日本、暹罗等国互市，为夷人信服，称之五峰船主。王直勾引岛夷门多郎，结伙亡命徐海等，往来海上抢掠，屡禁不止。嘉靖三十一年（1552），王直遣人叩关求市，因不许，即率众频入内地纷肆寇掠，据泊岑港。参将俞大猷驱舟师围剿，王直突围远遁日本浦津，自称"日徽王"。自此，时时遣岛夷入寇，滨海千里，咸遭荼毒。因之，王直遂成为明军歼剿对象。

嘉靖三十四年（1555）十二月，胡宗宪命蒋洲、陈可愿抵日本五岛，以求贡互市抚诱王直出比丰岛。当时，日太守源义镇派日僧德阳为使，随蒋洲求贡中国。嘉靖三十六年（1557）五月，蒋洲与德阳先至浙境，因无勘令表暂栖石牛港以待王直。是月二十五日，王直抵达舟山，率众列泊岑港，意指莫测。舟山人闻之，人心震骇，咸思避之。

其时，先立"封侯非我意，但愿海波平"报国之志的戚继光对其夫人王氏说："吾封疆之臣，分必死绥，汝涉居郡城，毋为贼辱。"王氏乃深明大义之人，决意与戚以死相随，遂曰："君能为忠臣，妾独不能为烈妇乎？"终未徙。十一月，王直"统诸倭据舟山岑港，志在互市"。胡宗宪抚剿并举，施巧计以擒王直。一面以应诸互市，并先后遣方大忠、夏正劝降，一面又令各路兵马进兵，督兵出马目断其后，同时密调戚继光、俞大猷、张四维，布兵数匝于水陆要冲。虑于重兵包围，王直出降。俞大猷平定王直，毛烈（王滶，即毛海峰，王直养子）复拥众盘踞岑港，声言为王直报仇雪恨。嘉靖三十七年（1558）正月，倭盗意将合盟谋攻。巡海道惴虑倭盗合谋，难以抵御，遂会商戚继光，催德阳等开洋归国。二月三日，倭僧从伴吴四郎等30余人，各持刃至舟山城下，欲见戚继光。戚继光命其去刃卸械，不从，遂不予纳见。随之出示督府抚谕，令诸倭翌日归国。吴四郎等8人愤然登舟，挟张四维，又令从倭急报岑港，纠集500余人，由舟山西高岭而来。张四维情急，督家丁击毙数倭，幸而脱险。由是倭僧贡船聚集岑港，与毛烈等共拒明军。

嘉靖三十七年春二月，胡宗宪调兵遣将，令各路兵马围剿岑港倭寇。戚继光奉命由左路进击，其余诸将或进泊港南、港北，或由中路进攻，俞大猷往来策应（见民国《定海县志》）。

岑港位于舟山之西，其地山岭逶迤，山径崎岖狭隘，岙口众多，地形复杂，易守难攻。倭寇居高临下，据险死守。戚继光等率部奋勇作战，"蹂尸而进"。为阻止明军进攻，毛烈诸寇事先"绝塞诸道，止通一径，隘险难行"，明军于隘道"鱼贯而入"，然"行将尽，贼兵自尾击之，我军大溃，死者过半"。三月，风雨交加，山水骤发，溪涧涌溢，倭盗"于山之高堑处，相其堤者堤之，后官兵进击，决而注之，兵多漂死"。而倭盗死伤也数不胜数。正当两军激战、难分胜负之际，大批新倭又乘春汛接踵而至。先是"泊普陀小道头"，继而又"审沈家门与岑港贼合"。新旧倭盗汇而为一，其势大涨。

岑港未克，温台又起烽火。是年夏四月，倭寇入台，戚继光奉命率部于二十三日"自舟山渡海"，"驰援台城"，而"捷于乌牛"。夏五月，诸倭"再寇温州"，戚继光疾驰救援，"复捷于乌牛之小崎"。嘉靖三十七年（1558）春夏之交，浙江、福建各地倭患频起，明军分兵进剿，疲于奔命，而于岑港只能是围而御之。

秋七月，为清剿岑港倭寇，戚继光又奉命调至岑港战场（《戚继光大事年表》）。朝廷以岑港久困不克，遂将戚继光、俞大猷等革职留用，戴罪杀敌，限期一月内克平岑港。《沿海倭乱》载："秋七月，以浙江岑港海寇未平，诏夺俞大猷、参将戚继光职，期一月荡平，命胡宗宪督之。"胡宗宪奉旨亲莅定海，分遣将领，克期大举进击。毛烈等"依山阻水列栅"，固守其寨，利用颇多火器阻击明军。俞大猷、戚继光等诸将率部舍生忘死，冒险挺进，虽"陷阵先登者间多被害"，仍冒死强攻，官兵"逼垒而陈"，"更番迭战"，"折其锐气"，又施计惑敌"互相猜疑至持刀自击"，乘隙进攻。众寇大乱，死者无算，夜间遂纵火焚其舟，余寇多奔其巢，官兵蹑踪，砍栅直入，斩首百余，其余倭寇遂亡命柯梅岭。

冬十月，岑港倭盗溃退移巢柯梅后，胡宗宪屡督兵讨之，仍未克平。是月，郎中唐顺之奉旨视师浙江，与胡宗宪协谋剿倭。十一月十三日，柯梅倭盗出海，俞大猷、戚继光等率舟师自沈家门拦击，乘胜追击，直捣其巢，倭盗遂扬帆南去。事后，胡宗宪上言道"舟山残孽，移往柯梅，即其焚巢夜徙"，南奔闽广。

冬十二月，戚继光"督兵清岑港"，并"获白猿白鹿以献"。表略云："……联臂仙威，顿使犬孤伏命。犄角制胜，全驱豺虎投荒。"

戚继光以岑港初战不克而夺职，也终以岑港之役大捷与平定王直而复职。

（四）台州之战

明世宗朱厚熜嘉靖四十年（1561）春，倭寇2000余人，战船50余艘集结于宁波、绍兴外海，侦探虚实，伺机入犯。戚继光侦悉倭寇企图后，于四月十二日亲督舟师出巡海上。倭寇得悉明军有备，离去。

十九日，一股倭寇驾船停泊于象山海口东塔（今浙江象山西沪港东北），继而从奉化东南的西凤岭登岸，当晚至宁海以北的团前大肆劫掠。戚继光判断倭寇的企图是吸引在台州府城、松门、海门的明军，而后乘虚窜犯台州。遂立即调整部署：命令把总楼楠、指挥刘意守台州；百户胡守仁、张元勋守海门，居中策应；中军游击兵协守新河；把总任锦率兵速出海上，实施伏击；自率主力前往宁海，并请宁波海道总兵发兵，水陆会剿。倭寇探知戚家军向宁海方向运动，台州兵力空虚，遂兵分3路进犯台州：一路由里浦登岸，欲犯桃渚；一路由周洋港登岸，欲犯新河；一路泊于健跳、坼头。浙东沿海警报频传。戚断光针对倭寇分路进犯的特点，决定集中兵力先攻大敌，然后依次剿除，各个歼灭。遂命兵备金事唐尧臣率领海门和台州之军救援新河；自领主力先剿宁海之敌，再歼桃渚、健跳等地的倭寇。二十六日，发起新河之战。

嘉靖四十年（1561）四月底，倭寇大举进犯台州（今浙江临海），分路攻掠宁海、健跳、桃渚等地。戚继光根据倭寇多路进攻，新河寇急而宁海寇多的情况，命兵备金事唐尧臣率海门、台州之军救援新河，自率主力进剿宁海、桃渚、健跳之倭。时新河城内只有少数老弱残兵留守，人心恐慌。戚继光的夫人发动妇女列阵参战，在城上布置旌旗，摇旗呐喊。倭寇遥望，不敢贸然攻城。二十六日上午，唐尧臣率2000人进抵新河城郊，展开战斗。倭寇突遭攻击，慌忙退守城南寺前桥。唐尧臣判断倭寇以房舍为依托，必然窜出掳掠，遂决定在新河城南列阵，将部队分为中、左、右和预备队，待敌窜出时将其击破。下午，倭寇果然列队出犯，被明军击溃。继而又遭明军围攻，死伤甚众。当夜，明军撤入城内，残倭乘机向温岭方向逃去。二十七日，明军追败之于温岭附近的新塘。少数倭寇乘雾向乐清方向逃窜。

正当新河激战之时，戚继光已集兵歼灭宁海倭寇，迅速转兵增援台州。二十七日，在台州城附近的花街与倭寇遭遇，戚家军速战速决，全歼来犯之敌，接着便发生了花街之战。花街之战是明嘉靖四十年（1561）四月，在台州之战中，参将戚继光指挥明军在台州花街与倭寇进行的遭遇战。

嘉靖四十年（1561）四月二十六日，新河之战正酣，戚继光结束宁海之战，转兵梁王铺，准备增援桃渚，获悉倭寇自桃渚登岸，进兵精进寺，欲进犯台州（今浙江临海）府城，遂挥师南进，于二十七日午抵达台州城外，时倭寇已进至离台州城仅数里的花街。戚继光命丁邦彦部为前锋左哨，从大路迎战；陈大成部为前锋右哨，由江下前进击敌；陈濠等部为中哨正兵；赵记、孙廷贤部为左右翼，分随左右前锋；台州知府王可大督率民兵列阵于城外壕边，来往策应。倭寇前队列一字长蛇阵迎战。戚继光命前锋以火器轮番齐射，左右前锋奋勇冲杀，明军越战越勇，打败倭寇。戚家军乘胜追至瓜邻江和新桥，歼倭寇 1000 余人，斩首 300 余人，俘寇首 2 人，淹死倭寇甚多，缴获武器 650 余件，救出被掳男女 5000 余人。

此战，戚继光决策果断，指挥灵活，尤其是充分发挥火器威力；在火力掩护下实施冲锋的火力与冲锋密切结合的战法；是戚继光战术思想的特点之一。

上峰岭之战，时为明嘉靖四十年（1561）五月，在台州之战中，参将戚继光率军在台州上峰岭（今浙江临海西北）伏击倭寇的作战。

是年五月，倭寇 2000 余人自健跳、圻头登陆，掳掠大田（今浙江临海东北），欲攻台州（今浙江临海）。时台州守军仅 1500 人。戚继光率军迅速进至大田与倭寇对峙。倭寇见无隙可乘，冒雨西窜，欲掠处州（今浙江丽水）。戚继光率兵赶至倭寇必经之上峰岭设伏以待。初五日晨，倭寇 2000 余人成一字长蛇阵通过上峰山南侧狭谷。戚继光待其过半，下令开火。戚家军鸟铳突发，居高临下，以鸳鸯阵冲锋。倭寇仓卒应战，大败，退据小山。戚家军一部从后路直抵小山，形成四面仰攻之势，并在北山树起白旗，招降倭寇。

数百名倭寇往旗下缴械投降，其余倭寇登上界岭拼死抵抗。戚家军登顶奋击，再败之，倭寇余众败逃白水洋。戚家军乘胜追击，将倭寇层层包围，歼敌 300 余人，活捉寇首 5 人，缴获兵器 1490 多件，救出被掳男女 1000 余人。此战，是御倭战争史上以少胜多的典型战例。

二十日，又展开长沙之战，水陆配合，一举歼敌，这就是长沙之战。长沙之战明嘉靖四十年（1561）五月，在台州之战中，参将戚继光率军在长沙（今浙江温岭东南）水陆合击倭寇的作战。

是年五月十七日，由宁海逃跑的倭寇，聚众 2000 余人，联舟 18 艘在长沙登陆，企图南攻隘顽，北袭太平，扩大地盘，长期盘踞。驻扎在新河（今浙江温岭北）的戚继光决定水陆联合，包围长沙，并遣一部守备隘顽，切断倭寇海上逃路。十九日，戚家军进抵长沙。戚继光命把总陈大成正面进攻，向北面突击；把总丁邦彦为左翼，向东侧突击；把总楼楠为右翼，向西侧突击；通判吴成器为奇兵，迂回至长沙东南，焚烧倭船，切断通往海上的道路。并命指挥胡震率水师泊于松门西南海面，与陈濠部构成倚角之势。哨官赵记率游兵游弋，侦察警戒。二十日拂晓，戚家军进至小亭，迅速迫近倭巢。倭寇匆忙迎战，失利，企图夺船遁逃。但退路被戚家军切断，只得投海泅逃，被戚家军水师歼灭。时浙江总兵卢镗、参将牛天锡也率部歼灭进犯宁波、温州一带的倭寇。台州花街之战斩首 308 颗，生擒 2 名倭首，其余淹死和未割首的数目不详，牺牲陈文清等 3 人。此后，倭寇未敢大规模进犯台州等地，浙江倭患基本荡平。

此役，是中国战争史上灵活用兵、以少胜多的典型战例，充分体现了戚继光的军事思想：充分发挥火器威力，在火力掩护下实施冲锋的火力与冲锋密切结合，即使用各种性能火器的兵种协同作战。这在中国战争史上是较早的，对后世用兵有着深远的影响。同时戚断光在作战中还采取了集中兵力，各个击破，先打危害重大之敌，其次歼灭其余的战法，而且关键时刻判断准确，机动迅速，故能连续 9 战皆捷，彻底消灭侵犯台州的倭寇。这些在中国战争史上都占有重要地位。

（五）牛田之战

嘉靖四十一年（1562），倭寇进犯福建并联合福宁（今福建霞浦）、连江（今福建连江）等地的倭寇先后攻陷寿宁、政和、宁德等地，从广东南澳方面侵略的倭寇联合福清、长乐的倭寇攻陷玄钟所并进犯龙岩（今福建龙岩）、松溪（今福建松溪）、大田（福建三明大田）、古田（今福建宁德下辖县）、莆田（今福建莆田）等地。

倭寇声势浩大，当地官军不敢进攻，于是胡宗宪传令让戚继光带兵剿贼。戚继光领命后，引兵先进攻横屿。横屿四面水路险隘，不易通行。戚继光命将士们，每人手持一束稻草填壕而进，大破横屿倭寇，斩首两千二百余级。而后戚继光乘胜追击，杀至福清，捣毁牛田，端了倭寇巢穴。倭寇余党慌忙逃往兴化，戚继光也不停歇，一路狂追，又捣毁倭寇据点六十余营，斩首无数。戚继光平定福建倭患后，班师回浙江，行至福清，遇见少量倭寇从东营澳登录，戚继光率兵急攻，斩首两百人。经过几番战斗，闽广一带的倭寇，几乎被戚继光杀光。

（六）横屿之战

浙江倭寇平息后，福建倭患日甚。北自福宁、南及漳（州）、泉（州），沿海千里尽为贼窟。明廷遂准福建巡抚游震得之请，命戚继光领兵6000人入闽，督府中军都司戴冲霄率兵1600人佐之。八月初一，戚继光率军自温州抵达福宁（今福建霞浦）。根据福建倭患情形，戚继光决定先捣毁横屿倭巢，然后乘胜收复福清的牛田、莆田的林墩。横屿四面环水，东、南、北三面距陆地约10里，唯西面靠近陆地。涨潮时一片汪洋，退潮时淤泥成滩，易守难攻。倭寇筑巢其中，企图久据。

明嘉靖四十一年（1562）八月，在明抗倭的战争中，浙江都指挥使戚继光率领戚家军在横屿岛（今福建宁德东北20里）歼灭倭寇的渡海登陆作战。

戚继光根据横屿岛地形和倭情，决定采取先定外围，抚收胁从，从张湾方向伺机登岛的方略。随即积极备战：传令全军不许争功误事；传檄民众，防止奸细；了解地形、潮汐规律和倭寇分布情况。八月初六日，戚继光率军至东墙铺，安营扎寨。初八日，戚继光利用小潮退潮之机，从张湾出发，涉海攻岛。命令把总张谏留守东墙铺，以防倭寇掩袭戚家军侧后；自率主力到宁德废址，再兵分两路，一路由戴都阃率领，以降兵为向导，由东山铺前进，一路由戚继光督王如龙、吴惟忠等降兵为向导，由兰田涉渡；调张谏部屯金垂渡，参将张岳屯石壁岭，为左右翼，以防倭寇遁逃；以水兵都司张汉率舟师一队泊于横屿外洋，准备夹攻。

八时左右，戚继光除留王如龙据港尾海岸，以防倭寇逃窜外，命令陈大成、吴惟忠、陈子銮、童子明各部乘退潮涉渡，向预定登陆地点前进。部队列鸳鸯阵，每人负草一捆，匍匐前进，随进随以草填泥。倭寇列阵以待，企图乘明军立足未稳、队形混乱之际歼灭之。戚家军登岸后按原定部署展开进攻，陈子銮、童子明从正面冲其阵，吴惟忠以右翼攻其巢，陈大成部从左翼沿山脚绕敌侧后，进行围攻，大败之。戚家军周密部署，水陆配合，全歼盘踞在岛上的倭寇一千余人，斩首340级，救出被掳男女800余人，缴获大批兵器，残倭逃往海上时，淹死600余人。

（七）林墩之战

明世宗朱厚熜嘉靖四十一年（1562）九月上旬，牛田大捷后，倭寇约4000人败逃至林墩，结寨据守。戚家军乘胜进军，于九月十三日进抵莆田城。戚继光为迷惑敌人，制造暂不进兵的假象。次日夜半，戚家军轻装衔枚，直趋林墩。

明嘉靖四十一年（1562）九月，在明抗倭的战争中，浙江都指挥使戚继光率军在林墩（今福建莆田东20里）捣毁倭寇营寨的作战。

林墩四面水沟纵横，地形复杂，仅两路可通：一为黄石大道，一为西洪小路。戚继光本拟走黄石大道，因向导通敌，被误引入西洪小路。该路溪水萦回，路小难行，拂晓方到达林墩附近。倭寇发现明军，迅速占领唯一通路宁海桥。该桥筑有坚固工事，并有倭寇4000人防守。戚继光以一部兵力转由黄石大道进攻，钳制敌人，自率主力对宁海桥实施强攻。因地形不利，兵力难以展开，前锋战士多被铳箭杀伤。戚继光当即改变部署，令陈大成继续组织夺桥，由主攻改为助攻，自率吴惟忠等改由黄石大道进攻。时由黄石大道进攻的王如龙部，已突入倭巢。防守宁海桥的倭寇见营寨被突破，转兵增援。陈大成乘隙进攻，夺占宁海桥，与戚继光、王如龙部形成夹击之势，倭寇陷于混乱，大部被歼。明军救出被掳男女2000余人。

（八）兴化之战

戚继光回到浙江后，从日本国本土而来的新的倭寇，又伺机侵略。他们人数日益壮大以后，袭击兴化，但围攻了好几个月，都没有攻下来。此时刘显派了八个人，带着书信，到兴化传达信息，被倭寇拦杀，倭寇就换上刘显使者的服饰，骗开城门，趁机攻陷了兴化城。

倭寇攻陷兴化后，刘显率兵逼近兴化，但因为兵少，刘显不敢擅自攻城，却因此被弹劾背负罪名。而福建总兵俞大猷，也表示需要有大军才能合围。

嘉靖四十二年（1563），朝廷以谭纶为右佥都御史，巡抚福建，前来支援，而都指挥欧阳深，却中了倭寇埋伏，搏战而死，倭寇遂占据平海卫。四月，戚继光率领浙江兵前来支援。戚继光到达后，谭纶立刻筹备对倭寇的总攻，先在各海道上环立栅栏，阻断倭寇归路，而后谭纶以刘显为左军，俞大猷为右军，谭纶自领中军，以戚继光为先锋，围攻平海卫，一举告破，斩首两千余级，戚继光等率兵追击倭寇，道路不通，又被斩杀三千多人，于是刘显等复兴兴化。朝廷因戚继光先前横屿大战前后战功，以戚继光为都督同知，世荫千户，代替俞大猷为总兵。

（九）仙游之战

明世宗朱厚熜嘉靖四十三年（1564）二月，倭寇余党纠合一万多人，围攻仙游（今福建仙游），打了三天，戚继光率兵前往解围，倭寇败走。戚继光率军追击，追至王仓坪，斩首百余级，不少人都坠于悬崖摔死。余党数千人逃走，占据漳浦蔡丕岭。戚继光分五哨（古代军事编制单位）将士攀岩而上，与倭寇短兵相接，连俘带杀一百多人。剩下的倭寇，劫掠渔船，逃到海上，而后侵扰福宁，戚继光率领李超等前往，将其击败，又乘胜追至永宁，杀死三百多人。

同年，潮州倭寇聚众二万，与海盗吴平互为倚角之势，劫掠潮州。俞大猷率兵杀败倭寇，并将吴平招降，让吴平驻扎在梅岭。但不久之后，吴平纠合被明军击败的流散倭寇一万多人，伙同林道乾、曾一本，先后在走马溪、泊浦澳登陆，洗劫南村堡和港口村。戚继光即刻率军前来围剿，吴平得知后，放弃之前据守的梅岭，集合大船一百多艘，逃入南澳并修筑大寨防御。

嘉靖四十四年（1565），俞大猷率领水军，戚继光率领步兵，二人合力围剿吴平。吴平破败，孤身逃往凤凰山。戚继光与俞大猷配合，歼灭了广东的倭寇。至此，明东南沿海抗倭之战取得了最后胜利。

明东南沿海抗倭战争胜利的原因是多方面的：沿海民众大力支持，军民同仇敌忾，浴血奋战；谭纶、戚继光、俞大猷等抗倭将领指挥卓越，战法灵活；招募和训练御倭新军，改变明军成分，提高战斗力；加强海防设施，建立地方武装；针对倭寇活动的特点，采取清除内奸、孤立倭寇、剿抚并施的对策，各个歼敌。中国军民抗倭战争的胜利，基本消除了明代近200年的倭患，是抗击外来侵略、保卫祖国海疆的著名范例，也为中国海防建设提供了宝贵的历史经验。

三、北御鞑靼

（一）京郊形势严峻

明穆宗朱载垕隆庆（1567—1572）初年，因蓟州镇屡有边患，给事中吴时来请召俞大猷、戚继光专门训练边兵，召戚继光为神机营副将。

戚继光编练的车营和步营有：车营：战斗兵2048人；军官、杂役、工匠、车夫等1061人；全营官兵共3109人。装备：佛朗机256挺（佛朗机手768人）；鸟铳512支（鸟铳手512人）；大将军（重型大口径火炮）8门；以上火器手共1320人，占战斗兵的64.2%；其他的都是长枪手、藤牌手等装备冷兵器的士兵。步营：战斗兵2160人；军官、杂役、工匠等共539人；全营官兵共2699人。装备：鸟铳1080支（鸟铳手1080人）。火器手共1080人，占战斗兵的50%。其他的都是长枪手、藤牌手等只装备冷兵器的士兵；其中有216名当耙手，装备火箭共6480支。

当时正逢谭纶在辽、蓟督兵，为此集步兵三万，征浙兵三千，请求委托戚继光训练，皇帝同意。

隆庆二年（1568）五月，明穆宗任命戚继光以都督同知职总理蓟州、昌平、保定三镇练兵事宜，总兵官以下的官员，都受戚继光的节制。戚继光到任后时蓟州有总兵郭琥，而戚继光为总理，无法统一号令。

戚继光到蓟州后上疏：

"蓟门之兵，名义上众多而实际上不足，为何如此说呢？原因有七条：驻屯军人不习兵事，而好微末之技，壮健的兵卒为将帅役使差遣，只有老弱的兵卒在部队充数，这是第一；边寨曲折漫长，却极少设立通邮机构，使臣宾客来往不断，每天应接不暇，参将、游击成为驿使，营房关垒变成了驿站，此为第二；敌寇来犯，而调遣无方，长途奔赴，人马两伤，为第三；防守边塞的士卒缺乏严明的约束，行伍不整，为第四；作战中骑兵不用马，反而徒步，这是第五；家兵气盛而军心离散，这是第六；树立边塞障碍而不选择轻重缓急，防备地点众多而使兵力分散，这是第七。这七条弊害不除，边备怎能完好。

"并且还有士卒不训练的六条过失，虽然训练但无益处的弊端又有四条。什么叫不训练？边塞所依赖的是兵卒，兵卒所依赖的是将帅。现今恩威号令不能让人心服，营规条例不能使其齐心协力，无论舒缓还是急促都难以驱使，这是第一；拥有火器而不知道使用，这是第二；对当地百姓放弃训练，这是第三；从各镇调来充实边防的兵卒，以自己非当地卫所统辖，漫无纪律，这是第四；偏师民兵超过四万人，且人各一心，这是第五；练兵的要务首先在于练将。眼下注意武举考试，多种途径的选择荐举与此类似，但这是选将，并非练将之道，这是第六。何谓虽练无益呢？现今一营兵卒，作为炮手的常有十人。不知兵法中各种兵器交互使用，应当以长卫短、短以救长，这是第一；三军的士卒各有擅长之技，战鼓军旗等都应有所准备，现今都弃置不用，这是第二；拉弓射箭的功力不能比敌人更强，而想以此取胜，这是第三；教练之法，各有渊源系统，外表美观则不实用，实用则不美观，当今训练全无实在内容，这是第四。

"臣又听说兵形如水，水随地而流动，用兵要根据不同的地形环境而决定取胜的战法。蓟州的地形有三种，广阔的平原田野，是内地百里以南的地形。险阻平易参半，是内地靠近边塞的地形。山谷狭隘、树大林深，是边塞之外的地形。敌人进入平原，利于车战。在靠近边关的内地长于马战。在边关之外，宜于步战。三者交互使用，才可能获得战争胜利的主动权。现今边兵只练习骑马，不熟悉山战、林战、狭谷之战的阵法，这只有浙江兵能做得到。请还给我浙东杀手、炮手各三千名，再募西北壮士，配备充足的骑兵部队五支、步兵十支，听我专门训练，军中所需诸物，随时供应，这是我最大的心愿。"

又说："我的官职为初设，诸位将官视作多余的职位，我如何从容行事呢？"

戚继光的奏章下到兵部，皇上说蓟镇既然有总兵，又设总理，事务之权分割，诸位将官多做观望状，应召还总兵郭琥，专门任用戚继光。于是任命戚继光为总兵官，镇守蓟州、永平、山海等处，而浙江兵停止北调。考录平定吴平的功劳，戚继光升任右都督。敌寇侵入青山口，官军击退了敌人。

自嘉靖以来，边墙虽然修复，但没有建立墩台。戚继光在塞上巡视，倡议建设敌台。大概意思是说："蓟州边墙，绵延二千里，一处出了毛病，其他各处虽然坚固也均遭祸及。近年来，年年修建却年年崩塌，空费无益之钱。请跨墙建筑敌台，以望四方。台高五丈，中间空虚，分上中下三层，每台安置百人，兵器铠甲干粮俱备。命令边兵画地计工，先建一千二百座。然而边卒质朴，强制施以军法恐怕他们受不了，请募集浙江人组成一军，以提倡勇敢精神。"总督、巡抚将戚继光的建议报告给皇上，批复。浙江兵三千人开到，列阵于郊外，适逢大雨，自早晨至午后，笔直站立不动。边军大为惊异，从此知道军令的严肃。隆庆五年（1571）秋，敌台修成，坚固雄壮，在二千里的边塞上声势连接。诏令赐予世代荫庇特权，并赏给银币。

戚继光建议设立车营，每一辆车用四人推拉，战时则结为方阵，马步军居中。又制作拒马器，这种兵器轻巧便利，可以阻遏敌人骑兵的冲击。敌寇来到，先放火器，接近则由步兵持拒马器排列向前，兼用长枪、狼筅。敌寇逃跑，则以骑兵追杀。又将辎重营放在阵后，以南方兵为前锋，调来的援兵以策应为主，本镇兵卒专门戍守。节制精明，兵器锋利，蓟门军容风纪遂成为诸边之冠。

（二）屡败鞑靼

当此时，蒙古俺答部已往来朝贡，宣府（明初设立的九边镇之一，因镇总兵驻宣化府得名，也有简称"宣镇"者。所辖边墙东起居庸关四海治，西达今山西东北隅阳高县的西洋河，长一千零二十三里）、大同（今山西大同）以西战火平息。只有移居安插在汉地的小王子的后代土蛮，拥有部众十多万，常常侵扰蓟门（原指古蓟门关。唐代以关名置蓟州后亦泛指蓟州〈今天津蓟州区〉一带。另北京城西德胜门外西北隅的蓟丘也古称蓟门）。而朵颜董狐狸及兄长的儿子长昂与土蛮勾结，时而叛乱，时而归服。

明神宗朱翊钧万历元年（1573）春天，朵颜董狐狸与长昂图谋进犯。他们奔驰到喜峰口（位于迁西县与宽城县接壤处，是燕山山脉东段的隘口，古称卢龙塞，路通南北），勒索封赏不成，就肆意杀掠，并在边塞附近围猎，以诱使官军出战。戚继光率兵出击，几乎生擒董狐狸。

这年夏天，朵颜董狐狸又进犯桃林，但未能遂其意愿而去。长昂亦来进犯界岭（界岭口在抚宁县城北 37 公里处，为喜峰口东明初 32 关之一，后来它与古北口、黄崖关、喜峰口、冷口同为蓟镇长城重要隘口，具有"外控辽左、内护京陵"的战略地位）。官军俘虏杀伤了许多敌人，守边的明朝官吏婉言劝说敌人归降，朵颜董狐狸于是叩关请求通贡，朝廷讨论给以岁赏。第二年春天，长昂又窥视各边关塞口，但无计进入，就与董狐狸共逼长秃使之入侵。戚继光率官军逐敌于塞外，并俘长秃而归。长秃，是董狐狸的弟弟、长昂的叔父。于是董狐狸、长昂二人率部落头目及亲族三百人，叩关请赦死罪，董狐狸身穿白色的衣服叩头请求赦免长秃。戚继光与总督刘应节等商议，派遣副将史宸、罗端去喜峰口受降。董狐狸等罗列而拜，献还所掠夺的边民，并聚刀盟誓再不入侵。明朝释放了长秃，允许通贡如前。由于戚继光在任，这二部敌人不敢进犯蓟门。

不久以守边之功，戚继光被提升为左都督。已而，增筑敌台，分所辖十二防区为三协，每协置副将一人，分别训练士卒兵马。炒蛮进犯，汤克宽战死，戚继光被弹劾，但没有治罪。很久以后，炒蛮又携妻大嬖只袭击剽掠明朝边卒，官军追逐击破炒蛮部。土蛮进犯辽东，戚继光与辽东官军一道击退敌人。戚继光已加太子太保，录功加少保。

自顺义王受封，朝廷以八项内容考核边臣：即积聚钱粮、修建关隘、训练兵马、整理器械、开辟屯田、理清盐法、收集塞马、解散叛党，每隔三年即遣大臣检阅巡视，考定等级。戚继光因此频受封赠。南北名将马芳、俞大猷先后离世，独戚继光与李成梁仍然健在。由于蓟门防守十分强固，敌人无从得入，于是尽数转攻辽东，因此李成梁颇得建功的机会。

自嘉靖庚戌年（1550）俺答进犯京师后，边防独重蓟门，增加兵卒，补充饷源，天下为之惊动。又设置昌平镇，委任大将，昌平与蓟门互为唇齿。边寇仍然不时蹂躏内地，总督王忬、杨选因军事失利而遭杀身之祸。十七年间，调换大将十人，这些人均因罪去职。戚继光在边镇十六年，边关防务完备，蓟门安然。继任者，随其成法，数十年间太平无事。戚继光的功绩也有赖于当国大臣徐阶、高拱、张居正的先后倚重信任。尤其是张居正，诸事均与戚继光商量，有想与戚继光为难者，张居正总是将其调走。诸位督抚大臣如谭纶、刘应节、梁梦龙等人均与戚继光友善，从不牵制戚继光，所以戚继光能够更加自由发挥其长。

张居正死后半年，给事中张鼎思说戚继光不宜于守北，当朝大臣即将其改任广东。戚继光郁郁不得志，勉强赴任，一年后即告病请归。给事中张希皋等又弹劾他，戚继光竟因此罢职归乡。家居三年，御史傅光宅上疏推荐戚继光，反而遭到剥夺俸禄的处分。戚继光也抑郁而逝。

戚继光历任南北边防重任，声誉显著。在南方战功特盛，北方则专门致力于防守。戚继光所著的《纪效新书》《练兵纪实》，为兵家所看重。

戚继光之弟戚继美是贵州都指挥佥事。

四、军事成就

（一）练兵排阵

军事上，戚继光撰写了两部重要兵书，即《纪效新书》《练兵实纪》。这两部书是他练兵打仗的经验总结，也是他训练军队的教本，在军事学上有很高的地位，被收录《四库全书》之中。

戚继光初到山东备战倭寇时，发现明军将骄兵惰、纪律松弛、兵不习战，跟熟练使用倭刀、重箭的倭寇相比战斗力实在太弱，于是戚继光到金华、义乌等地招募了3000农民并亲自训练他们，这便是早期的"戚家军"。

鸳鸯阵

因为浙闽沿海多山陵沼泽，道路崎岖大部队兵力不易展开，而倭寇又善于设伏好短兵相接。戚继光针对这一特点创造了一种新的战斗队形，这种阵形在与倭寇作战时好像是结伴而行的鸳鸯，于是被命名为"鸳鸯阵"。这种以十一人为一作战基本单位的阵形，长短兵器互助结合，可随地形和战斗需要而不断变化。

鸳鸯阵阵形以十一人为一队，最前为队长，次二人一执长牌、一执藤牌，长牌手执长盾牌遮挡倭寇的重箭、长枪，藤牌手执轻便的藤盾并带有标枪、腰刀长牌手和藤牌手主要掩护后队前进，藤牌手除了掩护还可与敌近战。再二人为狼筅手执狼筅，狼筅是利用南方生长的毛竹，选其老而坚实者将竹端斜削成尖状又留四周尖锐的枝桠杈，每支狼筅长3米左右，狼筅手利用狼筅前端的利刃刺杀敌人，以掩护盾牌手的推进和后面长枪手的进击。接着是四名手执长枪的长枪手，左右各二人，分别照应前面左右两边的盾牌手和狼筅手。再跟进的是使用短刀的短兵手，如长枪手未刺中敌人，短兵手即持短刀冲上前去劈杀敌人。"鸳鸯阵"不但使矛与盾、长与短紧密结合，充分发挥了各种兵器的效能，而且阵形变化灵活。可以根据情况和作战需要变纵队为横队、变一阵为左右两小阵或左中右三小阵。当变成两小阵时称"两才阵"，左右盾牌手分别随左右狼筅手、长枪手和短兵手护卫其进攻；当变成三小阵时称"三才阵"，此时狼筅手、长枪手和短兵手居中，盾牌手在左右两侧护卫。这种变化了的阵法又称"变鸳鸯阵"。此阵运用灵活机动，正好抑制住了倭寇优势的发挥。戚继光率领"戚家军"经过"鸳鸯阵"法的演练后，在与倭寇的作战中对倭寇进行了毁灭性的打击。

车　营

戚继光镇守蓟门时期，根据北方游牧民族擅长骑兵作战的特点，建立了车营来克制骑兵。每四人推一辆战车，战车里放置拒马器和火器。战斗时将战车结成方阵，马步军以战车为掩护，先用火器进行远距离攻击，敌人的骑兵靠近后，步兵使用拒马器列于阵前用长枪刺杀，敌人败北后派骑兵对其进行追击。戚继光又在阵后置辎重营，选南兵为先锋入卫兵主策应，本镇兵专门负责防守。戚继光一军节制精明、器械犀利，使得蓟门成为当时边境第一军。

（二）修筑长城

金山岭

"南倭北虏"即东南沿海一带倭寇的侵扰和北部边境鞑靼骑兵的袭扰，是长期困扰明朝廷、危及大明江山社稷的两大问题。在与俞大猷、谭纶等人消灭南部倭寇之后，戚继光被调往北边防御鞑靼。

明朝为加强北方防务将长城沿线划分为九个防御区，分别驻有重兵，称之为九边重镇。每镇均设有总兵官管辖。蓟镇东起山海关、西至居庸关，拱卫京师，是九镇中最重要的一镇。戚继光为蓟镇总兵官。

蓟镇长城最早修建于明朝初期，明太祖朱元璋洪武六年（1373）命大将军徐达筹备山西、北平边谕令各上方略。从淮安侯华云龙言，自永平、蓟州、密云迤西二千余里关隘？百二十又九皆置戍守。洪武十四年（1381）徐达发燕石等卫屯兵一万五千一百人修永宁、界岭等三十二关。虽然到弘治、嘉靖年间长城也都有所修筑，但过于简单。真正大规模的修筑则是从隆庆至万历初由戚继光完成的。

戚继光在修建长城过程中依据"因地制宜，用险制塞"的建筑思想，山势低矮处加高城墙，山势高峻处修建敌楼，个别地方加修了障墙、支墙、挡马墙，全部为砖石结构或砖石木结构，使这段长城设施完备、构筑牢固、布局严谨、可攻可守。经专家鉴定金山岭长城是我国万里长城的精华之所在。障墙、文字砖、挡马墙被誉为金山岭长城的"三绝"。

空心敌台

戚继光在加固城墙的同时又修建了空心敌台。空心敌台由上、中、下三部分组成。下部为基座，用大条石砌成，高与城墙相同，中部为空心部分，有的用砖墙和砖砌筒拱承重，构筑成相互连通的券室；有的用木柱和木楼板承重，外侧包以厚重的砖墙，形成一层或二层较大的室内空间以供士兵驻守、存放粮秣和兵器。上部为台顶，多数敌台台顶中央筑有楼橹，供守城士兵遮风避雨，也有的台顶铺漫成平台，供燃烟举火以报警而无楼橹。

戚继光在《练兵杂纪》中对空心敌台有详细记载，敌台高低大小不等各个敌台之间互为犄角，相互救应，敌台里都配备有火炮，鞑靼的弓箭无法射到敌台里的士兵骑兵，在火炮的攻击下也不敢靠近长城。每个空心敌台置有百总一名负责指挥战斗。

（三）武器装备

戚氏军刀

戚氏军刀是戚继光专门针对倭寇使用的倭刀所改良制造的武器。明朝军队所用的刀在与倭寇交战时经常被倭寇的倭刀砍断。戚继光吸收倭刀的长处对中国军刀进行改良，带有明显的日本风格，刀刃弧度加大，刀刃宽度缩小，刀尖带有一个小小的弧度，刀刃中间起一条镐线，刀背也有一条栋线，刀尖保留和刀身基本相同的厚度，刀背采用减轻刀刃整体重量，但是不减少刀刃的强度。戚继光在《练兵实纪杂集·军器解》著作里有记载此刀的锻造方法。

中国国家博物馆现收藏有一把登州戚氏军刀，刀上部刻有"万历十年登州戚氏"八字。

狼　筅

狼筅是戚继光为对付倭寇给戚家军所配备的武器之一，粗有二尺，长有一丈五六尺。明朝的军队在与倭寇交战时因惧怕倭寇的倭刀而张皇失措。戚继光在长而多节的毛竹顶端装上铁枪头，两旁枝刺用火熨烫，有直有勾再灌入桐油敷上毒药。战斗时倭寇长刀虽锋利，却砍不断软枝竹节，深能挡住长枪刺入。狼筅上的枝端茂盛可以掩护持有者冲阵时既能自保又非常具有杀伤力，可谓攻守兼备，被称为"刺倭利器"。

火　炮

戚继光给戚家军装备的火炮又称为"虎蹲炮"，因为其射击的样子像猛虎蹲坐的样子而得名。明朝军队重视火器的使用并专门成立了配备火器的部队"神机营"。在与倭寇作战时，戚继光发现鸟铳与佛朗机使用起来缺憾极大，鸟铳虽然精准但是杀伤力太弱，而佛朗机虽然有杀伤力但非常笨重，不利于扛行。于是戚继光便发明创造了"虎蹲炮"，比鸟铳杀伤力大，比佛朗机轻，便于携带，并大量制造配备。

戚继光统兵号令严肃，赏罚分明，言之有信，士卒莫不为其冲锋陷阵。他与俞大猷均为名将，操行虽不及俞大猷，但果敢刚毅超过俞大猷。俞大猷老成持重稳健，戚继光则如飙风闪电、迅捷威猛，多次摧毁强倭，其名气更在俞大猷之上。他还是一个在我国军事史上为数不多的军事发明家。

戚继光经历南方抗倭和北方戍卫京师的战斗，都很有声誉。著有《纪效新书》《练兵纪实》，谈论战争的人都在使用。

福建福州于山戚公祠是福州人民为纪念明代抗倭名将戚继光而立的纪念祠。戚继光班师返浙时，省城官司绅在于山平远台设宴饯别并勒碑记功。后人即于平远台旁建祠。祠宇后废，现祠是 1918 年重建的，横立在五老岗上。祠厅周围有平远台、醉石亭、蓬莱阁、补山精舍、吸翠亭等诸多名胜。岗峦起伏，花木扶疏，曲径通幽，颇具园林雅韵。祠厅系硬山顶土木结构建筑，内祀戚公戎装塑像，方颐隆准威武庄严。两壁挂有"海疆倭患""率兵援闽""激战三捷""平远庆功"等历史画卷歌颂戚公抗倭功勋。祠内还陈列有戚继光的军事著作《练兵纪实》《纪效新书》和战袍铠甲残片以及行军干粮"光饼""征东饼"，还有解放后出土的记功碑残石等供人观瞻。

除福建外闽浙一带，如临海北固山、温岭新河、福清、莆田等地都设有戚公祠。蓬莱的戚继光纪念馆位于振扬门北侧，由以前的水师府辟建而成。占地三千二百二十平方米，建筑面积一千一百平方米。纪念馆坐北朝南东西两侧建有碑亭，分别立"忠""孝"字碑，碑阴刻有戚继光和戚景通生平。主体为中轴对称二进式仿古建筑，每进有正厅和东西厢房各一且有回廊相连。展厅内容以展现戚继光保国卫民、戎马一生为主线。

后　记

本书是集体创作，在选目、体例由本人确定后，把撰写初稿的任务分解给各位执笔者，初稿写成后再交由本人最后修改定稿。具体协调工作则由副主编毕国民负责。这是一个很好的创作班子，大家都挚爱这一工作，工作努力，合作愉快，在短短的几个月中，如期完成了任务。这是令人欣慰的。参加本书写作的有：毕国民、毕晓莹、东民、刘磊、毕英男、孙瑾、李会平、张瑞华、袁湜、赵悦、赵建华、赵玉玲、许娜、朱东方、范登高、范冬冬、阎青、王汇涓、韩鸣英、毕富林等同志。

毕桂发

2023 年冬